"十二五"普通高等教育车辆工程专业规划教材

汽车设计

QICHE SHEJI

（第二版）

过学迅　主　编
邓亚东　黄妙华　副主编

人民交通出版社
China Communications Press

内 容 提 要

本书主要内容包括：汽车总体设计、底盘主要总成设计、车身设计的基本知识，以及汽车现代设计方法的基础知识。全书共10章，分别介绍了汽车产品开发的一般过程、汽车总体设计的基本内容；讲述了汽车传动系统、行驶系统、转向系统和制动系统中各总成设计的要求、结构方案的选择、主要参数的确定、主要零部件的强度计算等；概略介绍了汽车造型、车身布置与结构设计；对近年来汽车设计中应用的新技术，如汽车现代设计方法，用专门章节进行了概述。

本书可供高等院校车辆工程及相关专业学生作为"汽车设计"课程的教材，也可供汽车相关企业的工程技术人员参考之用。

图书在版编目(CIP)数据

汽车设计 / 过学迅主编. —2版. — 北京：人民交通出版社，2013.8
普通高等教育车辆工程专业规划教材
ISBN 978-7-114-10652-1

Ⅰ. ①汽… Ⅱ. ①过… Ⅲ. ①汽车 – 设计 – 高等学校 – 教材 Ⅳ. ①U462

中国版本图书馆CIP数据核字(2013)第112458号

"十二五"普通高等教育车辆工程专业规划教材

书　　名	汽车设计（第二版）
著 作 者	过学迅
责任编辑	夏　犇
出版发行	人民交通出版社
地　　址	(100011)北京市朝阳区安定门外外馆斜街3号
网　　址	http://www.ccpress.com.cn
销售电话	(010)59757973
总 经 销	人民交通出版社发行部
经　　销	各地新华书店
印　　刷	北京市密东印刷有限公司
开　　本	787×1092　1/16
印　　张	19
字　　数	473 千
版　　次	2005年8月　第1版 2013年8月　第2版
印　　次	2019年12月　第2次印刷
书　　号	ISBN 978-7-114-10652-1
定　　价	38.00 元

(有印刷、装订质量问题的图书由本社负责调换)

"十二五"普通高等教育车辆工程专业规划教材

编委会名单

编委会主任

龚金科(湖南大学)

编委会副主任(按姓名拼音顺序)

陈　南(东南大学)	方锡邦(合肥工业大学)	过学迅(武汉理工大学)
刘晶郁(长安大学)	吴光强(同济大学)	于多年(吉林大学)

编委会委员(按姓名拼音顺序)

蔡红民(长安大学)	陈全世(清华大学)	陈　鑫(吉林大学)
杜爱民(同济大学)	冯崇毅(东南大学)	冯晋祥(山东交通学院)
郭应时(长安大学)	韩英淳(吉林大学)	何耀华(武汉理工大学)
胡　骅(武汉理工大学)	胡兴军(吉林大学)	黄韶炯(中国农业大学)
兰　巍(吉林大学)	宋　慧(武汉科技大学)	谭继锦(合肥工业大学)
王增才(山东大学)	阎　岩(青岛理工大学)	张德鹏(长安大学)
张志沛(长沙理工大学)	钟诗清(武汉理工大学)	周淑渊(泛亚汽车技术中心)

第二版前言

我国汽车工业的迅猛发展对汽车设计人才的培养提出了更高要求。为此，根据 2003 年 12 月由人民交通出版社组织的"高等学校车辆工程专业教材编写会"的精神，我们组织编写了《汽车设计》(第一版)，于 2005 年 8 月出版，并被评为普通高等教育"十一五"国家级规划教材。由于汽车设计方法的不断进步，教材的内容也需与时俱进。在人民交通出版社 2011 年教材编写会的布置下，我们对教材进行修订再版。

全书共分 10 章。第 1 章为汽车总体设计，第 2 章至第 8 章分别介绍汽车传动系统的离合器、变速器、万向节与传动轴、车桥，以及行驶系统、转向系统和制动系统设计，第 9 章讲述汽车车身设计，第 10 章简述常用的汽车现代设计方法。汽车各主要总成的写作程序大体上是：总成设计的基本要求、结构方案的选择、主要参数的确定、主要零部件的强度计算等内容。

本书在体系和内容上，充分参考了国内现有的"汽车设计"类教材，并顾及到"汽车构造"体系和已讲述过的内容，结合教学实践经验和目前车辆工程专业学生的学时数安排，进行了精心编排和取舍，力求使读者在掌握传统的汽车设计方法的同时，了解新的汽车设计方法。全书按汽车底盘四大系统及其大总成、车身划分章节，如传动系统按离合器设计、变速器设计等大总成划分章节，行驶系统、转向系统、制动系统则按系统分章，车身设计单独成章。汽车现代设计方法一章中则阐述了汽车计算机辅助设计、汽车优化设计、汽车仿真技术等内容。本书具有良好的系统性和实用性。

本书由武汉理工大学过学迅主编，邓亚东和黄妙华副主编。邓亚东编写第 1 章，过学迅编写第 2 章和第 3 章，朱祝英编写第 4 章和第 8 章，余晨光编写第 5 章和第 7 章，何天明编写第 6 章，黄妙华编写第 9 章和第 10 章。

本书可作为高等院校车辆工程专业"汽车设计"课程教材，也可供从事汽车及其零部件设计的工程技术人员参考。

本书在编写过程中，得到了一些相关企业提供的珍贵资料，并参考了汽车界同仁的一些著作，在此表示感谢。

由于设计理论发展迅速，加之编者水平所限，错漏之处难免，恳请使用本书的广大师生和读者批评指正。

编 者

第一版前言

我国汽车工业的迅猛发展对汽车设计人才的培养提出了更高要求。为此，根据2003年12月由人民交通出版社组织的"高等学校车辆工程专业教材编写会议"的精神，我们组织编写了本书。

全书共分8章。第1、2章为汽车设计的概述和概念设计；第3~6章分别介绍汽车传动系、行驶系、转向系和制动系设计；第7章讲述数字汽车车身设计；第8章阐述汽车现代设计方法。汽车各主要总成的写作程序大体上是：该总成设计的基本要求、结构方案的选择、主要参数的确定、主要零部件的强度计算等内容。

本书在体系和内容上，参考了国内现有的"汽车设计"类教材，结合教学实践经验和目前车辆工程专业学生的学时数安排，进行了精心编排和取舍，力求使读者在掌握传统的汽车设计方法的同时，了解新的汽车设计方法。全书按汽车各大总成和近年来汽车工业发展所使用的新技术划分章节，如传动系一章中包括了离合器设计、变速器设计、万向节与传动轴设计、主减速器设计以及差速器设计等，浓缩了传统的机械设计的内容。汽车现代设计方法一章中则阐述了汽车计算机辅助设计、汽车优化设计、汽车可靠性设计、有限元分析法和逆向工程等内容。本书有良好的系统性和实用性。

本书由武汉理工大学过学迅和邓亚东主编。过学迅编写第1章和第3章的1~3节；邓亚东编写第2章；田哲文编写第3章的4~9节；何天明编写第4章；余宸光编写第5章；朱祝英编写第6章；熊欣编写第7章；袁晓红编写第8章。全书由同济大学张洪欣教授审阅。武汉理工大学钟诗清教授为本书的编写做了大量的前期工作，并提出许多修改意见。

本书可作为高等院校车辆工程专业"汽车设计"课程教材，也可供从事汽车及其零部件设计的工程技术人员参考。

本书在编写过程中，得到了一些相关企业提供的珍贵资料，并参考了汽车界同仁的一些著作，在此一并表示感谢。

由于设计理论发展迅速，加之编者水平有限，编写时间仓促，错漏之处在所难免，恳请广大师生和读者批评指正。

编　者

目 录

第1章 总体设计 ... 1
- 1.1 汽车设计的特点 ... 1
- 1.2 汽车的产品开发过程及要求 ... 2
- 1.3 汽车总体设计的内容 ... 9

第2章 离合器设计 ... 36
- 2.1 概述 ... 36
- 2.2 离合器结构方案的确定 ... 37
- 2.3 离合器基本参数的设计计算 ... 43
- 2.4 压紧弹簧的设计 ... 45
- 2.5 扭转减振器的设计 ... 50
- 2.6 离合器操纵机构的设计 ... 53
- 习题 ... 55

第3章 变速器设计 ... 56
- 3.1 概述 ... 56
- 3.2 变速器结构方案的确定 ... 57
- 3.3 变速器总体尺寸和参数的确定 ... 61
- 3.4 变速器齿轮零件的设计计算 ... 64
- 3.5 变速器轴、轴承等零件的设计计算 ... 69
- 3.6 同步器设计 ... 72
- 3.7 操纵机构设计 ... 77
- 习题 ... 80

第4章 万向节与传动轴设计 ... 81
- 4.1 概述 ... 81
- 4.2 万向节的结构型式 ... 82
- 4.3 万向节传动的运动分析和受力分析 ... 85
- 4.4 万向节的设计计算 ... 88
- 4.5 传动轴的设计 ... 89
- 4.6 中间支撑设计 ... 90
- 习题 ... 91

第5章 车桥设计 ... 92
- 5.1 概述 ... 92
- 5.2 驱动桥结构方案分析 ... 93
- 5.3 主减速器设计 ... 94
- 5.4 差速器设计 ... 112

5.5	车轮传动装置设计	118
5.6	驱动桥壳设计	121
5.7	从动桥设计	124
习题		131

第6章 行驶系统设计 133

6.1	行驶系统概述与行驶系统载荷	133
6.2	车架设计	135
6.3	悬架设计	143
习题		164

第7章 转向系统设计 165

7.1	概述	165
7.2	转向系统主要性能参数	166
7.3	机械式转向器方案设计	172
7.4	机械式转向器设计	176
7.5	动力转向系统设计	182
7.6	转向传动机构设计	192
7.7	转向操纵机构设计	196
7.8	转向减振器与转向系统结构元件设计	198
7.9	四轮转向与线控转向	199
习题		202

第8章 制动系统设计 203

8.1	制动系统的设计要求	203
8.2	制动系统的性能计算	204
8.3	制动器的结构设计	208
8.4	制动驱动机构及其设计计算	218
8.5	制动力分配的调节机构	222
习题		225

第9章 车身设计 226

9.1	概述	226
9.2	汽车造型设计	228
9.3	汽车车身布置设计	235
9.4	汽车车身结构分析	247
习题		256

第10章 汽车现代设计方法 257

10.1	概述	257
10.2	汽车计算机辅助设计	261
10.3	汽车优化设计	271
10.4	汽车仿真技术	278
习题		292

参考文献 293

第1章 总体设计

[主要内容] 本章首先介绍汽车设计的特点,汽车产品的开发过程。然后介绍在汽车整车总体设计时,总成类型的选择、主要参数及性能参数的确定和汽车总布置设计等内容。

1.1 汽车设计的特点

汽车自1886年诞生以来,已经历了120多年的发展历程。据统计,2010年世界汽车保有量接近10亿辆。汽车促进了世界经济与社会的发展,同时消耗了大量的石油资源,造成了城市大气污染和交通堵塞,也产生了许多道路交通事故。随着科学技术的进步,新材料、新能源、新工艺不断涌现,针对节能、环保和安全的总体要求,汽车的结构和使用性能日臻完善,设计方法和设计手段不断创新。

汽车作为一种道路车辆,与其他机械产品相比较,其特殊性在于汽车的使用环境复杂、工况多变;产品功能和使用性能要求多特别是可靠性与耐久性要求高;产品品种多、零部件数量多、生产批量大,设计与制造过程涉及材料科学、能源动力、机械工程、电子科学与计算机技术等多学科;产品的社会性特征明显,与能源、环境、交通、安全等方面的问题密切相关。因此,在进行汽车设计时必须考虑以下多方面的因素。

(1)汽车运行的工作环境和使用条件多变,要求汽车有良好的适应性,并能保证可靠地工作。

以我国为例。我国疆土辽阔,南北之间跨越纬度很大,南部进入热带,北部接近寒带,因此形成了南北悬殊的温差,气温的变化在±40℃以上。我国各地的地形也十分复杂,如东部为广阔的平原和起伏的丘陵,西部有雄伟的高原,西南多山地,各种地形互相交错。每一辆汽车都有可能要面临不同的气候、地理等复杂的使用条件。还有各地区的道路、维修能力以及燃料供应等诸方面的差异,这就对汽车的结构、材料和汽车设计提出了许多特殊的要求。例如:高原地区要求发动机增压以改善发动机的进气,不致使功率下降;寒冷地区要考虑冷起动措施;热带地区希望驾驶室有良好的通风和空调设备等;海岛及沿海地区还要求车用材料具有良好的抗盐雾腐蚀性能。因此,汽车设计人员一定要通过调查研究汽车的各种使用条件,找出合理的方案,精心设计,才能使汽车对复杂的使用条件有良好的适应性,并且要保证汽车可靠地工作和一定的使用寿命。

(2)汽车品种多、产量大且零部件数量多,要求采用零部件专业化生产和实行"三化",即产品系列化、零部件通用化、零件设计标准化,以达到提高设计效率、便于组织生产、提高生产率和产品质量、降低成本的目的。

采用产品系列化生产通常是先由各专业化工厂生产各种零部件,然后由汽车厂加以选用和进行总装。各专业厂为了供应各种型号汽车所需的零部件,又能进行大量生产,常把产品合理分档,组成系列,并考虑各种变型,如发动机可按燃油类型、缸数或排气量、汽缸排列形式等分为几个品种,这样就能以较少的基本型满足广泛的需要。

产品的系列化又给部件通用化创造了条件，通用化就是在整车质量相近或同一系列的一些车型上，合理采用同样结构和尺寸的部件，例如：在原来双轴汽车的基础上加一根轴变成三轴。由于部件通用化的结果，不同车型上的部件类型大为减少，可降低制造成本，提高工效，简化维修。如果装载质量相差较大，生产批量又大时，片面强调通用，则容易造成产品性能达不到要求，且经济上也不合理，就应该另行设计。

零件的标准化对汽车大量生产也非常重要。在产品设计中广泛采用标准件，有利于通用化和系列化，便于组织生产、提高质量、降低成本和方便维修。

(3)汽车使用过程中要消耗大量的物质，并排出大量污染物，汽车应该具有良好的燃油经济性和低的排放。

汽车主要以内燃机作为动力源，以石油作为燃料。现阶段内燃机的热效率并不高，一般柴油机的热效率大约是40%，而汽油机还要低于这个水平。汽车经常处在低负荷率状态下工作，使得燃油经济性进一步下降，同时有大量的燃烧不充分和高温下生成的有害化合物、烟雾等排出。这就要求汽车发动机必须具有良好的燃油经济性，且具有满足日益严格法定标准的排放性能。改进汽车动力系统的结构优化与匹配技术、发动机燃烧系统的优化与控制技术、尾气排放物的检测与控制技术是提高汽车燃油经济性和减少排放的主要技术途径。

(4)作为道路运输工具，汽车必须具有更好的安全性。

汽车在高速公路，或在人口密集的城市街道上行驶，一旦发生交通事故，就很可能对人民的生命造成威胁、对财产造成重大损失。统计表明，全世界因道路交通事故造成的人员伤亡数远超出各种战争所致。汽车安全性分为主动安全和被动安全两大类，所谓主动安全是指预防事故的安全措施和能力，包括减轻驾驶人的操纵力、提高操作方便性和工作效率，在紧急状况时能自动减速、制动、回避障碍等；主要体现在车辆的人机工程、信号、制动性和操纵稳定性等方面。所谓被动安全是指发生事故时对乘员和行人保护的安全措施和能力，包括对乘员的约束以防止出现二次碰撞，车身的吸收冲击和乘员的生存空间，防止行人被卷入，防止火灾和火灾后乘员的逃逸等；主要体现在乘员约束系统、系统布置与车身结构等方面。

(5)汽车与人类社会及人民生活的密切联系性要求汽车外部造型美观、色彩协调。

数以万计的汽车每天在城市街道上流动，车身总体结构、外形和色彩对市容、人的感官有很大的影响，所以要求车身外型和色彩设计能与城市的面貌、个人的喜好相协调。

汽车设计还要从政府法规、人体工程、工艺美术、个性审美观等方面加以仔细的考虑。汽车外形也会体现不同民族和企业的精神和文化特质，反映社会发展的不同时期经济与科技水平、不同层次人们的思想和情感。

由以上分析可知，汽车设计涉及多种影响因素和不同的专业学科，是一项重要而复杂的工作。设计中如果考虑不周到，就会造成制造上的困难和功能上的缺陷，带来巨大的经济损失。所以，汽车设计过程中必须十分注重设计程序和方法，讲究多学科协作，技术上精益求精且不断完善。

1.2 汽车的产品开发过程及要求

汽车的产品开发是根据企业产品发展规划而确定的。这一规划的制定，考虑了市场需求、技术发展趋势和企业自身的发展战略等。只有制定出与社会环境、市场需求、企业实际条件相协调的产品发展规划，企业才能不断进行产品开发和生产，拓展市场，保证其生存和发展空间。

通常汽车产品包括整车或零部件,其开发过程可分为五个阶段:决策阶段、设计阶段、试制阶段、定型投产阶段和持续改进阶段。五个阶段的主要工作内容与要求如下。

1.2.1 决策阶段

产品开发决策阶段是通过对所开发产品的市场需求、技术发展等情况的调研,结合本企业的人力资源、设备和工艺水平、生产能力、资金能力的具体情况,进行技术经济分析,提出可行性研究报告。通过可行性报告评审,作出开发与否的决策。如果决定开发,则需要编制《产品设计任务书》或《产品开发项目建议书》作为产品开发的基本依据。

决策阶段的工作程序及内容包括以下方面。

1. 进行市场调研,提出市场预测报告和技术调研报告

1)市场调研

(1)确定所开发产品的应用领域以及本企业产品可能进入的细分市场占有率;

(2)该市场的细分对该类产品的功能、性能、安全、寿命、外观等的质量要求;

(3)各档次产品的市场价格、交货期和服务状况;

(4)本企业前三年有可能达到的销售量、销售额。

根据以上问题的分析结果,编制市场预测报告,为决策立项提供市场信息。

2)技术调研

(1)市场上现有同类产品的技术水平,本企业预计能达到什么技术水平(功能、性能指标);

(2)国内外该类产品的技术发展趋势分析,是否有新原理、新工艺、新材料等新技术出现,并预测拟开发产品的寿命周期;

(3)国家重点项目、科技发展信息及产业结构调整信息对技术提出的新要求;

(4)相关技术法规和适用标准的要求;

(5)本企业开发该类产品的技术来源(自行开发、引进、合作等)以及企业的技术优势(包括人才、核心技术、设备、工艺等方面);

(6)预计产品的开发周期能否满足市场的要求;

(7)预计产品的开发费用。

通过对以上问题的调查、分析,提出技术调研报告。

3)可行性分析报告

可行性分析报告是根据市场预测报告和技术调研报告,从企业生产经营的角度,对产品开发在经济和技术上是否可行作出分析。

(1)市场调研报告中预计的产量和销售额,是否符合本企业总体经营战略的要求;

(2)技术调研报告提出的预计达到的产品功能、性能指标,是否达到相关的技术法规和适宜的标准,以及企业计划进入市场细分的要求;

(3)对产品开发投资额和最长开发周期进行预测;

(4)对企业实施批量生产(包括生产能力和质量保证能力)所需的投资进行预测;

(5)对开发和生产所需的资金能力的分析;

(6)根据产品利润率对投资回收期的分析;

(7)根据分析的结果做出产品是否有必要和有可能开发的结论。

由以上问题的分析结果,提出可行性分析报告。

4)对可行性分析报告进行评审

对可行性分析报告的全面性、可信性以及准确性进行审议,并提出该产品是否应该开发的结论意见,供决策管理层参考。

以上四项工作内容,是开发决策的前期准备工作,也是开发决策的依据。

2.开发决策

根据市场预测报告、技术调研报告、可行性分析报告和评审的结论,进行高层决策。决策通过,批准立项,制定企业产品开发计划。

根据批准的产品开发计划,组织有关部门编制产品"设计任务书"或"产品开发项目建议书"。

产品设计是产品开发的关键技术性工作。产品设计任务书或产品开发项目建议书是产品设计和开发项目的全部要求,是产品总体方案的设计依据,是技术设计非常关键和重要的信息。

产品设计任务书的内容一般包括:

(1)产品设计和开发立项依据;
(2)产品用途及使用范围;
(3)产品总体方案的概述;
(4)关键技术解决的方案;
(5)总布局及主要结构概述;
(6)基本参数及主要技术性能指标及要求;
(7)国内外同类产品水平分析比较;
(8)标准化综合要求;
(9)对产品性能、寿命与成本方面分析比较;
(10)满足市场、顾客需求的内容要求说明;
(11)确定产品设计和开发的阶段;
(12)对产品设计、试验、试制周期的估算。

以上内容可结合产品的实际情况进行适当增减。

产品设计任务书或产品开发项目建议书在下达前,应进行评审,并通过一定的管理程序确认其有效,才能成为设计阶段的依据。对设计任务书的评审是确保产品设计质量的关键环节。

1.2.2 设计阶段

设计阶段的内容主要指通过设计和确定总体技术方案、设计计算、必要的试验和设计评审,完成全部图样及设计文件。一般可分概念设计和技术设计两大步骤。

概念设计:一般是指总体方案设计和计算机辅助造型设计。其内容是根据产品设计任务书或产品开发项目建议书的要求,对产品开发的技术路线、结构布局、关键技术的解决途径及满足标准化综合要求的措施等提出完整的技术方案(包括必备的各种总布置图造型方案图)。总体设计方案完成后,应对其进行评审,确认该方案是否能够满足产品设计任务书或产品开发建议书所提出的全部要求。必要时,也可对产品设计任务书中的一些内容进行调整。经评审确认后,该方案将成为技术设计的依据。

技术设计:是根据总体技术方案和计算机辅助造型方案,对整车、各大系统和具体的零部件进行设计计算、制图、计算机仿真并进行必要的试验,以验证其功能、性能是否满足总体方案的要求。在此基础上,编制技术设计说明书。对设计中采用的特殊材料、外购件,应提出采购的技术要求。技术设计说明书以及技术设计过程中编制的其他技术文件和图样,经过评审确认后,作为产品设计技术文件的依据。

这一阶段要求绘制车辆和系统的尺寸控制图,尺寸控制图是在总布置草图的基础上绘制的。绘制尺寸控制图的目的是:

(1)准确地确定各部件总成的所在位置和支撑连接方式;
(2)确定各部件总成的控制尺寸和控制质量;
(3)确定各操纵机构的位置及其活动范围;
(4)对各相对运动的零部件进行运动校核,确定运动空间,以防止运动干涉;
(5)确定驾驶室内部的布置;
(6)确定各部件的质心位置,计算汽车空载和满载时的轴荷分配和质心高度;
(7)确定汽车外形尺寸和汽车总布置的各项参数;
(8)在尺寸控制图和总布置计算的基础上,对各部件总成提出具体的设计要求(包括型式、特性参数、控制尺寸、控制质量、承受的负荷、支撑方式和连接方式等)。

在确定各部件总成的空间位置时,应当从整车布置的技术合理性出发,充分考虑到该总成或其上的附件的拆装可能性,维修时的接近性,并保证部件和部件之间或零件与零件之间具有足够的静止间隙和运动间隙。此外,还应考虑到驾驶人的视野、操作空间、操纵轻便性以及仪表、照明、暖气、通风等的布置。

在各总成设计过程中,总布置设计人员应与总成设计人员一起在尺寸控制图上对各总成的设计方案进行研究,共同确定有关参数。总布置工作从保证整车的技术合理性出发,考虑主要零部件结构的继承性、经济性、工艺性,协调整车与总成、总成与总成之间的关系。

在各总成总图初步设计完成后,总布置设计人员要及时将这些总成图画到尺寸控制图上,作准确的布置和运动校核,使之符合总体设计要求。

汽车总装配图的绘制是在各总成的设计工作全部完成后,并经过设计和工艺审查后进行的。其目的是进行图面装配,对各个部件的特性参数、特性尺寸以及尺寸链进行全面仔细的校核,最后核准各项参数。

设计技术文件是指在产品技术设计过程中生成的供试制或生产过程中加工、装配、供销、生产管理及随车出厂使用的全部图样和技术文件。产品图样设计过程必须贯彻相关国家标准、行业标准和企业标准的规定。成套的产品图样由总图、简图、主要零部件图、部件装配图、总装配图、安装图、图样目录、文件目录、明细表、汇总表等组成。现代汽车技术设计的主要途径和手段是广泛运用计算机辅助设计、分析与制造技术,相关 CAD/CAE/CAM 技术贯穿在整个技术设计过程中。

1.2.3 试制阶段

试制阶段的内容是经样机试制和小批试制,通过型式试验和用户试用,验证产品结构与性能设计、产品图样、设计文件和工艺文件、工装图样的正确性,产品的适用性、可靠性,并实现产品技术设计的完善、产品鉴定和定型。

试制阶段的工作过程包括两方面:样机试制和小批试制。

1. 样机试制

样机试制是指根据产品图样、工艺文件和必要的工装,试制样机,其数量应根据产品的类型确定,然后按要求(如产品标准)进行型式试验,主要考核产品结构、性能和设计的工艺性,同时考核产品图样和设计文件的质量。

样机试制阶段的工作内容一般包括:

(1)样机试制工艺方案设计(必要时,根据试制部门的设备、工艺装备和测试条件进行设计);

(2)产品工作图的工艺性审查;

(3)编制试制工艺、设计必要的工装;

(4)样机制造(加工、装配、调试、编写样机试制总结等);

(5)根据产品标准进行型式试验,并出具样机型式试验报告(对设计和产品标准进行验证);

(6)现场运行或用户试用并提出试用报告;

(7)样机试制鉴定;

(8)设计改进,消除和解决所暴露的问题与缺陷。经最终设计评审确认后,设计定型。

样机试制完毕后,提交经过改进及最终设计评审确认的全部图样和技术资料。

2. 小批试制

小批试制是在样机试制的基础上进行的,它的主要目的是考核产品工艺性,验证正式生产全部工艺文件及工艺装备质量,并进一步验证产品的性能、结构和经设计改进修改后的产品设计文件及图样正确性、合理性。

小批试制在工艺上为批量生产作准备,因此应符合工艺管理的有关规定。小批试制依据样机试制阶段经确认的全部技术文件及图样,工作内容一般包括:

(1)设计和制定小批试制的工艺方案。

①对样机试制阶段工艺工作进行总结;

②提出应设计的成套工艺文件要求;

③自制件工艺路线调整意见;

④对自制件、外购件的调整意见;

⑤提出主要铸、锻件毛坯的工艺方法;

⑥对特殊毛坯或原材料的要求;

⑦专用工艺装备的设计或购置要求;

⑧对工艺工装验证的验证要求;

⑨对有关工艺关键件的制造周期或生产节拍的安排意见等。

(2)修订样机试制工艺规程、工艺定额及设计全部所需的工装。

(3)进行工艺评审,内容一般包括:

①工艺方案、工艺路线的合理性;

②工装设计、试验设备、检测设备选型的正确性、合理性及专用工艺装备系数的确定;

③检验方法的合理性、检验手段的适应性;

④工序质量控制的正确性;

⑤关键工序确定的正确性及关键工序目录的完整性;

⑥关键工序的工艺方法、检验要求的合理性和可行性;

⑦采用新工艺、新技术的必要性和可行性,应用新材料的工艺性,选用设备的适宜性;

⑧批量生产的工序能力分析等。

（4）生产准备（包括原材料、外购件、外协件、检测工具、仪器、设备,设置工序质量控制点等）。

（5）工装制造和验证。

（6）小批量产品制造（验证工艺规程、工序能力及工装）。

（7）型式试验（验证工艺和工装,进一步验证产品性能、结构设计、产品标准）。

（8）批量试制鉴定（确认工艺和工装设计）。

（9）产品试销（确认产品的适应性）。

（10）完善设计、工艺和工装的改进,更改和修改设计和工艺技术文件及图样,并经最终评审确认。

小批试制完成后,提交经过修改、改进并经过最终评审确认的设计和工艺的全部图样和技术文件。

1.2.4 定型投产阶段

定型投产阶段是完成正式投产的准备工作,定型投产是在小批试制的基础上进行的。它的主要目的是进一步完善产品工艺文件,改进、完善并定型工艺装备,配置必要的生产和试验设备,确保达到正式生产的条件和具备持续稳定批量生产合格产品的生产能力。该阶段的主要工作内容有以下六个方面。

（1）编制批量生产工艺方案。

①对小批试制阶段工艺、工装验证情况的总结；

②工艺关键件的质量攻关措施意见和关键工序质量控制点设置意见；

③工艺文件和工艺装备的修改完善意见；

④专用设备或生产自动线的设计制造意见；

⑤有关新材料、新工艺的采纳意见；

⑥对生产节拍的安排和投产方式的建议；

⑦装配方案和作业现场平面布置的调整意见等。

（2）确定工艺文件。

①改进并确定工艺文件（如工艺方案、工艺规程等）；

②确定材料定额和工时定额；

③工序质量控制点文件完善并确定。

（3）工艺装备定型。工艺装备定型是指对刀具、夹具、模具、检具、辅具、钳工工具、工位器具的必要改进并定型。

（4）设备的配置与调试。设备的配置与调试主要是针对生产设备,如机床或安装流水线。

（5）测量仪器的配置与标定。其是指针对产品主要的检验和测量仪器与设备的配置与标定。

（6）外协单位的选定与控制。

1.2.5 持续改进阶段

持续改进阶段是指在产品生命周期内对产品、过程或体系的不断改进。

企业提供的产品、服务的质量好坏,决定了用户的满意程度,要提高用户的满意程度,就必须不断地进行质量的改进,通过改进过程中各环节的工作,一方面,对出现的问题及时采取纠正措施,另一方面,通过寻求改进机会,也可预防问题的出现。通过采取改进措施,不断满足用户需求和期望并争取超越用户的期望,以创造产品的竞争优势。因此,持续改进也是体现了汽车产品"以用户为关注焦点"的管理理念。还有,在产品生命周期内,科学技术的不断进步,新材料、新技术和新工艺的逐步出现,产品零部件配套水平的提升,用户对高性价比产品的需求也是产品持续改进的动力。所以,持续改进是产品设计和开发十分关键的环节,该阶段的主要工作内容有以下五个方面。

(1) 收集各种有关产品质量的反馈信息。

①产品采购物资的质量信息(包括材料、零部件等);

②产品生产过程的质量信息(包括加工、装配、搬运、储存);

③用户使用产品或接受过程中对产品性能或过程质量的意见和建议,或用户对产品提出的新要求;

④用户满意度的评价(如成本、价格、交货期等)等。

(2) 综合分析产品的质量信息,提出改进方案。

①产品性能、功能及规范;

②产品相关资源的配置或利用;

③服务过程规范(如服务方式、服务内容、与用户的沟通等);

④降低成本的措施;

⑤企业的管理体系,如质量管理体系等。

(3) 评审改进方案并进行必要的验证。

(4) 实施改进设计。

(5) 评价改进效果,提高改进的有效性和效率。

从上述的汽车产品设计的不同阶段和工作内容可以看出,汽车设计是一个讲究程序,内容十分丰富的技术工程。上述内容是针对全新设计的产品而言。而企业一般产品开发的技术内容很多都是有继承性的,都会选择作为设计参考的样车(对标车)或系统,上述内容或有不同取舍。对于整车设计来说,按照上面的开发过程和内容可以归纳出汽车设计程序,如图1-1所示。

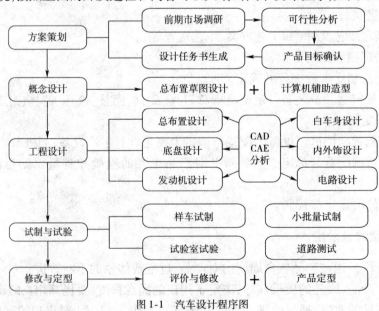

图1-1　汽车设计程序图

1.3 汽车总体设计的内容

汽车总体设计是基于产品的前期市场调研、开发项目的可行性研究、设计任务书的要求,实现车辆功能和性能的总体结构参数和性能参数的选取和确定,主要包括:由车辆类型决定的驱动形式的总布置,车辆尺寸参数、质量参数、工作参数和性能参数的确定与评估,车辆(底盘和车身)总布置设计与校核等。总体设计统领汽车设计的全过程,反应产品的概念设计和工程设计的总体要求,其设计成果有些已提前进入到产品设计任务书,更多的是对产品工程设计的后续部分起到引导、甚至是约束的作用。

1.3.1 汽车的类型与结构选择

1. 汽车的分类

经国家质量监督检验检疫总局批准,汽车分类的两个新国家标准 GB/T 3730.1—2001《汽车和挂车类型的术语和定义》和 GB/T 15089—2001《机动车辆及挂车分类》于 2001 年 7 月 3 日对外发布,2002 年 3 月 1 日正式实施,分别代替之前使用的 GB/T 3730.1—1988 和 GB/T 15089—1994。新的国家标准在按用途划分的基础上,建立了乘用车和商用车概念,尤其是在轿车的划分上改革较大,解决了管理和分类的矛盾,与国际标准接轨,见表 1-1 ~ 表 1-3。

新旧标准对比 表 1-1

项目	机动车辆及挂车分类标准		汽车和挂车类型的术语和定义标准	
名称	GB/T 15089—2001	GB/T 15089—1994	GB/T 3730.1—2001	GB/T 3730.1—1988
实施时间	2001 年 7 月 3 日发布 2002 年 3 月 1 日实施	1994 年 5 月 31 日发布 1995 年 1 月 1 日实施	2001 年 7 月 3 日发布 2002 年 3 月 1 日实施	1988 年 6 月 25 日发布 1989 年 1 月 1 日实施
批准部门	国家质量监督检验检疫总局	国家技术监督局	国家质量监督检验检疫总局	中国汽车工业联合会
主要内容及适用范围	规定机动车和挂车分为 L 类、M 类、N 类、O 类和 G 类;适用于道路上使用的汽车、挂车及摩托车	规定机动车辆分为 M 类、N 类、O 类及 L 类;适用于汽车、挂车及摩托车,不适用于拖拉机和工程车辆	对汽车、挂车和汽车列车的类型给出术语和定义;适用于为道路上运行而设计的汽车、挂车和汽车列车	规定了公路、城市道路和非公路上行驶的国产汽车和半挂车分类
异同点	新标准增加了 G 类车辆;M_1 类不再细分;M_2、M_3 细分 A 级、B 级、I 级、II 级、III 级;修改了 L 类文字表示	新标准不再对车辆进行分类和分级,只给出各种车型的具体术语和定义;旧标准将汽车分为 8 类		

GB/T 15089—2001 主要用于型式认证,是型式认证各技术法规适用范围的依据;GB/T 3730.1—2001 是通用性分类,适用于一般概念、统计、牌照、保险、政府政策和管理的依据。

机动车辆及挂车分类标准 GB/T 15089—2001 表 1-2

汽车类型			乘客座位数	汽车设计总质量 $G_a(t)$	说　　明
L类 两轮或三轮机动车辆		L_1类	—	—	排量不大于50mL,最高车速不超过50km/h的两轮车辆
		L_2类	—	—	排量不大于50mL,最高车速不超过50km/h的三轮车辆
		L_3类	—	—	排量大于50mL,最高车速超过50km/h的两轮车辆
		L_4类	—	—	排量大于50mL,最高车速超过50km/h的非对称布置车辆
		L_5类	—	—	排量大于50mL,最高车速超过50km/h的对称布置车辆
M类 至少有四个车轮并且用于载客的机动车辆		M_1类	≤9		包括驾驶人座位在内,座位数不超过9座的载客汽车
	M_2类	A级	≥9	G_a≤5t	可载成员数(不包括驾驶人)不多于22人,允许乘员站立
		B级			可载成员数(不包括驾驶人)不多于22人,不允许乘员站立
		Ⅰ级			可载成员数(不包括驾驶人)多于22人,允许乘员站立,且可以自由走动
		Ⅱ级			可载成员数(不包括驾驶人)多于22人,只允许乘员站立在过道或提供不超过相当于两个双人座位的站立面积
		Ⅲ级			可载成员数(不包括驾驶人)多于22人,不允许乘员站立
	M_3类	A级	≥9	G_a≥5t	可载成员数(不包括驾驶人)不多于22人,允许乘员站立
		B级			可载成员数(不包括驾驶人)不多于22人,不允许乘员站立
		Ⅰ级			可载成员数(不包括驾驶人)多于22人,允许乘员站立,且可以自由走动
		Ⅱ级			可载成员数(不包括驾驶人)多于22人,只允许乘员站立在过道或提供不超过相当于两个双人座位的站立面积
		Ⅲ级			可载成员数(不包括驾驶人)多于22人,不允许乘员站立
N类 至少有四个车轮并且用于载货的机动车辆		N_1类	—	G_a≤3.5t	最大设计总质量不超过3.5t的载货车辆
		N_2类	—	3.5t≤G_a≤12t	最大设计总质量超过3.5t,但不超过12t的载货车辆
		N_3类	—	G_a≥12t	最大设计总质量超过12t的载货车辆
O类 挂车(包括半挂车)		O_1类	—	G_a≤0.75t	最大设计总质量不超过0.75t的挂车
		O_2类	—	0.75t≤G_a≤3.5t	最大设计总质量超过0.75t,但不超过3.5t的挂车
		O_3类	—	3.5t≤G_a≤10t	最大设计总质量超过3.5t,但不超过10t的挂车
		O_4类	—	G_a≥10t	最大设计总质量超过10t的挂车

续上表

汽车类型		乘客座位数	汽车设计总质量 G_a(t)	说明
G类	满足特定要求的 M 类、N 类越野车	—	—	M_1 类和 $G_a \leq 2t$ 的 N_1 类车辆且满足:①至少有一个前轴和至少有一个后轴能同时驱动,包括一个驱动轴可脱开的车辆;②至少有一个差速锁止机构或至少有一个具有类似作用的机构;③单车计算爬坡度至少 30%
				$G_a \geq 2t$ 的 N_1 类、N_2 类、M_2 类或 $G_a \leq 12t$ 的 M_3 类车辆,满足所有车轮设计为同时驱动或者满足:①至少有一个前轴和至少有一个后轴能同时驱动,包括一个驱动轴可脱开的车辆;②至少有一个差速锁止机构或至少有一个具有类似作用的机构;③单车计算爬坡度至少 25%
				N_3 类或 $G_a \geq 12t$ 的 M_3 类车辆,满足所有车轮设计为同时驱动或者满足:①至少有半数车轮用于驱动;②至少有一个差速锁止机构或类似作用机构;③单车计算爬坡度至少为 25%

汽车及挂车单轴的最大允许轴荷的最大限值(N) 表 1-3

车辆类型			最大允许轴荷最大限值
挂车及二轴货车	每侧单轮胎		60000①
	每侧双轮胎		100000②
客车、半挂牵引车及三轴以上(含三轴)货车	每侧单轮胎		70000①
	每侧双轮胎	非驱动轴	100000②
		驱动轴	115000

注:①安装名义断面宽度超过 400mm(米制系列)或 13.00in(英制系列)轮胎的车轴,其最大允许轴荷不得超过规定的各轮胎负荷之和,且最大限值为 100000N。
②装备空气悬架时最大允许轴荷的最大限值为 115000N。

2. 汽车的结构型式

汽车的结构形式是指其轴数、驱动形式、布置形式以及车身(或驾驶室)形式等。由于汽车形式对整车使用性能、外形尺寸、质量、轴荷分配和制造成本等方面影响很大,故在选择这些形式时应综合考虑上述因素。

1) 轴数

汽车的轴数应根据车辆的用途、总质量、使用条件、公路车辆法规和轮胎负荷能力等确定。汽车及挂车单轴的最大允许轴荷不得超过表 1-3 规定的最大限值。

汽车及挂车并装轴的最大允许轴荷不得超过表 1-4 规定的最大限值。

2) 驱动形式

驱动形式常用 4×2、4×4、6×6 等代号表示。其中第一个数字表示汽车的车轮总数,第二个数字表示驱动轮数,对于双胎车轮仍按一个车轮计,即两轴汽车车轮数为 4,三轴汽车车轮数为 6,四轴汽车车轮数为 8。

4×2 式汽车结构简单、制造成本低,故在轿车和总质量小于 19t 的公路用车上广泛应用;总质量在 19t 以上至 26t 的公路运输车,用 6×4 或 6×2 的型式;总质量更大的公路运输车则采用8×4型式。

汽车及挂车并装轴的最大允许轴荷的最大限值(N)　　　　表1-4

车辆类型			最大允许轴荷最大限值
汽车	并装双轴	并装双轴的轴距<1000mm	115000
		并装双轴的轴距≥1000mm,且<1300mm	160000
		并装双轴的轴距≥1300mm,且<1800mm	180000①
挂车	并装双轴	并装双轴的轴距<1000mm	110000
		并装双轴的轴距≥1000mm,且<1300mm	160000
		并装双轴的轴距≥1300mm,且<1800mm	180000
		并装双轴的轴距≥1800mm	200000
	并装三轴	相邻两轴之间距离≤1300mm	210000
		相邻两轴之间距离>1300mm,且≤1400mm	240000

注:①驱动轴为每轴每侧双轮胎且装备空气悬架时,最大允许轴荷的最大限值为190000N。

重型矿用自卸车由于活动场地小,要求机动性高,多采用短轴距的4×2驱动型式,少数车采用4×4和6×4的驱动型式。

对于越野汽车,为了提高其通过性,一般采用全轮驱动的型式。轻型越野车大都采用4×4型式;中型越野车一般采用4×4和6×4型式;而装载质量在5t以上的军用越野车则普遍采用6×6或8×8的型式。军用越野车近年来有向多轴驱动发展的趋势,这有利于改善通过性和行驶平顺性,但结构复杂、传动效率低、油耗大。

3)汽车的布置型式

按照国家新的机动车分类标准,汽车主要分为乘用车(M类客车)和商用车(N类货车和O类挂车)。以下内容是按上述3类车型中市场需求量大的轿车、客车和一般货车分别加以叙述。

(1)前置发动机前轮驱动轿车。前置发动机前轮驱动布置简称前置前驱动(FF)。这种布置形式为微型、普通级和中级轿车所广泛采用。

主要优点:

①如图1-2a)所示,发动机、离合器、变速器及主减速器连成一体,无需传动轴通过乘客舱,地板上没有传动轴通道鼓包,便于乘客区布置和改善乘坐舒适性。

②这种布置可以使汽车的结构紧凑、尺寸和质量减小,适合于一般紧凑型车型。例如,对于前置且排量不大的横置发动机、前驱动方案,相对于前置后驱动方案,可使汽车的轴距缩短10%,质量减小8%。

③采用横置发动机时,主减速齿轮由通常的螺旋锥齿轮或双曲面齿轮改用斜齿圆柱齿轮,降低了齿轮的加工要求,其节省的费用可部分抵消前驱动的等速万向节费用。

④前置前驱动使前轴负荷加大,这种轿车在空载(即仅有驾驶人一人)情况下可使前、后轴荷分配达到60%:40%,有利于汽车具有不足转向特性。特别在弯道加速时,由于前轮驱动力的作用,使车轮纵向力加大,在同样的侧向力时会产生较大的侧偏角,同时加速时传动轴的力矩响应,均可以增加汽车的不足转向量,改善汽车的操纵稳定性。

⑤相对于后置发动机后轮驱动的汽车来说,前置前驱动轿车乘客舱和行李舱易于变形,行

李舱的空间可以布置较大,如图1-2a)中画有斜线的部分。

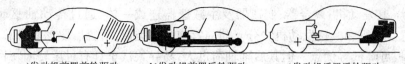

a)发动机前置前轮驱动　　b)发动机前置后轮驱动　　c)发动机后置后轮驱动

图1-2　轿车的布置类型

由于其上述优点,这种布置近年来在中级以上轿车上采用的也日益增多。

主要缺点:

①在低附着系数的路面上,尤其是上坡时,由于前驱动轮的附着力减小,驱动轮易打滑而使汽车动力性下降。

②由于后轴轴荷较小,尤其在仅有一名驾驶人的情况下,加之制动时轴荷前移,后轮易发生制动抱死而引起侧滑。

③对于紧凑型车型,当发动机横置时,其前舱布置空间很挤,使得维修时的接近性较差。

图1-3给出的是前置前驱动轿车的发动机布置方案。其中最紧凑的是将发动机横置于前轴之前[图1-3a)],小排量短发动机适于这种布置。此时车身前围板及座椅可前移较多,从而可缩短汽车的轴距及总长,减小汽车自身质量。发动机纵置于前轴之前[图1-3b)]时,前围板及座椅前移量较前一方案小,且前悬较大,前轴荷有些过大。因此,采用此方案的发动机不宜过长,V型或水平对置型发动机最适宜于此方案的布置。当发动机布置在前轴之后[图1-3c)]时,轴荷分配较均匀,但使车身前围板及座椅后移,致使轴距及总长较大,前悬虽可减小但车头加长,车身造型受到一定限制,发动机维修也不方便。

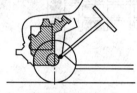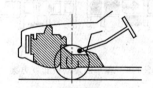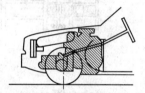

a)发动机横置前轴之前　　b)发动机纵置前轴之前　　c)发动机布置在前轴之后

图1-3　前置前驱动轿车的发动机布置方案

(2)前置发动机后轮驱动轿车。前置发动机后轮驱动布置简称前置后驱动(FR),是汽车的传统布置型式,常为中高级及高级轿车所采用。如图1-2b)所示,发动机、离合器、变速器连成一体置于汽车前部,并通过万向节和传动轴与后驱动桥的主减速器相连。

主要优点:

①汽车的前后轴荷分配较均匀,空载或满载时,前后轴的轴荷变化较小,有利于汽车进行制动力分配和操纵稳定性、行驶平顺性控制,对提高轮胎的寿命也比较有利。

②后轮为驱动轮,汽车上坡时质量向后轴转移,提高了驱动轴的附着力,有利于爬坡。

③前舱和后行李舱都比较比较宽敞,发动机的冷却条件好,维修时的接近性也好。这种前后舱宽敞的结构特别有利于车辆发生正面或追尾撞车时被动安全性。

主要缺点:

①轴距较长,汽车的总长及自身质量都较大。

②传动系统的部件增多。

③车厢地板中部有较大凸起,影响了地板平整性,也不利于降低地板高度,从而使乘坐空间布置及乘坐舒适性受到影响。

(3)后置发动机后轮驱动轿车。后置发动机后轮驱动布置简称后置后驱动(RR),如图1-2c)所示。其发动机、离合器、变速器及主减速器连成一体,通过传动轴驱动后轮。这种结构也有纵置发动机和横置发动机之分。与前置前驱动类似,后置后驱动具有总长可缩短、质量可减小、地板可降低等优点。但其后轴轴荷过大,易导致汽车具有过度转向特性使操纵性变坏。此外,这种布置还存在前轮附着力小、高速转向时侧向力不稳定、发动机的冷却困难、变速机构复杂、变速杆过长等缺点。故此布置方案在轿车上已很少采用。

(4)四轮驱动轿车。为了提高轿车对各种路面和地面的适应性、改善车辆的附着条件,四轮驱动(4×4)的布置方式在一些中高级轿车上得到应用。一般多见前置发动机的布置形式。目前这种四轮驱动的驱动方案有全时四轮驱动和部分时间四轮驱动两种结构和控制方法。所谓全时四轮驱动,就是前后轴总是同时接合的,这种结构需要轴间差速装置以适应道路条件。所谓部分时间四轮驱动,就是车辆一般是单轴驱动,前轴或后轴驱动,在地面附着力不够时,通过人工、液力系统或电控自动接合另一轴参与驱动。四轮驱动车辆能充分利用车辆的附着力,有利于车辆动力性和操纵性的改善,但是驱动布置结构复杂,还需要轴间差速器来调节前后轴的转速特性。

(5)前置发动机、后轮驱动客车。早期的客车多用货车底盘及发动机改装而成,因而沿用货车常用的前置发动机后轮驱动的布置型式,如图1-4a)所示。

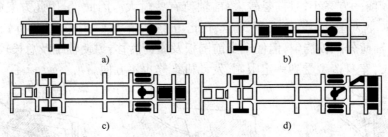

图1-4 客车的发动机布置方案

主要优点:
①与货车通用的部件多,易于由货车改装,便于批量生产。
②前置发动机也有利于冷却与维修方便。
③动力及传动系统的操纵机构简单等。

主要缺点:
①由于发动机罩凸出地板之上,使车厢面积利用率差。
②车厢内噪声大,隔热、隔振较困难,发动机油烟味也有可能进入车内,影响车内环境和乘坐舒适性。
③轴荷分配不够理想,前轴容易过载而使转向沉重。
④为了保证乘客空间,由于前悬的尺寸受到限制而加长后悬,使汽车的离去角过小,上下坡时容易刮地。
⑤前悬处不易设置乘客用车门,因而不利于实行公共汽车的单人管理(驾驶人及乘务员为一人)。
⑥当轴距较长时,需采用多节传动轴,容易发生共振。
⑦地板较高,乘客上下车不方便。

鉴于上述缺点以及客车产量的不断增加、性能要求的不断提高,现代客车早已不再用货车底盘改装而采用专门设计的客车底盘,装备了大功率发动机且多布置于汽车的后部与中部;扩大了乘客空间,加强了乘坐舒适性布置;为了简化操作,后置发动机常采用自动或半自动变速机构。

(6)中置发动机、后轮驱动客车。现代客车有的采用中置卧式发动机方案。如图1-4b)所示,发动机布置在前后轴之间的车厢地板之下。

主要优点:
①车厢面积利用率很高,座位布置和外形设计均不受发动机的限制。
②前门可布置前轮之前以便于公共汽车的单人管理。
③通过一些减振和隔振措施,可使车厢内噪声小;传动轴短,有利于减小机械振动。

主要缺点:
①发动机受到布置限制而需专门设计,其冷却、保温、防尘和防污困难,隔热较差,维修时接近性差,操纵机构复杂,地板较高。
②这种布置型式适于道路条件及气候条件好的地区,同时要求发动机有高可靠性。

(7)后置发动机、后轮驱动客车。将发动机纵置或横置于后轮之后(图1-4c、d)的后置发动机方案,日益为现代城市公交车、长途和旅游大型客车所采用。

主要优点:
①发动机与车厢隔离,车厢的振动及噪声小,乘坐舒适性好。
②当发动机横置时,车厢的面积利用率较高。
③轴荷分配较合理。
④发动机的维修可在车外进行,接近性好。
⑤车厢地板以下可布置容积很大的行李舱。
⑥由于发动机布置在轴距以外,且地板下无传动轴,故前部和中间通道的地板高度可大大降低,使上下车方便。
⑦前门也可以布置在前轮之前以便于公共汽车的单人管理。

主要缺点:
①动力传动系统需远距离操纵,机构较复杂。
②驾驶人听不清发动机的声音,不易及时发现故障。
③散热器布置较困难,发动机后置使其冷却、防尘及车厢取暖均会遇到困难。

(8)发动机位于前轴之上、驾驶室之前货车。如图1-5a)、b)所示,置于驾驶室之前的发动机及其护罩构成向前凸出的长车头外形,故这种布置方案的汽车属于"长头车"型或"半长头"型、"短头车"型。

主要优点:
①发动机的接近性好,维修方便,其振动、噪声及热量对驾驶室的影响较小。
②驾驶室地板较低,上下车用的踏板易于布置,进出驾驶室方便。
③汽车的操纵机构简单,易于布置。
④轴荷分配合理:满载时,前轴占27%~30%,有利于在泥泞、松软等坏路面上的行驶。

主要缺点:
具有长的轴距及前后轮廓尺寸,最小转弯半径较大,面积利用率(货箱面积与整车俯视面积之比)较低,长头导致驾驶视野性较差。

(9)发动机位于前轴之上、驾驶室之下货车。如图1-5c)、d)所示,这时驾驶室布置在发动机之上方,其前端形成较平坦的车头,具有这种布置方案的汽车属于"平头车"型。

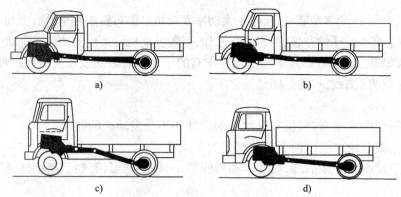

图1-5 载货汽车发动机、前轴与驾驶室的相对布置方案

主要优点：

可获得最短的轴距和车长尺寸；质量轻；机动性及视野性好；面积利用率高。

主要缺点：

①驾驶室易受发动机的振动、噪声、热等的影响，夏天尤其严重。

②发动机罩突出于驾驶室内两侧座之间，不易设置中间座位。

③在驾驶室内设置可打开舱口来维修发动机，其接近性仍差，维修不方便，一般采用可翻倾式驾驶室，但也带来操纵传动机构的复杂化。

④这种布置方案使驾驶室地板最高，上下车不方便。

⑤与长头车型比较，这种驾驶室被动安全性较差。

对于上述缺点，目前已有不少改善措施，如对驾驶室采取隔热、通风、密封、采暖、隔振等措施以及加装空调设备等，再加之其原有的优点，使平头式（包括下述布置）方案在现代轻、中、重型载货汽车上得到了广泛采用。

1.3.2 汽车主要尺寸的确定

1. 外廓尺寸

GB 1589—2004《道路车辆外廓尺寸、轴荷及质量限值规定》的汽车外廓尺寸见表1-5。

轿车总长 L_a 是轴距 L、前悬 L_F 和后悬 L_R 之和。它与轴距 L 有下述关系：$L_a = L/C$。式中 C 为比例系数，其值在 0.52～0.66，发动机前置前轮驱动汽车的 C 值为 0.62～0.66，发动机后置后轮驱动汽车的 C 值为 0.52～0.56。

轿车宽度尺寸一方面由乘员必需的室内宽度和车门厚度来决定，另一方面应保证能布置下发动机、车架、悬架、转向系统和车轮等。轿车总宽 B_a 与车辆总长 L_a 之间有下述近似关系：$B_a = (L_a/3) + (195 \pm 60)\text{mm}$。后座乘三人的轿车，$B_a$ 不应小于1410mm。

影响轿车总高 H_a 的因素有轴间底部离地高 h_m，地板及下部零件高 h_p，室内高 h_B 和车顶造型高度 h_t 等。

轴间底部离地高 h_m 应大于最小离地间隙 h_{min}。由座位高、乘员上身长和头部及头上部空间构成的室内高 h_B 一般在 1120～1380mm。车顶造型高度在 20～40mm 范围内变化。

2. 轴距 L

轴距 L 对整备质量、汽车总长、最小转弯直径、传动轴长度、纵向通过半径等都有影响。当轴距短时，上述各指标减小。此外，轴距还对轴荷分配、传动轴夹角有影响。轴距过短会使车厢（箱）长度不足或后悬过长；汽车上坡、制动或加速时轴荷转移过大，使汽车制动性或操纵稳定性变坏；车身纵向角振动增大，对平顺性不利；万向节传动轴的夹角增大。

汽车、挂车及汽车列车外廓尺寸的最大限值(mm)　　　　表1-5

车辆类型			车长[a]	车宽	车高
	三轮汽车[b、c]		4600	1600	2000
汽车	货车[e、f]及半挂牵引车	最高设计车速小于70km/h的四轮货车[d]	6000	2000	2500
		二轴 最大设计总质量≤3500kg	6000	2500[h]	4000
		二轴 最大设计总质量>3500kg,且≤8000kg	7000[g]		
		二轴 最大设计总质量>8000kg,且≤12000kg	8000[g]		
		二轴 最大设计总质量>12000kg	9000[g]		
		三轴 最大设计总质量≤20000kg	11000		
		三轴 最大设计总质量>20000kg	12000		
		四轴	12000		
	乘用车及客车	乘用车及二轴客车	12000	2500[h]	4000[i]
		三轴客车	13700		
		单铰接客车	18000		
挂车	半挂车[j]	一轴	8600	2500[h]	4000
		二轴	10000[k]		
		三轴	13000[l]		
	中置轴(旅居)挂车		8000		
	其他挂车	最大设计总质量≤10000kg	7000		
		最大设计总质量>10000kg	8000		
汽车列车	铰接列车		16500[m]	2500[h、n]	4000[o]
	货车列车		20000		

注:a)挂车车长为挂车最前端至最后端的距离。
　　b)即原三轮农用运输车,下同。
　　c)当采用转向盘转向、由传动轴传递动力、具有驾驶室且驾驶人座椅后设计有物品放置空间时,车长、车宽、车高的限值分别为5200mm、1800mm、2200mm。
　　d)指低速载货汽车,即原四轮农用运输车,下同。
　　e)车长限值不适用于不以运输为目的的专用作业车。
　　f)最大设计总质量不超过26000kg的汽车起重机的车长限值为13000mm。
　　g)当货厢与驾驶室分离且货厢为整体封闭式时,车长限值增加1000mm。
　　h)对于货厢为整体封闭式的厢式货车(且货厢与驾驶室分离)、整体封闭式厢式半挂车及整体封闭式厢式汽车列车,以及车长大于11000mm的客车,车宽最大限值为2550mm。
　　i)定线行驶的双层客车车高最大限值为4200mm。
　　j)运送不可拆解物体的低平板专用半挂车车宽限值3000mm;车长限值不适用于运送不可拆解物体的低平板专用半挂车、运送车辆的专用半挂车(但与牵引车组成的列车长度需符合本标准规定)和运送单箱长度大于12.2m(40ft)集装箱的框架式集装箱半挂车。
　　k)对于整体封闭式厢式半挂车、集装箱半挂车,以及组成五轴汽车列车的罐式半挂车,车长最大限值为13000mm。
　　l)自2008年1月1日起,在高等级公路上使用的整体封闭式厢式半挂车,车长最大限值为14600mm。
　　m)运送不可拆解物体的低平板列车和运送单箱长度大于12.2m(40ft)集装箱的框架式集装箱列车除外;自2008年1月1日起,与整体封闭式厢式半挂车组成的铰接列车在高等级公路上使用时,车长最大限值为18100mm。
　　n)运送不可拆解物体的低平板挂车列车车宽限值为3000mm。
　　o)对于集装箱挂车列车指装备空集装箱时的高度。2007年1月1日以前,集装箱挂车列车的车高最大限值为4200mm。
　　p)不在公路上行驶的汽车,其外廓尺寸不受上述规定限制。

原则上对发动机排量大的轿车、载质量或载客量多的货车或客车,车轴距取得长。对机动性要求高的汽车,轴距宜取短些。为满足市场需要,工厂在标准轴距货车基础上,生产出短轴距和长轴距的变型车。对于不同轴距变型车的轴距变化,推荐在 0.4~0.6m 来确定为宜。

汽车的轴距可参考表 1-6 提供的数据选定。

各类汽车的轴距和轮距　　　　　表 1-6

车型	类别		轴距 L(mm)	轮距 B(mm)
轿车	微型级		2000~2200	1100~1380
	普通级		2100~2540	1150~1500
	中级		2500~2860	1300~1500
	中高级		2850~3400	1400~1580
	高级		2900~3900	1560~1620
4×2 货车	微型		1700~2900	1150~1350
	轻型		2300~3600	1300~1650
	中型		3600~5500	1700~2000
	重型		4500~5600	1840~2000
矿用自卸车	总质量 m_a (t)	<60	3200~4200	2000~4000
		>60	3900~4800	
大客车	城市大客车(单车)		4500~5000	1740~2050
	长途大客车(单车)		5000~6500	

3. 前轮距 B_1 和后轮距 B_2

增大轮距,可使车厢内宽增加,并有利于增加侧倾刚度,汽车横向稳定性变好;但汽车总宽和总质量增加及最小转弯直径等增加,并导致汽车的比功率、比转矩指标下降,机动性变坏。

受汽车总宽不得超过 2.5m 限制,轮距不宜过大。但在取定的前轮距 B_1 范围内,应能布置下发动机、车架、前悬架和前轮,并保证前轮有足够的转向空间,同时转向杆系与车架、车轮之间有足够的运动间隙。在确定后轮距 B_2 时,应考虑两纵梁之间的宽度、悬架宽度和轮胎宽度及它们之间应留有必要的间隙。

各类汽车的轮距可参考表 1-6 提供的数据进行初选。

4. 前悬 L_F 和后悬 L_R

前、后悬长时,汽车接近角和离去角都小,影响汽车通过性能。对长头汽车,前悬不能缩短的原因是在这段尺寸内要布置保险杠、散热器、风扇、发动机等部件。从撞车安全性考虑希望前悬长,从视野角度考虑又要求前悬短。前悬对平头汽车上下车的方便性有影响,前钢板弹簧长度也影响前悬尺寸。长头货车前悬一般在 1100~1300mm。

货车后悬长度取决于货箱、轴距和轴荷分配的要求。轻型、中型货车的后悬一般在 1200~2200mm,特长货箱汽车的后悬可达 2600mm,但不得超过轴距的 55%。轿车后悬长度影响行李舱尺寸。客车后悬长度不得超过轴距的 65%,绝对值不大于 3500mm。对于三轴汽车,若二、三轴为双后轴,其轴距应按第一轴至双后轴中心线的距离计算;若一、二轴为双转向轴,其轴距按一、三轴的轴距计算。

5. 货车车头长度

货车车头长度系指从汽车的前保险杠到驾驶室后围的距离。车身形式,即长头型还是平头型对车头长度有明显影响。此外,车头长度尺寸对汽车外观效果、驾驶室居住性和发动机的接近性等也有影响。

长头型货车车头长度尺寸一般在 2500~3000mm,平头型货车一般在 1400~1500mm。

6. 货车车箱尺寸

要求车箱尺寸在运送散装煤和袋装粮食时能装足额定吨数。车箱边板高度对汽车质心高度和装卸货物的方便性有影响,一般应在 450～650mm 范围内选取。车箱内宽应在汽车外宽符合国家标准的前提下适当取宽些,以利缩短边板高度和车箱长度。行驶速度较高的货车,使用过宽的车箱会增加汽车迎风面积,导致空气阻力增加。车箱内长应在能满足运送上述货物额定吨位的条件下尽可能取短些,以利于减小整备质量。

1.3.3 汽车质量参数的确定

1. 整车整备质量 m_0

整车整备质量是指车上带有全部装备(包括随车工具、备胎等),加满燃料、水,但没有装货和载人时的整车质量。

整车整备质量对汽车的制造成本和燃油经济性均有影响。目前,尽可能减少整车整备质量的目的是通过减轻整备质量增加装载量或载客量;抵消因满足安全标准、排气净化标准和噪声标准所带来的整备质量的增加,节约燃料。减少整车整备质量的措施主要有:采用强度足够的轻质材料,改善设计手段和实现轻量化的结构设计,是汽车设计工作中减轻整车质量的主要原则和技术途径。

整车整备质量在设计阶段需估算确定。在日常工作中,收集同类型汽车各总成、部件和整车的有关质量数据,结合新车设计的结构特点、工艺水平等初步估算出各总成、部件的质量,再累计构成整车整备质量。

轿车和客车的整备质量也可按每人所占整车整备质量的统计平均值估计,见表 1-7。

轿车和客车人均整备质量　　表 1-7

车　型	人均整备质量值(t/人)	车　型	人均整备质量值(t/人)
微型轿车	0.15～0.16	中高级以上轿车	0.29～0.34
普通级轿车	0.17～0.24	中型以下客车	0.096～0.16
中级轿车	0.21～0.29	大型客车	0.065～0.13

2. 汽车的载客量和装载质量(简称装载量)

1)汽车的载客量

轿车的载客量用座位数表示。微型和普通级轿车为 2～4 座;中级以上轿车为 4～7 座。

城市客车的载客量,由座位乘客数和站立乘客数两部分构成。站立乘客按每平方米 8～10 人计算。长途客车和专供游览观光用的客车,其载客量等于座位数。

2)汽车的装载质量 m_e

汽车的装载质量是指在硬质良好路面上行驶时所允许的额定装载质量。越野汽车的装载质量是指越野行驶时或在土路上行驶时的额定装载质量。

载货汽车装载质量 m_e 的确定,首先应与行业产品规划的系列符合,其次要考虑到汽车的用途和使用条件。原则上货流大、运距长或矿用自卸车应采用大吨位货车;货源变化频繁、运距短的市内运输车采用中、小吨位的货车比较经济。

3)质量系数 η_{m0}

质量系数 η_{m0} 是指汽车装载质量与整车整备质量的比值,即 $\eta_{m0} = m_e/m_0$。该系数反映了汽车的设计水平和工艺水平，η_{m0}值越大，说明该汽车的结构和制造工艺越先进。

在参考同类型汽车选定η_{m0}以后(表1-8)，可根据任务书中给定的m_e值计算出整车整备质量。

不同类型汽车的质量系数 η_{m0} 表1-8

汽车类型			η_{m0}
货车		轻型	0.80 ~ 1.10①
		中型	1.20 ~ 1.35
		重型	1.30 ~ 1.70
矿用自卸车	最大装载质量 $m_e(t)$	<45	1.10 ~ 1.50
		>45	1.30 ~ 1.70

注：①装柴油机的货车为0.80~1.00。

4) 汽车的总质量 m_a

汽车的总质量是指已整备完好、装备齐全并按规定载满客、货时的整车质量。除包括汽车的整备质量 m_0 及装载量 m_C 外，货车还应计入驾驶室坐满人的质量；轿车和长途客车还应计入行李的质量 m_B；如有附加设备还应考虑附加设备(非常规随车装备)的质量 m_F 等。其中，乘员和驾驶人每人质量按65kg计，而行李的质量则是：轿车按每人5~10kg计；长途客车按每人10~15kg计；城市客车不计行李质量。

汽车、挂车及汽车列车最大允许质量的最大限值及最大设计总质量的最小限值，见国家标准 GB 1589—2004《道路车辆外廓尺寸、轴荷及质量限值规定》。

5) 轴荷分配

汽车的轴荷分配是指汽车在空载或满载静止状态下，各车轴对支撑平面的垂直载荷，也可以用占空载或满载总质量的百分比来表示。

轴荷分配对轮胎寿命和汽车的使用性能有影响。从轮胎磨损均匀和寿命相近考虑，各个车轮的载荷应相差不大；为了保证汽车有良好的动力性和通过性，驱动桥应有足够大的载荷，而从动轴载荷可以适当减少；为了保证汽车有良好的操纵稳定性，转向轴的载荷不应过小。

汽车的发动机位置与驱动形式、汽车结构特点、车头形式和使用条件等均对轴荷分配有显著影响。各类汽车的轴荷分配见表1-9。

各类汽车的轴荷分配(%) 表1-9

车型		满载		空载	
		前轴	后轴	前轴	后轴
轿车	发动机前置前轮驱动	47 ~ 60	40 ~ 53	56 ~ 66	34 ~ 44
	发动机前置后轮驱动	45 ~ 50	50 ~ 55	51 ~ 56	44 ~ 49
	发动机后置后轮驱动	40 ~ 46	54 ~ 60	38 ~ 50	50 ~ 62
货车	4×2 后轮单胎	32 ~ 40	60 ~ 68	50 ~ 59	41 ~ 50
	4×2 后轮双胎，长、短头式	25 ~ 27	73 ~ 75	44 ~ 49	51 ~ 56
	4×2 后轮双胎，平头式	30 ~ 35	65 ~ 70	48 ~ 54	46 ~ 52
	6×4 后轮双胎	19 ~ 25	75 ~ 81	31 ~ 37	63 ~ 69

1.3.4 汽车性能参数的确定

1. 动力性参数

1）最高车速 $v_{a\,max}$

随着道路条件的改善,特别是中、高级轿车的最高车速有逐渐提高的趋势。轿车的最高车速 $v_{a\,max}$ 大于货车、客车的最高车速,级别高的轿车的最高车速 $v_{a\,max}$ 要大于级别低的轿车的最高车速,微型、轻型货车最高车速大于中型重型货车的最高车速,重型货车最高车速较低。有关客车的车速见原交通部行业标准 JT/T 325—1997。一般车型的最高车速范围见表1-10。

汽车动力性参数范围　　　　　　　　　　　表1-10

车型		最高车速 $v_{a\,max}$ km/h	比功率(kW/t)	比转矩[(N·m)/t]
轿车	微型	110～150	30～60	50～110
	普通级	120～170	35～65	80～110
	中级	130～190	40～70	90～130
	中高级	140～230	50～80	120～140
	高级	160～280	60～110	100～180
货车	微型	80～135	16～28	30～44
	轻型		15～25	38～44
	中型	75～120	10～20	33～47
	重型		6～20	29～50

2）加速时间 t

汽车加速时间有原地起步加速时间和超车加速时间之分。所谓原地起步加速时间是汽车在良好水平路面上,从原地起步开始以最大的加速强度加速到一定车速或里程所用去的时间称为加速时间。所谓超车加速时间是汽车以最高挡,由一个车速加速到一个更高的车速所需要的时间。对于最高车速 $v_{a\,max}>100$ km/h 的汽车,常用加速到100km/h所需的时间来评价,如中、高级轿车此值一般为8～17s,普通级轿车为12～25s。对于 $v_{a\,max}$ 低于100km/h的汽车,可用 0～60km/h 的加速时间来评价。加速时间对轿车是一个重要的动力性指标。

3）爬坡能力

用汽车满载时在良好路面上能爬上的最大坡度 i_{max} 来表示汽车爬坡能力。因轿车、货车、越野汽车的使用条件不同,对它们的上坡能力要求也不一样。通常要求轿车和中、轻型货车能克服30%坡度,越野汽车能克服60%坡度。

4）汽车比功率和比转矩

比功率是汽车所装发动机的标定最大功率与汽车最大总质量之比。它可以综合反映汽车的动力性。轿车的比功率大于货车和客车,货车的比功率随总质量的增加而减小。为保证路上行驶车辆的动力性不低于一定的水平,防止某些性能差的车辆阻碍交通,应对车辆的最小比功率做出规定。

比转矩是汽车所装发动机的最大转矩与汽车总质量之比,它也能综合反映汽车的动力性。

不同车型的比功率和比转矩范围见表1-10。

2. 燃油经济性参数

汽车的燃油经济性用汽车在水平的混凝土或者沥青路面上，以经济车速或多工况满载行驶百公里的燃油消耗量（L/100km）来评价。该值越小燃油经济性越好。级别低的轿车，百公里燃油消耗量要低于级别高的轿车。因此，有不同形式工况就有不同的燃油经济性评价指标。燃油经济性与发动机的燃油消耗率、汽车功率输出相关。轿车的等速百公里燃油消耗量见表1-11。

轿车的百公里燃油消耗量（L/100km） 表1-11

车型	微型轿车	普通级轿车	中级轿车	高级轿车
百公里燃油消耗量 （L/100km）	4.4~7.5	7~12	10~16	18~23.5

3. 通过性的几何参数

汽车通过性有几何通过性和支撑通过性两个方面。几何通过性讨论的是汽车行驶时车辆底部与地面间的运动学干涉而出现的间隙失效。支撑通过性研究的是车辆行走机构与松软的路面的支撑能力。总体设计时要确定的几何通过性参数有：最小离地间隙 h_{min}、接近角 γ_1、离去角 γ_2、纵向通过直径 ρ_1、最小转弯直径 D_{min} 等。各类汽车的通过性参数视车型和用途而异，其范围见表1-12、表1-13。

汽车通过性的几何参数 表1-12

车型	h_{min}(mm)	γ_1(°)	γ_2(°)	ρ_1(m)
4×2轿车	150~220	20~30	15~22	3.0~8.3
4×4轿车	210	45~50	35~40	1.7~3.6
4×2货车	250~300	40~60	25~45	2.3~6.0
4×4货车、6×6货车	260~350	45~60	35~45	1.9~3.6
4×2客车、6×4客车	220~370	10~40	6~20	4.0~9.0

各类汽车的最小转弯直径 D_{min} 表1-13

车型	级别	D_{min}(m)	车型	级别	D_{min}(m)
轿车	微型	7~9.5	货车	微型	8~12
	普通级	8.5~11		轻型	10~19
	中级	9~12		中型	12~20
	高级	11~14		重型	13~21
客车	微型	10~13	矿用自卸车 装载质量 m_e(t)	<45	15~19
	中型	14~20		>45	18~24
	大型	17~22			

GB 7258—2004《机动车运行安全技术条件》中规定：汽车和汽车列车（不计具有作业功能的专用装置的突出部分）、轮式拖拉机运输机组必须能在同一个车辆通道圆内通过，车辆通道圆的直径 D_1 为25.00m，内圆直径 D_2 为10.60m。汽车和汽车列车、轮式拖拉机运输机组由直线行驶过渡到上述圆周运动时，任何部分超出直线行驶时的车辆外侧面垂直面的值（外摆值）不应大于0.80m（对铰接客车和铰接式无轨电车外摆值不允许大于1.20m）。

4. 操纵稳定性参数

汽车操纵稳定性的评价参数较多,与总体设计有关并能作为设计指标的有:

(1)为了保证有良好的操纵稳定性,汽车应具有一定程度的不足转向。一般汽车稳定性因数 K 必须大于0。

$$K = \frac{m}{L^2}\left(\frac{a}{k_2} - \frac{b}{k_1}\right)$$

式中: m ——汽车质量;

k_1、k_2 ——前后轴车轮侧偏刚度;

a、b ——质心至前、后轴距离;

L ——轴距。

(2)也可以用汽车前、后轮侧偏角之差($\delta_1 - \delta_2$)作为评价参数。汽车以 $0.4g$ 的向心加速度沿定圆转向时,此参数在 $1°\sim 3°$ 为宜。

(3)车身侧倾角。汽车以 $0.4g$ 的向心加速度沿定圆等行驶时,车身侧倾角控制在 $3°$ 以内较好;最大不允许超过 $7°$。

(4)制动前俯角。为了不影响乘坐舒适性,要求汽车以 $0.4g$ 减速度制动时,车身的前俯角不大于 $1.5°$。

5. 制动性参数

汽车制动性是指汽车制动时,能在尽可能短的距离内停车且保持方向稳定性,下长坡时能维持较低的安全车速并有在一定坡道上长期驻车的能力。目前,常用制动距离 s_t 和平均制动减速度 j 来评价制动效能。

GB 7258—2004《机动车运行安全技术条件》规定:

(1)机动车应设置足以使其减速、停车和驻车的制动系统或装置。

(2)机动车在规定的初速度下的制动距离和制动稳定性要求应符合表1-14的规定。

制动距离和制动稳定性要求　　　　　　　　　　表1-14

机动车类型	制动初速度(km/h)	满载检验制动距离要求(m)	空载检验制动距离要求(m)	试验通道宽度(m)
三轮汽车	20	≤5.0		2.5
乘用车	50	≤20.0	≤19.0	2.5
总质量不大于3500kg的低速货车	30	≤9.0	≤8.0	2.5
其他总质量不大于3500kg的汽车	50	≤22.0	≤21.0	2.5
其他汽车、汽车列车	30	≤10.0	≤9.0	3.0
两轮摩托车	30	≤7.0		—
边三轮摩托车	30	≤8.0		2.5
正三轮摩托车	30	≤7.5		2.3
轻便摩托车	20	≤4.0		—
轮式拖拉机运输机组	20	≤6.5	≤6.0	3.0
手扶变型运输机	20	≤6.5		2.3

(3)汽车、汽车列车在规定的初速度下紧急制动时充分发出的平均减速度及制动稳定性

要求应符合表 1-15 的规定。

制动减速度和制动稳定性要求 表 1-15

机动车类型	制动初速度（km/h）	满载检验充分发出的平均减速度（m/s²）	空载检验充分发出的平均减速度（m/s²）	试验通道宽度（m）
三轮汽车	20	≥3.8		2.5
乘用车	50	≥5.9	≥6.2	2.5
总质量不大于 3500kg 的低速货车	30	≥5.2	≥5.6	2.5
其他总质量不大于 3500kg 的汽车	50	≥5.4	≥5.8	2.5
其他汽车、汽车列车	30	≥5.0	≥5.4	3.0

（4）汽车（三轮汽车除外）在空载和满载状态下，按表 1-16 所列初速度进行应急制动性能检验，应急制动性能应符合表 1-16 的要求。

应急制动性能要求 表 1-16

机动车类型	制动初速度（km/h）	制动距离（m）	充分发出的平均减速度（m/s²）	允许操纵力不应大于（N）	
				手操纵	脚操纵
乘用车	50	≤38.0	≥2.9	400	500
客车	30	≤18.0	≥2.5	600	700
其他汽车（三轮汽车除外）	30	≤20.0	≥2.2	600	700

（5）在空载状态下，驻车制动装置应能保证机动车在坡度为 20%（对总质量为整备质量的 1.2 倍以下的机动车为 15%）、轮胎与路面间的附着系数不小于 0.7 的坡道上正、反两个方向保持固定不动，其时间不应少于 5min。对于允许拖挂挂车的汽车，其驻车制动装置必须能使汽车列车在满载状态下时能停在坡度为 12% 的坡道（坡道上轮胎与路面间的附着系数不应小于 0.7）上。

（6）汽车、汽车列车在制动检验台上测出的制动力应符合表 1-17 的要求。对空载检验制动力有质疑时，可用表 1-17 规定的满载检验制动力要求进行检验。

台试检验制动力要求 表 1-17

机动车类型	制动力总和与整车质量的百分比（%）		轴制动力与轴荷[①]的百分比（%）	
	空载	满载	前轴	后轴
三轮汽车	≥45		—	≥60[②]
乘用车、总质量不大于 3500kg 的货车	≥60	≥50	≥60[②]	≥20[②]
其他汽车、汽车列车	≥60	≥50	≥60[②]	
摩托车	—	—	≥60	≥55
轻便摩托车	—	—	≥60	≥50

注：①用平板制动检验台检验乘用车时应按动态轴荷计算。
②空载和满载状态下测试均应满足此要求。

6. 平顺性参数

汽车对来自于路面不平引起的振动要有一定的减振和隔振能力，该能力称之为汽车行驶平顺性。对于乘用汽车而言,人体在汽车的振动和车内环境下,乘坐或操作的综合感觉与感受,又称汽车的舒适性。舒适性包括了平顺性、空气调节性能(温度、湿度等)、车内噪声、乘坐环境(活动空间、车门及通道宽度、内部设施等)及驾驶人的操作性能。

汽车行驶平顺性常用汽车振动加速度、车轮相对动载荷、悬架动挠度等参数进行评价。影响汽车行驶平顺性的结构参数主要是悬架的刚度、阻尼、车身质量分布、悬架质量与非悬架质量的质量分配等。悬架的固有频率为1~2Hz,一般是小车偏低,大车偏高。

1.3.5 汽车总布置设计

概念设计中,明确了整车控制尺寸、质量参数、性能要求及新车的结构类型后,对总成和部件进行空间布置,使其达成最佳组合,这就是汽车的总布置设计,反映这一工作结果的图面称为总布置图。汽车总布置的主要内容一般包括:发动机、传动系统的布置;悬架、轮胎(车轮)的选择;座椅布置;踏板、变速杆等操作机构的布置;载货空间的布置;燃料箱、备胎的布置;车身及内、外饰件的布置;质量计算;各类运动校核等。

1. 发动机和轮胎的选择

1) 发动机的选择

在新开发的汽车上选择什么样的发动机,一是要满足性能的要求,尤其是汽车动力性、燃料经济性,同时还要满足排放和噪声法规的要求;二是对布置的要求。

汽车的动力性能在很大程度上取决于最高车速和比功率。一般可以参考同级车型,根据竞争车型的比功率来选定合适额定功率及转速的发动机。最高车速是汽车主要的动力性参数,是发动机功率选择的计算依据,应该按照《汽车理论》上的方法进行设计计算。发动机额定功率必须满足车辆的最高车速要求。一般中、重型货车和客车的最高车速偏低,而轻型客车、轿车用的最高车速较高。相关数据参考表1-10。

最大转矩对汽车的起步、加速、爬坡性能起决定性作用,一般希望转矩较大而相应的转速较低。对于经常处于低速运行或在城区使用的车辆,转矩指标具有更重要的意义,但过分追求大转矩或低的相应转速不利于排放。一般用适应性系数Q检验发动机输出特性的适应性,Q值越大,说明发动机的适应性越好。

$$Q = (T_{e\max} n_p)/(T_p n_m) \tag{1-1}$$

式中:$T_{e\max}$——最大转矩;

n_m——最大转矩时的转速;

T_p——额定功率时的转矩;

n_p——额定功率时的转速。

2) 轮胎的选择

选择轮胎主要考虑车型、使用条件、轮胎静负荷、轮胎额定负荷及最高车速等因素。轮胎在使用中的静负荷不宜大于其额定负荷;双胎并装对其静负荷要按轮胎有关标准使用;轮胎的使用速度也有限制,超过限制使用速度会影响行驶安全。

2. 传动系统匹配

传动系统的匹配应当考虑两个方面的内容,即整车性能的匹配和传动系统自身能力的匹配。

1) 整车性能

汽车与传动系统直接相关的整车性能是动力性、燃油经济性和排放,在整车参数和发动机、轮胎选定后就取决于传动系统传动比的确定,应该按照《汽车理论》上的方法进行传动系统传动比的计算与分配。一般希望传动比变化的范围大一些,而挡间比尽可能小一些,即选取多挡变速器,以提高车辆行驶的适应性和换挡的平顺性。对于货车,特别是重、中型货车,为了提高车辆头挡动力因素,在进行性能计算时要考虑起步坡度,推荐计算公式如下:

$$G_{si} = [(8Ti_o i_n)/(Rm_a) - A_n] \times 100\% \tag{1-2}$$

式中,G_{si}——最大起步坡度;

T——略高于怠速点(一般取 1.2~1.3 倍的怠速转速)的转矩,N·m;

i_o——主减速比;

i_n——起步挡传动比;

R——轮胎滚动半径,m;

m_a——最大总质量,kg;

A_n——挡位系数,一挡为 1,二挡为 0.6,三挡为 0.4。

2) 传动系统能力

发动机的转矩能否得到充分发挥主要取决于传动系统各总成的结构匹配。在进行传动系统匹配时要确定:变速器和驱动桥的允许最大输出转矩,离合器和传动轴的允许传递的最大转矩。传动系统的最大能力等于传动系统中各总成能力最弱那一个的能力,设计中应注意传动系统能力的合理匹配,避免过多的剩余功能。

3. 总布置图

总布置设计图是总体设计方案的图面体现,对各系统几何参数设计起控制和指导作用。

1) 图面要求

(1) 坐标系。以货车为例,如图 1-6 所示。以车架上平面或车身地板主平面为 XY 面;以过前轮中心线且垂直于 XY 面的面为 YZ 面;以汽车的纵向对称面为 XZ 面。XY 面和 XZ 面的交线为 X 轴,向后为正方向;XY 面和 YZ 面的交线为 Y 轴,向右为正方向;XZ 面和 YZ 面的交线为 Z 轴,向上为正方向;三条轴线的交点为 O 点。一般有车架时,以车架上平面为 XY 面,无车架(承载式车身)时以车身地板主平面为 XY 面。但当车架上表面是复杂面时,也可以用车身

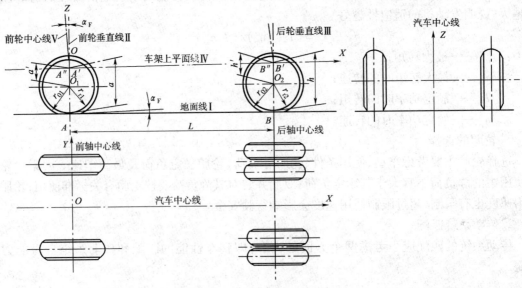

图 1-6 总布置图的坐标系

地板主平面作 XY 面。设计中允许独立总成建立自己的坐标系。

值得注意的是 XY 面与水平面之间应当保持一个 0.5°~1.5°的夹角,汽车处于前低后高的状态,使车辆在行进中给人的视觉上呈现强劲有力的态势。

对于轿车或承载式车身的客车,一般是以车身地板主平面为 XY 面来进行上述布置设计。

(2)总布置图格式。以轿车为例。轿车的总布置设计图如图 1-7 所示,是将选定的各总成一一布置在图面上,对各总成的安装和外形,以及运动空间(需要校核)进行确认和调整。各总成在这张图上所处的位置和范围将作为系统设计的依据和边界条件。现代汽车总布置设计基本上都是采用三维设计和分析软件,图 1-7 不仅仅是平面的,而会有多种格式和形态。

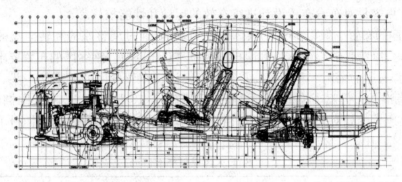

图 1-7　总布置设计图

(3)校对图。校对图是对各系统设计师完成的设计图所做的一次图面上的总装和运动校核,其目的是确认总布置设计是否合理及各设计是否达到总装的要求。

2)主要总成的布置

(1)发动机和传动系统布置。以货车为例。对于前置后驱动的汽车,以发动机的曲轴中心线、曲轴中心线与缸体前(后)端面的交点 O_e 和缸体中心平面为基准,将其固定在整车坐标系中(图 1-8)。在进行发动机和传动系统布置时,要注意的主要问题有发动机与发动机舱的间隙、发动机允许倾角、传动轴夹角、发动机舱的空气流动性、轴荷分配及变型的方便性等。

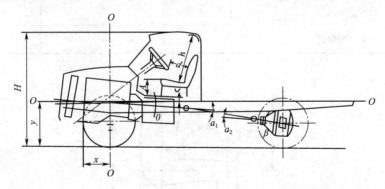

图 1-8　货车发动机与传动系统的布置

目前,2L 以下的轿车主要采用前横置发动机前驱动类型(FF),3L 以上的轿车主要采用前纵置后驱动类型(FR)。四轮驱动一般用于轿车的变型车。各种车发动机与传动系统的布置均要考虑发动机允许倾角、传动轴夹角、发动机舱的空气流动性、轴荷分配及变型的方便性等,并在相应坐标平面作出校核图。

(2)转向系统、制动系统、悬架的布置。转向系统的转向盘与转向柱的布置要与车身人机工程学的布置相协调一致;转向传动拉杆及转向节臂的布置主要考虑转向运动学关系以及校核转向与制动时的机构干涉。制动系统制动踏板的布置也是车身人机工程学的布置内容,同时要考虑制动力传动机构和制动管路的布置可靠性。悬架的布置除了满足空间布置要求外,还要根据悬架和轮胎的力学特性,按照汽车理论相关操纵稳定性及平顺性的要求和方法进行设计布置和校核。

3)车身总布置

车身总布置主要有两个方面的问题:一是人体尺寸参数的选取;二是驾驶区及乘坐区域的人机工程学设计和车内空间的确定。设计方法有两维平面模型设计和三维假人模型设计,而采用三维设计更容易对车身布置设计进行有效的运动和性能校核。

(1)驾驶区的布置一般以95%的人体模型为基准,通过调整座椅和转向盘的位置来适应5%的人体模型,以胯骨轴心(H点)和眼椭圆为基准(图1-7)。乘客区的布置要求视汽车的档次而异,一般普通型的乘用车和货车的乘客区可以比轿车驾驶区的要求低一些。在设计中一般采用SAE标准的人体躯干模型,平面模型参数见表1-18和图1-9。有关眼椭圆、头部包络线及其与人体躯干的相对关系可按参考资料上提供的方法确定。中国人体(平面)基本尺寸见表1-19和图1-10。

表1-18 SAE人体模型标准(mm)

代号	部 位	95%男性	50%	5%女性
A	踝关节至膝关节	445	398	351
B	膝关节至胯关节	452	407	362
C	肩至胯关节	538	494	450
D	肩关节至胯关节	480	442	404
E	踝关节高度	94	86	78
F	胯关节至后背	140	128	116
G	胯关节至臀部	96	80	64

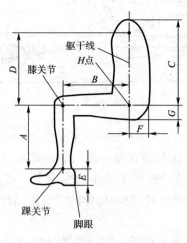

图1-9 人体躯干模型参数

中国人体基本尺寸(mm)　　　　表1-19

序号	测量项目	男		女	
		均值	标准差	均值	标准差
1	身高	1688.25	81.83	1586.17	51.29
2	眼高	1585.32	61.16	1480.25	76.02
3	肩高	1420.98	54.35	1320.26	60.96
4	座高	896.53	36.12	848.52	31.58
5	坐姿眼高	794	—	743	—
6	肘到坐平面	245.23	41.81	238.63	25.63
7	上肢前伸长	837.78	36.91	784.50	37.98
8	拳前伸长	730.87	47.07	688.84	36.79
9	大臂长	269.21	16.36	260.74	19.79
10	小臂长	247.08	13.22	225.74	19.79
11	手长	192.53	9.46	179.00	9.52
12	肩宽	426.32	20.35	391.71	21.67
13	臀宽	333.75	22.62	394.71	23.99
14	下肢前伸长	1015.91	58.91	976.69	50.84
15	大腿长	422.48	28.44	409.21	35.39
16	小腿长	401.34	21.57	368.60	22.21
17	足高	70.69	5.46	65.78	6.94
18	膝臀间距	550.78	27.49	527.77	31.28
19	大腿平长	422.92	23.31	431.76	30.34
20	膝上到足底	515.08	24.67	479.89	23.61
21	膝弯到足底	405.79	19.49	382.77	20.83

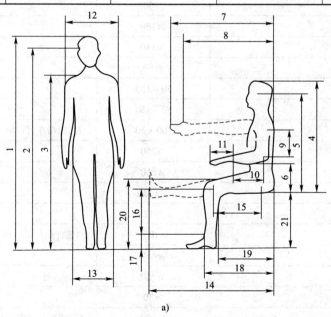
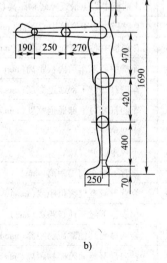

图1-10　中国人体基本尺寸

(2) 车身内部布置(平面)尺寸可以参考表 1-20 和图 1-11、表 1-21 和图 1-12、表 1-22 和图 1-13、表 1-23 和图 1-14 选取和布置。

货车驾驶室内部布置尺寸(mm)　　　　表 1-20

序号	项　目	限　值	备　注
1	驾驶室内宽(mm)	≥1250 ≥1700	准座 2 人 准座 3 人
2	座垫上表面至顶篷高度(mm)	≥1000 ≥960	平行于靠背测量
3	座垫上表面至地板高度(mm)	370±70	
4	座垫高低调整量(mm)	±20	可以不调整
5	座垫深度(mm)	420±40	
6	座椅前后调整量(mm)	≥±50	
7	座垫宽度(mm)	≥450	
8	靠背高度(mm)	480±30	不含头枕
9	靠背宽度(mm)	≥450	最宽处
10	座垫角度/水平面(°)	2~10	
11	靠背角度调整范围(°)	90~105	
12	靠背下缘至 A 踏板距离(mm)	900~1000	
13	靠背下缘至 B/C 踏板距离(mm)	800~900	
14	B/C 踏板行程(mm)	≥200	
15	转向盘至座垫上表面距离(mm)	≥180	
16	转向盘至靠背距离(mm)	≥360	
17	转向盘至 B/C 踏板距离(mm)	≥600	
18	C 踏板中心至侧壁距离(mm)	≥80	
19	B/C 踏板中心距(mm)	≥150	
20	A/B 踏板中心距(mm)	≥110	
21	A 踏板中心至最近障碍物距离(mm)	≥60	
22	C 踏板中心至座椅中心距离(mm)	50~150	
23	B 踏板中心至座椅中心距离(mm)	50~150	
24	座椅中心至车门内板距离(mm)	360±30	轻、微型车可以略小
25	车门打开时下部通道宽度(mm)	≥250	
26	车门打开时上部通道宽度(mm)	≥650	
27	上视角(°)	≥12	
28	下视角(°)	≥12	
29	靠背下缘至前围距离(mm)	≥1050	脚能伸到的最前位置
30	靠背下缘至仪表板距离(mm)	≥650	
31	仪表板下缘至地板距离(mm)	≥550	
32	转向盘至其他障碍物距离(mm)	≥80	
33	转向盘至侧面障碍物距离(mm)	≥100	轻、微型车应大于 80

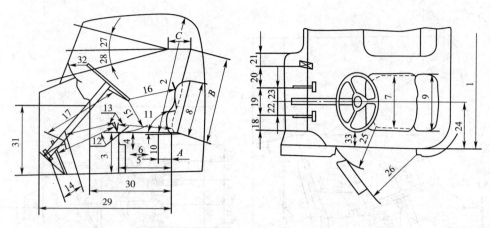

图 1-11 货车驾驶室内部布置尺寸

客车驾驶区尺寸 表 1-21

代 号	项 目	尺寸(mm)
H_{11}	座垫至顶盖高	≥1000
H_2	R'点高	370~450
A_{11}	G点至常用制动、离合器踏板中心距离	800~900
A_{12}	G点至加速踏板中心距离	900~1000
L_{11}	G点至前围护板距离	≥1050
L_{12}	G点至仪表板距离	650~750
H_{12}	仪表板下缘至地板表面距离	≥450
D_{11}	转向盘直径	425~550
α_{11}	转向盘角	55°~75°
H_{19}	转向盘下缘最低点至座垫上表面距离	180~240
L_{13}	转向盘外缘至靠背表面距离	350~380
W_{11}	座椅中心平面至侧围距离	360~550
W_{12}	转向盘中心至座椅中心平面距离	≤40
W_{13}	转向盘外缘至侧围护板距离	≥100
A_{13}	转向盘外缘至仪表板最小距离	≥80
A_{14}	转向盘下缘最低点至离合器常用制动踏板中心距离	≤600
A_{15}	离合器、常用制动踏板最大行程	≤200
A_{16}	离合器、常用制动、加速踏板中心至两侧障碍物距离	≥80
A_{17}	离合器、常用制动、加速踏板中心至前面障碍物距离	≥120
W_{14}	离合器踏板中心至近侧围护板距离	≥80
W_{15}	离合器踏板中心至转向盘中心距离	80~200
W_{16}	常用制动踏板中心至转向盘中心距离	70~180
W_{17}	常用制动踏板中心至加速踏板中心距离	110~160
W_{18}	加速踏板中心至最近障碍物距离	≥60
A_{18}	驾驶人门打开时,上部通道宽	≥650
A_{19}	驾驶人门打开时,下部通道宽	≥250
α_{12}	上视角	$\geq \arctan \dfrac{5-M}{12+N}$
α_{13}	下视角	$\geq \arctan \dfrac{M}{3+N}$
L_{14}	G点至风窗下缘距离	≥1060
L_{15}	风窗下缘至驾驶区挡板距离	≥1300
H_{14}	风窗下缘至地板表面距离	≥770

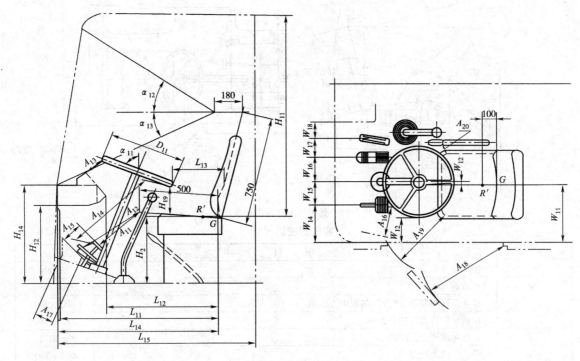

图 1-12 客车驾驶室内部尺寸

客车乘客区尺寸　　　　　　表 1-22

代号	项目		尺寸(mm)	代号	项目	尺寸(mm)
L_{31}	同方向座椅间距	Ⅰ类车	≥650	W_{32}	行李架宽	≥300
		Ⅱ类车	≥670	α_{31}	行李架倾角	≥5°
		Ⅲ类车	≥720	W_{33}	通道宽	≥450
L_{32}	面对面座椅间距		≥1200			≥300
L_{33}	座垫至前靠背距离		≥250			≥400
L_{34}	座垫前缘至障碍物距离		≥280	α_{32}	通道地板坡度	≤3%
L_{35}	座垫前缘至障碍物距离		≥300			≤6%
L_{36}	座垫间距		≥450			≤8%
W_{31}	座垫至侧围距离		≥30	H_{38}	高地板高	≤250
H_{31}	座垫至行李架高		≥1100	H_{39}	乘客门高	≥1800
H_{32}	车内高 Ⅱ、Ⅲ类车 不包括7m以下车辆	Ⅰ类车	≥1900			≥1650
			≥1800	L_{37}	乘客门净宽	≥650
						≥900
H_{33}	侧窗下缘高		≥680	H_{40}	一级踏步高	≤400
H_{34}	侧窗上缘高		≥1650	W_{34}	一级踏步深	≥300
H_{35}	侧窗扶手高		1000～1700	H_{41}	踏步高	≤300
H_{36}	顶盖扶手高		1700～1800	W_{35}	踏步深	≥200
A_{31}	扶手空间		≥70	H_{42}	安全门高	≥1250
H_{37}	行李架入口高		≥200	H_{38}	安全门净宽	≥550
				α_{32}	安全门开启角	≥100°

注：Ⅰ类车为城市公交客车；Ⅱ类车为普通客运客车；Ⅲ类车为豪华旅游客车。

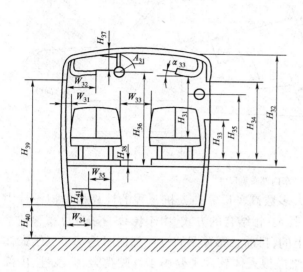
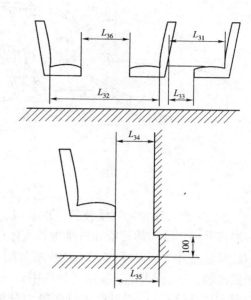

图 1-13 客车乘客区尺寸

轿车内部布置尺寸　　　　　　　　　　　　　　　　表 1-23

尺寸符号	大 型	中 型	小 型	微 型
A(mm)	420~500	420~500	420~500	420~500
B(mm)	940~960	940~960	900~950	900~940
C(mm)	180~200	180~200	180~200	180~200
D(mm)	360~380	350~370	330~360	330~360
E(mm)	180~350			
F(mm)		180~350	160~330	150~300
G(mm)	180~350			
H(mm)	300~380	300~360	300~340	300~330
I(mm)	900~950	900~930	860~910	850~900
M(mm)	225~400	200~335	180~300	150~250
N(mm)	≥300	≥300	≥300	≥300
T(mm)	450~500	450~500	450~500	450~500
α(°)	15	15	15	15
β(°)	96	96	96	96
r(°)	55~70	55~70	55~70	55~70
θ(°)	40~60	40~60	40~60	40~60
φ_1(°)	40~55	40~55	40~55	40~55
φ_2(°)	40~65	40~65	20~65	20~65

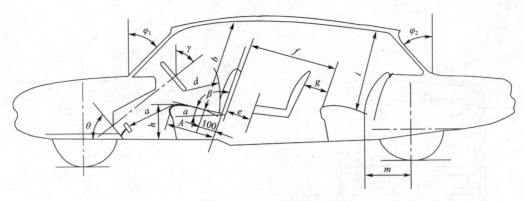

图1-14 轿车内部布置尺寸

(3) 人机工程学的三维校核。现阶段,大多数汽车厂家在人机工程的计算机虚拟设计中一般都采用二维人体模板和三维虚拟人体(假人)相结合的方式,由于传统的车身总布置技术和经验都是建立在SAE二维人体模板基础上的,目前总布置图的设计都仍旧是基于二维人体来完成的,三维假人还只能用于校核中。三维虚拟人体软件主要用于驾驶视野、伸及性、内部空间和舒适性校核,也可以进行操纵力分析、进出方便性分析、总布置图绘制、姿态动作模拟等,还可以自带有SAE人体模板和眼椭圆分析功能。主要校核项目如图1-15~图1-19所示。具体分析见第9章相关内容。

图1-15 驾驶区及乘员区布置

图1-16 驾驶区仪表板视野

图1-17 换挡舒适性分析

图1-18 驾驶区按键触及性评价

4) 质量计算

在进行总布置设计的过程中应当进行整车质量计算,以对前后轴荷、左右轮荷(通常要求车辆左后质量对称)分配进行控制。为此,需要知道各部件的质量及其质心位置,从而确定各部件在总布置图上的质心坐标,以便计算整车的质心坐标和轴荷分配。为了使轴荷分配控制在合理的范围内,可在总布置图上对各部件的位置作适当的调整。另外对车辆的空载和满载状态都要进行计算与控制。由于汽车质量有悬挂质量和非悬挂质量之分,所以,在进行质量计算时还有这两种质量的估算。应根据《汽车理论》有关车辆性能对车辆质量的分布要求进行相关校核。

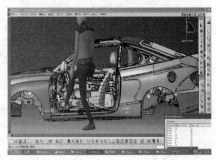 

图 1-19　乘员进出方便性校核

5）运动校核

在进行总布置设计时，要利用计算机分析软件，对各相对运动的零部件进行运动校核，确定它们的运动轨迹和运动空间，防止各部件之间产生运动干涉。一般进行以下各项运动校核。

（1）转向轮在跳动和转向过程中与翼子板、转向杆系之间的运动关系。

（2）传动轴随后轮跳动时的运动关系。

（3）后轮跳动时与翼子板间的相对关系。

（4）转向杆系与转向轮悬架共同工作所产生的转向干涉，可通过分别作上节臂球头随悬架运动和随直拉杆运动的轨迹求出干涉量，一般控制干涉量在产生轻微不足转向的范围内。

（5）制动时前轴的扭转所产生的转向干涉，这种干涉量应当尽可能地减到最小程度，否则易产生制动跑偏。

（6）可翻转的驾驶室翻转时连接驾驶室和车架之间的杆件和软管的运动轨迹，包括转向传动轴、变速杆及其他各种操纵杆件、软轴、连接软管、导线束等的校核。

（7）驾驶区各种操纵机构的运动轨迹，主要校核各种操纵动作是否会发生干涉或人体的动作是否在舒适的范围内。

（8）半挂牵引车主、挂车之间的相互运动关系，包括挂车前悬的回转半径、主车后悬的回转半径及挂车的前后俯仰角的校核。

（9）自卸车举升机构的运动关系，即校核举升机构的运动轨迹。

第2章 离合器设计

[主要内容] 本章介绍汽车传动系统中主要部件离合器的结构形式及设计计算方法。

2.1 概 述

汽车机械式传动系统由离合器、变速器、分动器、万向传动装置(万向节和传动轴)、主减速器、差速器、半轴等总成部件组成。离合器的功能是将发动机的动力从飞轮传递到变速器,此外,它还必须具备以下功用:在汽车起步时将发动机与传动系统平顺地接合,使汽车平稳起步;在换挡时将发动机与传动系统分离,减少变速器中齿轮之间的冲击,便于换挡;在工作中受到大的动载荷时,能通过打滑来保护传动系统,防止其受过大的载荷。

汽车离合器按转矩的传递方式可分为摩擦式、液力式、电磁式和综合式四种,在汽车所用的机械式传动系统中,盘式摩擦离合器的应用最为广泛。盘式摩擦离合器又可分干摩擦式和湿式两大类。

本章节仅以汽车干摩擦式离合器为例,介绍离合器的设计。

离合器由主动件、从动件、操纵机构三部分组成。各部分的构件有:

(1)主动件:离合器压盘、压紧弹簧及盖总成。
(2)从动件:从动盘总成。
(3)操纵机构:离合器踏板、传动部件及助力装置、分离叉、分离轴承。

汽车离合器设计应首先了解对离合器的基本要求和设计步骤。

2.1.1 离合器设计的基本要求

为保证离合器具有良好的工作性能,对离合器提出如下基本要求:
(1)在汽车规定的工况下能可靠地传递发动机的最大转矩,且传递转矩的能力有适当的储备。
(2)分离时要彻底迅速。
(3)接合时要平顺柔和,以保证汽车起步平稳,没有抖动和冲击。
(4)离合器从动部分的转动惯量要小,以减轻换挡时齿轮间的冲击,并便于换挡。
(5)应使汽车传动系统避免危险的扭转共振,具有吸收振动、缓和冲击和减少噪声的能力。
(6)离合器压盘应有足够的热容量,并且散热通风良好,以防止工作温度过高。
(7)操纵轻便,以减轻驾驶人的疲劳。
(8)在离合器使用过程中,作用在摩擦片上的正压力和摩擦系数变化要小,力求使离合器工作性能保持稳定、可靠,工作寿命长。

2.1.2 离合器设计的一般步骤

1. 获取或确定与计算相关的参数

配用车型的种类、载质量、总质量;发动机型号、额定功率/转速、最大转矩/转速;车辆的主减速比、变速器各挡传动比、轮胎型号和滚动半径(用于校核滑磨功)。

2. 获取及确定前后连接件的接口参数

发动机飞轮及离合器的安装定位型式;从动盘花键规格尺寸(与变速器第一轴花键对应);使用的分离轴承型号,与分离指(杆)端的接触圆直径、型式(平面接触或弧面接触);离合器操纵机构所能提供的分离行程;获取发动机的离合器壳和变速器的离合器钟形罩相关尺寸,以确定离合器盖的外径和总高,避免安装时发生干涉。

3. 结构方案确定

从动盘数选择,压紧弹簧型式、压盘(中间压盘)型式和驱动方式确定,摩擦片、从动钢片结构型式选取。

4. 设计计算

摩擦力矩计算,后备系数和单位压力等基本参数的选择,摩擦片内、外径参数确定;压紧弹簧的尺寸、压力和应力计算;有条件时用有限元法分析离合器盖等主要零件的变形;扭转减振器设计计算。

5. 其他机构设计

离合器操纵机构等。

2.2 离合器结构方案的确定

离合器的结构型式多种多样,在设计时,需根据汽车的类别、使用条件等合理地确定离合器的结构方案。

2.2.1 从动盘数选择

盘式离合器按从动盘数目可分为单片式、双片式和多片式三种。

在汽车传动系统中,作为独立机构的摩擦离合器在大多数情况下都是单片式的。单片式离合器(图2-1)具有结构简单、尺寸紧凑、从动部分的转动惯量小等优点,在使用时能保证分离彻底,散热良好,维修调整方便,只要在结构上采取适当措施就可以保证平顺接合,因此广泛地应用在轿车和小、中型及重型货车、客车上。近年来由于摩擦材质性能的提高,目前在重型汽车上使用的单片式摩擦离合器,适用的发动机最大转矩已达2000N·m。

图2-2所示为双片式离合器。与单片式离合器相比,由于摩擦面增多,传递转矩的能力较强,接合较平顺。在传递相同转矩的情况下,径向尺寸较小,踏板力较小,但存在调整比较困难、中间压盘通风散热不良,因而产生热负荷较高等问题,需在结构上采取相应的措施。双片式离合器一般应用在传递转矩较大并且径向尺寸受到限制的场合。

单片式及双片式离合器通常为干式离合器,多片式离合器一般为湿式。由于多片式离合器分离不够彻底、轴向尺寸和质量较大,常用于行星齿轮变速器的换挡机构中。但它具有接合平顺柔和、摩擦表面的温度较低、使用寿命长等优点,近年来在国外的重型牵引车和自卸车上也有一定的应用。

2.2.2 压紧弹簧型式选取

离合器压紧弹簧有螺旋弹簧和膜片弹簧等型式。

螺旋弹簧式离合器的压紧弹簧可以按圆周布置、中央布置,也可以斜向布置。

周置弹簧离合器(图2-1、图2-2)采用圆柱螺旋弹簧,其特点是技术难度低,制造容易,因此在早期的离合器中应用广泛。某些重型汽车由于需要的弹簧数目较多,而将弹簧布置在2～3个同心的圆周上。但周置弹簧也有很多缺点,一是它直接与压盘接触,当过度受热时,易导致弹簧力衰减;二是当发动机的转速很高时,周置弹簧受离心力的作用而严重鼓出(弯曲),这将使压紧力显著降低;再就是当摩擦片磨损后,离合器的工作压力及传递的转矩会下降。

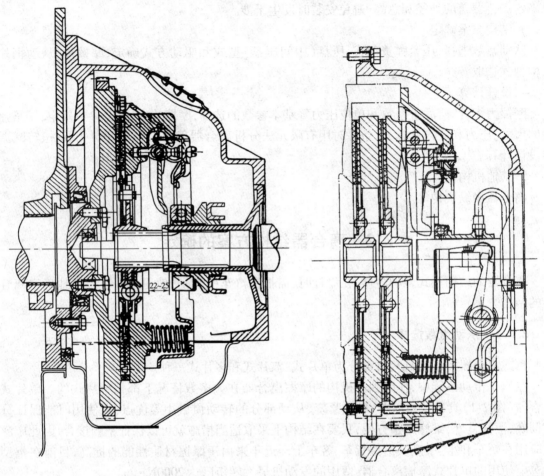

图2-1 单片式离合器　　　　　　　图2-2 双片式离合器

中央布置的螺旋弹簧离合器,采用1～2个圆柱或圆锥形的螺旋弹簧作为压紧弹簧,通过一组杠杆机构放大压紧力,结构较复杂,除在一些老的车型尚有使用外,目前在汽车上已较少采用。

膜片弹簧离合器如图2-3所示,它具有如下优点:

(1)膜片弹簧具有理想的非线性特性(图2-11),弹簧压力在摩擦片磨损范围内大致不变,甚至还可能有所升高(从新安装时的工作点B变化到磨损极限位置A);分离离合器时的分离力,不像圆柱弹簧离合器那样呈升高趋势(从B线性变到C'),而是降低(从B变到C),从而降低了离合器踏板操纵力。

(2)高速旋转时,压紧力降低很少,性能稳定。而周置弹簧离合器,因弹簧在高速时受离心力影响,传递转矩的能力下降明显。

(3)由于膜片弹簧兼起压紧和分离杠杆的双重作用,使结构大为简化,零件数减少,质量减小,离合器的轴向尺寸缩短。

(4) 容易实现良好的通风散热。

(5) 压力分布均匀,平衡性好。

目前国内外离合器生产厂的制造水平,已可以生产出传递转矩达到 80~2000N·m,摩擦片最大外径达 430mm 的膜片弹簧离合器系列产品,被广泛用于轿车、轻型货车和中型货车,以及大型客车和重型汽车上。

但膜片弹簧的制造工艺较螺旋弹簧复杂,对材质和尺寸精度要求较高,制造的投资较大。再就是离合器磨损后分离力实际上也会有所增加,这除了应在设计操纵机构时考虑到磨损后的分离力外,在设计离合器时应优化膜片的负荷特性曲线和工作点,对磨损后的分离力增大值进行控制。

膜片弹簧离合器根据分离指内端的受力方向不同,可以分为推式和拉式两种。当分离离合器时,分离指内端受力方向指向压盘,称为推式膜片弹簧离合器(图2-3);而分离离合器时,分离指内端受力方向离开压盘时,则称为拉式膜片弹簧离合器(图2-4)。或者说,分离轴承推向压盘(或飞轮)时,离合器分离为推式;分离轴承拉离压盘(或飞轮)时,离合器分离即为拉式。

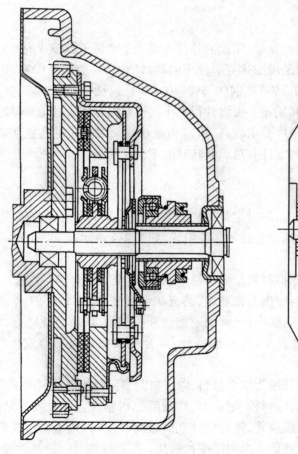
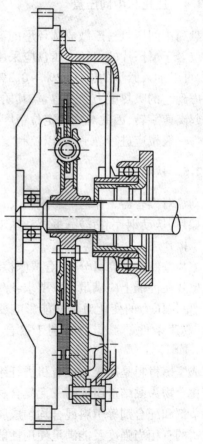

图 2-3 推式膜片弹簧离合器　　图 2-4 拉式膜片弹簧离合器

拉式膜片弹簧离合器因膜片反装,使支撑结构大为简化,膜片弹簧安装和更换方便,不像推式膜片弹簧离合器那样,在支撑环磨损后因与膜片弹簧之间存在间隙,从而增加了踏板的空行程和噪声。此外,拉式离合器的压紧力可做得比较大,转矩容量能比推式增大30%~50%,离合器盖的变形小,分离效率高,在重型汽车上已得到广泛应用。

2.2.3 压盘的驱动方式

压盘的驱动方式有凸块—窗孔式、销钉式、键块式和钢带式多种,可根据压盘结构和压紧弹簧形式选取。

凸块—窗孔式是多年来汽车离合器中常用的传统结构。其结构是,在压盘上有3个或4个凸块伸入离合器盖对应的窗孔中。三凸块式较四凸块式的定心精度高。凸块—窗孔式结构简单,但在使用中因接触表面磨损间隙不断增大,从而定心精度不断降低,平衡性恶化,离合器接合时易出现抖动和噪声。

销钉式一般用于双盘式离合器中。键块式一般用于中间压盘。

钢带式也称为传力片式,是近年来普遍采用的一种结构。膜片弹簧式离合器基本都是采用钢带式。钢带大都为周向布置,也有采用径向布置的。周向布置的钢带常用3组或4组,每组2~3片。当发动机驱动时钢带受拉,当传动系统拖动发动机时钢带受压。钢带式驱动机构无摩擦和磨损,无传动间隙,效率高,无噪声,定心精度高,使用平衡性好。

2.2.4 压盘和中间压盘

压盘和中间压盘一般做成圆环形的盘状,压盘的外径应略大于或等于摩擦片的外径,内径略小于或等于摩擦片的内径。压盘应采用受热变形较小的材料制造,一般用HT200或HT250灰铸铁,可以加入微量的铬(0.2%~0.3%)或铜(0.3%~0.4%),以细化晶粒、提高强度。压盘要考虑到它的吸热能力和热容量,其质量不可设计得太小。压盘是靠离合器盖来驱动,并与飞轮一起高速旋转,因此对它的定位精度要求较高,压盘和盖总成须用立式平衡机作静平衡,压盘零件一般也应进行静平衡,以控制零件和总成回转时的不平衡质量。

2.2.5 从动盘

从动盘对离合器工作性能影响很大,同时它又是离合器零件寿命中最薄弱的环节。从动盘由摩擦片、从动钢片、扭转减振器和从动盘毂等零件组成,如图2-5所示。

1. 摩擦片

摩擦片按制造材料可分为:合成摩擦材料和烧结粉末冶金(或金属陶瓷)两大类。

摩擦片在性能上应满足如下要求:摩擦系数稳定,热衰减温度高,磨耗率低,工作温度、滑磨速度、单位压力的变化对其性能影响要小;足够的耐磨性和机械强度;磨合性能好;密度小(适合在高速条件下工作);有利于接合平顺;长期停放,离合器摩擦面间不会发生"黏着"现象。

合成摩擦材料是用无机或有机类纤维为增强材料,以填料为摩擦性能调节剂或配合剂,以高分子化合物为黏结剂组成的三元复合材料。制造时,将酚醛类树脂和合成橡胶等黏结剂与各种调节剂和配合剂等填料混合均匀成胶浆,然后涂抹在纤维材料上,再热压黏结成形,形成质地致密的有相当强度及能满足使用性能要求的摩擦片制品。成品摩擦片一般是做成一个完整的圆环形。使用时也有将其切割成若干个扇形块,扇形块通过沉头铆钉铆接在从动盘钢片的圆周上,形成一个圆环。

合成摩擦材料中的增强材料(又称骨架)主要有石棉纤维和非石棉纤维两类,其制成的摩擦片分别称为石棉摩擦片和无石棉摩擦片。

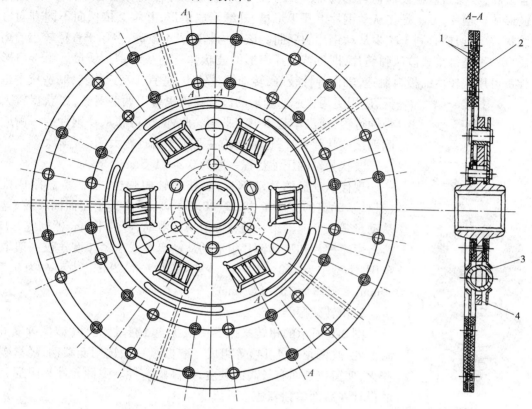

图 2-5 离合器从动盘
1-摩擦片;2-从动钢片;3-扭转减振器;4-从动盘毂

石棉类摩擦材料是较传统的摩擦材料,其摩擦系数 μ 为 0.3~0.4。当温度接近 250℃ 时,μ 可降到 0.25 以下,此时磨损急剧增加,并且树脂和橡胶等有机成分容易变质和烧裂。石棉类摩擦材料价格低廉,过去在汽车产品中得到大量应用,但因其强度、摩擦系数、热衰减温度均较低,还有环境污染问题,因此应用量越来越少,有些国家已明令禁止使用,属淘汰品种。目前应用较多的是无石棉类材料,如玻璃纤维复合材料和有机纤维复合材料,有些在纺线时还加入适量铜丝,其制成品的强度、摩擦系数、热衰减温度均优于石棉材料,使用温度可超过 250℃。芳纶复合材料是目前性能较好的无石棉材料,其制成品的强度高、磨耗率低、摩擦系数稳定,使用温度可超过 300℃,但价格偏高,在重型汽车和轿车上应用较多。

金属陶瓷和粉末冶金(又称烧结金属)高温耐磨性好,传热性好,摩擦系数高,允许的单位压力较大,能承受较高的工作温度,可用在工作条件恶劣、热负荷较重的场合,因此有很好的应用前景。但这种材料价格较高,密度也较大,易导致与其接触的飞轮、压盘工作面磨损加快,磨合性也差些。

摩擦片与从动钢片的连接有铆接法和粘接法两种。铆接法连接可靠,更换摩擦片方便,采用较广泛。现在的铆接一般采用冷镦钢(ML15 或 ML20)制造的铆钉,已较少使用铜或铝材质的铆钉。粘接法可充分利用摩擦片的厚度,增加摩擦面积,但摩擦片更换不便,无法在从动钢片上装波形弹簧片以获得轴向弹性。

2. 从动钢片

通过从动钢片的结构型式可使从动盘获得轴向弹性,从而可以改善离合器性能,使离合器接合柔和,摩擦面接触较为均匀,磨损较轻。获得从动盘轴向弹性的方法有多种,一种是整体式波形从动钢片,方法是在从动钢片上开T形槽,外缘形成扇形,并将其依次向不同方向弯曲成波状,这种切槽有利于减少从动钢片的翘曲。该结构制造成本较高,多用于直径较小的离合器。另一种是铆接式波状弹簧片,即将若干片扇形的波状弹簧与从动钢片铆接。由于扇形波状弹簧可用比较薄的板料制造,轴向弹性较好,转动惯量较小,适宜于高速旋转,制造成本也较低,应用更为普遍。扇形的波状弹簧也可以两两对置,以获得较大的弹性行程,使汽车起步更为平顺。此外,也可在从动钢片的一侧或两侧铆接波状弹簧片,这种结构主要用于直径较大的离合器。

波状弹簧的压缩行程一般为0.4~1.5mm。

现代从动盘的从动钢片,为获得轴向弹性,往往特意制成锥形(某些从动盘的锥形量为0.2~0.8mm),而使其小端面向飞轮,这样从动盘毂在变速器第一轴花键上易于滑动,有利于离合器彻底分离。

由摩擦片和从动钢片组成的从动盘总成压紧厚度建议一般取值范围:小型车为7.2~8.0mm,轻型车为7.8~9mm,中型车为9.2~10mm,重型车为10~11.5mm。

3. 扭转减振器

图2-6所示的扭转减振器由减振盘1、弹性元件(减振弹簧6)、阻尼元件(阻尼片4、14)等组成。减振盘一般选用低碳钢,经渗碳后淬火,使窗口表面有较高的硬度,提高耐磨性。弹性元件和阻尼元件的设计在后面单独叙述。

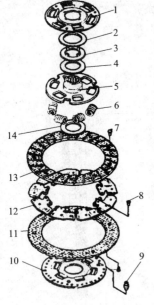

图2-6 带扭转减振器的从动盘零件分解图
1-减振盘;2-碟形弹簧;3-摩擦垫片;4、14-阻尼片;5-从动盘毂;6-减振弹簧;7-摩擦片铆钉;8-波形片铆钉;9-限位销;10-从动盘本体;11、13-离合器摩擦片;12-波形片

4. 从动盘花键孔尺寸

从动盘花键尺寸的确定,应按整车设计的要求,与变速器第一轴匹配。通常使用的花键有:矩形花键(键侧定心),常用的有美国标准SAE J499,日本标准JIS B1601;渐开线齿形花键,常用的有美国SAE J498B(双径节制),美国SNSI B921(双径节制),德国DIN 5480(模数制),日本JIS B1602和JIS D2001(均为模数制),英国BS3550(双径节制),中国GB/T 1104—72(模数制)。

2.2.6 分离杠杆

膜片弹簧离合器的分离杠杆就是与碟形弹簧一体的分离指。单独的分离杠杆仅在周布螺旋弹簧离合器中用于压盘及中间压盘的分离,在设计分离杠杆时,应使其支撑机构与压盘的驱动机构在运动上不发生干涉;保证有足够的刚度;支撑处的摩擦损失要小;要便于调整分离杠杆内端的位置;要避免在高速时因分离杠杆的离心力造成压紧力的降低。

分离杠杆的支撑常采用滚针轴承、滚销和刀口支撑等型式。锻压的分离杠杆宜用滚针轴承;而冲压的分离杠杆适宜用刀口支撑。

2.2.7 离合器的通风散热

实验表明,离合器摩擦片的磨损是随压盘温度的升高而增大的。当压盘工作表面温度在180~200℃时,摩擦片磨损急剧增加。在正常使用条件下的离合器压盘工作表面温度一般在180℃以下。在特别严酷的使用条件下,压盘表面的瞬时温度有可能达到1000℃。过高的温度能使压盘受热变形产生裂纹和碎裂。为使摩擦表面温度不至过高,除要求压盘有足够的质量以保证足够的热容量外,还要求通风散热良好。对于重型汽车和经常在困难条件下起步的汽车,散热问题尤为突出。改善离合器通风散热的结构措施有:

(1)在压盘上设散热筋或鼓风筋。
(2)在离合器盖上开较大的通风口,在离合器外壳上设通风窗。
(3)在双盘式离合器的中间压盘内铸出通风槽。
(4)将离合器盖和分离杠杆制成特殊的叶轮形状,用以鼓风。

2.3 离合器基本参数的设计计算

2.3.1 静摩擦力矩的计算

摩擦式离合器在接合状态时是靠离合器的摩擦面间的摩擦力矩来传递发动机转矩的,摩擦面间的静摩擦力矩可按下列方法计算。

设压盘施加在摩擦面上的压力是均匀分布,摩擦面上的总压力为 P_Σ,则有:

$$P_\Sigma = p_0 A = p_0 \frac{\pi(D^2 - d^2)}{4} \quad (\text{N}) \tag{2-1}$$

式中:p_0——单位面积上的压力,MPa;
  A——摩擦面的面积,mm²;
  D——摩擦片的外径,mm;
  d——摩擦片的内径,mm。

如图 2-7 所示,在摩擦面上取一微元面积 dA,则在微元面积上所受的正压力 $N = p_0 dA = 2\pi p_0 R dR$,则离合器摩擦面上总的静摩擦力矩为:

$$T_c = z \int_{\frac{d}{2}}^{\frac{D}{2}} 2\pi f p_0 R^2 dR = \frac{\pi f z p_0}{12} D^3 (1 - C^3) \quad (\text{N·m}) \tag{2-2}$$

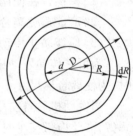

图 2-7 摩擦片受力计算简图

式中:z——摩擦面数,单盘式离合器 $z=2$,双盘式离合器 $z=4$;
  f——摩擦面间的静摩擦系数,计算时一般取 0.25~0.35;
  C——内外径之比,$C = d/D$。

静摩擦力矩只反映离合器所能传递的最大转矩。

2.3.2 滑动摩擦力矩计算

汽车的起步过程是靠离合器接合时摩擦面之间滑磨产生的滑动摩擦力矩实现的,起步完成变为正常行驶时则由静摩擦力矩传递动力。由于滑动摩擦系数要稍小于静摩擦系数,离合器静摩擦力矩比滑动摩擦力矩要大些,所以按静摩擦力矩计算得到的离合器转矩偏大。而汽车正常行驶所需的驱动力又小于起步所需的驱动力,故在实际设计时可按滑动摩擦力矩来计算。

滑动摩擦力矩 $T_{c\mu}$ 可用下式计算:

$$T_{c\mu} = \frac{\pi f_\mu z p_0}{12} D^3 (1 - C^3) \quad (\text{N·m}) \tag{2-3}$$

式中:f_μ——滑动摩擦系数,取值范围参考表2-1;
式中其他参数同式(2-2)。

滑动摩擦系数f_μ值、表面许可工作温度和许用单位压力$[p_0]$参考范围　　　　表2-1

摩擦副材料	f_μ	表面许可工作温度(℃)	$[p_0]$(MPa)
铸铁对石棉类摩擦材料	0.15~0.25	200	0.2~0.3
铸铁对非石棉纤维类摩擦材料	0.25~0.3	250	0.25~0.35
铸铁对芳纶纤维类摩擦材料	0.3~0.35	300	0.3~0.4
铸铁对铜基粉末冶金摩擦材料	0.3~0.35	350	0.4~0.55

2.3.3　离合器基本参数的选择

离合器的基本参数主要有后备系数 β 和单位压力 p_0。

1. 后备系数

后备系数 β 是离合器的一个重要参数,它反映离合器传递发动机最大转矩的可靠程度。离合器的静摩擦力矩 T_c 应大于发动机的最大输出转矩 $T_{e\max}$,即:

$$T_c = \beta T_{e\max} \quad (N \cdot m) \tag{2-4}$$

式中:β——离合器的后备系数,须大于1。

同样,可以用滑动摩擦力矩来计算离合器的转矩容量,即:离合器的最大滑动摩擦转矩 $T_{\mu\max}$ 应大于发动机的最大转矩 $T_{e\max}$:

$$T_{\mu\max} = \beta T_{e\max} \quad (N \cdot m) \tag{2-5}$$

在选择离合器后备系数时,应考虑以下几点:

(1)摩擦片在使用中磨损后,确保离合器仍能传递发动机的最大转矩。
(2)应能避免离合器在车辆起步过程出现过量的滑磨。
(3)应能防止传动系统过载。

为可靠传递发动机最大转矩并避免离合器在起步过程出现过量的滑磨,β 不能过小;同时,为使离合器尺寸不致过大,操纵轻便,保证传动系统的过载保护作用,β 又不能过大。

当发动机后备功率较大或车辆的比功率较大,使用条件较好时,β 可选小些。当使用条件恶劣,需要拖带挂车时,为提高起步能力,减少离合器滑磨,β 应选大些为好。膜片弹簧离合器可取比螺旋弹簧离合器小些的 β 值。

各类汽车 β 值通常的取值范围为:

(1)轿车和轻型货车:1.2~1.75。
(2)中型和重型货车:1.5~2.25。
(3)带挂车的重型汽车和牵引汽车:2.0~2.75。
(4)越野汽车及工作条件恶劣的工程车辆:2.5~3.5。

在一些国家的汽车行业,当其路况及使用条件较好时,β 的值要比上述值低些。

2. 单位压力 p_0

p_0 对离合器的工作性能和使用寿命有很大影响,也是离合器设计时的一个重要参数。p_0 的选取应考虑离合器的工作条件、发动机后备功率的大小、摩擦片外径、摩擦片材料和质量等因素。

若离合器使用频繁,发动机后备功率较小时,或城市公交车、工程车,p_0 应取小值,反之可取大些。当摩擦片的外径较大时,为降低摩擦片外缘处的热负荷,p_0应适当取小些。轿车的工作条件较好,p_0值可以略高于货车。

单位压力p_0应小于或等于许用单位压力$[p_0]$,$[p_0]$的选取值可参考表2-1。

2.3.4 摩擦片主要尺寸的确定

摩擦片的主要尺寸有两个,摩擦片的外径D和内径d。

D和d可按所选取的后备系数和单位压力,根据式(2-1)、式(2-2)或式(2-3)、式(2-5)来初步确定。其中,压盘上的总压力P_Σ可由单位压力p_0、压紧弹簧的数目和布置形式来确定。解这两个方程,可初步计算出摩擦片的内径、外径。

也可以按照经验公式确定内径、外径。

1. 外径D

$$D = K_D \sqrt{T_{e\,max}} \quad (mm) \tag{2-6}$$

式中:K_D——直径系数,根据同类型汽车统计数据确定,见表2-2。

直径系数K_D 表2-2

汽车类型	轿车	货车		重型货车
		单片式	双片式	
K_D	14.6	15.8~18.3	13.5~14.9	22.4~23.6

D的选择,还要受发动机离合器壳结构尺寸和飞轮尺寸的影响,可用类比方法确定。

2. 内径d

$$d = (0.53 \sim 0.7)D \quad (mm) \tag{2-7}$$

式中:D——摩擦片的外径。

在单位压力不超出许用范围条件下,d可取大些,能加大平均摩擦半径,增大传递转矩能力,也便于布置扭转减振器。

内径、外径的最后确定可参考相关的标准或摩擦片规格系列。所选的D应确保在发动机最大转速时,摩擦片的最大的圆周速度不超过70m/s。

2.4 压紧弹簧的设计

2.4.1 周置弹簧离合器的圆柱螺旋压紧弹簧设计

1. 弹簧数i

周布弹簧离合器所需要的弹簧数i与离合器摩擦片外径和选取的弹簧刚度及钢丝直径有关,弹簧数i可参照表2-3选取。

周布圆柱弹簧数目 表2-3

摩擦片外径(mm)	<200	200~280	280~380	380~450
弹簧数i	6~9	9~12	12~30	12~36

2. 确定单个弹簧的工作点载荷P

$$P = \frac{P_\Sigma}{i} \quad (N) \tag{2-8}$$

3. 选择弹簧钢丝直径 d 和材料、旋绕比 C

$$d \geqslant 1.6\sqrt{\frac{PKC}{[\tau]}} \quad (\text{mm}) \tag{2-9}$$

式中：C——旋绕比，$C = D_2/d$，为弹簧中径 D_2 与钢丝直径 d 之比，对于离合器压紧弹簧，当 d 为 2.5～16 时，C 的推荐值为 4～8；

$[\tau]$——弹簧钢丝材料许用剪切应力，弹簧钢丝材料一般选用 65Mn 或硅锰类油淬火回火弹簧钢丝，对于经过机械强化（强压和抛丸）的油淬火回火弹簧钢丝制造的弹簧，碳素弹簧钢丝 $[\tau] = 0.5\sigma_b$，硅锰弹簧钢丝 $[\tau] = 0.6\sigma_b$，σ_b 为弹簧材料的抗拉强度；

K——考虑剪力和簧圈曲率影响的曲度系数。K 可按下式计算：

$$K = \frac{4C-1}{4C-4} + \frac{0.615}{C} \tag{2-10}$$

4. 弹簧的工作（有效）圈数 n

$$n = \frac{Gd^4}{8D^3k} \tag{2-11}$$

式中：G——弹簧材料的切变模量，MPa；

k——弹簧刚度，N/mm。

弹簧刚度 k 按下式确定：

$$k = \frac{P'-P}{\Delta f} \quad \text{或} \quad k = \frac{P}{\Delta F} \quad (\text{N/mm}) \tag{2-12}$$

式中：Δf——离合器分离过程中弹簧的变形量，等于压盘升程，压盘的最小升程应大于 1.4～1.6mm，考虑到倾斜度及间隙、变形等的影响，对单片离合器，$\Delta f = 1.8~2.2$mm，对双片离合器，$\Delta f = 3~3.6$mm；

P'——当离合器分离时，对应于压盘升程的弹簧载荷，一般 $P' \leqslant (1.1~1.15)P$；

ΔF——弹簧的变形量，$\Delta F = H_0$（弹簧自由高度）$- H_1$（弹簧工作高度）。

弹簧刚度 k 一般应为 20～60N/mm，应尽可能小些。过大刚度的弹簧，其压力曲线斜率偏大，摩擦片磨损后，工作压力下降的也要多些；但弹簧数量少时，可取大值。

5. 弹簧在离合器工作点状态的剪切应力 τ 校核

$$\tau = \frac{8PD_2K}{\pi d^3} = \frac{8PCK}{\pi d^2} \leqslant [\tau] \quad (\text{MPa}) \tag{2-13}$$

式中：D_2——弹簧圈平均直径（即中径），mm；

d——弹簧钢丝直径，mm；

C——弹簧旋绕比；

K——弹簧曲度系数。

弹簧在离合器彻底分离时的应力 τ'：当离合器彻底分离时，弹簧被压缩，弹簧载荷增大至 P'，因此用 P' 代替 P，代入式(2-13)，可计算出弹簧的最大应力 τ'。

弹簧的总圈数一般比工作圈数多 1.5～2 圈。弹簧受最大压力 F' 时，圈隙应保持 0.5～1.5mm。

2.4.2 膜片弹簧的设计

1. 膜片弹簧的载荷与变形的关系

膜片弹簧实际上是碟形弹簧和分离指的集成，即锥顶部分的分离指起分离杠杆的作用，锥的裙边部分即为碟形弹簧,故其压紧力弹性特性与相同碟簧尺寸的碟形弹簧的弹性特性完全相同。因此,碟形弹簧的有关设计公式,对膜片弹簧仍然适用。

假定膜片弹簧在承载过程中,其子午断面刚性地绕此断面上的某一中性点 O 转动(图 2-8),由此假设可导出膜片弹簧的载荷与变形之间的关系和应力计算公式。

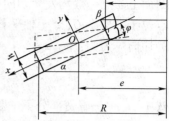

图 2-8 膜片弹簧子午断面绕中性点的转动

膜片弹簧在自由状态、压紧状态和分离状态时的受载与变形的关系如图 2-9 所示。通过支撑环和压盘加在膜片弹簧上沿圆周分布的载荷,假想集中在支撑点处,用 P_1 表示。加载点间的相对轴向变形为 λ_1 (等于大端变形量 λ_{1b})。压紧力 P_1 与变形 λ_1 之间的关系式为:

$$P_1 = \frac{\pi E h \lambda_1}{6(1-\mu^2)} \cdot \frac{\ln(R/r)}{(R_1-r_1)^2} \cdot \left[\left(H - \lambda_1 \frac{R-r}{R_1-r_1}\right)\left(H - \frac{\lambda_1}{2} \cdot \frac{R-r}{R_1-r_1}\right) + h^2 \right] \quad (N) \tag{2-14}$$

式中:E——弹性模量,对于钢,$E = 2.1 \times 10^5$ MPa;
μ——泊松比,对于钢,$\mu = 0.3$;
h——膜片弹簧的厚度,mm;
H——膜片弹簧在自由状态下,碟簧部分(即分离指以下部分)的内截锥高度,mm;
R、r——膜片弹簧在自由状态下,碟簧部分的大端和小端半径,mm;
R_1、r_1——压盘加载点和支撑环加载点半径,mm。

根据式(2-14),可作出膜片弹簧的 $P_1 - \lambda_1$ 曲线,既载荷特性曲线,如图 2-12 所示。

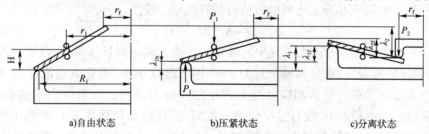

a)自由状态 b)压紧状态 c)分离状态

图 2-9 膜片弹簧在不同工作状态时的变形

当离合器分离时,膜片弹簧的加载点发生变化,设分离轴承对膜片弹簧分离指所加的载荷为 P_2,对应此载荷作用点的变形为 λ_2。应当指出,在分离与压紧两种加载情况下,只要膜片弹簧变形到相同的位置,即其碟簧部分的子午断面从自由状态的初始位置转过相同的转角 φ,便有如下的对应关系:

$$\lambda_2 = (r_1 - r_f)\lambda_1 / (R_1 - r_1) \tag{2-15}$$

$$P_2 = (R_1 - r_1)P_1 / (r_1 - r_f) \tag{2-16}$$

式中:r_f——膜片弹簧分离指与分离轴承接触圆的半径。

当 $P_1 - \lambda_1$ 曲线已知,利用式(2-15)和式(2-16)可求出 $P_2 - \lambda_2$ 曲线。将式(2-16)代入式(2-14)即可求出分离轴承对膜片弹簧的分离力 P_2 与膜片弹簧在压盘加载点处的变形 λ_1 之间的关系。

2. 膜片弹簧的应力计算

如前所述,假定膜片弹簧在承载过程中,其子午断面刚性地绕此断面上的中性点 O 转动。

由此可知,断面在 O 点处沿圆周方向的切向应变为零,因而 O 点的切向应力为零;O 点以外的断面上的点一般均发生切向应变,故产生切向应力。若选取一坐标固连于子午断面,使坐标原点位于中性点 O,令 x 轴平行于子午断面的上下边且其方向如图 2-10 所示,则断面上任意点的切向应力为:

$$\sigma_t = \frac{E}{1-\mu^2} \cdot \frac{x\varphi \cdot (\alpha - \varphi/2) - y\varphi}{e + x} \quad (\text{MPa}) \tag{2-17}$$

式中:φ——碟簧部分子午断面的转角(从自由状态初始位置算起);
α——碟簧部分自由状态的圆锥底角;
e——碟簧部分子午断面内中性点的半径,$e = (R - r)/\ln(R/r)$。

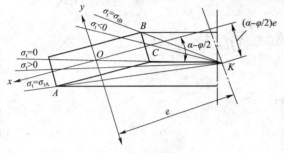

图 2-10 切向应力在碟簧子午断面的分布

通过分析可知,膜片弹簧的碟簧部分凸面内缘点 B 处的切向应力值最高,B 点应力虽大,但 B 点是压应力,产生裂纹和破坏源的可能性小,而 A 和 C 点是拉应力,产生破坏的可能较大,根据对实际应用中的多起早期疲劳断裂故障案例分析,也都是 A 和 C 点处的圆角处理不到位而引起。故应以 A 和 C 点为主要校核点。将 C 点的坐标 $x \approx -(e-r)$ 和 $y = -h/2$ 代入式(2-17),得

$$\sigma_{tC} = \frac{E}{(1-\mu^2)r}\left\{\frac{e-r}{2}\varphi^2 + \left[\frac{h}{2} - (e-r)\alpha\right]\varphi\right\} \tag{2-18}$$

令 $d\sigma_{tC}/d\varphi = 0$,可求出 σ_{tC} 达到极大值时的转角 φ_P,即:

$$\varphi_P = \alpha - h/[2(e-r)] \tag{2-19}$$

此式表明,C 点拉应力的极大值发生的转角位置尚未到达碟簧压平位置(转角等于 α)。而在碟簧压平位置后,在分离轴承推力 P_2 作用下继续下压,则分离指根部的 B 点也开始受拉应力,但 B 点弯曲的拉应力与膜片变形产生的压应力合成的当量应力不是叠加,而是抵减的,而在窗口处的内径点 C,没有受拉应力的抵减,其压应力值要比 B 点大约 1 倍。在实际应用中,膜片簧的疲劳断裂,都是发生在窗口处,几乎没有发生在 B 点的,不过 B 点应力超过许用值时,有可能使弹力衰减。

综合对碟簧部分进行应力分析,子午断面在中性截面以上部分均受压应力,在 B 点的值为最高;子午断面在中性截面以下部分均受拉应力,并在 A 点的值最高;C 点的应力值虽有可能低于 A 点,但在膜片弹簧工作过程中的应力幅有可能大于 A 点。在弹簧工作过程中 B、A、C 点的应力值在离合器的彻底分离时达到最大值。膜片弹簧的失效或疲劳破坏发生得较多的部位是 A 和 C 点。

设计时,应对 B、A、C 点在弹簧工作过程中的各个特性点的应力进行计算,计算的应力 σ_B、σ_A、σ_C 应不大于对应的许用应力值。

在膜片弹簧材料性能、设计水平和工艺水平可以保证的条件下,推荐许用应力值如下:

$[\sigma_B] = -1700 \sim 1900\text{MPa}$;
$[\sigma_A] = 1500\text{MPa}$;
$[\sigma_C] = 900 \sim 1050\text{MPa}$。

3. 膜片弹簧主要参数的选择及有关设计问题的考虑

(1) 高厚比 H/h 的选择。比值 H/h 对膜片弹簧的载荷特性与应力特性影响较大,由式(2-14)中 P_1 与变形 λ_1 之间的函数关系可知,当 H/h 取不同值时,P_1 有不同的变化趋势,如图2-11所示。

为保证离合器压紧力变化不大和操纵轻便,汽车离合器用膜片弹簧的 H/h 推荐在 $1.7 \sim 2.0$ 范围内。

(2) 膜片弹簧工作点位置的选择。膜片弹簧载荷特性曲线如图2-12所示。分析可知,曲线上的 H 点对应于膜片弹簧的压平位置,也称为拐点,而 λ_{1H} 恰为曲线凸点 M 和凹点 N 的横坐标的平均值。

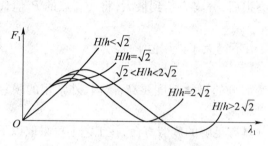

图2-11 H/h 对膜片弹簧的特性影响

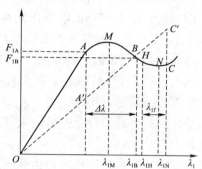

图2-12 膜片弹簧的载荷特性曲线

曲线上 B 为新离合器在接合状态时膜片弹簧的工作点,A 为磨损点,C 为离合器的分离点。B 点的横坐标 λ_{1B} 的取值一般按:$\lambda_{1B}/\lambda_{1H} = 0.9 \sim 1.05$,以保证摩擦片在最大磨损限度 $\Delta\lambda$ 内压紧力变化不大。

A 点位置可按:$\lambda_{1B} - \lambda_{1A} = 2.4 \sim 3.2$ 确定,摩擦片较厚的大尺寸离合器,可取上限。

选择 λ_{1B} 时,也可按 $(\lambda_{1B} + \lambda_{1A})/2 = \lambda_{1M} + 0.2 \sim 0.7$,也就是 A 和 B 点的中间位置应稍偏于 M 点右侧。这样可充分利用膜片弹簧的弹性能,又不致离合器磨损后工作压力下降。

分离点 C 的位置,$\lambda_{1C} = \lambda_{1B} +$ 离合器彻底分离时的压盘升程,可按 $1.6 \sim 1.8$ 取值。

(3) 外内径比 R/r。比值 R/r 影响膜片弹簧的刚度和应力。当 R/r 增大,可使弹簧的刚度减小,也使各角点的应力 σ 减小。研究证明,当 $R/r = \sqrt{3}$ 时,碟簧储存弹性变形能的能力最大。当 R/r 在 $1.5 \sim 2.1$ 的范围之外时,所能储存的弹性变形能大大减小。分析表明,R/r 愈小,应力愈高,弹性特性曲线受直径误差的影响愈大。

离合器膜片弹簧的 R/r,应考虑膜片弹簧的压盘加载点(R_1)的位置以及结构布置和压紧力的要求,R/r 常在 $1.2 \sim 1.30$ 范围内选取。

压盘加载点半径 R_1:推式可按 $R_1 = (1.05 \sim 1.12)R_B$,拉式 $R_1 = (0.96 \sim 1.0)R_B$。R_B 为压盘外圆半径 R_e 和内圆半径 R_i 的平均值,$R_B = (R_e + R_i)/2$。

(4) 膜片弹簧在自由状态时圆锥底角 α 一般在 $10° \sim 13.5°$。分离指数目:铆钉铆接形式的一般为 $12 \sim 24$,舌片扣接形式的一般为 $8 \sim 20$。

4. 膜片弹簧的设计计算要点

(1) 初选相关尺寸和参数:膜片弹簧高厚比 H/h、外内径比 R/r 和 $R、r$,工作点位置比 $\lambda_{1B}/\lambda_{1H}$,压盘加载点半径 R_1,支撑环加载点半径 r_1。

(2) 确定膜片弹簧的工作载荷 P,即:

$$P = \frac{\beta T_{e\max}}{f_\mu R_c z} \quad (\text{N}) \tag{2-20}$$

式中：R_c——摩擦片上摩擦合力作用半径，m。

(3)计算膜片弹簧的厚度 h，即：

$$h = \sqrt[4]{\frac{6P(1-\mu^2)(R_1-r_1)(R-r)}{\pi E q k_\lambda [z^2(1-k_\lambda)(1-0.5k_\lambda)+1]\ln(R/r)}} \quad \text{(mm)} \quad (2-21)$$

式中：q——高厚比 H/h；

k_λ——工作点位置比 $\lambda_{1B}/\lambda_{1H}$。

(4)按式(2-14)求得载荷特性曲线 $P_1-\lambda_1$，并求取凸点、拐点、凹点和工作点、磨损点、分离点等各点的载荷 P_1 和位移 λ_1 值。

(5)通过式(2-15)和式(2-16)，可求得分离特性曲线 $P_2-\lambda_1$，并求取工作点和分离点的载荷 P_2 和位移 λ_1 值。膜片弹簧离合器在摩擦片磨损后，分离力达到最大，将 λ_{1M} 点的 P_1 值代入式(2-16)，可得到磨损后的分离力 P_2 最大值。

(6)按式(2-17)校核各个角点的应力，计算值不得大于许用值。

5. 膜片弹簧的材料和制造工艺关键

膜片弹簧应采用合金弹簧钢板制造，其碟簧部分的尺寸精度要高，国内、外常用的膜片弹簧材料为50CrVA。

为使膜片弹簧的许用应力达到所需的值，并具有足够的疲劳寿命，在工艺上可采取以下关键措施：通过热处理获得均匀的回火托氏体+部分回火屈氏体组织，碟簧部分的硬度为44～48HRC，并应控制表面脱碳层；进行强化抛丸，并达到合适的抛丸强度；进行强压处理(即将膜片弹簧沿其分离的工作方向，加力使其变形位移，达到分离点 C 位置后再加 $0.5～1$ mm，反复 $5～8$ 次)，使其高应力区产生塑性变形以产生反向应力，提高膜片弹簧的疲劳寿命。为提高分离指端的耐磨性，指端可局部高频淬火，硬度为55～62HRC，或指端表面镀铬。

2.5 扭转减振器的设计

扭转减振器是现代汽车离合器从动盘的必备部件，它主要由弹性元件和阻尼元件组成。弹性元件用来降低传动系统的前端扭转刚度，降低传动系统扭振系统的固有频率，使之尽可能避开由发动机转矩主谐量激励引起的共振，但这种共振往往又是难以避免的，需要阻尼元件来有效地耗散其振动能量。因此，扭转减振器可有效地降低传动系统共振载荷(转矩)与噪声。扭转减振器的弹性特性有线性与非线性两种。具有线性特性的扭转减振器，其弹性元件一般采用圆柱螺旋弹簧，广泛用于以汽油机为动力的汽车中。当发动机为柴油机时，由于急速时发动机旋转不均匀度较大，常引起变速器常啮合齿轮齿间的敲击，从而产生令人厌烦的变速器急速噪声。在扭转减振器中另设置一组刚度很小的弹簧，令其在发动机急速工况下起作用，以缓和由于发动机瞬时转速波动引起的变速器常啮合齿轮齿间敲击，此时扭转减振器的弹性特性呈两级非线性，第一级的刚度很小，称急速级，第二级的刚度较大。具有急速级非线性扭转减振器，对降低变速器急速噪声效果显著。目前在柴油机汽车中广泛采用具有急速级的两级或三级非线性扭转减振器。三级非线性扭转减振器扭转特性如图2-13所示(图中仅画出正向驱动工况的右上半部分，未画出反向拖动或制动工况的左下部分)，三级式减振器各级的作用如下：

(1)第1级：角刚度最小(仅最软减振弹簧起作用)，使传动系的固有频率 f_o 最低，该频率应低于发动机急速转速时的激振频率。

(2)第2级:角刚度中等(第2组减振弹簧也起作用),使传动系统的固有频率f_c为中等,该频率应低于发动机常用工作转速时的激振频率,用于驱动工况。

(3)第3级:角刚度最大(3组减振弹簧都起作用),传递的转矩最大,用于载荷急剧变化阶段(如猛抬离合器踏板起步,未松开离合器紧急制动等)缓和传动系统大的瞬时动载。

在扭转减振器中,也有采用橡胶弹性元件的,其形状有空心圆柱形和星形等多种,同样可以获得非线性弹性特性。但由于橡胶存在老化和低温下的硬脆化问题,应用受限制。

弹簧扭转减振器中的阻尼元件常采用摩擦片,由碟形弹簧建立正压力,可使阻尼力矩保持稳定。

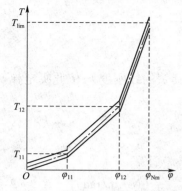

图 2-13 三级非线性扭转减振器特性

2.5.1 弹簧扭转减振器参数设计

扭转减振器的主要参数应以满足性能的需要来考虑,但受结构因素影响较大,通常根据经验公式和统计资料进行初选,然后经试验修正。

1. 极限转矩 T_{lim}

离合器装有减振器时,发动机转矩必须通过减振弹簧传递,故减振器传递转矩的能力会影响传动系统的动载荷。减振器极限转矩 T_{lim} 给出了减振器起作用的转矩极限,即当减振器在消除限位销与从动盘毂缺口之间的间隙Δ_1(正向驱动状态,图2-14)时所能传递的最大转矩。显然,为使减振器在绝大部分场合下都起作用,T_{lim} 应大些,一般取:

$$T_{lim} = (1.5 \sim 2)T_{emax} \quad (N \cdot m) \tag{2-22}$$

式中:系数对轿车取2,对货车取1.5;

T_{emax}——发动机的最大输出转矩,N·m。

2. 极限转角 φ_{lim}

对应于极限转矩,从动片相对从动盘毂的极限转角 φ_{lim} 取 $3°\sim 12°$。对汽车平顺性要求高或发动机工作不均匀时,φ_{lim} 取大值。对于多级的变刚度减振器,φ_{lim} 较大并随级数的增加而增加,有些减振器的 φ_{lim} 达 $20°$。

3. 扭转角刚度 k_φ

减振器的扭转角刚度 k_φ 是指从动钢片相对从动毂转 $1°$ 或 $1rad$(弧度)所需的转矩值。角刚度 k_φ 影响传动系统的扭振特性和动载荷。降低 k_φ 可降低传动系统高频固有频率,使之有可能低于常用转速,同时可降低传动系统的动载荷。但 k_φ 过低,又相当于传动系统在减振器中增添了一间隙,冲击载荷反而加大。因此,对于某一汽车而言应有适宜的 k_φ 值。一般初选:

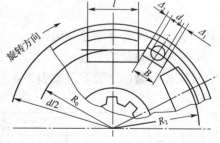

图 2-14 减振器尺寸简图

$$k_\varphi \leq 13T_{lim} \tag{2-23}$$

减振器的扭转角刚度取决于减振弹簧的线刚度及结构尺寸。

如图2-14所示,Δ_1 和 Δ_2 为限位销与从动盘毂缺口之间的间隙,Δ_1 为正向驱动时的情况,Δ_2 为车轮反向拖动时的情况。设减振器减振弹簧分布圆半径为 R_0,当从动片相对从动盘毂转过 φ 弧度时,弹簧相应的变形量为 Δl,则:$\Delta l = R_0\varphi$,此时所需加在从动片上的转矩 T 为:

$$T = 1000kn\varphi R_0^2 \quad (\text{N}\cdot\text{m}) \tag{2-24}$$

式中：k——单个减振器弹簧的线刚度，N/mm；

n——减振弹簧的数目；

R_0——减振弹簧分布半径，m。

如将极限转矩 $T_{\lim}$ 和极限转角 $\varphi_{\lim}$ 代入上式，可反求出弹簧的线刚度 k，依此决定弹簧的尺寸。

根据扭转角刚度的定义：

$$k_\varphi = T/\varphi$$

故：

$$k_\varphi = 1000knR_0^2 \quad (\text{N}\cdot\text{m/rad}) \tag{2-25}$$

4. 阻尼摩擦转矩 T_μ

为有效地消除振动，减振器的阻尼摩擦转矩 T_μ 通常取：

$$T_\mu = (0.06 \sim 0.17)T_{e\max} \tag{2-26}$$

5. 预紧转矩 T_p

减振器弹簧在安装时应当预紧。有预紧转矩 T_p（图2-15）与无预紧转矩相比，当角刚度和极限转角 $\varphi_{\lim}$ 相同时极限转矩 $T_{\lim}$ 较大，使减振器能在较大的转矩范围内起作用；当极限转矩 $T_{\lim}$ 和极限转角 $\varphi_{\lim}$ 相同时角刚度较低。因此，有预紧转矩对降低传动系统动载荷比较有利。一般其值略低于阻尼摩擦转矩，即：

$$T_p = (0.05 \sim 0.15)T_{e\max} \tag{2-27}$$

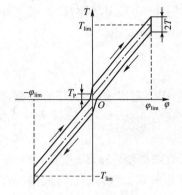

图 2-15 单级线性减振器的扭转特性

6. 减振弹簧的分布半径 R_0

减振弹簧分布半径 R_0 的尺寸尽可能大些，一般取：

$$R_0 = (0.6 \sim 0.75)d/2 \tag{2-28}$$

式中：d——离合器摩擦片内径。

7. 减振弹簧的个数 n

减振弹簧的个数 n 可按表2-4选取。

减振弹簧个数的选取　　　　　　　　　　　　　表2-4

离合器摩擦片外径 D(mm)	225~250	250~325	325~350	>350
减振弹簧个数 n	4~6	6~8	6~10	6~12

减振弹簧个数 n 取小值时，极限转角 $\varphi_{\lim}$ 容易做得大些。

为做成多级非线性扭转减振器，减振弹簧常采用大簧套小簧的形式，弹簧长度可做到尽可能长，既保证了极限转矩 $T_{\lim}$，又增大了极限转角 $\varphi_{\lim}$。如国外的大尺寸规格离合器，减振弹簧就常使用6组。

2.5.2 减振弹簧的材料

减振弹簧的疲劳寿命可按 10^6 循环次数考虑，材料宜选用硅锰类、铬硅或铬钒类油淬火回火弹簧钢丝。减振弹簧须经强化抛丸和强压。减振弹簧的载荷和应力计算与压盘圆柱螺旋弹簧相同，其计算的剪切应力可按经验控制在760MPa内。

2.6 离合器操纵机构的设计

离合器的操纵机构由离合器踏板、传动部件、分离拨叉、分离轴承组成。

2.6.1 对操纵机构的要求

离合器操纵机构应满足如下要求:
(1)踏板力要小,轿车在 80~150N,货车在 150~200N。
(2)踏板行程应在 80~150mm,最大不超过 180mm。
(3)应具有踏板自由行程调整机构,以便在摩擦片磨损后恢复分离轴承的自由行程。
(4)应具有踏板行程限位器,以防止操纵机构的零件受过大的载荷而损坏。操纵机构应具有足够的刚度。
(5)不因发动机的振动以及车架和驾驶室的变形而引起操纵机构的运动干涉。

2.6.2 分离轴承

在汽车离合器中采用的分离轴承主要有径向止推轴承和止推轴承两种。前者适用于高转速、低轴向负荷的情况,后者则适用于低转速、高轴向负荷的情况。在小尺寸的离合器中也采用结构简单的石墨润滑轴承。

分离轴承与分离杠杆之间有周向滑动,同时也有径向滑动。当两者在旋转中不同心时,径向滑动加剧。为消除因不同心引起的磨损,近年来在膜片弹簧离合器中广泛采用自动调心式分离轴承。

2.6.3 离合器操纵机构型式的选择

离合器操纵机构的结构型式应根据对操纵机构的要求、整车结构、生产条件等因素确定。

1. 机械式操纵机构

机械式操纵机构有杆系传动和绳索传动两种型式。杆系传动机构结构简单,工作可靠,广泛用于各型汽车上,但机械效率低,质量大,车架和驾驶室的变形会影响其正常工作,在某些情况下(如远距离操纵)杆系布置比较困难,不能采用适宜驾驶人操纵的吊挂踏板。绳索传动可消除上述缺点,但寿命较短,机械效率也不高,多用于轻型轿车中。

2. 液压式操纵机构

液压式操纵机构由主缸、工作缸、管路系统等部分组成,与制动系统的液压操纵机构相似。该机构传动效率高,质量小,布置方便,便于采用吊挂踏板,便于驾驶室的密封,不会因驾驶室和车架的变形以及发动机的振动发生运动干涉,可使离合器接合较柔和,有可能降低猛接离合器时传动系统的动载荷。该操纵形式广泛用于中、小型车辆上。

3. 机械和液压操纵的助力器

在中型和重型汽车上,离合器压紧弹簧的压紧力很大,为减轻踏板力,在机械式和液压式操纵机构中采用各种助力器。弹簧式助力器和气动式助力器是常采用的结构。机械操纵弹簧式助力器结构简单,但助力效果不大,一般可降低踏板力 25%~30%。液压操纵气动式助力器多在重型车辆上采用。设计助力器应保证在其失效时,仍能由人力操纵。现在重型汽车相当多采用的是气助力的液压操纵机构,气缸的移动是与工作液压缸随动的,如

气缸内径为 $\phi 102\mathrm{mm}$ 的助力机构,在气压 $60\mathrm{N}$ 时推力约 $4600\mathrm{N}$,加上工作液压缸,总推力可达 $7000\mathrm{N}$。

4. 气压式操纵机构

气压式操纵机构由操纵阀、工作缸和管路系统等部分组成。压缩空气压力作为操纵离合器的全部动力源,具有操纵轻便的突出优点。操纵阀与制动阀相似,设计时必须保证具有随动作用,即输送给工作缸的气压与离合器踏板行程和踏板力成比例。

2.6.4 离合器操纵机构的计算

以图 2-16 所示的乘用车或轻型汽车的液压式操纵机构计算为例。

1. 踏板行程 S

踏板行程 S 由自由行程 S_0 和工作行程 S_g 两部分组成,即:

$$S = S_0 + S_g = \left(S_{0f} + Z\Delta S \frac{e}{f}\right) \frac{acd_2^2}{bdd_1^2} \quad (\mathrm{mm}) \tag{2-29}$$

式中: S_{0f}——分离轴承自由行程,一般为 $1.5 \sim 3\mathrm{mm}$,对应的踏板自由行程 S_0,一般为 $20 \sim 30\mathrm{mm}$;

Z——摩擦面数,单盘,$Z=2$,双盘,$Z=4$;

ΔS——离合器分离时,对偶摩擦面间的间隙,单盘,$\Delta S = 0.85 \sim 1.3\mathrm{mm}$,双盘,$\Delta S = 0.75 \sim 0.9\mathrm{mm}$;

a、b、c、d、e、f——杠杆尺寸;

d_1、d_2——操纵机构主缸和工作缸直径。

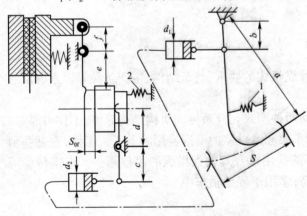

图 2-16 离合器液压操纵机构示意图

实用中,也可以用分离轴承应有的总行程来计算踏板行程。将 $Z\Delta S \frac{e}{f}$ 合并作为分离轴承的有效工作行程,即离合器的参数之一分离行程。离合器的分离指或分离杠杆内端位移达到分离行程时,压盘必须达到规定的最小升程。离合器设计时,分离行程最小值一般为:小规格(直径为 $160 \sim 200\mathrm{mm}$)为 $7\mathrm{mm}$,(直径为 $200 \sim 230\mathrm{mm}$)为 $8\mathrm{mm}$;中规格(直径为 $230 \sim 280\mathrm{mm}$)为 $9\mathrm{mm}$,(直径为 $280 \sim 350\mathrm{mm}$)为 $10\mathrm{mm}$;大规格(直径为 $350 \sim 4000\mathrm{mm}$)为 $11\mathrm{mm}$,(直径为 $400 \sim 430\mathrm{mm}$)为 $12\mathrm{mm}$。

分离轴承应有的总行程 S_{Tf} 为:

$$S_{Tf} = (S_{of} + S_f) \cdot \delta \tag{2-30}$$

式中: S_f——分离轴承的有效工作行程;

δ——系数,可取 1.25 左右。

系数 δ 大则行程的富裕量大,分离可靠,但会造成弹簧变形过大,应力会大大增加。

2. 踏板力

踏板力 P_f 为:

$$P_\mathrm{f} = \frac{P_2}{i_\Sigma \eta} + P_\mathrm{s} \quad (\mathrm{N}) \tag{2-31}$$

式中：P_2——离合器分离时，压紧弹簧对压盘的总压力；

η——机械效率，机械式，$\eta = 0.7 \sim 0.8$，液压式，$\eta = 0.8 \sim 0.9$；

i_Σ——操纵机构总传动比，$i_\Sigma = eacd_2^2/(fbdd_1^2)$（对膜片弹簧离合器，$P_2$ 为离合器的最大分离力，则 e、f 取为1）；

P_s——克服复位弹簧1、2的拉力所需踏板力，N（初步计算时可忽略）。

工作缸直径 d_2 的取值与液压系统允许的最大油压有关。考虑到油管及管接头的密封，系统最大油压一般为 $5 \sim 8\mathrm{MPa}$。

机械式操纵机构的计算，只需令上述公式中的 $d_1 = d_2$ 即可。

习 题

1. 离合器设计应满足哪些基本要求？
2. 什么是离合器的后备系数？影响该值大小的因素有哪些？
3. 膜片弹簧离合器有何优缺点？影响其弹性特性的主要因素有哪些？

第3章 变速器设计

[主要内容] 本章介绍汽车传动系统中主要部件变速器的设计要求、主要结构形式以及设计计算方法。

3.1 概述

变速器在发动机和驱动轮之间起着匹配作用,通过改变变速器的传动比,可以使汽车在不同的使用条件下得到所需的驱动力和速度,同时使发动机在最有利的工况范围内工作。

3.1.1 变速器的类型

变速器由变速传动机构和操纵机构组成。变速器的分类方法有多种:

(1)根据传动机构的传动比变化是有级还是无级,变速器分为有级式、无级式和分段无级式。有级式变速器根据前进挡数的不同,又分四挡、五挡、六挡等多种。

(2)根据轴的不同类型,分为固定轴式和旋转轴式两大类。而前者又分为两轴式、三轴式(中间轴或多中间轴式)、组合式变速器。

(3)根据操纵方式的不同,分为手动操纵式、自动操纵式和半自动操纵式三种。

本章节仅讨论固定轴式的有级、手动操纵式变速器。

3.1.2 变速器的要求

为保证变速器具有良好的工作性能,对变速器提出如下基本要求:

(1)合理地选择变速器的挡数和传动比,使汽车具有良好的动力性和经济性。

(2)设置空挡,使发动机和驱动轮之间的动力能暂时中断,如在滑行或停车时让发动机和传动系统能保持分离。

(3)设置倒挡,在不改变发动机旋转方向的情况下使汽车能倒退行驶。

(4)工作可靠,在使用过程中不应有自动跳挡、脱挡和换挡冲击现象发生。此外,还不允许出现误挂倒挡的现象。

(5)操纵应轻便,以减轻驾驶人的劳动强度;这对重型汽车、公共汽车和长途汽车尤为重要。

(6)传动效率高、噪声小。齿轮式变速器为减小齿轮的啮合损失,最好有直接挡。此外,合理地选择齿轮型式及结构参数,提高其制造和安装精度,都是提高效率和减小噪声的有效措施。

(7)结构紧凑,尽量做到质量轻、体积小、制造成本低。

(8)应设动力输出接口,能进行动力输出。

3.2 变速器结构方案的确定

3.2.1 概述

现代汽车大多数都采用三轴式变速器,对发动机前置前轮驱动的轿车,如变速器传动比小,则常采用两轴式变速器。图 3-1 和图 3-2 分别给出了两轴式四挡变速器和三轴式五挡变速器的传动方案。在设计时采用哪一种方案,除了汽车总布置的要求外,主要考虑以下四个方面。

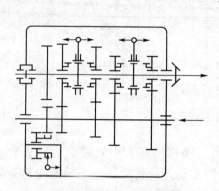

图 3-1 两轴式变速器简图

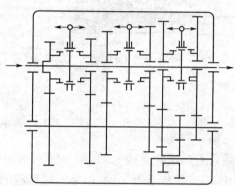

图 3-2 三轴式变速器简图

1. 结构工艺性

两轴式变速器输出轴与主减速器主动齿轮做成一体,当发动机纵置时,主减速器可用螺旋圆锥齿轮或双曲面齿轮,而发动机横置时用圆柱齿轮,因而简化了制造工艺。

2. 变速器的径向尺寸

两轴式变速器的前进挡均为一对齿轮副,而三轴式变速器则有二对齿轮副。因此,对于相同的传动比要求,三轴式变速器的径向尺寸可以比两轴式变速器小得多。

3. 变速器齿轮的寿命

两轴式变速器的低挡齿轮副,大小相差悬殊,小齿轮工作循环次数比大齿轮要高得多,因此小齿轮的寿命比大齿轮的短。三轴式变速器的各前进挡,均为常啮合斜齿轮传动,大小齿轮的径向尺寸相差较小,因此寿命较接近。在直接挡时,齿轮只空转,不影响齿轮寿命。

4. 变速器的传动效率

两轴式变速器,虽然可以有等于 1 的传动比,但仍要有一对齿轮传动,因而有功率损失,而三轴式变速器,可将输入轴和输出轴直接相连,得到直接挡,因而传动效率较高,磨损小,噪声也较小。

3.2.2 变速器的总体结构方案

1. 两轴式方案

轿车,特别是中级以下的轿车多采用前置前驱,两轴式变速器被广泛使用。其轴和轴承数目较少,结构简单、外形尺寸小、容易布置、传动效率高,当发动机为横置时,主减速器可采用更为经济的圆柱齿轮。但因不能设置直接挡,高挡工作时齿轮和轴承均会承受载荷,从而使噪声增大。再因只有一对齿轮传递动力,受结构影响,一挡传动比不能设计得很大。

图3-3所示为发动机横置前轮驱动轿车的两轴式五挡变速器结构方案。图3-3a)为结构图,图3-3b)为传动简图。其特点为:前进挡全部采用常啮合齿轮传动,换挡机构均为同步器,高挡常啮合齿轮布置在变速器附加外壳内、输入轴和输出轴的延伸悬臂端上;变速器输入轴连同飞轮支撑端为三点支撑,部分齿轮与轴做成一体;变速器输出轴也是三点支撑,并与主减速器主动齿轮制成一体。

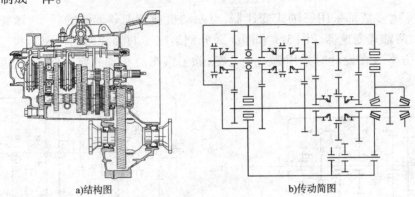

a)结构图   b)传动简图

图3-3　两轴式五挡变速器

2. 三轴式方案

三轴式变速器除有输入轴(第一轴)、输出轴(第二轴)外,还有中间轴。动力从第一轴输入,经中间轴齿轮传至第二轴,由第二轴后端的凸缘输出至万向传动轴。三轴式变速器被广泛用于发动机前置后轮驱动的中、重型载货汽车和发动机后置后轮驱动的客车中。

图3-4所示为一种三轴式六挡变速器结构方案,图3-4a)为结构图,图3-4b)为传动简图。其特点为:第一轴前端通过轴承支撑在发动机飞轮上,后端与常啮合主动齿轮制成一体;第二轴前端借助滚针轴承支撑在第一轴后端孔内,可通过啮合套将两轴直接连接而得到直接挡,此时变速器齿轮和中间轴不承载,齿轮和轴承磨损小、噪声低,传动效率高达90%;除直接挡外,工作时每个挡位至少有二对齿轮副参与传动,故一挡可以有较大传动比;所有挡位全部采用常啮合齿轮传动(有些三轴式变速器在一挡和倒挡不用常啮合齿轮,而采用直齿传动,以滑动齿轮方式换挡,降低成本);一挡和二挡采用锁销式惯性同步器换挡,三至六挡使用锁环式惯性同步器换挡,倒挡采用啮合套换挡。

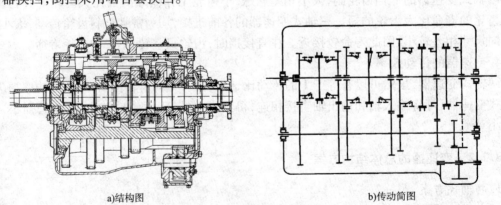

a)结构图   b)传动简图

图3-4　三轴式六挡变速器

3. 多中间轴方案

近年来,国内外一些重型汽车在装备转矩高于1200~1300N·m的大功率的柴油机时,采用多中间轴的结构变速器,这种变速器具有2~3根中间轴。如图3-5所示的双中间轴变速器,由发动机传至第一轴的动力,被分别传到两根中间轴,再经第二轴输出。图 3-5a)为输入轴常啮合齿轮与两根对称的中间轴常啮合齿轮啮合示意。图 3-5b)为双中间轴变速器传动简图。因动力被分流,在传递同样转矩的情况下,变速器齿轮的宽度和质量分别减少 40% 和 20%,变速器的整体质量及轴向尺寸明显减少。且由于工作时两个中间轴齿轮对第二轴齿轮所加的径向力大小相等,方向相反,相互抵消,使第二轴只承受转矩,不承受弯矩,改善了轴和轴承的受力情况,提高了变速器的使用可靠性和耐久性。

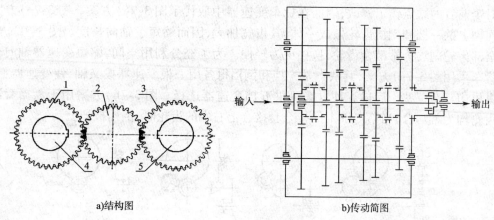

图 3-5 双中间轴变速器简图
1-左中间轴传动齿轮;2-输入轴齿轮;3-右中间轴传动齿轮;4-左中间轴;5-右中间轴

多中间轴变速器具有质量轻、轴向长度短、承载能力大、维护费用低等优点。国内外一些变速器专业厂家已将双中间轴的结构广泛用于其五挡以上的变速器产品中,最大输入转矩可达 2400N·m。

4. 组合式方案

由于商用汽车的发动机功率和吨位不断加大,用途也呈多样化,要求变速器的传动比加大,即增加挡位数,七挡、八挡、十挡甚至十六挡的变速器被越来越多地装备于各种重型商用汽车,以保证整车良好的动力性和经济性。由于轴向长度尺寸的限制和系列化、模块化的要求,七挡以上的变速器通常采用组合式结构,即以四挡或五挡变速器为主体,通过更换齿轮副和配置不同的副变速器(一般为两挡)的方法,使变速器获得更多的挡位数和更大的传动比变化范围。副变速器传动比较大时,多置于主变速器后,以利于减小主变速器的质量和尺寸。

图 3-6 所示为斯太尔重型汽车装有后置副变速器的 ZFS6-90 型组合式变速器。

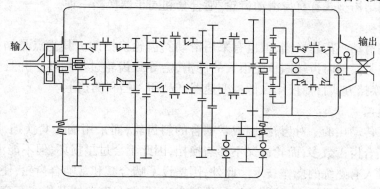

图 3-6 组合式变速器简图

3.2.3 倒挡的型式及布置方案

图3-7所示为常见的倒挡结构方案,图3-7a)方案广泛用于前进挡都是同步器换挡的四挡轿车和轻型货车变速器中。图3-7b)方案的优点是可以利用中间轴上的1挡齿轮,因而缩短了中间轴的长度,但换挡时两对齿轮必须同时啮合,致使换挡困难,某些轻型货车四挡变速器采用这种方案。图3-7c)方案能获得较大的倒挡传动比,缺点是换挡程序不合理。图3-7d)方案针对于前者的缺点作了修改,因而在货车变速器中取代了图3-7c)方案。图3-7e)方案中,将中间轴上的一挡和倒挡齿轮做成一体,其齿宽加大,因而缩短了轴向长度。图3-7f)方案采用了全部齿轮副均为常啮合齿轮,换挡更为轻便。为了充分利用空间,缩短变速器轴向长度,有的货车采用图3-7g)方案,其缺点是一挡和倒挡得各用一根变速器拨叉轴,使变速器上盖中的操纵机构复杂一些。后述五种方案可供五挡变速器选择。图3-7h)方案用于六挡变速器,全部齿轮均为常啮合,当第二轴上的接合套接合上右端的齿轮时,倒挡被挂上。

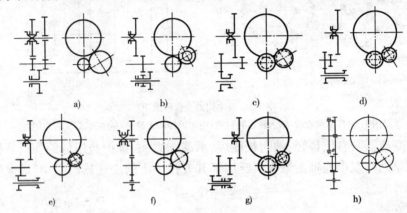

图3-7 倒挡布置方案

3.2.4 齿轮型式

变速器用斜齿圆柱轮和直齿圆柱齿轮。斜齿圆柱齿轮虽然制造时稍复杂,工作时有轴向力,但因其使用寿命长,噪声小而仍得到广泛使用。直齿圆柱齿轮仅用于低挡和倒挡。

3.2.5 换挡的结构型式

变速器换挡结构型式有直齿滑动齿轮、啮合套和同步器换挡三种。

1. 滑动齿轮换挡

通常是采用滑动直齿轮换挡,但也有采用滑动斜齿轮换挡的。其优点是结构简单、紧凑、容易制造。缺点是换挡时齿端面承受很大的冲击,会导致齿轮过早损坏。并且直齿轮工作噪声大,所以这种换挡方式目前仅用在低挡变速器产品的一挡和倒挡上。

2. 啮合套换挡

常将构成某传动比的一对齿轮,制成常啮合的斜齿轮,而采用啮合套换挡,因同时承受换挡冲击载荷的接合齿齿数多,而轮齿又不参与换挡,因此不会过早损坏,但不能消除换挡冲击,所以仍要求驾驶人有熟练的操作技术。此外,因增设了啮合套和常啮合齿轮,使变速器的轴向尺寸和旋转部分的总惯量增大。因此,这种换挡方法,目前只在普通载货汽车变速器的一挡和倒挡,以及低档变速器产品上应用。

3.同步器换挡

现在大多数汽车的变速器都采用同步器换挡。使用同步器能保证迅速、无冲击、无噪声换挡,与操作技术熟练程度无关,从而提高了汽车的加速性、经济性和行车安全性。同上述两种换挡方法相比,虽然它有结构复杂、制造精度要求高、轴向尺寸大、同步环使用寿命短等缺点,但仍然得到广泛应用。近年来,由于材料和制造工艺的改进,寿命问题已得到基本解决。如部分国内外变速器制造企业,采用球墨铸铁制造同步器的关键部件同步环,并在其工作表面上镀一层铂;或在金属同步环上粘接非金属摩擦材料,这些措施不仅提高了耐磨性,而且提高了工作表面的摩擦系数,其寿命不低于齿轮寿命。

上述三种换挡方案,可同时用在同一变速器中的不同挡位上,一般倒挡和一挡采用结构较简单的滑动直齿轮或啮合套的型式,对于常用的高挡位刚采用同步器。轿车要求轻便性和缩短换挡时间,因此采用全同步器变速器。

3.2.6 轴承型式

过去,变速器轴的支撑广泛采用滚珠轴承、滚柱轴承和滚针轴承。近年来,变速器的设计趋势是增大其传递功率与质量之比,并要求它有更大的容量和更好的性能,而上述轴承型式已不能满足对变速器可靠性和寿命提出的要求,故使用圆锥滚柱轴承的增多。其主要优点如下:滚锥轴承的直径较小,宽度较大,因而容量大,可承受高负荷;锥体、外圈和滚子间基本的几何关系使滚子能正确对中,确保轴承的可靠性,使用寿命长;滚锥轴承的接触线长,如果锥角和配合选择合适,可提高轴和齿轮的刚度,降低齿轮噪声,减少自动脱挡的可能,并大幅度提高其寿命;采用滚锥轴承的变速器,一般将变速器壳体设计成沿纵向平面分开或沿中心线所在平面分开,这样可使装拆和调整轴承方便。由于上述特点,滚锥轴承已在国内外轿车、商用车变速器上得到应用。

3.3 变速器总体尺寸和参数的确定

3.3.1 中心距

变速器齿轮的中心距是变速器的重要参数,它对变速器整体尺寸、体积及质量有很大影响。通常根据经验公式初选中心距 A:

$$A = k \sqrt[3]{T_{\text{iemax}}} \quad (\text{m}) \tag{3-1}$$

式中:k——中心距系数。对轿车,$k = 8.9 \sim 9.3$,对货车,$k = 8.6 \sim 9.6$,对多挡主变速器,
$k = 9.5 \sim 11$;

T_{iemax}——变速器在一挡时,第二轴输出的转矩:

$$T_{\text{iemax}} = T_{\text{emax}} i_1 \eta_g \quad (\text{N} \cdot \text{m})$$

式中:i_1——变速器一挡传动比;

η_g——变速器传动效率,取 0.96。

在良好路面上行驶的汽车取小值,以利降低变速器体积和质量。

此外,变速器的中心距还受齿轮接触强度、几何参数及结构要求等的制约。中心距过小,会使放置滚动轴承有困难。

3.3.2 变速器的轴向尺寸

货车变速器壳体的轴向尺寸与挡数有关,可参照下列数据选用:

四挡:$(2.2\sim2.7)A$;

五挡:$(2.7\sim3.0)A$;

六挡:$(3.2\sim3.5)A$。

轿车四挡变速器壳体轴向尺寸为$(3.0\sim3.4)A$。

3.3.3 挡数及各挡传动比

变速器挡数多少对汽车动力性、经济性影响很大。挡数多,可以使发动机经常在最大功率附近的转速工作,而且使发动机转速变化范围小,发动机平均功率高。故可提高汽车的动力性,即提高汽车的加速能力和爬坡能力。挡数多,也增加了发动机在低油耗区工作的可能性,因而提高了汽车的燃料经济性。挡数多少还影响相邻的低挡与高挡间传动比的比值,挡数多,则比值小,换挡容易。当然,挡数多会使变速器的结构复杂,质量增大,操纵不简便。相邻的低挡与高挡间传动比的比值目前常用值为 1.3～1.6,挡位多时可取小值,但一般不小于 1.2,也不应大于 1.8。

不同类型汽车的变速器挡数也不相同。轿车等乘用车由于最低挡与最高挡间传动比范围小,即 $i_{\max}/i_{\min}$ 小,微型车常用四挡,普及型轿车常用五挡,中高级轿车使用五挡或六挡变速器。载货汽车吨位越大挡位数越多,总质量为 3.5t 以下的多用四挡变速器,总质量为 3.5～10t 的多用五挡变速器,总质量大于 10t 的多用六挡变速器。特殊用途的车辆可用七挡以上的变速器,通常为主、副变速器组成的组合式变速器,以形成更多的挡位。近年来为了降低油耗,变速器的挡数有增加的趋势。总质量大于 20t 的重型货车的变速器常用八挡到十二挡,部分车型的变速器达到十六挡。实际上商用车因用途广泛,不同车型对挡位的需求不一样,如牵引车的挡位数一般多于公路载货汽车的挡位数,故通常可以按照变速器输入转矩选择挡位数。表 3-1 是国内主要变速器生产厂家按输入转矩所对应的变速器挡位数的统计值,在选择挡位数时可作为参考。

传动比变化范围及邻挡传动比比值是变速器的两个重要参数。国产汽车中,轿车变速器传动比变化范围是 3～5,轻型货车为 5～6,其他货车为 7 以上。为了使发动机在最有利的转速范围内工作,变速器各挡传动比之间的关系基本是几何级数,故邻挡传动比比值就是几何级数的公比。两种变速器传动比变化范围相同时,若邻挡传动比比值小,则挡数多。邻挡传动比比值大,则挡数少,结构简单。但邻挡传动比比值若大于 1.8,则换挡困难。

确定最低挡传动比时,要考虑下列因素:汽车最大爬坡度、驱动轮与路面的附着力、汽车最低稳定车速及主传动比等。在主传动比已确定的条件下,可按以下方法确定各挡传动比。

1. 根据最大爬坡度确定一挡传动比

汽车在最大上坡路面上行驶时,最大驱动力应能克服轮胎与路面间滚动阻力及上坡阻力。由于汽车上坡行驶时,车速不高,故忽略空气阻力,由汽车行驶方程得:

$$i_1 \geq \frac{rm_a g\psi}{\alpha_{\max} i_0 \eta} \tag{3-2}$$

式中:i_1——变速器一挡传动比;

i_0——主减速器传动比;

η——汽车传动系统总效率;
m_a——汽车总质量,kg;
g——重力加速度,9.81m/s^2;
ψ——道路最大阻力系数;
r——驱动轮滚动半径,m;
α_{max}——道路最大坡度角。

商用车变速器输入转矩与变速器挡位数关系的统计值 表3-1

变速器输入转矩(N·m)	挡位数	i_{max}/i_{min}	适 用 车 型
500 以下	5	6.6~7.5	总质量6t以下货车,长度8m以下客车
500~700	5	5.2~7.3	公路载货汽车、8~10m客车、自卸车、越野车、牵引车
700~1200	5	5.7~7.5	10m以上城市客车
500~700	6	7.5~8	公路载货汽车、自卸车、客车
700~900	6	7.5~8.6	公路载货汽车、8~10m客车、自卸车、越野车、牵引车
900~1300	6	8.5~9	11~13m客车
1000~1200	7	10.1~10.8	公路载货汽车、高档客车、自卸车、越野车、牵引车
1200~2000	8	11.7~16.9	公路载货汽车、自卸车、牵引车
1500~1750	9	12.5~14.7	公路载货汽车、高档客车、自卸车、越野车、牵引车
1300~2000	10	14.5~15	公路载货汽车、自卸车、牵引车
1600~2400	12	15~16	20~30t公路载货汽车、自卸车、越野车、矿用车,30~50t牵引车
1800~2400	16	16~18	公路载货汽车、牵引车、各种专用车辆

2. 根据驱动轮与路面的附着力确定一挡传动比

汽车行驶时,为了使驱动轮不打滑,必须使驱动力等于或小于驱动轮与路面间的附着力,由此得:

$$i_1 \leq \frac{Nr\varphi}{T_{e\,max} i_0 \eta} \tag{3-3}$$

式中:φ——道路附着系数,计算时取 $\varphi = 0.5 \sim 0.6$;

N——驱动轮垂直反力,用下列公式计算:

$$N = (x\cos\alpha + Sh_g\sin\alpha) m_a g/L$$

式中,x、S的值,当后轮驱动时,$x = L_1$,$S = +1$;前轮驱动时,$x = L_2$,$S = -1$;全轮驱动时 $x = L$,$S = 0$;α为路面坡度角;L_1、L_2分别为汽车质心距前后轴的距离;L为汽车轴距;h_g为汽车满载时质心高度。

3. 根据最低稳定车速确定一挡传动比

对于越野汽车,为了避免在松软路面上行驶时,由于土壤受冲击剪切破坏而损失地面附着力,i_{max}应保证汽车能在极低车速下稳定行驶。设最低稳定车速为 $v_{a\,min}$,则

$$i_{\max} = \frac{0.377 r n_{\min}}{v_{a\min} i_0 i'} \tag{3-4}$$

式中：$n_{\min}$——发动机最低转速；

i'——分动器低挡传动比。

根据上述三个条件确定的一挡传动比可能不相等，应选其中的小值。

最高挡一般为直接挡，传动比为 1，部分汽车为了提高汽车经济性，高速行驶时使发动机转速不至过高，而设置一个超速挡，超速挡的传动比 $i_{\min}$ 一般取 $0.75 \sim 0.85$。

其他各挡传动比可用下述方法确定，以四挡变速器为例，各挡传动比为：

$$i_4 = i_{\min};$$
$$i_3 = i_4 q;$$
$$i_2 = i_3 q;$$
$$i_1 = i_{\max}$$

式中：q——几何级数的公比，$q = \sqrt[3]{\frac{i_{\max}}{i_{\min}}}$。

因齿数为整数，故实际传动比与上面计算出的理论值略有出入。另外，在换挡过程中，由于空气和道路阻力的作用，在空挡的一瞬间，车速会下降，车速高时速度下降更多。为了使发动机在各挡时都在相同的转速范围内工作，高挡段的邻挡公比应比低挡段的邻挡公比为小。

对由主副变速器组成的组合式变速器，其传动比由主变速器和副变速器的传动比决定。当副变速器高、低两挡传动比分别与主变速器各挡传动比搭配而组成高低两段传动比范围的配合方式，称为分段式配挡。对八挡变速器而言，仅在四、五挡间换挡时，才需要操纵副变速器，对十挡变速器而言，则仅在五、六挡间换挡时，需要操纵副变速器。当主变速器各挡传动比间隔较大，而副变速器低挡传动比又较小时，组合得到的传动比均匀的插在各挡传动比之间，称为插入式配挡。这种配挡方式需要主、副变速器交替换挡，操纵机构较复杂。

3.4 变速器齿轮零件的设计计算

3.4.1 齿轮参数的确定

1. 模数

影响齿轮模数选取的因素很多，其中最主要的是齿轮的强度、传动噪声和质量。减小模数，增加齿宽会使噪声降低，反之则能减轻变速器的质量。降低噪声对轿车有很大的意义，减轻质量对货车比较重要。

直齿轮模数 m 与弯曲应力 σ_w 之间有如下关系：

$$m = \sqrt[3]{\frac{2 T_g k_t k_\sigma}{\pi z k_c y \sigma_w}} \tag{3-5}$$

斜齿轮法面模数 m_n 与弯曲应力 σ_w 之间有如下关系：

$$m_n = \sqrt[3]{\frac{2 T_g \cos\beta \cdot k_\sigma}{\pi z k_c k_s y \sigma_w}} \tag{3-6}$$

式中：T_g——计算载荷，$[T_g]$ 为 $N \cdot m$；

k_f——摩擦力影响系数,主动齿轮和被动齿轮在啮合点上的摩擦力方向不同,对弯曲应力影响也不同:主动齿轮 $k_f = 1.1$,被动齿轮 $k_f = 0.9$;

k_σ——应力集中系数,直齿轮 $k_\sigma = 1.65$,斜齿轮 $k_\sigma = 1.5$;

z——齿轮齿数;

y——齿形系数,如图3-8所示,当齿高系数 f_0 相同,$\alpha \neq 20°$ 时,可按以下关系式计算:$y_{14.5°} \approx 0.79 y_{20°}$,$y_{17.5°} \approx 0.89 y_{20°}$,$y_{22.5°} \approx 1.1 y_{20°}$,$y_{25°} \approx 1.23 y_{20°}$;

σ_w——弯曲应力,$[\sigma_w]$ 单位为 N/mm^2,当计算载荷 T_g 取作发动机最大转矩时,一挡、倒挡直齿轮许用弯曲应力在 $400 \sim 850 N/mm^2$,货车可取下限,对货车常啮合齿轮和高挡齿轮,其值为 $100 \sim 250 N/mm^2$,对轿车为 $180 \sim 350 N/mm^2$;

β——斜齿轮螺旋角;

k_c——齿宽系数;

k_s——重合度系数,$k_s = 2$。

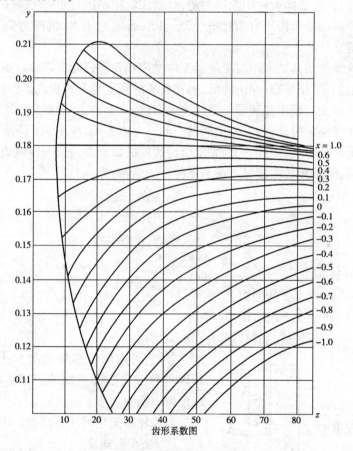

图3-8 齿形系数图

从齿轮强度观点出发,每对齿轮应有各自的模数,而从工艺观点看,全部齿轮选用一种模数是合理的。常用折中办法解决此问题。现代汽车变速器通常是高挡齿轮用一种模数,一挡及倒挡齿轮用另一种模数,其他各挡齿轮在两者之间。变速器用齿轮模数范围大致如下:微型和轻型轿车为 $2.25 \sim 2.75$,中级轿车为 $2.75 \sim 3.0$,中型货车为 $3.5 \sim 4.25$,重型货车为 $4.25 \sim 6.0$。所选用的模数值应符合 GB 1357—1987 的规定,即按系列选用,优先选用第一系列,见表3-2。

															表3-2
第一系列	1.00	1.25	1.50	—	2.00	—	2.50	—	3.00	—	—	4.00	—	5.00	—	6.00
第二系列	—	—	—	1.75	—	2.25	—	2.75	—	(3.25)	3.50	(3.75)	—	4.50	—	5.50	—

汽车变速器常用齿轮模数(mm)

2. 压力角 α

国家规定的齿轮标准压力角 α 为 20°,故变速器齿轮普遍采用的压力角为 20°。也有采用其他的压力角的,如 14°30′、16°30′及 22°30′等,压力角增大,则根圆齿厚及节圆处渐开线曲率半径都增大,使弯曲强度及接触强度都提高,并且不根切的最少齿数也减小。压力角增大的缺点有:转矩相同时,齿面载荷增大,重合度减小,轮齿刚度增大,噪声随之增大。载货汽车因装载质量大,要求齿轮强度高,往往选用较大的压力角。而轿车要求噪声小,常选用较小的压力角。对同一变速器,往往低挡齿轮用大压力角,高挡齿轮用小压力角。

啮合套或同步器的接合齿压力角有 20°、25°、30°,普遍采用 30°的压力角。

3. 齿轮螺旋角 β

变速器斜齿轮螺旋角 β 的大小对变速器工作噪声和轮齿强度有影响。螺旋角增大使齿轮啮合的重合系数增加、工作平稳、噪声降低,另外齿轮的强度也有所提高。但螺旋角太大,会使轴向力及轴承载荷过大。轿车变速器齿轮转速高,又要求噪声小,故螺旋角取较大值。

在选取斜齿轮螺旋角时,应力求使中间轴上的轴向力平衡,如图 3-9 所示,第一、二轴上的轴向力经轴承盖由壳体承受,因此,中间轴上全部齿轮的螺旋方向应一律做成右旋,而第一、二轴上的齿轮取左旋,螺旋角还需满足下面的条件:

$$F_{\alpha 1} = F_{N1} \tan\beta_1$$
$$F_{\alpha 2} = F_{N2} \tan\beta_2$$

由于 $T = F_{N1} r_1 = F_{N2} r_2$,为使两轴向力平衡,必须满足:

$$\frac{\tan\beta_1}{\tan\beta_2} = \frac{r_1}{r_2} \tag{3-7}$$

式中:$F_{\alpha 1}$、$F_{\alpha 2}$——齿轮1、2 的轴向力,N;

r_1、r_2——齿轮1、2 的节圆半径,m;

T——中间轴传递的转矩,N·m。

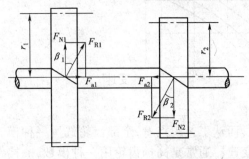

图 3-9 中间轴轴向力平衡计算图

最后,可用调整螺旋角的方法,使各对啮合齿轮因模数或齿数和不同等原因造成的中心距不等现象得以消除。

斜齿轮螺旋角可在下面提供的范围选用:

(1)轿车变速器:

①中间轴式,$\beta = 22° \sim 34°$

②两轴式,$\beta = 20° \sim 25°$

(2)货车变速器:$\beta = 18° \sim 26°$

4. 齿宽 b

齿宽 b 应能满足既减轻变速器质量,同时又保证齿轮工作平稳的要求。通常根据齿轮模数 m 的大小来选定齿宽:

（1）直齿轮：$b = (4.5 \sim 7.5)m$
（2）斜齿轮：$b = (6.5 \sim 8.5)m_n$

采用变位齿轮,除为了避免齿轮产生干涉、根切和配凑中心距以外,还因为变速器不同挡位的齿轮在弯曲强度、接触强度、使用平稳性、耐磨性及抗胶合能力等方面有不同的要求,采用齿轮变位就能予以兼顾。齿轮变位是提高齿轮性能的有效方法。具体使用方法参见《变位齿轮移距系数的选择》一书。

5. 各挡齿轮齿数的分配

确定变速器各挡齿轮齿数时,应考虑:

（1）尽量符合动力性、经济性等对各挡传动比的要求。

（2）最少齿数不应产生根切。通常,变速器中间轴一挡齿轮是齿数最少的齿轮,此齿轮不应产生根切,而且根圆直径应大于中间轴直径。

（3）互相啮合的齿轮,齿数间不应有公因数,速度高的齿轮更应注意这一点。

（4）齿数多,可降低齿轮的传动噪声。

3.4.2 确定各挡齿轮的齿数

在初选中心距、齿轮模数和螺旋角以后,可根据预先确定的变速器挡数、传动比和传动方案来分配各挡齿轮的齿数。下面以四挡变速器为例说明分配齿数的方法,如图3-10所示。

1. 确定一挡齿轮的齿数

一挡传动比为：

$$i_1 = \frac{z_2 z_7}{z_1 z_8} \tag{3-8}$$

如果z_7和z_8的齿数确定了,则z_2与z_1的传动比可求出。为了求z_7、z_8的齿数,先求其齿数和z_h：

（1）直齿：$\quad z_h = 2A/m \tag{3-9}$

（2）斜齿：$\quad z_h = 2A\cos\beta/m_n \tag{3-10}$

计算结果不是整数时,必须取z_h为整数值,根据其值可进行大、小齿轮齿数的分配。

一般将中间轴上的一挡小齿轮的齿数尽可能取得少些,以便使z_7/z_8的传动比大一些,在已定的条件下,z_2/z_1的传动比可分配小些,于是第一轴常啮合齿轮可分配到较多的齿数,以便在其内腔设置第二轴的前轴承。如果第一轴常啮合齿轮的齿数太少,加工轴承孔后,会使轮辐太薄,影响齿轮强度。齿数太多使齿轮外径增大,若超过变速器壳体上的第一轴轴承孔尺寸,就不能装配。

中间轴上小齿轮z_8的最小齿数,还受中间轴轴颈尺寸的限制,在选定时,对轴的尺寸及齿轮齿数都要统一考虑。为避免根切和增强小齿轮的强度,必须采用变位齿轮。轿车中间轴式变速器一挡传动比$i_1 = 3.5 \sim 3.8$时,中间轴上一挡齿轮齿数可在$z_8 = 15 \sim 17$选择,货车可在$z_8 = 12 \sim 17$选取。一挡传动比和齿轮模数较大时,z_8的齿数宜取小些。选定z_8以后,用$z_7 = z_h - z_8$可计算得到一挡大齿轮齿数。

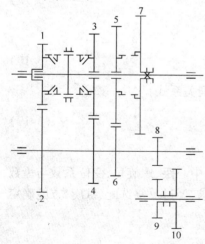

图3-10 四挡变速器传动方案

2. 中心距 A 的修正

在确定一挡齿轮齿数时,当计算出的 z_h 不是整数时,要将其取为整数,这样中心距就必然有了变化;这时应从 z_h 及齿轮变位系数反过来计算中心距 A,再以这个修正后的中心距 A 作为各挡齿轮齿数分配的依据。

3. 确定常啮合传动齿轮副的齿数

由式(3-8)求出常啮合传动齿轮的传动比:

$$\frac{z_2}{z_1} = i_1 \frac{z_8}{z_7} \tag{3-11}$$

而常啮合传动齿轮中心距和一挡齿轮的中心距相等,即:

$$A = \frac{m_n(z_1 + z_2)}{2\cos\beta} \quad (m) \tag{3-12}$$

联立式(3-11)和式(3-12)求出 z_1 与 z_2,求出的 z_1、z_2 都应取整数。然后核算一挡传动比与所给的传动比相差多少,如相差较大,只要调整一下齿数即可。而后根据所确定的齿数,按式(3-7)算出精确的螺旋角值,其值应在前述的选择范围内。当然,也可以在保证预选 β 值的前提下,通过适当的齿轮变位来满足中心距的要求。

4. 确定其他各挡齿轮的齿数

若二挡齿轮是直齿轮,模数与一挡齿轮相同时,则有:

$$i_2 = \frac{z_2 z_5}{z_1 z_6} \tag{3-13}$$

$$A = \frac{m(z_5 + z_6)}{2} \quad (m) \tag{3-14}$$

联立两方程式求出 z_5、z_6,用取整后的 z_5、z_6 计算中心距,若与中心距 A 有偏差,通过齿轮变位来调整。

二挡齿轮是斜齿轮。螺旋角 β_6 与常啮合齿轮的 β_2 不同时,有:

$$\frac{z_5}{z_6} = i_2 \frac{z_1}{z_2} \tag{3-15}$$

和

$$A = \frac{m_n(z_5 + z_6)}{2\cos\beta_6} \quad (m) \tag{3-16}$$

从抵消或减少中间轴的轴向力出发,齿数还必须满足下列关系式:

$$\frac{\tan\beta_2}{\tan\beta_6} = \frac{z_2}{z_1 + z_2}\left(1 + \frac{z_5}{z_6}\right) \tag{3-17}$$

联解上述三个方程式,可求出 z_5、z_6 和 β_6 三个参数。

用同一方法可确定其他各挡齿轮的齿数。需要说明的是中心距、螺旋角、变位系数与齿数分配是相互联系、相互影响的,在配齿过程中,要根据设计要求,经过反复选配、试凑,方能确定比较理想的各参数值。

5. 确定倒挡齿轮齿数

一挡、倒挡齿轮常选用相同的模数。倒挡齿轮 z_{10} 的齿数,一般在 21~33,初选 z_{10} 后可计算中间轴与倒挡轴的中心距 A':

$$A' = \frac{1}{2}m(z_8 + z_{10})$$

为保证倒挡齿轮的啮合和不产生运动干涉,齿轮8和9的齿顶圆之间应保持0.5mm以上间隙,则齿轮9的齿顶圆直径D_{e9}应为:

$$\frac{D_{e8}}{2} + 0.5 + \frac{D_{e9}}{2} = A'$$

$$D_{e9} = 2A' - D_{e8} - 1 \tag{3-18}$$

根据求得的D_{e9},再选择适当的齿数及采用变位齿轮,使齿顶圆D_{e9}符合上式要求。最后计算倒挡轴与第二轴的中心距A''。

3.4.3 圆柱齿轮强度的计算

齿轮参数选择完成后,还应计算齿轮的接触应力σ_j和弯曲应力σ_w。具体计算可参照有关手册的相应公式。

(1)当计算转矩$T = \frac{1}{2}T_{emax}$时,变速器齿轮接触强度的许用应力为:

①常啮合齿轮:$[\sigma_j] = 1300 \sim 1400$MPa。

②一挡及倒挡齿轮:$[\sigma_j] = 1900 \sim 2000$MPa。

(2)弯曲强度的许用应力为:

①直齿轮:$[\sigma_w] = 400 \sim 850$MPa。

②轿车斜齿轮:$[\sigma_w] = 180 \sim 350$MPa。

③货车斜齿轮:$[\sigma_w] = 100 \sim 250$MPa。

3.5 变速器轴、轴承等零件的设计计算

3.5.1 轴的设计

1. 轴尺寸初选

在变速器结构方案确定以后,变速器轴的长度可以初步确定。轴的长度对轴的刚度影响很大。为满足刚度要求,轴的长度须和直径保持一定的协调关系。轴的直径d与支撑跨度长度l之间关系可按下式选取:

第一轴及中间轴: $\dfrac{d}{l} = 0.16 \sim 0.18$

第二轴: $\dfrac{d}{l} = 0.18 \sim 0.21$

轴直径与轴传递转矩有关,因而与变速器中心距有一定关系,可按以下式初选轴直径:
中间轴式变速器的第二轴和中间轴最大轴径:

$$d \approx (0.4 \sim 0.5)A \quad (\text{mm}) \tag{3-19}$$

式中:A——变速器中心距,mm。

第一轴花键部分直径d_1可按下式初选:

$$d_1 \approx (4.0 \sim 4.6)\sqrt[3]{T_{emax}} \quad (\text{mm}) \tag{3-20}$$

2. 轴的结构形状

轴的结构形状应保证齿轮、同步器及轴承等的安装、固定,并与工艺要求有密切关系。

除前置发动机前轮驱动、后置发动机后轮驱动的汽车变速器采用两轴式外,绝大多数汽车变速器都是三轴式。

在三轴式变速器中,第一轴通常和齿轮做成一体,前端支撑在发动机飞轮内腔的轴承上。其轴径根据前轴承内径确定。第一轴花键尺寸与离合器从动盘毂内花键统一考虑。第一轴的长度根据离合器总成轴向尺寸确定。确定第一轴后轴径时,希望轴承外径比第一轴上常啮合齿圈外径大,以便于装拆第一轴。

第二轴前轴颈通过轴承安装在第一轴常啮合齿圈的内腔里,它受齿轮径向尺寸的限制,前轴颈上安装长或短圆柱滚子轴承或滚针轴承或散滚针。第二轴安装同步器齿毂的花键采用渐开线花键,渐开线花键固定连接的精度要求比矩形花键低,定位性能好,承载能力大,花键齿短,其小径相应增大,可提高轴的刚度。选用渐开线花键时以大径定心更合适。第二轴各挡齿轮与轴之间有相对旋转运动,因此,无论装滚针轴承、衬套(滑动轴承)还是钢件对钢件直接接触,轴的表面粗糙度均要求很高,不应低于 $Ra0.8$,表面硬度不应低于 $58\sim63\mathrm{HRC}$。在一般情况下轴上应开螺旋油槽,以保证充分润滑。

在低挡的滑动挂挡齿轮处,第二轴制成阶梯式,便于齿轮安装,从受力和合理使用材料看,这也是需要的。各截面尺寸要避免相差悬殊,轴上供磨削用的砂轮越程槽产生应力集中,易造成轴断裂。轻型汽车变速器各挡齿轮常用弹性挡圈轴向定位,弹性挡圈定位简单,但拆装不方便,并且与旋转件端面有相对摩擦,同时弹性挡圈亦不能传递很大的轴向力,因此只在轻型汽车变速器中采用。

变速器中间轴有旋转式和固定式两种。

固定式中间轴是根光轴,仅起支撑作用,其刚度由安装在轴上的形同宝塔的各挡中间齿轮结构保证。轴和各挡中间齿轮之间用滚针轴承或长、短圆柱滚子轴承。轴常轻压于壳体中。固定式中间轴用锁片或双头螺柱固定。轻型汽车变速器中心距较小,壳体上无足够位置设置滚动轴承和轴承盖,因而多采用固定式中间轴。

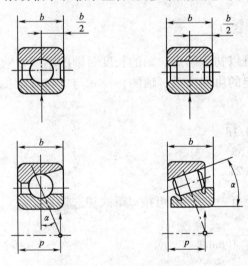

图 3-11 轴承反力作用点示意

旋转式中间轴支撑在前后两个滚动轴承上,一般轴向力常由后轴承承受。由于中间轴上一挡齿轮尺寸较小,常与轴做成一体,成为中间齿轮轴,而高挡齿轮则通过键或过盈配合与中间轴接合,以便齿轮损坏后更换。如结构尺寸允许,应尽量用旋转式而不用固定式中间轴。

设计变速器轴时,力求减小轴向尺寸。重型汽车的多挡变速器负荷重,挡位多,轴也长,因此常需在第二轴和中间轴上设置中间支撑,多的可设 $3\sim4$ 个中间支撑。

3. 轴的受力分析

计算轴的强度、刚度及选择轴承都要首先分析轴的受力和各支撑反力,如图 3-11 所示。这些力取决于齿轮轮齿上的作用力。

不同挡位时,轴所受的力及支撑反力是不同的,须分别计算。

齿轮上的作用力可认为是作用在有效齿面宽中点。轴承上支撑反力作用点,对于向心球轴承取宽度方向中点;对向心推力轴承,取滚动体负荷向量与轴中心线汇交点;对于圆锥滚子轴承,取滚动体宽中点处滚动体中心线的法线与轴中心线的汇交点,其尺寸可查相关的轴承手册。

求支撑反力,先从第二轴开始,然后依次计算中间轴、第一轴。轴的受力分析需根据轴的受力情况,画出弯矩图和转矩图,再确定轴的危险截面,从而对轴进行强度和刚度校核。

4. 轴的强度计算

由变速器结构布置并考虑到加工和装配而确定的轴的尺寸,一般来说强度是足够的,仅对其危险断面进行验算。计算时需求出不同挡位时的各支撑反力,从而计算轴的各截面的弯曲力矩,画出轴的弯矩图,确定危险断面,计算危险断面上的弯曲应力、扭转应力以及合成应力。具体计算可参见材料力学和机械零件的相关内容。

当以发动机最大转矩计算轴的强度时,其安全系数按金属材料的屈服极限计算,在 5~10 范围内选取。第一轴取上限,中间轴和第二轴取下限。

5. 轴的刚度计算

变速器轴的刚度用轴的挠度和转角来评价,轴的刚度比其强度更重要。对齿轮工作影响最大的是轴在垂直面内产生的挠度和轴在水平面内的转角,前者使齿轮中心距发生变化,并破坏了齿轮的正确啮合。轴的转角会使大、小齿轮相互歪斜,造成沿齿长方向的压力分布不正确。轴的挠度和转角可按材料力学有关公式计算。

分别计算出轴在水平面内和垂直面内的挠度后,用下列公式计算总挠度 f_T。

$$f_T = \sqrt{f_h^2 + f_v^2} \tag{3-21}$$

式中:f_h——轴在水平面内的挠度;
f_v——轴在垂直面内的挠度。

变速器第二轴的刚度最小。按发动机最大转矩计算时,第二轴齿轮处轴截面的总挠度 f_T 不得大于 0.15mm。对于低挡齿轮处轴截面的总挠度,由于低挡工作时间较短,又接近轴的支撑点,因此允许不得大于 0.25mm。齿轮所在的平面的转角不应超过 0.0012rad(弧度);两轴的分离不得超过 0.2mm。

斜齿轮对轴和支撑的变形较直齿轮敏感。变速器刚度试验表明,中心距的变化及齿轮的倾斜,不仅取决于轴的变形,而且取决于支撑和壳体的变形。

计算中间轴时,通常只计算与第二轴上齿轮相啮合的齿轮处的轴截面的挠度。常啮合齿轮副处轴的挠度不必计算,因为距离支撑点较近,负荷较小,挠度值不大。

6. 轴上花键的设计

变速器轴与齿轮及其他传递转矩的部件一般通过键和花键连接。普遍采用的是矩形花键和渐开线花键。渐开线花键应用日趋广泛。这是由于渐开线花键较矩形花键有许多优点,如齿数多,齿短,齿根部厚,承载能力强,易自动定心,安装精度高。相同外形尺寸下花键小径大,有利于增加轴的刚度。渐开线花键便于采用冷搓、冷打、冷挤等无切屑加工工艺方法,生产效率高,精度高,表面粗糙度等级高,并且节约材料。

变速器轴的花键尺寸可以根据初选的轴颈按花键的工作条件及花键标准选取。一般渐开线花键,随无切屑加工工艺的采用而选用小模数和大压力角(30°甚至 45°)。滑动齿轮处花键长度 L 不应低于工作直径的 1.2 倍,否则,滑动件工作不稳定。

3.5.2 轴承的选择与计算

1. 变速器轴承形式的选择

变速器轴承多采用滚动轴承——向心球轴承、向心短圆柱滚子轴承、滚针轴承,变速器轴承通常根据结构选定,再验算其寿命。

近年来,汽车变速器向着减轻质量,缩小体积、增大容量的趋势发展,要求变速器具有更高的可靠性和更长的寿命。人们发现使用圆锥滚柱轴承作为变速轴的支撑具有一定的潜力。与其他轴承相比,圆锥滚柱轴承具有如下优点:

(1)滚锥轴承的直径较小,宽度较大,因而容量大,可承受高负荷。

(2)锥体、外圈和滚子间基本的几何关系使滚子能正确对中,确保轴承的可靠性,使用寿命长。

(3)滚锥轴承的接触线长,如果锥角和配合选择合适,可提高轴和齿轮的刚度,降低齿轮噪声,减少自动脱挡的可能并大幅度提高其寿命。

(4)采用滚锥轴承的变速器,一般将变速器壳体设计成沿纵向平面分开或沿中心线所在平面水平分开,这样可使装拆和调整轴承方便。

由于以上特点,滚锥轴承已在欧洲一些轿车、货车和重型货车变速器上得到应用。

固定式中间轴用滚针轴承,安装在宝塔齿轮内孔中,第二轴常啮合齿轮与第二轴之间通常也采用滚针轴承,也有用滑动轴套和钢件对钢件直接接触的。

2. 变速器轴承的寿命计算

变速器轴承一般是根据结构布置并与同类汽车相比后,按轴承标准选用。最后进行轴承寿命的验算。

由于轴承的实际使用寿命受到许多条件的影响,例如制造精度、钢材质量、润滑条件、工作情况等,都极大地影响轴承的使用寿命。即使同一批生产的轴承,其使用寿命往往相差几倍,几十倍,甚至上百倍,所以计算结果与实际情况相差很大。在计算轴承寿命时,必须结合实际使用经验参考目前同类产品中同部位的轴承使用寿命加以调整。

汽车变速器轴承寿命的计算,由于汽车实际工况比较复杂,方法多种多样,具体设计时可参阅有关的设计手册。

3.6 同步器设计

在普通齿轮变速器中采用同步器,可以保证换挡时齿轮啮合不受冲击,消除噪声,延长齿轮寿命,使换挡动作方便迅速,有利于改善换挡品质,提高汽车的动力性和燃料经济性。

3.6.1 同步器的工作原理

目前所有的同步器均采用摩擦原理,即在工作表面产生摩擦力矩,克服被啮合件的惯性力矩,使之升速、降速以在最短的时间内达到同步状态。

下面以滑块式惯性同步器为例说明同步过程(图 3-12)。当变速杆拨动啮合套时,啮合套带动由弹簧压紧的滑块一起推动同步环压向被同步齿轮的锥面,由于力 F 的作用和转速差的存在,两锥面一经接触即产生摩擦力矩 T_m,使同步环(锁环)相对啮合套转动一个角度。因同步环上开有尖齿顶的螺旋槽,可将齿轮锥面上的润滑油膜切断,故锥面间的摩擦系数 μ 很快提高。此时,力 F 继续增加,啮合套克服压紧滑块的弹簧力继续移动,由于同步环已相对啮合套转动了一个角度,使啮合套的齿端锁止倒角面正好压住同步环的齿端锁止倒角面。在轴向力 F 作用下,同步环齿的锁止倒角斜面上受一正压力 N,根据图 3-13,有:

$$F = N(\cos\beta + \mu_B \sin\beta) \quad (N) \tag{3-22}$$

而切向力 F_T 为：

$$F_T = N(\sin\beta - \mu_B\cos\beta) \quad (N) \tag{3-23}$$

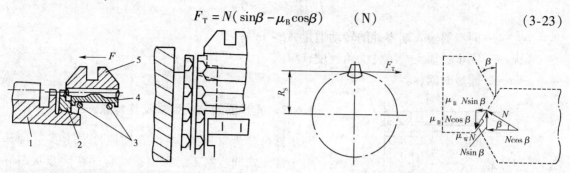

图 3-12 滑块式同步器工作过程
1-待同步齿轮；2-同步环；3-弹簧；4-滑块；5-啮合套

图 3-13 锁止面上的受力示意图

将式(3-22)代入式(3-23)，得：

$$F_T = \frac{F(\sin\beta - \mu_B\cos\beta)}{\cos\beta + \mu_B\sin\beta} \quad (N) \tag{3-24}$$

式中：β——锁止角；

μ_B——锁止倒角斜面间的静摩擦系数。

力 F 在摩擦锥面上形成正压力，进而在摩擦锥面上产生摩擦力矩 T_m：

$$T_m = \frac{F\mu R}{\sin\alpha} \quad (N \cdot m) \tag{3-25}$$

式中：μ——工作锥面间的摩擦系数；

α——锥面半锥角；

R——锥面平均半径，m。

力 F_T 则形成一拨环力矩（又称分度力矩），即 $T_T = F_T R_S$，力图使同步环反转而脱离啮合套齿端锁止倒角斜面，但作用在同步环上的惯性力矩（其数值等于摩擦力矩）阻止同步环反转。因此设计上保证只有在同步后才能换挡的锁止条件是：

$$T_m \geq T_T$$

假定 $\mu_B = 0$，则可得：

$$\frac{R\mu}{R_S\sin\alpha} \geq \tan\beta \tag{3-26}$$

式中：R_S——锁止倒角节圆半径。

式(3-26)用来确定满足锁止条件所需要的锁止角度。在设计中，锁止角的选择必须使最小的摩擦力矩能克服最大的拨环力矩。

随着力 F 的不断增大，工作锥面上的摩擦力矩不断增加，当摩擦力矩达最大值即等于输入端的惯性力矩时，被连接两端速度相等，惯性力矩消失，摩擦力矩变为零，但轴向力 F 仍起作用，因而力 F_T 也起作用，在拨环力矩 $F_T R_S$ 作用下，将同步环连同输入端的零件反转一个角度，使锁止面脱开，啮合套即可自由地通过同步环，而与齿轮的接合齿啮合。如果此时啮合套齿的倒角与齿轮接合齿倒角接触，则在齿轮接合齿倒角处再次产生切向力，使齿轮移至一边，让啮合套通过，完成换挡。

待同步的齿轮是靠同步环与之接触的锥面之间的摩擦力矩来升速或降速的，根据动量矩定理可列出同步器工作的基本方程式：

$$J_r \frac{d\omega_r}{dt} - T_m = 0 \qquad (3-27)$$

式中：J_r——同步器输入端零件的转动惯量，$kg \cdot m^2$；

ω_r——同步器输入端零件的角速度，$1/s$；

t——同步时间，s。

3.6.2 同步器的结构型式及其特点

同步器可分为常压式、惯性式和惯性增力式三种类型。由于常压式同步器不能保证被啮合件在同步状态下换挡，除少数重型车尚有应用外一般不用。

应用最广泛的是惯性式同步器，其结构型式有滑块式、锁环式、锁销式和多锥式等。滑块式同步器实际上也是一种锁环式同步器，它工作可靠，零件耐用，但因结构布置上的限制，转矩容量不大，而且由于锁止面在同步锥环的接合齿上，会因齿端磨损而失效，因而主要用于轿车和轻型货车上。如图 3-14 所示的锁环式（又称 VOLVO 式）同步器的锁止面在同步锥环和啮合套的倒锥面上，省去了同步锥环的接合齿，因此除具有上述优点外，轴向尺寸较小。锁销式同步器的锁止面在锁销上，避免了上述缺点，且因摩擦锥面平均半径的增大，使其转矩容量提高。此外，零件数量也少，但这种型式的轴向尺寸较大。锁环式和锁销式同步器多用于中型和重型货车上。多锥式（又称 SMITH 式）同步器（图 3-15）的锁止面仍在同步环的接合齿上，只是在原有的两个锥面之间再插入两个辅助同步锥，由于锥表面的有效摩擦面积成倍地增加，同步转矩也相应地增加，因而具有较大的转矩容量和低的

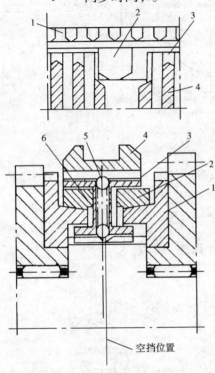

图 3-14 锁环式同步器

1-接合齿环；2-同步锥环；3-导管；4-啮合套；5-钢球；6-弹簧

热负荷，这不但改善了同步效能，增加了可靠性，而且可使换挡力大为减少，若保持换挡力不变，则可缩短同步时间。多锥式同步器多用于重型货车的主、副变速器以及分动器中。近年来在双离合器式的自动变速器中也有应用。

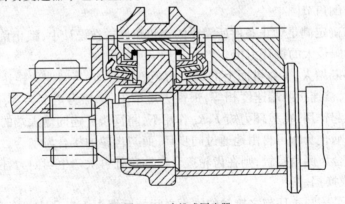

图 3-15 多锥式同步器

惯性增力式同步器又称波尔舍(porsche)式同步器(图3-16)。它能可靠地保证只有在同步状态下实现换挡。只要啮合套和待接合齿轮间存在转速差,弹簧片的支撑力就阻止同步环直径缩小,从而也就阻止了啮合套移动。只有在转速差为零时,弹簧片卸除载荷,对同步环直径的缩小失去阻力,于是才能实现换挡。该同步器的特点是同步环产生的摩擦力矩由于同步环内部的弹簧片作用而得到成倍的增长,增长的程度随两啮合件的转速差而变化,转速差愈大,增力作用愈强。因此,用不大的换挡力就可以在很短的时间内完成换挡。在完成换挡后,同步环处于啮合套的屋顶状凹槽里,被可靠地固定住,故在挂挡位置,无须采用自锁装置。此外,波尔舍同步器还具有结构简单、工作可靠、轴向尺寸短等优点,因此被越来越多的用于货车变速器上。

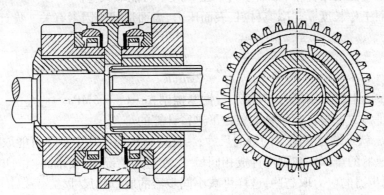

图3-16 波尔舍同步器

3.6.3 主要参数的确定

1. 锥面半锥角和摩擦系数

摩擦力矩随 α 角的减小而增大,为增大同步器的容量,α 应取小值,但 α 太小,摩擦锥面将产生自锁现象,避免自锁的条件是 $\tan\alpha \geqslant \mu$。一般 $\alpha = 6° \sim 7.5°$,$\alpha = 6°$ 时摩擦力矩较大,但在锥面表面粗糙度控制不严时,则有黏着和咬住的倾向,在 $\alpha = 7°$ 时就很少出现咬住的现象。

锥面摩擦系数随摩擦副材料、工作表面粗糙度、润滑油种类和温度等因素的不同而改变。同步器在油中工作,一般锥面摩擦副采用青铜—钢材料制成,计算时可取 $\mu = 0.1$。

摩擦系数 μ 大,则换挡省力,同步时间短,μ 小则相反,甚至会失去同步作用。因此保持较大的摩擦系数对同步器工作有利。为此在圆环的锥面上有破坏油膜的细牙螺纹槽及与螺纹槽垂直的泄油槽。试验表明,螺纹槽的齿顶宽对 μ 的影响很大,随着齿顶的磨损,摩擦系数降低,换挡费力,故齿顶宽不能过大,图3-17a)中给出的尺寸适用于轻、中型汽车,图3-14b)给出的尺寸适用于重型汽车。通常轴向泄油槽为 6~12 个,槽宽 3~4mm。

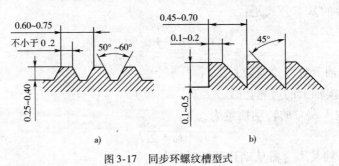

图3-17 同步环螺纹槽型式

同步环有锻造和铸造两种型式,前者多用于轿车和轻型货车,后者因强度关系要求大的断面,多用于中、重型货车。选用材料时既要考虑摩擦系数,又要考虑耐磨性。锻造同步环常采用铅黄铜、锰铜和铝铜。铸造同步环通常用锡青铜、铝青铜和锰黄铜。上述材料相对变速器总成寿命而言显得耐磨性较差。近年来,出现了高强度、高耐磨性的钢铝配合的摩擦副,即在钢质或球墨铸铁同步环的锥面上喷镀一层铝(厚度为 0.6~0.8mm),使其摩擦系数在钢—铜合金摩擦副范围内,其耐磨性和强度有显著提高,目前已在波尔舍、沃尔沃和斯堪尼亚等汽车变速器上应用。

2. 锥面平均半径和锥面工作长度

在结构布置可能的条件下,锥面平均半径 R 应尽可能取大些。

同步环锥面工作长度 b 与摩擦材料、表面压力、表面形状等因素有关。设计时可根据下式计算确定:

$$b = \frac{T_m}{2\pi\mu p R} \tag{3-28}$$

式中:p——摩擦面上的许用压力,对钢—青铜摩擦副,$p \approx 1 \sim 1.5\text{MPa}$。

式中面积是假定在没有螺纹槽的条件下进行计算的。

缩短尺寸 b,就是缩短变速器的轴向尺寸,为此应将锥面平均半径尽可能取得大些。

有时将变速器的全部同步器设计成相同尺寸,在这种情况下,要求高挡同步器不能承载太少,允许低挡同步器的应力取高些,这样可减小同步器的质量和尺寸。

3. 锁止角

在确定了 R、R_s、α 和 μ 后,根据满足锁止条件的方程式式(3-26),就可求出锁止角 β。通常 $\beta = 26° \sim 42°$。

4. 同步时间和轴向推力

从同步器的基本方程式式(3-27)可知,F 和 f 是一对矛盾的可变参数。应从最短的时间内达到同步状态出发来考虑轴向推力 F 的大小。设计时可取 $t = 0.5 \sim 1.05$,来确定变速杆力的大小。为换挡轻便,F 值不能过大;一般在 100~350N 范围内,轻型货车和轿车取下限,重型货车取上限。

5. 转动惯量的计算

换挡过程中,依靠同步器改变转速的零件统称为输入端零件,一般结构中,它包括第一轴及离合器从动盘、中间轴及齿轮,与中间轴上齿轮相啮合的第二轴上的常啮合齿轮。其转动惯量的计算是:首先求得各零件的转动惯量,然后按不同挡位转换到被同步的零件上。对已有的零件,其转动惯量值通常用扭摆法测出,若零件未制成,可将这些零件分解成标准的几何体,并按数学公式合成求出转动惯量。

转动惯量转换的基本公式是:

$$J_r = J i^2 = J \left(\frac{z_z}{z_b}\right)^2 \tag{3-29}$$

式中:z_z——转换轴上的齿轮齿数;

z_b——被转换轴上的齿轮齿数。

换直接挡时输入端总的转动惯量为:

$$J_r = J_1 + \sum J_{zn1} \tag{3-30}$$

式中:J_1——第一轴及离合器从动片的转动惯量;

$\sum J_{zn1}$——转换到第一轴上的中间轴的转动惯量之和:

$$\sum J_{zn1} = \sum J_{z1} \left(\frac{z_z}{z_b}\right)^2$$

其中,$\sum J_{z1}$是中间轴上的转动惯量和,计算式为:

$$\sum J_{z1} = J_z + J'_t \left(\frac{z'_z}{z'_b}\right)^2 + J''_t \left(\frac{z''_z}{z''_b}\right)^2 + \cdots$$

式中:J_z——中间轴的转动惯量;
 z'_z、z''_z——转换轴上的齿轮齿数;
 z'_b、z''_b——被转换轴上的齿轮齿数;
 J'_t、J''_t——与中间轴齿轮常啮合的第二轴上齿轮的转动惯量。

换其他挡时输入端总的转动惯量为:

$$J_r = J_t + \sum J_{zn2} \tag{3-31}$$

式中:J_t——第二轴上某挡齿轮的转动惯量;
 $\sum J_{zn2}$——转换到第二轴上的中间轴转动惯量和:

$$\sum J_{zn2} = \sum J_{z2} \left(\frac{z_z}{z_b}\right)^2$$

其中,$\sum J_{z2}$是中间轴上的转动惯量和,相应的计算式为:

$$\sum J_{z2} = J_z + J_t \left(\frac{z'_z}{z'_b}\right)^2 + J'_t \left(\frac{z''_z}{z''_b}\right)^2 + J''_t \left(\frac{z'''_z}{z'''_b}\right)^2 + \cdots$$

3.7 操纵机构设计

变速器操纵机构的功用是保证各挡齿轮、啮合套或同步器移动一定的距离,以获得要求的挡位。并且不允许同时挂上两个挡位或自动脱挡。

设计变速器操纵机构时,应满足以下基本要求:
(1)要有锁止装置,包括自锁、互锁和倒挡锁。
(2)要使换挡动作轻便、省力,以减轻驾驶人的劳动强度。
(3)应使驾驶人得到必要的手感。

3.7.1 换挡位置图

设计操纵机构首先要确定换挡位置图。换挡位置图的确定主要从换挡方便考虑。为此应注意以下三点:
(1)按换挡次序来排列。
(2)将常用挡放在中间位置,其他挡放在两边。
(3)为了避免误挂倒挡,往往将倒挡安排在最靠边的位置,有时与1挡组成一排。
图3-18表示了几种变速器换挡位置图。图3-18a)的换挡位置图比较理想,便于操纵,图3-18b)的换挡顺序不方便,图3-18c)比较理想,但1挡与倒挡相距太远,反复倒车时不方便;图3-18d)为常用六挡变速器换挡位置图。

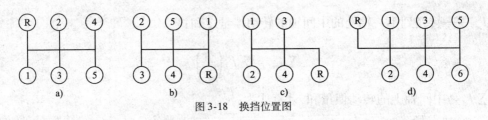

图 3-18 换挡位置图

3.7.2 直接操纵和远距离操纵

1. 直接操纵

多数汽车采用传统的直接操纵方案(图 3-19),即变速杆由驾驶室底板伸出,布置在驾驶室座位旁。这种操纵方式结构简单,驾驶人的手感强。

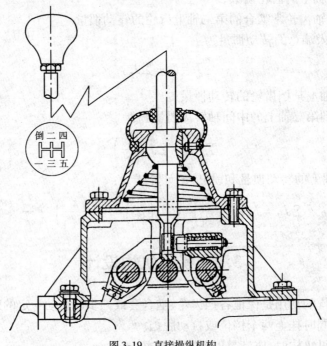

图 3-19 直接操纵机构

2. 远距离操纵

某些轿车、大客车和具有平头、短头驾驶室的货车,由于总布置的关系,变速器布置在离驾驶室座椅较远的位置,因此需要采用远距离操纵方案,即通过一套换挡传动机构操纵变速器(图 3-20),这种机构应有足够的刚性,且各连接件间隙不能过大,否则换挡手感不明显。此外,变速杆支座应固定在受车架变形、汽车振动影响较小的地方,最好使换挡传动机构、发动机、离合器、变速器连成一体,以避免对操纵产生不利影响。

变速杆力传动比的范围一般是:当变速杆装在转向柱上时多用 6~8;当变速杆从底板伸出直接操纵时多用 5~7。

3.7.3 锁止装置

1. 互锁装置

互锁装置是保证移动某一变速换挡拨叉轴时,其他拨叉轴被锁住,互锁装置的结构主要有以下几种。

1）互锁销式

图 3-21 所示是汽车上广泛使用的一种互锁装置。在相邻两换挡拨叉轴之间各有一个互锁销 2，其长度为 l_2，互锁销的两端可以进入相邻换挡拨叉轴的侧面凹槽内，以锁住这个拨叉轴。凹槽的深度为 h。中间一个换挡拨叉轴的两侧都有互锁凹槽，而且是相互对着的，在此拨叉轴内有通孔把两个凹槽连通。孔内装有一个顶销 1，其长度为 l_1。如拨叉轴直径为 D，相邻拨叉轴的中心距为 A，则彼此间存在如下的关系：

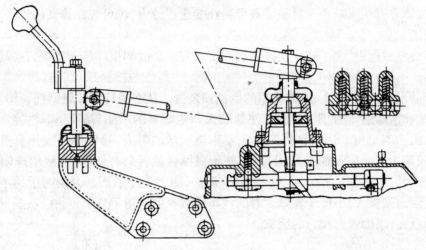

图 3-20 远距离操纵机构

$$l_1 = D - h$$
$$l_2 = A - D + h$$

从上面的关系可以看出，每当由空挡位置推动任一根拨叉轴时，其他两根拨叉轴即被锁止在空挡位置。从而避免同时挂上两个挡位。

2）摆动锁块式

图 3-22 所示为摆动锁块式互锁装置。锁块用同心轴螺钉安装在盖体上，并可绕螺钉轴线自由转动。变速杆头置于锁块槽内，选挡时变速杆摆动锁块选入某一拨叉轴槽内，此时，锁块的一个或两个凸起部分 A 挡住其他两个拨叉轴槽，保证换挡时不会同时换上两个挡。

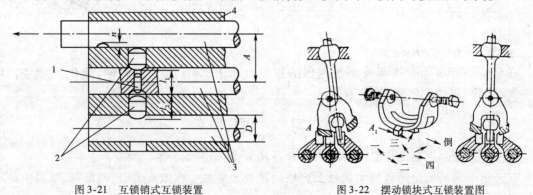

图 3-21　互锁销式互锁装置
1-互锁顶销；2-互锁销；3-拨叉轴；4-拨叉轴套

图 3-22　摆动锁块式互锁装置图

3）转动钳口式

选挡时，选挡传动机构转动钳形板（图 3-23），使变速杆头进入某一拨叉轴槽内，此时钳形板的一个或两个钳爪挡住其余拨叉轴槽而起到互锁作用。这种结构型式的工作可靠，适用于远距离操纵。

2. 自锁装置

自锁装置的作用是防止正处于啮合的汽车变速器齿轮因振动或有小的轴向力作用而导致脱挡,保证啮合齿轮在全齿长上进行啮合,并使驾驶人有换入挡位的感觉。

自锁通常是由钢球和弹簧组成的自锁装置来保证的,如图 3-20 所示。对于中型货车,当钢球落入拨叉轴凹槽时,其弹簧压力一般有 100～150N。当接合齿具有倒锥角起到防止自动脱挡作用时,该力可相应减小。自锁装置可装在变速器盖内,也可装在拨叉内。

3. 倒挡锁

在汽车行驶过程中,为了防止误挂倒挡而造成安全事故和损坏传动系统,在操纵机构中都设有倒挡锁。

倒挡锁的形式很多,图 3-24 为典型的倒挡锁装置。从变速杆头接触倒挡锁销开始换倒挡起,由于弹簧和钢球的作用,阻力很大,使驾驶人产生明显的手感,从而引起注意。图 3-24b)所示装置比图 3-24a)好。因换倒挡时首先要克服钢球的阻力,然后再克服弹簧阻力,阻力先大后小(弹簧阻力较小),手感比较明显,又便于操纵。或者只有钢球,克服钢球阻力后,手感消失,换挡轻便。图 3-24a)所示装置只有弹簧阻力,阻力先小后大。开始时手感不明显,至挂倒挡时弹簧阻力又很大,不便于操纵。有的汽车还装有倒挡指示灯触点,在变速杆拨进倒挡位置时指示灯就亮,以加强驾驶人的感觉。

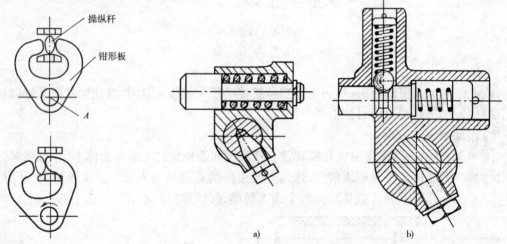

图 3-23　转动钳口式互锁装置　　　　图 3-24　倒挡锁装置

在有些装有多挡变速器或副变速器的重型汽车上,为了使操纵轻便、简化,常采用"电控—气动"和"机械—气动"等装置。

习　题

1. 设计八挡以上的变速器通常选用何种结构方案,为什么?

2. 为何中间轴式变速器的中间轴上齿轮的螺旋方向应一律做成右旋,而第一、二轴上的齿轮做成左旋?

3. 车总质量为 1300kg,车轮滚动半径 $R=0.235$m,发动机最大转矩为 146N·m,主传动比为 4,传动系统机械效率为 0.9,道路阻力系数为 0.37。若采用五挡变速器,超速挡传动比选 0.75。试问该变速器各前进挡的传动比是多少?

第4章 万向节与传动轴设计

[主要内容] 本章介绍汽车传动系统中万向节、传动轴的结构选型,力学分析及设计计算方法。

4.1 概 述

万向节与传动轴组成万向节传动,主要用于工作过程中相对位置不断变化的两轴间的动力传递。

在传统的发动机前置后轮驱动的汽车上,变速器与驱动桥的主减速器之间的动力通常由两个万向节和一根可伸缩的传动轴来传递的,如图4-1a)所示。如果两者的距离较远,传动轴可以分成2根或3根,用3~4个万向节连接,中间的传动轴应有支撑。此时常采用十字轴万向节,亦可采用挠性万向节。万向节所连接的两轴之间的夹角尽可能小,普通货车一般不应大于20°。传动轴的长度一般不能超过1.5m。

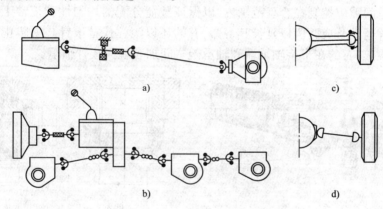

图4-1 万向节与传动轴在汽车上的应用

大多数发动机前置前驱动的汽车上,前轮既转向又驱动,必须在车轮和差速器之间安装一根可伸缩并带有万向节的传动轴总成来传递动力,如图4-1c)所示。这时多采用球笼式或球叉式等速万向节传动,与万向节相连的两轴的夹角可以较大。后驱动汽车采用独立悬架时,也必须采用万向节传动,如图4-1d)所示。

多轴驱动汽车上也采用较多的万向节传动,如图4-1b)所示。此外,万向节传动还广泛用于汽车上其他动力传递的地方,如转向操纵机构等。

设计万向节和传动轴的基本要求为:

(1)与万向节连接的两轴的夹角和相对位置在预定范围内变化时,应能可靠、稳定地传递动力。

(2)保证与万向节连接的两轴尽可能等速运转,并且由于万向节夹角而产生的附加载荷、振动及噪声应在允许范围内,在使用车速范围内不应产生共振现象。

(3)传动效率高,使用寿命长,结构简单,工艺性好,制造成本低,维修简便等。

4.2 万向节的结构型式

按扭转方向是否有明显弹性,万向节可分为刚性万向节和挠性万向节。刚性万向节又可分为不等速万向节(常用的为十字轴式)、准等速万向节(如双联式、三销轴式万向节等)和等速万向节(如球叉式、球笼式万向节)三种。

4.2.1 十字轴式万向节

十字轴式万向节,如图4-2所示,由两个万向节叉及与它们相连的十字轴、滚针轴承及油封等组成。

十字轴万向节在工作中承受着较大的转矩和交变负荷,其损坏形式主要是十字轴轴颈和滚针轴承的磨损、十字轴轴颈和滚针轴承碗工作面的压痕与剥落。当磨损或压痕超过0.25mm时,十字轴万向节就应该报废。为提高其使用寿命,常采用包括组合式润滑密封装置在内的多种方式来润滑和保护十字轴轴颈与滚针轴承,如图4-3所示。

轿车、轻型客车和轻型货车常在装配时就封入润滑脂润滑以减少车辆的润滑点,且应采用密封效果较好的双刃口或多刃口橡胶油封。当需定期加注润滑脂时,应如图4-3所示将油封反装以利在加注润滑脂时能将陈油和磨损产物排出。滚针轴承中滚针直径的公差、轴承的径向间隙和周向总间隙应控制在合理范围内,以保证载荷分配的均匀性和正常工作。重型汽车上的滚针较粗并通常分成两段以延长其寿命,有的还以滚柱代替滚针。为防止十字轴轴向串动并避免摩擦发热,有的在十字轴轴端和轴承碗之间加装端面滚针轴承。

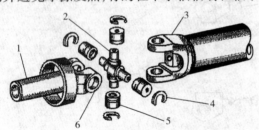

图4-2 十字轴万向节

1、3-万向节叉;2-十字轴;4-卡环;5-轴承;6-轴承安装座孔

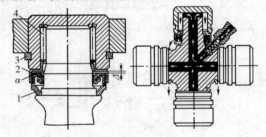

图4-3 十字轴的润滑与密封

1-防尘罩;2-油封座圈;3-止推环;4-滚针;Δ-间隙;α-油封压配锥面

十字轴万向节具有结构简单、强度高、耐久性好、传动效率高、生产成本低等优点。但单个十字轴在两轴夹角不为零的情况下,不能实现等角速转动,且夹角过大会严重缩短滚针轴承的使用寿命。

4.2.2 准等速万向节

准等速万向节是根据双万向节可以实现等速传动的原理而设计成的。

1. 双联式万向节

为了保证这两个十字轴万向节的工作角度趋于相等,可设分度机构,如图4-4所示。无分度杆的双联式万向节,在军用越野车的转向驱动桥中广泛应用,它采用主销中心偏离万向节中心1~3.5mm的方法,使两万向节的工作角度接近相等。偏心十字轴双联式万向节,取消了分度机构,可确保允许两轴接近等速。双联式万向节允许两轴有较大的夹角(一般可达50°,偏心十字轴双联式则可达60°),轴承密封性能好,效率高,工作可靠,不需特殊的工艺设备,只是外形尺寸较大,零件数目多,一般在中吨位以上的越野汽车上采用。由于双联式万向节滚针轴承的挤压应力受到限制,因此它传递的转矩也有一定的局限性。

2. 三销轴式万向节

三销轴式万向节由两个偏心轴叉、两个三销轴和六个滚针轴承组成,如图4-5所示。它所允许的两轴的最大夹角为45°,在转向驱动桥中采用这种万向节可使汽车获得较小的转弯直径,提高汽车的机动性。但其外形尺寸较大,在工作中三销轴间有相对轴向滑动,使万向节的两轴承受附加弯矩和轴向力,只用于个别中重型越野车上。

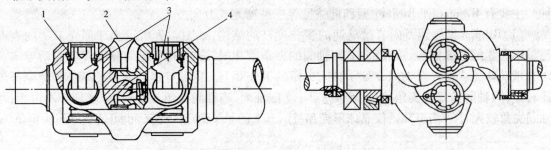

图4-4 双联万向节　　　　　　　　　　图4-5 三销轴式万向节
1-滚针轴承;2-中间架;3-十字轴;4-分度机构球头

4.2.3 等速万向节

等速万向节在工作的过程中传力点永远位于两轴交点的平分面上,可以实现等速。

1. 球叉式万向节

根据其钢球滚道的形状可分为圆弧槽式和直槽式两种,如图4-6所示。

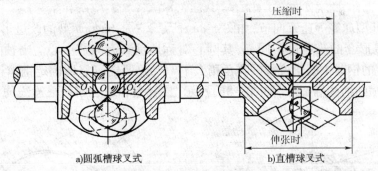

a)圆弧槽球叉式　　　　b)直槽球叉式

图4-6 球叉式等速万向节

圆弧槽球叉式等速万向节如图4-6a)所示,两球叉上的圆弧槽中心线是以 O_1 和 O_2 为圆心、半径相等的圆,O_1 和 O_2 到万向节中心 O 的距离相等。当万向节两轴绕定心钢球中心 O 转动任何角度时,传力钢球中心始终在滚道中心线两圆的交点上,从而保证输出轴与输入轴等速转动。这种球叉式万向节结构简单,可以在夹角不大于33°的条件下正常工作。由于四个钢球在单向传动中只有两个传递动力,故单位压力较大,磨损较快。这种万向节只有在传力钢球与滚道之间具有一定的预紧力时,才能保证等角速传动的特性。预紧力用选择不同尺寸级别的传力钢球来保证。在使用中,预紧力随着磨损的增加而逐渐减小以至消失,一旦预紧力消失,两球叉之间便发生轴向窜动,导致传力钢球中心不能始终在滚道中心线两圆的交点上,从

83

而破坏了传动的等速性。通常,球叉式万向节的万向节叉由15NiMo钢制造并渗碳、淬火处理,且钢球用滚珠轴承钢GCr15制造。越野汽车的转向驱动桥经常采用该万向节。

直槽球叉式等速万向节如图4-6b)所示,两个球叉上的直槽与轴的中心线倾斜相同的角度,彼此对称,在两球叉的槽中装设4个钢球,由于球叉中槽所处的位置是对称的,保证了球中心处于两轴夹角的平分面上。这种万向节允许的轴间夹角不超过20°,两叉间允许有一定的轴向滑动。具有独立悬架的驱动桥中,该万向节可补偿半轴摆动时的长度变化,不需要滑动花键。

2. 球笼式万向节

球笼式万向节是目前应用最为广泛的等速万向节,可分为带分度机构和不带分度机构两种。主要有Rzeppa型、Birfield型和伸缩型等三种球笼式万向节。

(1) Rzeppa型等速万向节是早期的带分度杆的结构,如图4-7所示。球形壳1的内表面与星形套3的圆弧同心。当万向节两轴间的夹角变化时,靠比例合适的分度杆7拨动导向盘5,并带动球笼4使6个钢球2处于轴间夹角的平分面上。这种等速万向节的6个钢球全部传递转矩,两轴间的最大夹角可达35°~37°。实践证明,当轴间夹角较小时,分度杆必不可少;当轴间夹角较大时(大于11°),仅靠球形壳和星形套上的子午滚道的交叉,也可使钢球正确定位。

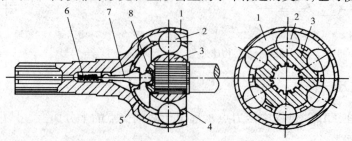

图4-7 Rzeppa型球笼式万向节

1-球形壳;2-钢珠;3-星形套;4-球笼;5-导向盘;6-弹簧;7-分度杆;8-支撑座

(2) Birfield型球笼等速万向节,如图4-8a)所示,它是Rzeppa型的改进形式,取消了分度杆,球形壳和星形套的滚道也不同心,其圆心对称地偏离万向节中心。当轴间夹角为0°时,内、外滚道决定的钢球中心轨迹线的夹角稍大于11°,这是能可靠地确定钢球正确位置的最小角度。滚道的横断面为椭圆形,如图4-8b)所示,接触点和球心间两根连线的夹角为2×45°,

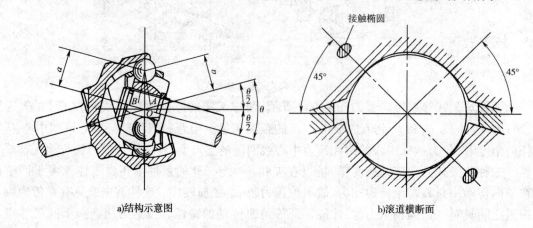

a)结构示意图　　　　　　　　　　　b)滚道横断面

图4-8 Birfield型球笼式万向节

O-万向节中心;A-球形壳滚道中心;B-星形套滚道中心;θ-万向节轴间夹角;α-图示钢球中心到万向节主、从动轴轴线的距离

椭圆在接触点处的曲率半径应比钢球半径大 1.5%~2%。承载时钢球与滚道的接触点实际上是椭圆形的。由于钢球的每个方向均传递转矩,因此对球笼内部各接触面的润滑格外注意。由于内滚道接触点的纵向曲率半径小于外滚道的纵向曲率半径,所以内滚道上的接触椭圆比外滚道上的小,即前者的接触应力大于后者,因而内滚道与外滚道相比,疲劳寿命较短,磨损较大。因此,球笼式万向节所能传递转矩的大小要根据内滚道上的接触应力来确定。

Birfield 等速万向节允许的工作角较大(最大42°),由于6个钢球同时受力,故其承载能力和耐冲击能力强,效率较高,尺寸紧凑,安装简单,因此应用愈来愈广泛。

(3)伸缩型球笼万向节如图 4-9 所示,其结构与一般球笼式相近,仅内、外滚道为圆筒形直槽。在传递转矩时,星形套与筒形外壳可以沿轴向相对移动,故用于驱动车轮的万向传动装置时可省去伸缩花键。这不仅使结构简单,加工方便,而且由于轴向相对移动是通过钢球沿内、外滚道滚动实现的,所以与滑动花键相比,其滚动阻力小,传动效率高,万向节允许的最大工作夹角为 20°。

4.2.4 挠性万向节

挠性万向节能减少传动系统的扭转振动、动载荷和噪声,结构简单,使用中不需要润滑,允许其连接的两轴间有不大的夹角(5°以内)和很小的轴向位移。它的挠性元件可以做成橡胶盘、橡胶金属套筒、铰接块、六角环形橡胶圈等多种形状。它常用于轿车三万向节传动中作为靠近变速器的第一万向节,或重型汽车中用在发动机和变速器之间。盘式挠性万向节为了保证高速转动时传动轴总成有良好的动平衡,常在万向节所连接的两轴端部设专门机构保证对中。图 4-10 所示为具有球面对中机构的环形挠性万向节。这种结构中装有无需润滑的球形滑动对中轴承,如能正确地选择轴承配合,可使其内部在装配后具有适当的预紧力。

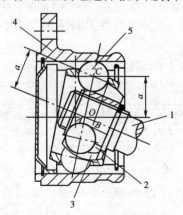
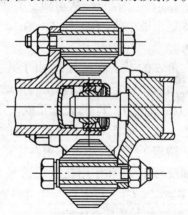

图 4-9 伸缩型球笼式万向节　　　　图 4-10 具有球面对中机构的环形挠性万向节
1-主动轴;2-星形套;3-球笼;4-筒形外壳;5-钢球

一些挠性万向节允许有一定的轴向变形。当这种环形挠性万向节的轴向变形量满足使用要求时,可省去伸缩花键。

4.3 万向节传动的运动分析和受力分析

4.3.1 单万向节传动

根据机械原理,十字轴万向节的主动轴Ⅰ、从动轴Ⅱ转角之间的关系(图 4-11)为:

$$\tan\varphi_1 = \tan\varphi_2 \cos\alpha \tag{4-1}$$

式中：φ_1——主动轴转角，定义为万向节主动叉所在平面与万向节主、从动轴所在平面的夹角；

φ_2——与φ_1所对应的从动轴转角；

α——主动轴Ⅰ、从动轴Ⅱ之间的夹角。

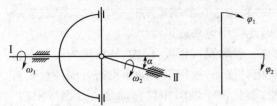

图 4-11 十字轴万向节运动示意图

万向节的夹角 α 不变时，将式(4-1)对时间求导数，若用 ω_1 和 ω_2 分别表示主、从动轴的角速度时，则有：

$$\omega_2/\omega_1 = \cos\alpha/(1 - \sin^2\alpha \cos^2\varphi_1) \tag{4-2}$$

由于 $\cos\varphi_1$ 是周期为 π 的周期函数，所以 ω_2/ω_1 也是周期为 π 的函数。当 ω_1 不变时，ω_2 则每一转周期地变化两次。此时，当 φ_1 为 0、π、2π 时，ω_2 达到最大值 $\omega_{2\max}$；当 φ_1 为 $\pi/2$、$3\pi/2$ 时，ω_2 达到最小值 $\omega_{2\min}$。

$\omega_{2\max}$ 和 $\omega_{2\min}$ 与 ω_1 和 α 的关系为：

$$\left.\begin{array}{l}\omega_{2\max} = \omega_1/\cos\alpha \\ \omega_{2\min} = \omega_1 \cos\alpha\end{array}\right\} \tag{4-3}$$

主动轴转矩 T_1 与从动轴转矩 T_2 之间的关系为（不计万向节内的摩擦损失）：

$$T_1 \omega_1 = T_2 \omega_2 \tag{4-4}$$

代入式(4-2)可得：

$$T_2 = T_1(1 - \sin^2\alpha \cos^2\varphi_1)/\cos\alpha \tag{4-5}$$

显然，当 ω_2/ω_1 最小时，从动轴上的转矩为最大值，$T_{2\max} = T_1/\cos\alpha$；当 ω_2/ω_1 最大时，从动轴上的转矩为最小值，$T_{2\min} = T_1 \cos\alpha$。当 T_1 与 α 一定时，T_2 在其最大值与最小值之间每一转变化两次。

具有夹角 α 的十字轴万向节，由于其主、从动轴上的转矩 T_1、T_2 作用在不同的平面上，因此仅在主动轴驱动转矩和从动轴反转矩的作用下是不能平衡的。在不计万向节惯性力矩时，主、从动轴上的转矩 T_1、T_2 的矢量互成一角度而不能自行封闭，此时在万向节上必然还作用有另外的力矩。从万向节叉与十字轴之间的约束关系分析可知，主动叉对十字轴的作用力矩，除主动轴驱动转矩 T_1 之外，还有作用在主动叉平面的弯曲力矩 T'_1，同理，从动叉对十字轴也作用有从动轴反转矩 T_2 和作用在从动叉平面的弯曲力矩 T'_2 的作用下。在这四个力矩的作用下，使得 $\sum T = T_1 + T'_1 + T_2 + T'_2 = 0$，十字轴万向节才得以平衡。下面讨论主动叉在特殊位置时，附加弯矩的大小及其变化特点。

设万向节主动叉位置处于 $\varphi_1 = 0°$ 时，如图 4-12a)所示。

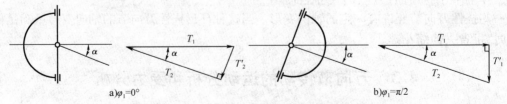

a) $\varphi_1=0°$　　　　　　b) $\varphi_1=\pi/2$

图 4-12 十字轴万向节的力偶矩平衡

由于 T_1 作用在十字轴平面，T'_1 必为零；因 T_2 的作用平面与十字轴不共平面，必有 T'_2 存在。向量 T_2' 是垂直于 T_2 的,合向量 $T_2 + T_2'$ 指向十字轴平面的法线方向,而与 T_1 方向相反,大小相等。由力偶矩向量三角形,可求出从动叉上附加弯矩的大小:

$$T_2' = T_1 \sin\alpha \tag{4-6}$$

当 $\varphi_1 = \pi/2$ 时,同理可知 $T_2' = 0$,主动叉上附加弯矩的大小为:

$$T_1' = T_1 \tan\alpha \tag{4-7}$$

当 $\varphi_1 = \pi$ 时,万向节的受力情况与 $\varphi_1 = 0$ 时相同,$\varphi_1 = 3\pi/2$ 时的受力情况又与 $\varphi_1 = \pi/2$ 时相同。分析可知,附加弯矩的数值是在零与以上两公式所表示的最大值之间变化的,其变化周期为 π,即每转一圈变化两次。附加弯矩可引起与万向节相连零件的弯曲振动,可在万向节主、从动轴支撑上引起周期性变化的径向载荷,从而使支撑处产生振动。当万向节夹角 α 较大时,尤其要重视附加弯矩的破坏作用。

4.3.2 双万向节传动

在汽车传动系统中常采用双万向节传动,并把同传动轴相连的两个万向节叉布置在同一平面内,且使两万向节夹角 α_1 与 α_2 相等,如图4-13所示,若把输入轴Ⅰ与输出轴Ⅲ的转角的零位置定在包含Ⅰ、Ⅱ轴轴线的平面,利用式(4-1)可得:

$$\tan\varphi_3 / \tan\varphi_1 = \cos\alpha_2 / \cos\alpha_1 \tag{4-8}$$

显然,当 $\alpha_2 = \alpha_1$ 时,必有 $\varphi_3 = \varphi_1$,即输入轴Ⅰ与输出轴Ⅲ等速转动。

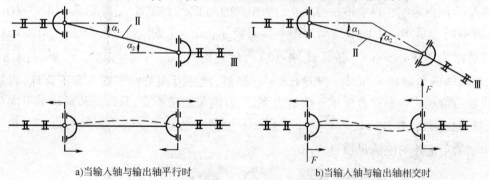

a) 当输入轴与输出轴平行时　　　　　b) 当输入轴与输出轴相交时

图4-13 附加弯矩对传动轴的作用

在行驶时,驱动桥要相对于变速器跳动,不可能在任何时候都有 $\alpha_2 = \alpha_1$,实际上只能做到变速器到驱动桥的近似等速传动。

在双万向节传动中,直接与输入轴、输出轴相连的万向节叉所受的附加弯矩,分别由相应轴的支撑反力所平衡。当输入轴Ⅰ与输出轴Ⅲ平行时,如图4-13a)所示,直接连传动轴的两万向节叉所受的附加弯矩,彼此相互平衡,此时传动轴发生虚线所示的弹性弯曲,从而引起传动轴的弯曲振动。当轴Ⅰ与轴Ⅲ,发生如图4-13b)所示相交时,传动轴两端万向节叉上所受的附加弯矩方向相同,不能彼此平衡,因此对两端的十字轴产生大小相等、方向相反的径向力 F。此径向力作用在滚针轴承碗的底部,并在输入轴与输出轴的支撑上引起反力。与此同时,传动轴发生如图4-13b)中虚线所示的弹性弯曲。

4.3.3 多万向节传动

多万向节传动从动叉相对主动叉的转角差的计算公式和单万向节的相似,可以证明为:

$$\Delta\varphi = \frac{\alpha_e^2}{4}\sin 2(\varphi_1 + \sigma) \tag{4-9}$$

式中：$\Delta\varphi$——万向节从动叉相对主动叉的转角差，$\Delta\varphi = \varphi_2 - \varphi_1$。

多万向节传动输出轴和输入轴的运动关系和具有夹角 α_e 而主动叉具有初相位 σ 的单万向节传动一样，夹角 α_e 为当量夹角。

假如多万向节传动的各轴轴线均在同一平面，而且各传动轴两端万向节叉平面之间的夹角为 0°或 90°，当量夹角为：

$$\alpha_e = \sqrt{\left|\alpha_1^2 \pm \alpha_2^2 \pm \alpha_3^2 \pm \cdots\right|} \tag{4-10}$$

式中：α_1、α_2、α_3——各万向节的夹角。

夹角正负号的确定为：第一万向节的主动叉位于各轴轴线所在平面内，其余的万向节的主动叉平面与此平面重合，定义为正；与此平面垂直则为负。根号内取绝对值以避免虚数。

为使多万向节传动的输出轴与输入轴等速旋转，必须使当量夹角 $\alpha_e = 0$，即 $\alpha_1^2 \pm \alpha_2^2 \pm \alpha_3^2 \pm \cdots = 0$。

进行多万向节设计时，总是希望当量夹角 α_e 尽可能为 0，但是汽车空载、满载时当量夹角 α_e 可能有变化，因此要求 α_e 不大于 3°。若 α_e 较大，输出轴对输入轴的转角差较大，输出轴的角加速度较大，旋转的不均匀性较大，当汽车滑行或节气门开度较小时，可能与输出轴相连的齿轮齿间的冲击和噪声，也可引起驾驶室内的谐振噪声。因此，应对多万向节传动输出轴的角加速度 $\alpha_e^2 \omega_1^2$ 加以限制。对于轿车，$\alpha_e^2 \omega_1^2$ 应小于 350rad/s²；对于货车，$\alpha_e^2 \omega_1^2$ 应小于 600rad/s²。

【例 4-1】 货车三万向节传动如图 4-14a) 所示，$\alpha_1 = 1.5°$，$\alpha_2 = 3.5°$，$\alpha_3 = 4.5°$，传动轴的最高转速为 3000rad/min。带入式(4-10) 当量夹角为：$\alpha_e = \sqrt{\left|1.5^2 - 3.5^2 - 4.5^2\right|}° = 5.5°$，输出轴的角加速 $\alpha_e^2 \omega_1^2 = 909 \text{ rad/s}^2$。显然，此三万向节的布置方案不合理，当量夹角和输出轴的角加速均不符合要求。改进方案，三万向节夹角不变，只改变传动轴的万向节叉相位，如图 4-14b) 所示，$\alpha_e = \sqrt{\left|1.5^2 + 3.5^2 - 4.5^2\right|}° = 2.4°$，$\alpha_e^2 \omega_1^2 = 173 \text{rad/s}^2$。当量夹角和输出轴的角加速均能满足设计要求。

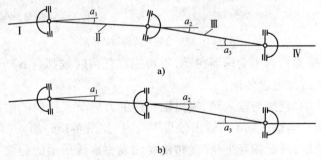

图 4-14 三万向节传动型式

4.4 万向节的设计计算

对十字轴万向节的设计需计算其十字轴、万向节叉、凸缘、十字轴轴承和紧固件。十字轴万向节的尺寸取决于十字轴的尺寸，而后者则是根据它在计算载荷作用下无残余变形的要求来确定的。设计时对万向节可根据其使用转矩、转速、夹角、车型以及使用寿命等要求向专业厂从系列产品中选购。

十字轴轴颈根部(如图4-15的截面A-A处)的弯曲应力 σ_w 和剪切应力 τ 为：

$$\sigma_w = \frac{32 d_1 Q_{max} \cdot s}{\pi (d_1^4 - d_2^4)} \qquad (4-11)$$

$$\tau = \frac{4 Q_{max}}{\pi (d_1^2 - d_2^2)} \qquad (4-12)$$

式中：d_1——十字轴轴颈直径，mm；

d_2——十字轴油道孔直径，mm；

s——力作用点到轴颈根部的距离，mm；

Q_{max}——作用于十字轴轴颈的最大载荷，N；

$$Q_{max} = \frac{T}{2r\cos\alpha}$$

式中：T——传动轴计算转矩，取两种情况计算的转矩(按发动机最大转矩、变速器一挡时和按满载驱动轮附着系数为0.8时计算)的较小者。

十字轴的弯曲应力应不大于350MPa；剪切应力应不大于120MPa，由20Cr或20CrMnTi、12CrNi3A等低碳合金钢制造，经渗碳淬火，表面硬度58～65HRC。

十字轴滚针轴承的接触应力为：

$$\sigma_j = 272 \sqrt{\frac{Q}{l}\left(\frac{1}{d_1} + \frac{1}{d}\right)} \qquad (4-13)$$

式中：d——滚针直径，mm；

l——滚针工作长度，mm；

Q——在力 Q_{max} 作用下，一个滚针所受的最大载荷，N；

其中：

$$Q = 4.6 Q_{max}/iz$$

式中：i——滚针列数；

z——每列中的滚针数。

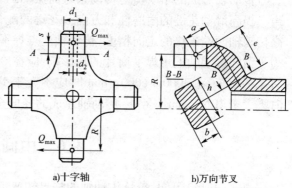

图4-15 十字轴和万向节计算图
a) 十字轴 b) 万向节叉

当滚针轴承和十字轴颈表面硬度在58HRC以上时，许用接触压力为3000～3200MPa。

4.5 传动轴的设计

选择传动轴长度和断面尺寸时，应保证传动轴具有足够高的临界转速。所谓临界转速就是当传动轴的工作转速接近于其弯曲固有振动频率时，即出现共振现象，以致振幅急剧增加而引起传动轴折断时的转速，它决定于传动轴的尺寸、结构及其支承情况。传动轴的临界转速为：

$$n_K = 1.2 \times 10^8 \frac{\sqrt{D^2 + d^2}}{L^2} \qquad (4-14)$$

式中：n_K——临界转速，r/min；

L——传动轴的长度，取两万向节中心之间的距离，mm；

d、D——分别为传动轴轴管的内、外径,mm。

由式(4-14)可知,实心轴比空心轴的临界转速低,且浪费材料。另外,当传动轴长度超过1.5m时,为了提高 n_K 以及总布置上的考虑,常将传动轴断开成两根或三根,万向节用三个或四个,中间传动轴上加设中间支承。

在设计传动轴时,取安全系数 $K = n_K/n_{max} = 1.2 \sim 2.0$,$K = 1.2$ 用于精确动平衡、高精度的伸缩花键及万向节间隙比较小时;n_{max} 为传动轴的最高转速,r/min。

传动轴轴管断面尺寸除应满足临界转速的要求以外,还应保证有足够的扭转强度。轴管的扭转应力为

$$\tau = \frac{16DT}{\pi(D^4 - d^4)} \tag{4-15}$$

式中:τ——扭转应力,MPa;
T——传动轴的计算转矩,N·mm。

扭转应力不应大于 300MPa。

传动轴总成的不平衡是传动系弯曲振动的一个激励源,高速旋转时,产生明显的振动和噪声。提高滑动花键的耐磨性和万向节花键的配合精度,缩短传动轴长度并增加其弯曲刚度,提高传动轴两端连接的定向精度,传动轴上点焊平衡片的热影响,都能降低传动轴的不平衡度。为了消除传动轴上点焊平衡片的热影响,应在冷却后再进行动平衡检验。传动轴的不平衡度,对于乘用车,在 3000~6000r/min 时应不大于 1~2N·mm;对于商用车,在 1000~4000r/min 时不大于 10N·mm。另外,传动轴总成的径向全跳动应不大于 0.5~0.8mm。

4.6 中间支撑设计

由式(4-14)可知,较长传动轴的临界转速很低,振动和噪声也会增大,因此在长轴矩汽车上,常将传动轴分段,以提高传动轴的临界转速,减小万向节的夹角,同时改善布置状况。在轿车中,有时为了提高传动系统的弯曲刚度,改善传动系统弯曲振动特性,减少噪声,也将传动轴分段。分段的传动轴中间需加中间支撑。

中间支撑安装在车架横梁上,或车身底架上。由于动力总成弹性悬置和车架变形,被支撑的中间传动轴轴线位置相对中间支撑的安装面随时在变化,因此要求中间支撑能适应这种变化。目前广泛采用安装在橡胶弹性元件上的单列滚珠轴承,如图4-16所示。橡胶弹性元件能吸收传动轴的振动,降低噪声。这种弹性中间支撑不能传递轴向力,它主要承受传动轴不平衡、偏心等因素引起的径向力,以及万向节上的附加弯矩所引起的径向力,当这些每转变化一次或两次的周期性激励的频率等于弹性中间支撑悬置质量的固有频率时,便发生共振。

中间支撑悬置质量 m 的固有频率为:

$$f = \frac{1}{2\pi}\sqrt{\frac{C_R}{m}} = \frac{1}{2\pi}\sqrt{\frac{C_R g}{G}} \tag{4-16}$$

式中:C_R——中间支撑橡胶件径向刚度,N/mm;
G——中间支撑悬置质量 m 对应的重力,它等于传动轴落在中间支撑上的那一部分重力与中间支撑轴承及其座所受重力之和,N;
g——重力加速度,mm/s²。

在设计中间支撑时,应合理选择橡胶弹性元件的径向刚度 K,使固有频率 f 对应的临界转

速 $n=60f$(单位为 r/min)尽可能低于传动轴的常用转速范围,以免产生共振,保证良好隔振效果。一般许用临界转速为 1000～2000r/min,对于轿车,宜取下限。当中间支撑悬置质量的固有频率依此数据确定时,由于传动轴不平衡引起的共振转速为 1000～2000r/min,而由于万向节上的附加弯矩(每一转周期性变化两次)引起的共振转速为 500～1000r/min。

6×6 越野车的中间支撑常安装在中驱动桥上。由于此时中间支撑不仅要承受前述的径向力,还要承受传动轴滑动花键伸缩所引起的方向变化、数值很大的轴向力,所以大都采用两个滚锥轴承(图 4-17),轴承座可靠固定在车桥上,防止松动。

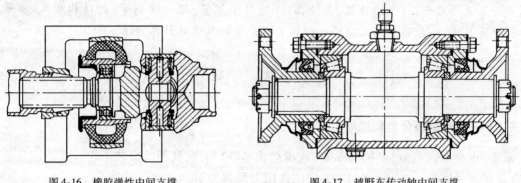

图 4-16　橡胶弹性中间支撑　　　　　图 4-17　越野车传动轴中间支撑

习　题

1. 分析十字轴式万向节不等速的原因,应用十字轴式万向节实现等速的条件。
2. 说明十字轴式万向节连接的两轴夹角不宜过大的原因。
3. 理解传动轴临界转速概念,其影响因素有哪些?相应的结构、尺寸要求有哪些?

第5章 车桥设计

[主要内容] 本章介绍汽车车桥的分类和组成以及驱动桥的设计要求,重点分析了驱动桥总成及其主要零部件(主减速器、差速器、车轮传动装置、驱动桥壳等)的结构型式、布置方法和设计计算方法;最后介绍从动桥的结构方案分析以及设计计算方法。

5.1 概　　述

5.1.1 汽车车桥分类和组成

车桥(也称车轴)通过悬架与车架(或承载式车身)相连,其两端安装车轮。其功用是传递车架(或承载式车身)与车轮之间各方向的作用力及其力矩。

按悬架结构的不同,车桥可分为整体式和断开时两种。当采用非独立悬架时,车桥中部是刚性的实心梁或空心梁,即为整体式车桥;与独立悬架配用,车桥采用活动关节式结构,即为断开式车桥。

根据车桥上车轮的作用,车桥又可分为转向桥、驱动桥、转向驱动桥和支持桥四种类型。根据车桥上车轮是驱动车轮还是从动车轮,车桥又可分为驱动桥和从动桥,其中转向桥和支持桥都属于从动桥。

一般汽车多以前桥为转向桥,以后桥或中、后两桥为驱动桥。越野汽车和大部分轿车的前桥既是转向桥又是驱动桥,即为转向驱动桥。

转向桥主要由前梁、转向节及主销组成。驱动桥由主减速器、差速器、车轮传动装置(半轴或万向节)、驱动桥壳(或变速器壳体)和驱动车轮等零部件组成。转向驱动桥主要由主减速器、差速器、万向节、转向节、主销等组成。

5.1.2 驱动桥的设计要求

汽车的驱动桥处于传动系统的末端,具有减速、增大转矩和差速等功用。同时,驱动桥还要承受作用于路面和车架或车厢之间的力和力矩。

驱动桥的设计应达到以下基本要求:

(1)主减速比的选择应适当,确保汽车获得最佳的动力性和燃油经济性。

(2)差速器除保证左、右驱动车轮差速滚动外,还能将转矩连续平稳地传递给驱动轮。

(3)当左、右驱动车轮与路面的附着条件不一致时,能充分地利用汽车的驱动力。

(4)驱动桥应具有足够的强度和刚度,以承受和传递作用于路面和车架或车身间的各种力和力矩;在此条件下,尽可能降低质量,尤其是簧下质量,以减少不平路面的冲击载荷,提高汽车行驶平顺性。

(5)尽可能减小外廓尺寸,以利于汽车的总布置并保证汽车具有足够的离地间隙。

(6)驱动桥的齿轮及其他传动件工作平稳,噪声小。

(7) 在各种载荷和转速工况下有高的传动效率。

(8) 与悬架导向机构运动协调；对于转向驱动桥，还应与转向机构运动协调。

(9) 结构简单，加工工艺性好，制造容易，维修、调整方便。

随着汽车向着采用大功率发动机和轻量化方向的发展以及路面条件的改善，近年来主减速比有减小的趋势，以满足高速行驶的要求。

5.2 驱动桥结构方案分析

驱动桥的结构形式与驱动车轮的悬架形式密切相关。常见的驱动桥结构形式如图5-1所示。当驱动车轮采用非独立悬架时，驱动桥应采用整体式（或称非断开式），即驱动桥壳是一根连接左右驱动车轮的刚性空心梁（图5-2），而主减速器、差速器及车轮传动装置（由左、右半轴组成）都装在它里面，此时，驱动桥、驱动轮均属簧下质量。当采用独立悬架时，为保证运动协调，驱动桥应采用断开式。这种驱动桥无连接左右驱动车轮的刚性整体外壳或梁，主减速器、差速器及其壳体装在车架或车身上，车轮传动装置采用万向节传动（图5-3）。此时，主减速器、差速器和部分车轮传动装置的质量均为簧上质量。两侧的驱动车轮经独立悬架与车架

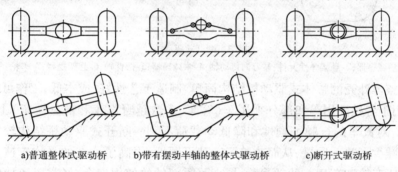

a) 普通整体式驱动桥　　b) 带有摆动半轴的整体式驱动桥　　c) 断开式驱动桥

图5-1　驱动桥的结构形式

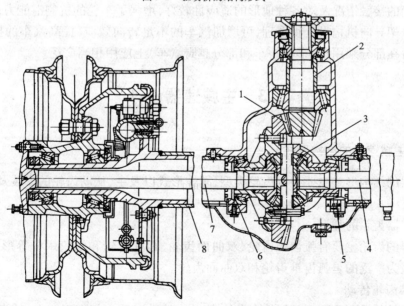

图5-2　整体式驱动桥

1-主减速器；2-套筒；3-差速器；4、7-半轴；5-调整螺母；6-调整垫片；8-驱动桥壳

或车身作弹性连接,并可彼此独立地分别相对于车架或车身作上下摆动。为了防止车轮跳动时因轮距变化而使万向传动装置与悬架导向装置发生运动干涉,在设计车轮传动装置时,应采用滑动花键轴或允许两轴能有适量轴向移动的万向传动机构。

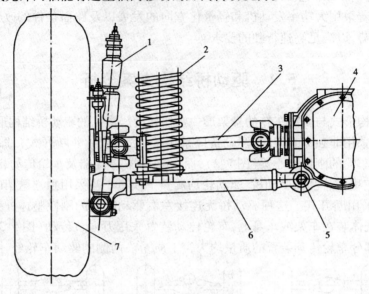

图 5-3 断开式驱动桥
1-减振器;2-悬架弹性元件;3-万向传动轴;4-主减速器;5-摆臂轴;6-悬架摆臂;7-车轮

具有刚性整体外壳的整体式驱动桥结构简单、制造工艺性好、成本低、工作可靠、维修调整容易,广泛应用于各种商用车和部分乘用车(客车、多数越野汽车和部分轿车)上。但由于其簧下质量较大,对汽车的行驶平顺性和降低动载荷不利。断开式驱动桥结构较复杂,成本较高。但它显著减少了簧下质量,从而改善了行驶平顺性,提高了汽车的平均车速;减小了汽车在行驶时作用于车轮和车桥上的动载荷,提高了零部件的使用寿命;增加了离地间隙;由于驱动车轮与路面的接触情况及对各种地形的适应性较好,增强了车轮的抗侧滑能力;如果与之相配合的独立悬架导向机构设计得合理,可增加汽车的不足转向效应,提高汽车的操纵稳定性。断开式驱动桥在部分乘用车(多数轿车和部分越野汽车)上应用相当广泛。

5.3 主减速器设计

5.3.1 主减速器的结构形式

主减速器的结构形式主要根据齿轮类型、减速形式以及主、从动齿轮的安装及支撑方式的不同分类。

1. 主减速器齿轮的类型

主减速器的齿轮主要有弧齿锥齿轮、双曲面齿轮、圆柱齿轮和蜗轮蜗杆等形式,如图 5-4 所示。运用最为广泛的是弧齿锥齿轮和双曲面齿轮。

1)弧齿锥齿轮传动

弧齿锥齿轮传动(图 5-4a)的特点是主、从动齿轮轴线垂直相交于一点,轮齿不是在齿的全长上啮合,而是逐渐由齿的一端连续且平稳地转向另一端。同时,由于轮齿端面重叠的影响,至少有两对以上的轮齿同时啮合,因此较直齿锥齿轮能承受更大的负荷,工作平稳、制造也简单。但弧齿锥齿轮对啮合精度很敏感,齿轮副锥顶的啮合稍有偏差就会使工作条件急剧变坏,并伴随磨损和噪声增大。为保证齿轮副的正确啮合,必须将支撑轴承预紧,提高支撑刚度,增大壳体刚度。弧齿锥齿轮主动锥齿轮的螺旋角 β_1 与主动锥齿轮的螺旋角 β_2 相等,弧齿锥齿轮的传动比 i_{0h} 为:

$$i_{0h} = r_{2h}/r_{1h} \tag{5-1}$$

式中:i_{0h}——弧齿锥齿轮的传动比;

r_{1h}、r_{2h}——弧齿锥齿轮主、从动齿轮的平均分度圆半径,m。

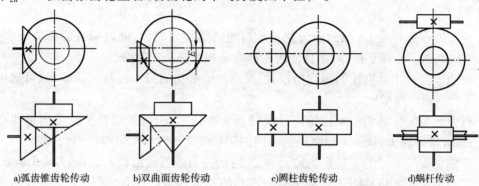

a)弧齿锥齿轮传动　　b)双曲面齿轮传动　　c)圆柱齿轮传动　　d)蜗杆传动

图 5-4　主减速器齿轮传动形式

2)双曲面齿轮传动

双曲面齿轮传动(图 5-4b)的特点是主、从动齿轮的轴线相互垂直而不相交,且主动齿轮轴线相对从动齿轮轴线向上或向下偏移一距离 E,称为偏移距。由于偏移距 E 的存在,使主动齿轮螺旋角 β_1 大于从动齿轮螺旋角 β_2,并将 β_1 与 β_2 之差称为偏移角 ε(图 5-5)。根据啮合面上法向力相等,可求出主、从动齿轮圆周力之比为:

$$F_1/F_2 = \cos\beta_1/\cos\beta_2 \tag{5-2}$$

式中:F_1、F_2——主、从动齿轮的圆周力,N;

β_1、β_2——双曲面齿轮主、从动齿轮的螺旋角。

螺旋角是指在锥齿轮节锥表面展开图上的齿线任意一点 A 的切线 TT 与该点和节锥顶点连线之间的夹角。在齿面宽中点处的螺旋角称为中点螺旋角(图 5-5)。通常不特殊说明,则螺旋角系指中点螺旋角。

双曲面齿轮传动比 i_{0s} 为:

$$i_{0s} = F_2 r_{2s}/F_1 r_{1s} = r_{2s}\cos\beta_2/r_{1s}\cos\beta_1 \tag{5-3}$$

式中:i_{0s}——双曲面齿轮传动比;

r_{1s}、r_{2s}——双曲面齿轮主、从动齿轮平均分度圆半径,m。

令:　　　　$K = \cos\beta_2/\cos\beta_1$

则:

$$i_{0s} = Kr_{2s}/r_{1s} \tag{5-4}$$

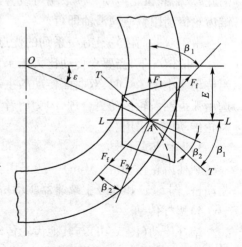

图 5-5　双曲面齿轮副受力情况

由于 $\beta_1 > \beta_2$,所以系数 $K > 1$,一般为 1.25~1.50。

比较式(5-1)和式(5-4)可知,双曲面齿轮传动与弧齿锥齿轮传动相比具有以下优点:

(1)当双曲面齿轮与弧齿锥齿轮尺寸相同时,双曲面齿轮传动有更大的传动比。

(2)当传动比一定,从动齿轮尺寸相同时,双曲面主动齿轮比相应的弧齿锥齿轮有较大的直径,较高的轮齿强度以及较大的主动齿轮轴和轴承刚度。

(3)当传动比一定,主动齿轮尺寸相同时,双曲面从动齿轮直径比相应的螺旋锥齿轮为小,因而可以获得较大的离地间隙。

此外,双曲面齿轮传动比弧齿锥齿轮传动还具有如下优点:

(1)由于存在偏移距E,在工作过程中,双曲面齿轮不仅存在沿齿高方向的侧向滑动,而且还有沿齿长方向的纵向滑动。纵向滑动可改善齿轮的磨合过程,使其具有更高的运转平稳性。

(2)由于存在偏移距E,双曲面齿轮主动齿轮的螺旋角较大,同时啮合的齿数较多,重合度较大,不仅提高了传动平稳性,而且使齿轮的弯曲强度提高约30%。

(3)双曲面齿轮主动齿轮的螺旋角较大,则不产生根切的最小齿数可减少,故可选用较少的齿数,有利于增加传动比。

(4)双曲面齿轮传动的主动齿轮直径及螺旋角都较大,所以相啮合轮齿的当量曲率半径较相应的弧齿锥齿轮大,从而可以降低齿面间的接触应力,使齿面的接触强度提高。

(5)双曲面齿轮传动的主动齿轮较大,加工时所需刀盘刀顶距较大,切削刃寿命较长。

(6)双曲面齿轮的偏移距还有利于实现汽车的总体布置。例如:采用上偏移双曲面齿轮时,便于实现多轴驱动桥的贯通,增大传动轴的离地高度;采用下偏移双曲面齿轮时,可降低万向传动轴的高度,并可降低地板中部凸起通道高度,有利于降低轿车车身高度和车身质心高度。

双曲面齿轮传动也存在下述缺点:

(1)沿齿长方向的纵向滑动会使摩擦损失增加,降低传动效率。双曲面齿轮传动效率约为96%,弧齿锥齿轮的传动效率约为99%。

(2)双曲面主动齿轮具有较大的轴向力,使其轴承负荷增大。

(3)齿面间大的压力和摩擦功,可能导致油膜破坏和齿面烧结咬死,即抗胶合能力较低。因此,双曲面齿轮传动必须采用可改善油膜强度和防刮伤添加剂的双曲面齿轮油来润滑,弧齿锥齿轮传动用普通润滑油即可。

由于双曲面齿轮具有一系列的优点,因而它比弧齿锥齿轮应用更广泛。

一般情况下,当要求传动比大于4.5而轮廓尺寸又有限时,采用双曲面齿轮传动更合理。当传动比小于2.0时,双曲面传动的主动齿轮相对弧齿锥齿轮传动的主动齿轮显得过大,此时选用弧齿锥齿轮传动更合理,因为后者具有较大的差速器可利用空间。对于中等传动比,两种齿轮传动均可采用。

3)圆柱齿轮传动

圆柱齿轮传动(图5-4c)一般采用斜齿轮,广泛应用于发动机横置且前置前驱动的乘用车驱动桥(图5-6)和双级主减速器驱动桥(图5-8)以及轮边减速器(图5-14)。

4)蜗杆传动

蜗杆传动(图5-4d)与其他齿轮传动形式相比有如下优点:

(1)在轮廓尺寸和结构质量较小的情况下,可得到较大的传动比(通常$i_0 = 8 \sim 14$)。

(2)在任何转速下使用均能工作得非常平稳且无噪声。

(3)便于汽车的总布置及贯通式多轴驱动的布置。

(4)能传递大的载荷,使用寿命长。
(5)结构简单,拆装方便,调整容易。

但是由于蜗轮要求使用高质量昂贵的锡青铜制作,材料成本较高;此外,传动效率较低。蜗杆传动主要用于生产批量不大的个别重型多轴驱动汽车,具有高转速发动机的大客车以及某些高级轿车上。图5-11b)即是一种蜗杆蜗轮式主减速器。

2. 主减速器的减速形式

主减速器的减速形式可分为单级减速、双级减速、双速减速、贯通式(单级、双级)、单双级减速配轮边减速等。

影响主减速器减速形式的因素主要有汽车类型、使用条件、驱动桥处的离地间隙、驱动桥数量和布置形式以及主减速比 i_0。

1)单级主减速器

单级主减速器(图5-7)具有结构简单、质量小、尺寸紧凑、制造成本低、使用简单等优点,因而广泛应用于主减速比 $i_0 \leq 7.6$ 的汽车上。例如乘用车($i_0 = 3 \sim 4.5$)、总质量较小的商用车的驱动桥都采用单级主减速器。对于主减速比 i_0 较大时,采用单级主减速器将增大从动齿轮直径,从而减小离地间隙,且使从动齿轮热处理困难。

单级主减速器多采用一对锥齿轮或双曲面齿轮传动,也有采用一对圆柱齿轮或蜗杆传动的。

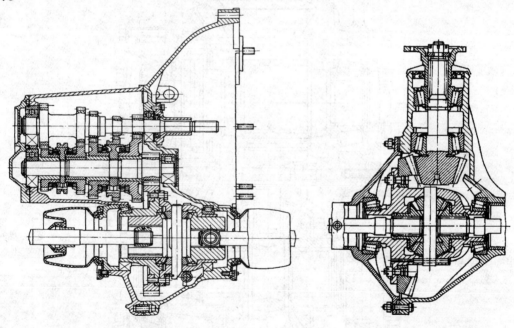

图5-6 发动机横置且前置前驱动轿车驱动桥　　　　图5-7 单级主减速器

2)双级主减速器

双级主减速器(图5-8)与单级相比,在保证离地间隙相同时可得到更大的传动比,i_0 一般为 $7.6 \sim 12$。但其尺寸、质量均较大,结构复杂,制造成本较高。因此主要应用在总质量较大的中、重型商用车和部分越野汽车上。

整体式双级主减速器有多种结构方案。

(1)第一级为锥齿轮,第二级为圆柱齿轮(图5-8、图5-9a、d、e、f)。

这种结构方案最为常见,第二级圆柱齿轮传动又可有三种布置形式,即水平布置(图5-9d)、倾斜布置(图5-9e)和垂直布置(图5-9f)。其中水平布置可以降低汽车质心高度,但使驱动桥纵向尺寸增加,使传动轴缩短,增大了万向节传动中万向节的夹角,不利于短轴距汽车的总布置。垂直布置适用于贯通式驱动桥,可减小万向节夹角,但由于主减速器壳固定在桥壳上方,降低了桥壳刚度,不利于齿轮工作。倾斜布置对传动轴布置和提高桥壳刚度较有利。

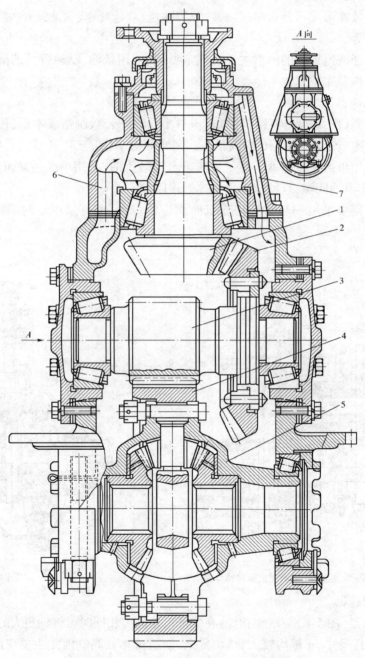

图5-8 双级主减速器

1、2-螺旋锥齿轮副;3、4-圆柱齿轮副;5-差速器;6-润滑轴承进油道;7-回油道

(2)第一级为行星齿轮,第二级为锥齿轮(图5-9b)。

(3)第一级为圆柱齿轮,第二级为锥齿轮(图5-9c)。

(4)第一级为锥齿轮,第二级为行星齿轮。

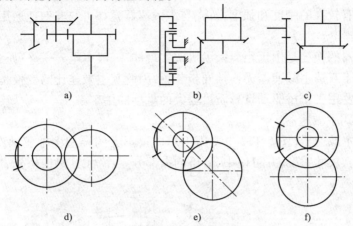

图5-9 整体式双级主减速器的结构方案

在具有锥齿轮和圆柱齿轮的双级主减速器中分配传动比时,圆柱齿轮副和锥齿轮副传动比的比值一般为1.4~2.0,而锥齿轮副传动比一般为1.7~3.3,这样可减小锥齿轮啮合时的轴向载荷和作用在从动锥齿轮及圆柱齿轮上的载荷,同时可使主动锥齿轮的齿数适当增多,使其支撑轴颈的尺寸适当加大,以改善其支撑刚度,提高啮合平稳性和工作可靠性。

3)双速主减速器

对于载荷及道路状况变化大、使用条件复杂的重型载货汽车来说,通常采用双速主减速器。这种主减速器有两种主减速比,与变速器各挡位相配合,就可得到2倍于变速器的挡位。既可使汽车具有足够的动力性,又可获得较高的车速和满意的燃料经济性。但双速主减速器会增大驱动桥的质量,提高制造成本,并要增设较复杂的操纵装置。

双速主减速器由两级齿轮减速构成,第一级均为螺旋锥齿轮或双曲面齿轮,而根据第二级减速型式的不同,双速主减速器分为锥齿轮—圆柱齿轮式(图5-10a)和锥齿轮—行星齿轮式(图5-10b)两种。

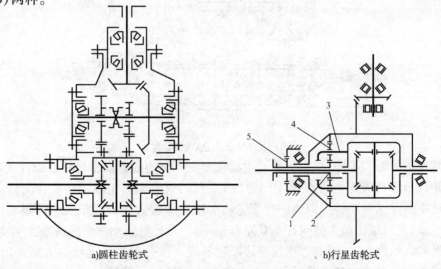

图5-10 双速主减速器

1-太阳轮;2-齿圈;3-行星齿轮架;4-行星齿轮;5-接合齿轮

圆柱齿轮式双速主减速器结构尺寸和质量较大,可获得的主传动比较大,只要更换圆柱齿轮轴,去掉一对圆柱齿轮,即可变型为普通的双级主减速器。行星齿轮式双速主减速器结构紧凑,质量较小,具有较高的刚度和强度,桥壳与主减速器壳都可与非双速通用,但需加强行星轮系和差速器的润滑。

双速主减速器的换挡是由远距离操纵机构实现的,一般有电磁式、气压式和电—气压综合式操纵机构。由于双速主减速器无换挡同步装置,因此其主减速比的变换是在停车时进行的。双速主减速器主要用于单桥驱动且总质量较大的重型商用车。

4) 单级贯通式主减速器

单级贯通式主减速器(图 5-11)主要用于总质量不大的轻型多轴驱动汽车上。它具有结构简单、质量较小、尺寸紧凑,并可使中、后桥的大部分零件,尤其是使桥壳、半轴等主要零件具有互换性等优点。

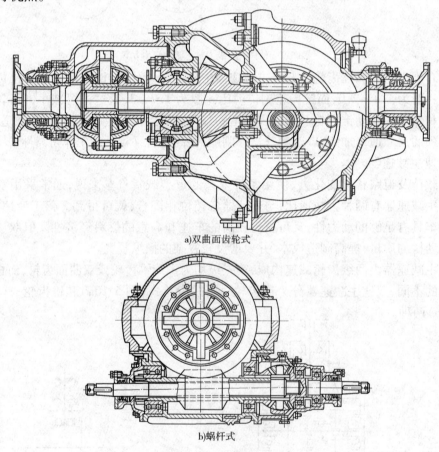

a) 双曲面齿轮式

b) 蜗杆式

图 5-11 单级贯通式主减速器

根据减速齿轮形式不同,单级贯通式主减速器又可分为双曲面齿轮式及蜗杆式两种结构。双曲面齿轮式单级贯通式主减速器(图 5-11a)是利用双曲面齿轮副轴线偏移的特点,将一根贯通轴穿过中桥并通向后桥。但该结构受主动齿轮最少齿数和偏移距大小的限制,而且主动齿轮工艺性差,主减速比最大值仅在 5.0 左右,多用于总质量较小汽车的贯通式驱动桥上。当用于总质量较大的汽车时,可通过增设轮边减速器或增大分动器传动比等方法来增大总传动比。蜗杆式单级贯通式主减速器(图 5-11b)在结构质量较小的情况下可得到较大的传动比,适用于各种吨位多轴驱动汽车的贯通式驱动桥的布置。此外,它还具有工作平滑无噪声、便于汽车总布置的优点。如蜗杆下置式布置方案被用于大客车的贯通式驱动桥中,可降低车厢地板高度。

5) 双级贯通式主减速器

对于质量较大的多轴驱动汽车,由于主减速比较大,多采用双级贯通式主减速器。根据齿轮的组合方式不同,可分为锥齿轮—圆柱齿轮式(图5-12)和圆柱齿轮—锥齿轮式(图5-13)两种形式。

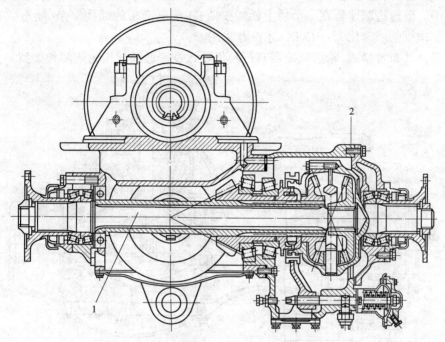

图5-12 锥齿轮—圆柱齿轮双级贯通式主减速器
1-贯通轴;2-轴间差速器

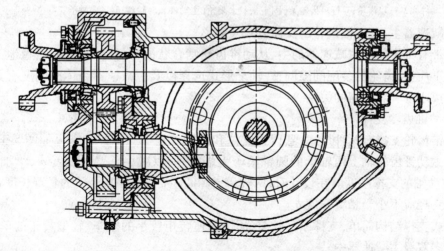

图5-13 圆柱齿轮—锥齿轮双级贯通式主减速器

锥齿轮—圆柱齿轮式双级贯通式主减速器可得到较大的主减速比,但是结构高度尺寸大,主动锥齿轮工艺性差,从动锥齿轮采用悬臂式支撑,支撑刚度差,拆装也不方便。

圆柱齿轮—锥齿轮式双级贯通式主减速器具有结构紧凑、高度尺寸减小、有利于降低车厢地板及整车质心高度等优点。

6）单双级减速配轮边减速器

工程用重型载货汽车、重型牵引越野汽车及大型客车等有时采用单级（或双级）主减速器附加轮边减速器的结构型式，即把驱动桥的一部分减速比分配给安装在轮毂中间或近旁的轮边减速器，如图5-14所示。这样不仅使驱动桥中间部分主减速器的轮廓尺寸减小，增大离地间隙，并可得到大的主减速比（$i_0 = 16 \sim 26$），且半轴、差速器及主减速器从动齿轮等零件的尺寸也可减小。但轮边减速器在一个桥上就需要两套，使驱动桥的结构复杂、制造成本提高，因此只有当驱动桥的减速比 $i_0 > 12$ 时，才推荐采用。

按齿轮及其布置型式，轮边减速器有行星齿轮式及普通圆柱齿轮式两种类型。

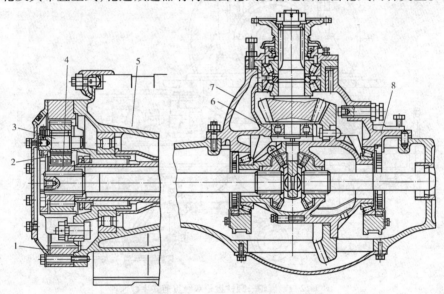

图5-14 轮边减速器与主减速器的结构图

1-齿圈（从动件）；2-行星齿轮；3-行星齿轮架（固定）；4-太阳轮（主动件）；5-轮毂；6-导向轴承；7-主减速器壳；8-调整环

3. 主减速器主、从动锥齿轮的支撑方式及调整

要使带有锥齿轮的主减速器的主、从动锥齿轮啮合状况良好，并且可靠平稳地工作，除了与齿轮加工质量、齿轮的装配间隙调整、轴承形式选择以及主减速器壳体的刚度有关外，还与齿轮的支撑刚度有着密切的关系。

1）主动锥齿轮支撑

主动锥齿轮支撑有两种形式，悬臂式支撑和跨置式支撑。悬臂式支撑如图5-15a）所示，其特点是主动锥齿轮轴上两轴承的圆锥滚子大端向外，以减小悬臂的长度 a，增加支撑间距 b，提高主动轴的支撑刚度。在设计时，两轴承支撑间距 b 应大于2.5倍的悬臂长度 a，靠近齿轮的轴颈直径应不小于悬臂长度 a。

悬臂式支撑结构简单，支撑刚度较差，用于传递转矩较小的轿车、轻型货车的单级主减速器以及许多双级主减速器中。

跨置式支撑如图5-15b）所示，其特点是锥齿轮的两端均用轴承支撑，这样可以增加支撑刚度，减少轴承负荷，提高齿轮的承载能力；此外，由于齿轮大端一侧轴颈上的两个相对安装的圆锥滚子轴承之间的距离很小，可以缩短主动齿轮轴的长度，使布置更紧凑，并可减小传动轴夹角，有利于整车布置。但是跨置式支撑必须在主减速器壳体上有支撑导向轴承所需要的轴承座,从而使主减速器壳体结构复杂,加工成本提高;此外,因主、从动齿轮之间的空间很小,致使主动齿轮的导向轴承尺寸受到限制,有时甚至布置不下或使齿轮拆装困难。在需要传递较大转矩情况下,最好采用跨置式支撑。但是因为主、从动齿轮之间的空间很小,使主动齿轮小头的轴承尺寸受到限制,并且主减速器壳体的加工较为困难。

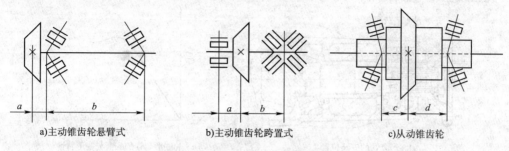

a) 主动锥齿轮悬臂式　　b) 主动锥齿轮跨置式　　c) 从动锥齿轮

图 5-15　主减速器锥齿轮的支撑型式

在主减速器需要传递较大转矩时,最好采用跨置式支撑。

2) 从动锥齿轮的支撑

从动锥齿轮的支撑如图 5-15c) 所示。为了增加支撑刚度,两端轴承的圆锥滚子大端向内,以尽量减小 $c+d$ 的尺寸。为使从动锥齿轮背面的差速器壳处有足够空间设置加强筋,提高齿轮刚度,并且使两个轴承之间的载荷尽可能均匀分布,尺寸 c 应接近于 d,且距离 $c+d$ 应不小于从动齿轮大端分度圆直径的 70%。

在具有大的主减速比和径向尺寸较大的从动锥齿轮的主减速器中,由齿面上的轴向力形成的力矩使从动锥齿轮产生较大的偏移变形,这种变形是危险的。为减小此变形,可在从动锥齿轮的背面靠近主动齿轮的地方设计一个辅助支撑销,如图 5-16 所示。当从动锥齿轮受载变形超过允许值 0.25mm 左右时,支撑销开始起作用,阻挡从动锥齿轮继续偏移变形。

3) 锥齿轮轴承的预紧与调整

为了增加支撑刚度,提高齿轮啮合的平稳性,对主减速器锥齿轮的圆锥滚子轴承应给予适当的预紧力。适当的预紧力可以消除安装的原始间隙并防止磨合期间间隙的增大。如果轴承预紧力过大,会使轴承工作条件变坏,降低传动效率,加速轴承的磨损而缩短寿命,严重时还可能导致轴承过热而早期损坏。通常轴承预紧度的大小用轴承预紧后开始转动时的必要力矩,也就是摩擦力矩来衡量。预紧后的轴承摩擦力矩的最佳值应根据试验确定。商用车主动锥齿轮圆锥滚子轴承的摩擦力矩一般为 1~3N·m。采用精选两端轴承内圈之间的套筒长度、调整轴承螺母的

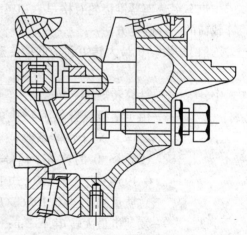

图 5-16　从动锥齿轮辅助支撑销

垫圈厚度等方法,可以进行主动锥齿轮轴承预紧力的调整,但这些方法较为烦琐,原因是要得到合适的预紧度需反复多次调整。近年来采用波形套筒调整轴承预紧度的方法应用比较普遍。波形套筒安置在两个轴承内圈之间或轴承与轴肩之间,如图 5-17a) 所示,套筒上有一个波纹区或者其他容易产生轴向变形的部位。

波形套筒的轴向载荷与轴向变形之间具有如图 5-17b) 所示的特性。A 点为流动点,当轴承预紧后,波形套是在超过弹性极限的状态下工作的,因此工作必须在 A 点的塑性变形区域以

后。由于该区域的载荷—变形曲线平坦,因而容易使轴承预紧度保持在规定范围内。但每拆装一次,由于材料的冷作硬化,套的一端应加一个薄垫片,以使波形套再次在塑性区域工作。波形套用冷拔低碳无缝钢管制造,一个新的波形套拆装3~4次就会因流动点过于降低使轴向力太小而报废。

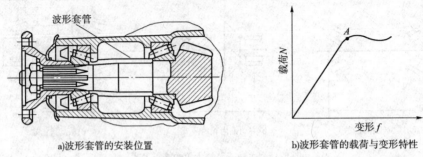

a)波形套管的安装位置　　b)波形套管的载荷与变形特性

图5-17　波形套管的安装及特性

主减速器从动锥齿轮的圆锥滚子轴承预紧力,一般靠轴承外侧的调整螺母或主减速器壳与轴承盖间的调整垫圈调整。在轴承预紧度调整完成后,必须进行锥齿轮啮合的调整,以保证齿轮啮合具备应有的精度,并使齿轮大端处齿侧间隙在适当的范围内(一般为0.1~0.35mm)。主减速器锥齿轮啮合良好与否一般用啮合印痕来检查,正确的啮合印痕位于齿高中部偏小端。当轮齿啮合印痕不正常或齿侧间隙不适宜时,可加、减主减速器壳与轴承座之间的调整垫圈,使锥齿轮在轴向移动;对一些从动锥齿轮也可以将轴承外侧的两个调整螺母旋进或旋出相同角度,移动从动锥齿轮,实现对锥齿轮的啮合调整。

5.3.2　主减速器计算载荷的确定

汽车主减速器锥齿轮有格里森和奥利康两种切齿方法,这里仅介绍格里森齿制锥齿轮计算载荷的三种确定方法。

(1)按发动机最大转矩和最低挡传动比确定从动锥齿轮的计算转矩 T_{Ge},即:

$$T_{Ge}=k_d T_{e\,max} K i_1 i_f i_0 \eta / n \tag{5-5}$$

式中:T_{Ge}——计算转矩,N·m;

k_d——由于猛接离合器而产生的动载系数;(对于手动的高性能赛车机械变速器,$k_d=3$;对于性能系数 $f_j=0$ 的汽车(一般货车、矿用汽车和越野车),$k_d=1$;对于 $f_j>0$ 的汽车,$k_d=2$ 或由经验选定。其中的性能系数 $f_j=(16-0.195G_a/T_{e\,max})/100$,式中 G_a 为汽车满载总质量(若有挂车,则要加上挂车的总质重),N;当 $0.195G_a/T_{e\,m9ax}>16$ 时,取 $f_j=0$。)

$T_{e\,max}$——发动机最大转矩,N·m;

K——液力变矩器变矩系数,$K=[(K_0-1)/2]+1$,K_0 为最大变矩系数,对于不采用液力变矩器的传动系统,$K=1$;

i_1——变速器一挡传动比;

i_f——分动器传动比;(对于 4×4 汽车,分动器高挡传动比 i_{fg} 与低挡传动比 i_{fd} 之间有 $i_{fg}/i_{fd}>1/2$ 时,i_f 取 i_{fg},此时计算驱动桥数 n 取1;当 $i_{fg}/i_{fd}<1/2$ 时,i_f 取 i_{fd},此时 n 取2;对于 6×6 汽车,当 $i_{fg}/i_{fd}>2/3$ 时,i_f 取 i_{fg},n 取2;当 $i_{fg}/i_{fd}<2/3$ 时,i_f 取 i_{fd},n 取3。)

i_0——主减速比;

η——从发动机到主减速器从动齿轮之间的传动效率;

n——计算驱动桥数。

(2) 按驱动轮打滑转矩确定从动锥齿轮的计算转矩 T_{Gs},即:

$$T_{Gs} = G_2 m' \varphi r_r / i_m \eta_m \tag{5-6}$$

式中: T_{Gs}——计算转矩,N·mm;

G_2——满载状态下单个驱动桥上的静负荷,N;

m'——汽车最大加速度时的后轴负荷转移系数;

φ——轮胎与路面间的附着系数;(对于安装一般轮胎的汽车,在良好路面上,φ 值可取 0.85;对于安装了防侧滑轮胎的轿车,φ 可取 1.25;对于越野车,φ 值变化较大,一般取 1 或其他值。)

r_r——车轮滚动半径,mm;

i_m——主减速器从动齿轮到车轮之间的传动比;

η_m——主减速器从动齿轮到车轮之间的传动效率,当没有轮边减速器时,$\eta_m = 1$。

(3) 按汽车日常行驶平均(当量)转矩确定从动锥齿轮的计算转矩 T_{GF},即:

$$T_{GF} = F_t r_r / i_m \eta_m n \tag{5-7}$$

式中: T_{GF}——计算转矩,N·mm;

F_t——汽车日常行驶平均(当量)牵引力,N;

其他符号意义同前。

按式(5-5)和式(5-6)确定的计算转矩 T_{Ge}、T_{Gs},不是汽车日常行驶平均转矩,而是锥齿轮的最大转矩,因而不能用来进行疲劳寿命计算,而只用作计算锥齿轮的最大应力。然而这两种载荷确定方法仍很重要,按这两种方法计算的最大应力可以与同类汽车进行比较,也可作为选择锥齿轮主要参数的依据。当计算锥齿轮最大应力时,计算转矩 T_G 取 T_{Ge} 和 T_{Gs} 的较小值,即 $T_G = \min[T_{Ge}, T_{Gs}]$。当计算锥齿轮的疲劳强度时,$T_G$ 取 T_{GF}。

主动锥齿轮的计算转矩为:

$$T_z = T_c / i_0 \eta_G \tag{5-8}$$

式中: T_z——主动锥齿轮的计算转矩,N·mm;

η_G——主、从动锥齿轮间的传动效率。(计算时,对于弧齿锥齿轮传动,η_G 取 95%;对于双曲面齿轮传动,当 $i_0 > 6$ 时,$\eta_G \eta_G$ 取 85%,当 $i_0 \leq 6$ 时,$\eta_G \eta_G$ 取 90%。)

5.3.3 主减速器锥齿轮主要参数的选择

1. 主、从动锥齿轮齿数 z_1 和 z_2

选择主、从动锥齿轮齿数时应考虑如下因素:

(1) 为了磨合均匀,z_1、z_2 之间应避免有公约数。

(2) 为了得到理想的齿面重合系数和高的轮齿弯曲强度,主、从动齿轮齿数和应不少于 40。

(3) 为了啮合平稳、噪声小和具有高的疲劳强度,对于乘用车,z_1 一般不少于 9;对于商用车,z_1 一般不少于 6。

(4) 当主减速比 i_0 较大时,尽量使 z_1 取得小些,以便得到满意的离地间隙。

(5) 对于不同的主减速比,z_1 和 z_2 应有适宜的搭配。比较适宜的齿数搭配见表 5-1。

轿车主减速器齿轮齿数 表5-1

传动比 z_2/z_1	主动齿轮齿数 z_1	主从动齿轮齿数和 z_1+z_2	传动比 z_2/z_1	主动齿轮齿数 z_1	主从动齿轮齿数和 z_1+z_2
2.00~2.11	17~21	50~60	3.08~3.27	11~15	45~65
2.12~2.31	16~20	50~60	3.28~3.43	10~14	40~60
2.32~2.55	15~19	50~60	3.44~3.99	9~13	40~60
2.56~2.83	4~18	50~60	4.00~4.50	8~12	40~60
2.84~3.07	13~16	50~60			

2. 从动锥齿轮大端分度圆直径 D_2 和端面模数 m_s

对于单级主减速器,增大 D_2 对驱动桥壳尺寸和桥壳离地间隙有影响,D_2 减小则影响跨置式主动齿轮的前支撑座的安装空间和差速器的安装。

从动锥齿轮大端分度圆直径 D_2 可根据经验公式初选,即

$$D_2 = K_{D2} \sqrt[3]{T_G} \tag{5-9}$$

式中:D_2——从动锥齿轮大端分度圆直径,mm;
　　　K_{D2}——直径系数,一般取 13.0~16.2;
　　　T_G——计算转矩,取 T_{Ge} 和 T_{Gs} 的较小值,即 $T_G = \min[T_{Ge}, T_{Gs}]$,N·mm。

端面模数 m_s 由下式计算:

$$m_s = D_2/z_2 \tag{5-10}$$

同时,m_s 还应满足:

$$m_s = K_m \sqrt[3]{T_G} \tag{5-11}$$

式中:K_m——模数系数,取 0.3~0.4。

3. 主、从动锥齿轮齿面宽 b_1 和 b_2

从动锥齿轮齿面宽 b_2 推荐不大于其节锥距 A_2 的 30%,即 $b_2 \leq 0.3A_2$,而 b_2 应满足 $b_2 \leq 10 m_s$,一般也推荐 $b_2 = 0.155 D_2$。对于螺旋锥齿轮,b_1 一般比 b_2 大 10%。齿面宽度应适当,齿面过宽不仅不能增大齿轮的强度和寿命,而且还会引起装配空间的减小。通常所指的齿面宽是对从动大齿轮而言。

4. 双曲面齿轮副偏移距 E

E 值过大将使齿面纵向滑动过大,从而引起齿面早期磨损和擦伤;E 值过小,则不能发挥双曲面齿轮传动的特点。一般对于乘用车和总质量不大的商用车,取 $E \leq 0.2D_2$ 且 $E \leq 0.4A_2$;对于总质量较大的商用车,$E \leq (0.10 \sim 0.12)D_2$,且 $E \leq 0.2A_2$。另外,主减速比越大,则 E 也应越大,但应保证齿轮不发生根切。

双曲面齿轮轴线的偏移有上偏移和下偏移两种,如图 5-18 所示,由大齿轮的锥顶向齿面看去,并使小齿轮处于右侧,如果小齿轮在大齿轮中心线的上方则为上偏移,在大齿轮中心线的下方则为下偏移,下偏移时,小齿轮的螺旋方向应为左旋,大齿轮为右旋;上偏移时,小齿轮的螺旋方向应为右旋,大齿轮为左旋。

5. 中点螺旋角 β

螺旋角 β 沿齿宽是变化的,轮齿大端的螺旋角最大,轮齿小端的螺旋角最小。

弧齿锥齿轮传动的中点螺旋角是相等的,而双曲面齿轮的中点螺旋角是不等的,且 $\beta_1 > \beta_2$(图 5-5)。

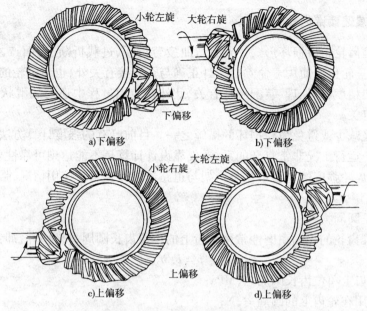

图 5-18 双曲面齿轮的偏移

螺旋角的大小影响到轴向重合系数 ε_F、轮齿强度及轴向力的大小。ε_F 越大，传动越平稳，噪声越低，所以螺旋角应足够大，以使得 ε_F 不小于 1.25，而当 ε_F 为 1.5~2.0 时效果最好。但螺旋角过大，齿轮上的轴向力会过大。汽车主减速器弧齿锥齿轮螺旋角或双曲面齿轮的平均螺旋角一般为 35°~40°。乘用车选用较大的 β 值以保证较大的 ε_F，使运转平稳，噪声低；商用车选用较小 β 值以防止轴向力过大，通常取 35°。

6. 螺旋方向

螺旋方向有左旋、右旋之分。如图 5-19 所示，从锥齿轮锥顶看去，从中心线至齿轮大端，轮齿向左倾斜为左旋，向右倾斜为右旋。在一对锥齿轮传动副中，主、从动齿轮的螺旋方向是相反的。螺旋方向与锥齿轮的旋转方向影响其所受轴向力的方向。当变速器挂前进挡时，应使主动齿轮的轴向力离开锥顶方向，这样可使主、从动齿轮有分离趋势，防止轮齿卡死而损坏。汽车主减速器小锥齿轮一般为左旋，而大锥齿轮为右旋。

7. 法向压力角 α

锥齿轮轮齿上凸面与凹面的平均压力角称为法向压力角 α。增大压力角可以增加轮齿强度，并使齿轮不产生根切的最小齿数减少。但对尺寸小的齿轮，大压力角易使齿顶变尖，并使齿轮端面重合系数下降。因此对于轻负荷工作的锥齿轮，一般采用小压力角，可获得运转平稳、噪声低的效果。

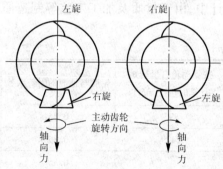

图 5-19 弧齿锥齿轮的旋转方向和轴向力

对于主减速器弧齿锥齿轮，乘用车选用 14°30′ 或 16° 压力角，商用车选用 20° 压力角，重型商用车选用 22°30′ 压力角。对于双曲面齿轮，在压力角的选择上，更多地考虑齿轮工作平稳性和安静性，而不仅取决于强度。虽然大齿轮轮齿两侧的压力角相同，但小齿轮轮齿两侧的压力角是不等的。因此，其压力角按两侧的平均压力角考虑。对于乘用车，平均压力角选用 19° 或 20°，对于商用车，则选用 20° 或 22°30′。

5.3.4 主减速器锥齿轮强度计算

主减速器锥齿轮轮齿损坏形式主要有弯曲疲劳折断、过载折断、齿面点蚀及剥落、齿面胶合、齿面磨损等。轮齿的使用寿命除与设计正确与否直接有关外,也与齿轮的材料以及生产加工过程中的加工精度、热处理、装配调整有关,此外在使用过程中还与润滑状况以及其他使用条件是否适当有关。

强度计算是减少或避免齿轮损坏的措施之一。目前已有的强度计算方法大多是近似的方法。汽车是一个运行工况非常复杂的系统,仅靠设计计算是不能达到可靠性要求的,所以在汽车工业中,确定齿轮强度的主要依据是台架与道路试验以及实际使用情况,强度计算只是提供一定的参考。

1.单位齿长圆周力

主减速器锥齿轮的表面耐磨性常用轮齿上的单位齿长圆周力来估算,即:

$$p = F/b_2 \tag{5-12}$$

式中:p——轮齿上单位齿长圆周力,MPa;
  F——作用在轮齿上的圆周力,N;
  b_2——从动齿轮齿面宽度,mm。

圆周力F有两种计算方法。

(1)按发动机最大转矩计算时:

$$F = \frac{2k_d T_{emax} K i_g i_f \eta}{nD_1} \times 10^3 \tag{5-13}$$

式中:i_g——变速器传动比,根据需要取一挡或直接挡;
  D_1——主动锥齿轮中点分度圆直径,mm;
  其他符号意义同前。

(2)按驱动轮打滑转矩计算时:

$$F = \frac{2G_2 m_2 \varphi r_r}{D_2 i_m \eta_m} \tag{5-14}$$

式中符号同前。

许用单位齿长圆周力$[p]$见表5-2。在现代汽车设计中,由于材质及加工工艺等制造质量的提高,$[p]$有时高出表中数值的20%~25%。

单位齿长圆周力许用值$[p]$ 表5-2

汽车类别	按发动机最大转矩计算时(N·mm)		按驱动轮打滑转矩计算时(N·mm)	轮胎与地面的附着系数
	一挡	直接挡		
乘用车	893	321	893	0.85
商用车(货车)	1429	250	1429	0.85
商用车(大客车)	982	214	982	0.85
牵引车	536	250		0.65

2.轮齿弯曲强度

锥齿轮轮齿的齿根弯曲应力为:

$$\sigma_w = \frac{2T k_0 k_s k_m}{k_v m_s bDJ} \times 10^3 \tag{5-15}$$

式中：σ_w——锥齿轮轮齿的齿根弯曲应力，MPa；

T——所研究齿轮的计算转矩，N·mm，对于从动齿轮，$T = \min[T_{Ge}, T_{Gs}]$ 和 T_{GF}，对于主动齿轮，T 还要按式(5-8)换算；

k_0——齿根抗弯强度和齿面接触强度的过载系数，对于汽车，取 1；

k_s——齿根抗弯强度和齿面接触强度的尺寸系数，它反映了材料性质的不均匀性，与齿轮尺寸及热处理等因素有关，当 $m_s \geq 1.6\text{mm}$ 时，$k_s = (m_s/25.4)^{0.25}$，当 $m_s < 1.6\text{mm}$ 时，$k_s = 0.5$；

k_m——齿面载荷分配系数，跨置式结构：$k_m = 1.0 \sim 1.1$，悬臂式结构：$k_m = 1.10 \sim 1.25$；

k_v——质量系数，当轮齿接触良好，齿距及径向跳动精度高时，$k_v = 1.0$；

b——所研究齿轮的齿面宽，取 b_1 和 b_2 的较小值，mm；

D——所研究齿轮的大端分度圆直径，mm；

J——所研究齿轮的轮齿弯曲应力综合系数（几何系数），其数值可按有关图表查取。

上述按 $\min[T_{Ge}, T_{Gs}]$ 计算的最大弯曲应力不超过 700MPa（或不超过材料强度极限的 75%）；按 T_{GF} 计算的疲劳弯曲应力不应超过 210.9MPa，破坏的循环次数为 6×10^6。

3. 轮齿接触强度

锥齿轮轮齿的齿面接触应力为：

$$\sigma_j = \frac{C_p}{D_1}\sqrt{\frac{2T_z k_0 k_s k_m k_f}{k_v b J_j} \times 10^3} \tag{5-16}$$

式中：σ_j——锥齿轮轮齿的齿面接触应力，MPa；

C_p——综合弹性系数，钢对钢齿轮，C_p 取 $232.6\text{N}^{\frac{1}{2}}/\text{mm}$；

D_1——主动锥齿轮大端分度圆直径，mm；

T_z——主动齿轮计算转矩，N·mm；

k_s——尺寸系数，它考虑了齿轮尺寸对淬透性的影响，在缺乏经验的情况下，可取 $k_s = 1.0$；

k_f——齿面品质系数，它取决于齿面最后加工的性质（如铣齿，研齿，磨齿等）即齿面的表面粗糙度及表面覆盖层的性质（如镀铜、磷化处理等），对于制造精确的齿轮，k_f 取 1.0；

J_j——齿面接触强度的综合系数，其数值可按有关图表查取；

其他参数意义同前。

上述按 $\min[T_{Ge}, T_{Gs}]$ 计算的最大接触应力不应超过 2800MPa，按 T_{GF} 计算的疲劳接触应力不应超过 1750MPa。主、从动齿轮的齿面接触应力是相同的。

5.3.5 锥齿轮材料

汽车驱动桥锥齿轮的工作条件相当恶劣，具有载荷大、作用时间长、变化多、有冲击等特点。因此驱动桥齿轮材料应满足以下的要求：

(1) 具有高的弯曲疲劳强度和表面接触疲劳强度，高的齿面硬度以保证有较高的耐磨性。

(2) 轮齿心部应有适当的韧性，以适应冲击载荷，避免在冲击载荷下齿根折断。

(3) 使用的钢材锻造性能、切削加工性能及热处理性能良好，热处理变形小。

(4) 齿轮材料应多用含锰、钒、硼、钛、钼、硅等元素的合金钢。

主减速器与差速器齿轮基本上都采用渗碳合金钢制造,渗碳合金钢的优点是表面是含碳量很高的硬化层,有相当高的耐磨性和抗压性,而心部较软,有好的韧性。因此,其抗弯强度、表面接触强度和承受冲击的能力均较高;由于钢本身的含碳量较低,所以其锻造及切削加工性能均较好。其缺点主要是热处理费用较高,表面硬化层以下的基底较软,在承受很大压力时可能产生塑性变形,若渗透层与心部的含碳量相差过多,便会引起表面硬化层的剥落。

现在采用精铸、精锻的锥齿轮的使用较多,它具有节省材料、生产率高、无切削或少切削等优点,但缺点是齿形精度较差。为改善新齿轮的磨合状况,防止其在运行初期出现早期磨损、擦伤、胶合或咬死,锥齿轮副(或仅是大齿轮)在热处理及精加工(如磨齿或配对研磨)后均作厚度为 0.005~0.020mm 的磷化处理或镀铜、镀锡。这种镀层不能用来补偿零件的公差尺寸,也不取代润滑。齿面喷丸处理有可能提高寿命 25%;对于滑动速度高的齿轮可进行渗硫处理,以提高其耐磨性。

5.3.6 主减速器锥齿轮轴承的载荷计算

1. 锥齿轮齿面上的作用力

锥齿轮在工作过程中,相互啮合的齿面上作用有一法向力。该法向力可分解为沿齿轮切线方向的圆周力、沿齿轮轴线方向的轴向力及垂直于齿轮轴线的径向力。齿轮的其他力可以用作用在齿面宽中点处的圆周力来描述。

齿面宽中点处的圆周力 F 为:

$$F = 2T/D_{m2} \tag{5-17}$$

式中:T——作用在从动齿轮上的转矩,N·mm;

D_{m2}——从动齿轮齿面宽中点处的分度圆直径,mm,由式(5-18)确定,即:

$$D_{m2} = D_2 - b_2 \sin\gamma_2 \tag{5-18}$$

式中:D_2——从动齿轮大端分度圆直径,mm;

b_2——从动齿轮齿面宽,mm;

γ_2——从动齿轮节锥角,(°)。

由 $F_1/F_2 = \cos\beta_1/\cos\beta_2$ 可知,对于弧齿锥齿轮,作用在主、从动齿轮上的圆周力是相等的;对于双曲面齿轮,它们的圆周力是不等的。

2. 锥齿轮的轴向力和径向力

弧齿锥齿轮或双曲面齿轮的主动小齿轮齿面受力情况如图 5-20 所示。图中主动小齿轮螺旋方向为左旋,从锥顶看旋转方向为逆时针。F_T 为作用在节锥面上的齿面宽中点 A 处的法向力,分解成两个相互垂直的力 F_N 和 F_f。F_N 垂直于节锥平面,F_f 位于以 OA 为切线的节锥的切平面内,F_f 在此切平面内又可分解为沿切线方向的圆周力 F 和沿节锥母线方向的力 F_s 两个分力。力 F 与力 F_s 之间的夹角为螺

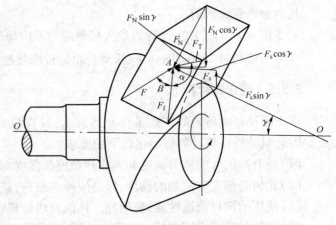

图 5-20 主动小齿轮齿面上的作用力

旋 β，F_T 与 F_f 之间的夹角为法向压力角 α。由几何关系可以得出：

$$F = F_T\cos\alpha\cos\beta$$

$$F_N = F_T\sin\alpha = F\tan\alpha/\cos\beta \tag{5-19}$$

$$F_s = F_T\cos\alpha\sin\beta = F\tan\beta \tag{5-20}$$

于是，作用在主动锥齿轮齿面上的轴向力 F_{ap} 和径向力 F_{rp} 分别为：

$$F_{ap} = F_N\sin\gamma + F_s\cos\gamma \tag{5-21}$$

$$F_{rp} = F_N\cos\gamma - F_s\sin\gamma \tag{5-22}$$

根据主动小齿轮的螺旋方向以及旋转方向的不同，主、从动齿轮齿面上所受到的轴向力和径向力的计算公式见表 5-3。当利用表中公式计算双曲面齿轮的轴向力和径向力时，公式中的 α 表示轮齿驱动一侧齿廓的法向压力角；公式中的节锥角 γ，算小齿轮时用面锥角代替，算大齿轮时用根锥角代替。按公式算出的轴向力若为正值，说明轴向力与图 5-21 所示轴向力方向相同，即离开锥顶；若为负值，轴向力方向则指向锥顶。对径向力而言，正值表明径向力使该齿轮离开相配齿轮，负值表明径向力使该齿轮趋向相配齿轮。

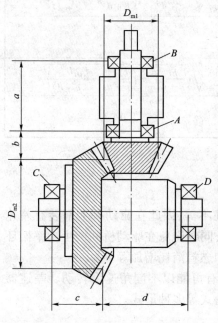

图 5-21 单级主减速器轴承的布置

齿轮轴向力和径向力的计算公式　　　　　　表 5-3

主动小齿轮		轴　向　力	径　向　力
螺旋方向	旋转方向		
右	顺时针	主动齿轮 $F_{ap} = \dfrac{F}{\cos\beta}(\tan\alpha\sin\gamma - \sin\beta\cos\gamma)$	主动齿轮 $F_{Rp} = \dfrac{F}{\cos\beta}(\tan\alpha\cos\gamma + \sin\beta\sin\gamma)$
左	逆时针	从动齿轮 $F_{aG} = \dfrac{F}{\cos\beta}(\tan\alpha\sin\gamma + \sin\beta\cos\gamma)$	从动齿轮 $F_{RG} = \dfrac{F}{\cos\beta}(\tan\alpha\cos\gamma - \sin\beta\sin\gamma)$
右	逆时针	主动齿轮 $F_{ap} = \dfrac{F}{\cos\beta}(\tan\alpha\sin\gamma + \sin\beta\cos\gamma)$	主动齿轮 $F_{Rp} = \dfrac{F}{\cos\beta}(\tan\alpha\cos\gamma - \sin\beta\sin\gamma)$
左	顺时针	从动齿轮 $F_{aG} = \dfrac{F}{\cos\beta}(\tan\alpha\sin\gamma - \sin\beta\cos\gamma)$	从动齿轮 $F_{RG} = \dfrac{F}{\cos\beta}(\tan\alpha\cos\gamma + \sin\beta\sin\gamma)$

3. 主减速器轴承的载荷

利用计算得到的锥齿轮齿面上的受力状况，并根据主减速器齿轮轴承的布置尺寸，就可以确定轴承上的载荷。以图 5-21 所示的单级主减速器轴承的布置方式为例，根据其布置尺寸，各轴承的载荷计算公式见表 5-4。在求得轴承的载荷并大致确定了主减速器的使用工况以后，就可以按照一般机械工程设计中轴承的计算方法选用适当的轴承。

主减速器轴承的载荷 表5-4

轴承 A	径向力	$\sqrt{\left(\dfrac{F(a+b)}{a}\right)^2 + \left(\dfrac{F_{Rp}(a+b)}{a} - \dfrac{F_{aP}D_{m1}}{2a}\right)^2}$	轴承 C	径向力	$\sqrt{\left(\dfrac{Fd}{c+d}\right)^2 + \left(\dfrac{F_{RG}d}{c+d} + \dfrac{F_{aG}D_{m2}}{2(c+d)}\right)^2}$
	轴向力	F_{aP}		轴向力	F_{aG}
轴承 B	径向力	$\sqrt{\left(\dfrac{Fb}{a}\right)^2 + \left(\dfrac{F_{Rp}b}{a} - \dfrac{F_{ap}D_{m1}}{2a}\right)^2}$	轴承 D	径向力	$\sqrt{\left(\dfrac{Fc}{c+d}\right)^2 + \left(\dfrac{F_{RG}c}{c+d} - \dfrac{F_{aG}D_{m2}}{2(c+d)}\right)^2}$
	轴向力	0		轴向力	0

5.4 差速器设计

汽车行驶时,左、右车轮在同一时间所滚过的路程往往不等,因此在驱动桥上都装有差速器。在多轴驱动汽车上常装有轴间差速器,以提高通过性,同时避免在驱动桥间产生功率循环及由此引起的附加载荷,使传动系零件损坏、轮胎磨损和燃料消耗增加等。

差速器用来在两输出轴间分配转矩,并保证两输出轴有可能以不同角速度转动。差速器按其结构特征可分为齿轮式、凸轮式、蜗轮式和牙嵌自由轮式等多种形式。

5.4.1 差速器结构形式选择

1. 对称锥齿轮式差速器

汽车上广泛采用的差速器为对称锥齿轮式差速器,它具有结构简单、质量较小等优点。它又可分为普通锥齿轮式差速器、摩擦片式差速器和强制锁止式差速器等。

1) 普通锥齿轮式差速器

由于普通锥齿轮式差速器结构简单、工作平稳可靠,所以广泛应用于一般使用条件的汽车驱动桥中。图5-22为其示意图。图中ω_0为差速器壳的角速度;ω_1、ω_2分别为左、右两半轴的角速度;T_0为差速器壳接受的转矩;T_r为差速器的内摩擦力矩;T_1、T_2分别为左、右两半轴对差速器的反转矩。各角速度之间的关系为:

$$\omega_1 + \omega_2 = 2\omega_0 \qquad (5\text{-}23)$$

显然,当一侧半轴不转时,另一侧半轴将以2倍的差速器壳体角速度旋转;当差速器壳体不转时,左右半轴将等速、反向旋转。

根据力矩平衡可得:

$$\left.\begin{array}{l} T_1 + T_2 = T_0 \\ T_2 - T_1 = T_r \end{array}\right\} \qquad (5\text{-}24)$$

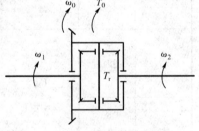

图5-22 普通锥齿轮式差速器示意图

差速器性能常以锁紧系数K来表征,定义为差速器的内摩擦力矩与差速器壳接受的转矩之比,由下式确定:

$$K = T_r / T_0 \qquad (5\text{-}25)$$

结合式(5-24)可得:

$$\left.\begin{array}{l} T_1 = 0.5T_0(1-K) \\ T_2 = 0.5T_0(1+K) \end{array}\right\} \qquad (5\text{-}26)$$

由式(5-26)可知,当不计差速器内摩擦力矩,即 $K=0$ 时,则普通锥齿轮差速器把差速器壳的转矩平均分配给左右半轴;若计内摩擦力矩,则转速慢的半轴的转矩比转速快的半轴的转矩大。两者之比称为半轴转矩比 K_b,即:

$$K_b = T_2/T_1 \tag{5-27}$$

则 K_b 与 K 之间有:

$$\left. \begin{array}{l} K_b = \dfrac{1+K}{1-K} \\ K = \dfrac{K_b - 1}{K_b + 1} \end{array} \right\} \tag{5-28}$$

普通锥齿轮差速器的锁紧系数 K 一般为 0.05~0.15,两半轴的转矩比 K_b 为 1.11~1.35,这说明分配给两半轴的转矩大致相等。对于在良好路面上行驶的汽车来说这样的分配比例是合适的。但当汽车行驶时两侧车轮附着条件不同时,汽车可能因为一侧车轮打滑而无法正常行驶。

2)摩擦片式差速器

为了增加差速器的内摩擦力矩,在半轴齿轮 7 与差速器壳 1 之间装上了摩擦片 2,如图 5-23 所示。两根行星齿轮轴 5 互相垂直,轴的两端制成 V 形面 4 与差速器壳孔上的 V 形面相配,两个行星齿轮轴 5 的 V 形面是反向安装的。每个半轴齿轮背面有压盘 3 和主、从动摩擦片 2,主、从动摩擦片 2 分别经花键与差速器壳体 1 和压盘 3 相连。

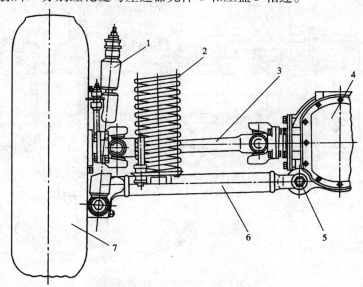

图 5-23 摩擦片式差速器

1-差速器壳;2-压盘;3-差速器行星齿轮;4-十字轴;5-V 形面;6-摩擦片;7-半轴齿轮

当汽车两根半轴无差速时,两半轴上转矩平均分配。当传递转矩时,差速器壳通过斜面对行星齿轮轴两端压紧,轴向力推动行星齿轮使压盘将摩擦片压紧。当左、右半轴转速不等时,主、从动摩擦片间产生相对滑转,从而产生摩擦力矩。这个摩擦力矩 T_r 与差速器所传递的转矩 T_0 成正比,即:

$$T_r = T_0 r_f f Z \tan\beta / r_d \tag{5-29}$$

式中:r_f——摩擦片平均摩擦半径,mm;

f——摩擦系数;

Z——摩擦面数;

β——V形面的半角,(°);

r_d——差速器壳V形面中点到半轴齿轮中心线的距离,mm。

摩擦片式差速器的锁紧系数K可达0.6,K_b可达4.0。这种差速器结构简单,工作平稳,可明显提高汽车通过性。

3) 强制锁止式差速器

当一侧驱动轮处于附着系数较小的路面,而另一侧驱动轮处于附着系数较大的路面时,可通过液压或气动操纵机构,使内、外接合器(即差速锁)啮合,把差速器壳与半轴锁紧在一起,使差速器不起作用,两侧车轮以相同速度转动,这样可充分利用地面的附着系数,锁紧系数K可达1.0,即可以把转矩T_0都传到一根半轴上,从而提高通过性。目前在重型货车和越野车上应用广泛。使用时应根据路况及时锁止和松开差速锁。图5-24所示为装有强制锁止式差速器的驱动桥。

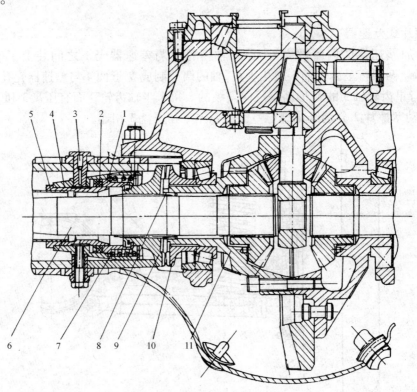

图5-24 强制锁止式差速器

1-活塞;2-活塞皮碗;3-气管路接头;4-工作缸;5-套管;6-半轴;7-压力弹簧;8-锁圈;9-外接合器;10-内接合器;11-差速器壳

2. 滑块凸轮式差速器

图5-25所示为双排径向滑块凸轮式差速器。与差速器壳1连接在一起的套是差速器的主动件,套上有两排径向孔,滑块2装于孔中并可作径向滑动。滑块两端分别与差速器的从动件内凸轮4和外凸轮3接触。内、外凸轮分别与左、右半轴用花键连接。当差速器传递动力时,主动套带动滑块并通过滑块带动内、外凸轮旋转,同时允许内、外凸轮转速不等。凸轮形线通常是圆弧曲线。

滑块凸轮式差速器的半轴转矩比K_b可达2.33~3.00,差速器锁紧系数K达0.4~0.5。在设计该差速器时,滑块与凸轮的接触应力不应超过2500MPa。滑块凸轮式差速器是一种高摩擦自锁差速器，结构紧凑、质量小，但结构较复杂，在零件材料、机械加工、热处理、化学热处理等方面均有较高的技术要求。

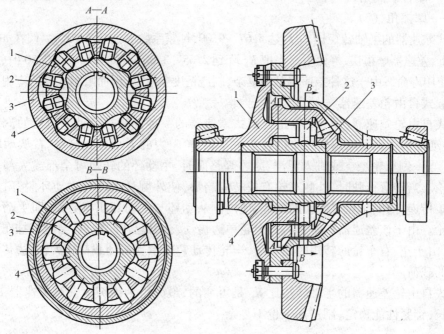

图 5-25 双排径向滑块凸轮式差速器
1-差速器壳；2-滑块；3-外凸轮；4-内凸轮

3. 蜗轮式差速器

如图 5-26 所示为蜗轮式差速器，它也是一种高摩擦自锁差速器。蜗杆 2、4 同时与行星蜗轮 3 与半轴蜗轮 1、5 啮合，从而组成一行星齿轮系统。这种差速器半轴的转矩比为：

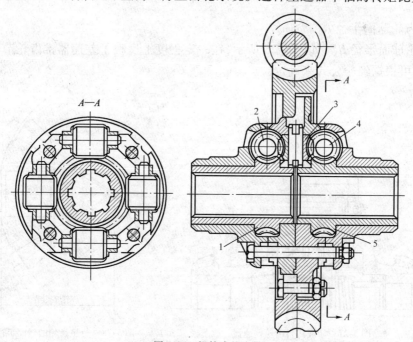

图 5-26 蜗轮式差速器
1、5-半轴蜗轮；2、4-蜗杆；3-行星蜗轮

$$K_b = \tan(\beta+\rho)/\tan(\beta-\rho) \tag{5-30}$$

式中：β——蜗杆螺旋角，(°)；

ρ——摩擦角，(°)。

蜗轮式差速器的半轴转矩比 K_b 高达 5.67~9.00，锁紧系数 K 达 0.7~0.8。但在如此高的内摩擦情况下，差速器磨损快、寿命短。当把 K_b 降到 2.65~3.00，K 降到 0.45~0.50 时，可提高该差速器的使用寿命。由于这种差速器结构复杂，制造精度要求高，因而限制了它的应用。

4. 牙嵌式自由轮差速器

牙嵌式自由轮差速器(图 5-27)是自锁式差速器的一种。装有这种差速器的汽车在直线行驶时，主动环可将由主减速器传来的转矩按左、右轮阻力的大小分配给左、右从动环(即左、右半轴)。当一侧车轮悬空或进入泥泞、冰雪等路面时，主动环的转矩可全部或大部分分配给另一侧车轮。当转弯行驶时，外侧车轮有快转的趋势，使外侧从动环与主动环脱开，即中断对外轮的转矩传递；内侧车轮有慢转的趋势，使内侧从动环与主动环压得更紧，即主动环转矩全部传给内轮。由于该差速器在转弯时是内轮单边传动，会引起转向沉重，当拖带挂车时尤为突出。此外，由于左、右车轮的转矩时断时续，车轮传动装置承受的动载荷较大，单边传动也使其承受较大的载荷。

牙嵌式自由轮差速器的半轴转矩比 K_b 是可变的，最大可为无穷大。该差速器工作可靠，使用寿命长，锁紧性能稳定，制造加工也不复杂。

5.4.2 普通锥齿轮差速器齿轮设计

1. 差速器齿轮主要参数选择

1) 行星齿轮数 n

行星齿轮数 n 需根据承载情况来选择。通常情况下，承载不大的轿车 $n=2$；商用车或越野车 $n=4$。

2) 行星齿轮球面半径 R_b

行星齿轮球面半径 R_b，如图 5-28 所示，在一定程度上反映了差速器锥齿轮节锥距的大小和承载能力，可根据经验公式来确定：

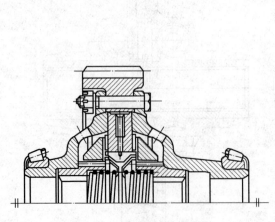

图 5-27 牙嵌式自由轮差速器

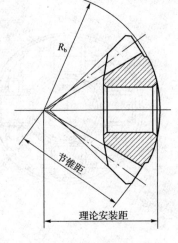

图 5-28 行星齿轮的球面半径

$$R_b = K_b \sqrt[3]{T_d} \tag{5-31}$$

式中:R_b——球面半径,mm;

K_b——行星齿轮球面半径系数,$K_b = 2.5 \sim 3.0$,对于有 4 个行星齿轮的轿车和商用车取小值,对于有 2 个行星齿轮的轿车及四个行星齿轮的越野车和矿用车取大值;

T_d——差速器计算转矩,N·mm,$T_d = \min[T_{Ge}, T_{Gs}]$。

行星齿轮节锥距 A_0 为:
$$A_0 = (0.98 \sim 0.99)R_b \tag{5-32}$$

3)行星齿轮和半轴齿轮齿数 z_1、z_2

为了使轮齿有较高的强度,希望取较大的模数,但尺寸会增大,于是又要求行星齿轮的齿数 z_1 应取少些,但 z_1 一般不少于 10。半轴齿轮齿数 z_2 在 14~25 选用。大多数汽车的半轴齿轮与行星齿轮的齿数比 z_2/z_1 在 1.5~2.0 的范围内。

为使 2 个或 4 个行星齿轮能同时与 2 个半轴齿轮啮合,2 个半轴齿轮齿数和必须能被行星齿轮数整除,否则差速齿轮不能装配。

4)行星齿轮和半轴齿轮节锥角 γ_1、γ_2 及模数 m

行星齿轮和半轴齿轮节锥角 γ_1、γ_2 分别为:
$$\left.\begin{array}{l}\gamma_1 = \arctan(z_1/z_2)\\ \gamma_2 = \arctan(z_1/z_2)\end{array}\right\} \tag{5-33}$$

锥齿轮大端端面模数 m 为:
$$m = 2A_0\sin\gamma_1/z_1 = 2A_0\sin\gamma_2/z_2 \tag{5-34}$$

5)压力角 α

汽车差速齿轮大都采用压力角为 22°30′、齿高系数为 0.8 的齿形。某些重型货车和矿用车采用 25°压力角,以提高齿轮强度。

6)行星齿轮轴直径 d 及支撑长度 L

行星齿轮轴直径 d (mm)为:
$$d = \sqrt{\frac{T_0 \times 10^3}{1.1 n r_d [\sigma_c]}} \tag{5-35}$$

式中:T_0——差速器壳传递的转矩,N·mm;

n——行星齿轮数;

r_d——行星齿轮支撑面中点到锥顶的距离,mm(约为半轴齿轮齿宽中点处平均直径的一半);

$[\sigma_c]$——支撑面许用挤压应力,取 98MPa。

行星齿轮在轴上的支撑长度 L 为:
$$L = 1.1d \tag{5-36}$$

2. 差速器齿轮强度计算

差速器的行星齿轮和半轴齿轮虽然一直处于啮合状态,但是它们不是一直处于相对转动状态,只有当汽车左、右轮转速不同时才发生相对滑动。因此,这些齿轮齿面的接触疲劳破坏一般并不发生,对于差速器齿轮主要应进行弯曲强度计算。轮齿弯曲应力 σ_w (MPa)为
$$\sigma_w = \frac{2T_c k_s k_m}{k_v m b_2 d_2 J n} \times 10^3 \tag{5-37}$$

式中:T_c——半轴齿轮计算转矩,N·mm($T_c = 0.6T_0$);

b_2、d_2——半轴齿轮齿宽及其大端分度圆直径,mm;

J——综合系数,其数值可按有关图表查取;

n——行星齿轮数;

k_v、k_s、k_m 按主减速器齿轮强度计算的有关数值选取。

当 $T_0 = \min[T_{Ge}, T_{Gs}]$ 时,$[\sigma_w] = 980\text{MPa}$;当 $T_0 = T_{GF}$ 时,$[\sigma_w] = 210\text{MPa}$。

3. 差速器齿轮的材料

目前用于制造差速器锥齿轮的材料基本都是渗碳合金钢,主要有 20CrMnTi、20CrMoTi、22CrMnMo 和 20CrMo 等。由于差速器齿轮轮齿的精度较低,所以精锻差速器齿轮工艺已被广泛应用。

5.4.3 多轴驱动汽车的轴间差速器

多轴驱动汽车在行驶过程中,各驱动桥上的车轮转速会因车轮行程或滚动半径的差异而不等,如果前、后桥间刚性连接,则前、后驱动车轮将以相同的角速度旋转,从而产生前、后驱动车轮运动学上的不协调。从而导致发动机功率的无益消耗,加速轮胎磨损,损坏传动系统,降低汽车的动力性、经济性和通过性。为此,公路用多轴驱动汽车应装有轴间差速器,用以解决上述问题(图 5-29)。但其缺点是结构复杂,同时降低了汽车的抗滑转能力,需要安装差速锁或自锁式差速器。

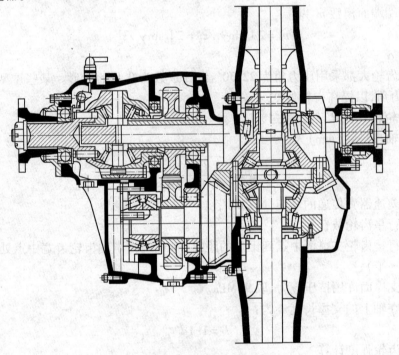

图 5-29 轴间差速器

5.5 车轮传动装置设计

车轮传动装置位于传动系统的末端,其基本功用是接受从差速器传来的转矩并将其传给车轮。对于非断开式驱动桥,车轮传动装置的主要零件为半轴;对于断开式驱动桥和转向驱动桥,车轮传动装置为万向传动装置。万向传动装置的设计见第 4 章,以下仅讲述半轴的设计。

5.5.1 半轴的结构形式

半轴根据其车轮端的支撑方式不同,可分为半浮式、3/4 浮式和全浮式三种形式,如图 5-30 所示。所谓"浮",是指半轴不承受弯曲载荷,仅承受扭转载荷而言。

半浮式半轴(图 5-30a)的结构特点是,半轴外端的支撑轴承安装在半轴套管外端的内孔中,车轮装在半轴上。半浮式半轴除传递转矩外,其外端还承受由路面对车轮的反力所引起的全部力和力矩。半浮式半轴结构简单,所受载荷较大,一般只用于乘用车和总质量较小的商用车上。

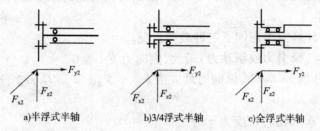

a)半浮式半轴　　b)3/4浮式半轴　　c)全浮式半轴

图 5-30　不同型式的半轴及其受力状况

3/4 浮式半轴(图 5-30b)的结构特点是半轴外端只用一个轴承装在半轴套管的外端部,直接支撑车轮轮毂,而半轴则以其端部凸缘与轮毂用螺钉连接。该型式半轴受载情况与半浮式半轴类似,只是载荷有所减轻,一般只用于乘用车和总质量较小的商用车上。

全浮式半轴(图 5-30c)的结构特点是半轴外端的凸缘用螺栓与轮毂相连接,而轮毂又由两个圆锥滚子轴承支撑在半轴套管上。理论上,此时半轴不承受由路面反力引起的径向力和轴向力,而仅承受转矩。但驱动桥壳的变形、轮毂与差速器半轴齿轮的不同心以及半轴凸缘平面相对于其轴线不垂直等原因均可能引起半轴的弯曲变形,这类弯曲应力一般为 5~70MPa。全浮式半轴广泛用总质量较大的商用车上。

5.5.2 半轴的载荷计算及材料

1. 全浮式半轴

全浮式半轴除传递转矩之外,其他的力和力矩均由桥壳承受,所以半轴的计算载荷可以按车轮的最大附着力矩 M_φ 计算,即:

$$M_\varphi = \frac{1}{2} m' G_2 r_r \varphi \tag{5-38}$$

式中: m'——负荷转移系数,对于前驱动桥可取 $m'_1 = 1.4 \sim 1.7$,对于后驱动桥可取 $m'_2 = 1.2 \sim 1.4$;
　　G_2——驱动桥的最大静载荷,N;
　　r_r——车轮滚动半径,mm;
　　φ——附着系数,计算时 φ 取 0.8。

半轴的扭转切应力为:

$$\tau = \frac{16 M_\varphi}{\pi d^3} \tag{5-39}$$

式中: τ——半轴扭转切应力,MPa;
　　d——半轴直径,mm。

半轴的扭转角为:

$$\theta = \frac{180 M_\varphi l}{\pi G I_p} \tag{5-40}$$

式中:θ——扭转角,(°);
　　　l——半轴长度,mm;
　　　G——材料剪切弹性模量,MPa;
　　　I_p——半轴断面极惯性矩,mm^4,($I_p = \pi d^4/32$)。

半轴的许用扭转切应力$[\tau] = 500 \sim 700$MPa,转角宜为每米半轴长度$6° \sim 15°$。

2. 半浮式半轴

半浮式半轴的计算应考虑如下三种载荷工况。

(1)纵向力F_{x2}(牵引力或制动力)最大,侧向力F_{y2}为0。

此时垂向力$F_{z2} = m'G_2/2$,纵向力最大值$F_{x2} = F_{z2}\varphi = m'G_2\varphi/2$,计算时$m'$可取1.2,$\varphi$取0.8。

半轴弯曲应力σ和扭转切应力τ为:

$$\left.\begin{aligned}\sigma &= \frac{32a\sqrt{F_{x2}^2 + F_{z2}^2}}{\pi d^3} \\ \tau &= \frac{16 F_{x2} r_r}{\pi d^3}\end{aligned}\right\} \tag{5-41}$$

式中:a——轮毂支撑轴承到车轮中心平面之间的距离,mm。

合成应力为:

$$\sigma_h = \sqrt{\sigma^2 + 4\tau^2} \tag{5-42}$$

(2)侧向力F_{y2}最大,纵向力$F_{x2} = 0$。

此工况意味着侧滑发生。此时外轮上的垂直反力F_{z2o}和内轮上的垂直反力F_{z2i}分别为

$$F_{z2o} = G_2(0.5 + h_g\varphi_1/B_2), F_{z2i} = G_2 - F_{z2o} \tag{5-43}$$

式中:h_g——汽车质心高度,mm;
　　　B_2——轮距,mm;
　　　φ_1——侧滑附着系数,计算时取1.0。

外轮上侧向力F_{y2o}和内轮上侧向力F_{y2i}分别为:

$$\left.\begin{aligned}F_{y2o} &= F_{z2o}\varphi_1 \\ F_{y2i} &= F_{z2i}\varphi_1\end{aligned}\right\} \tag{5-44}$$

内、外车轮上的总侧向力F_{y2}为$G_2\varphi_1$。

因此,外轮半轴的弯曲应力σ_o和内轮半轴的弯曲应力σ_i分别为:

$$\left.\begin{aligned}\sigma_o &= \frac{32(F_{y2o}r_r - F_{z2o}a)}{\pi d^3} \\ \sigma_i &= \frac{32(F_{y2i}r_r + F_{z2i}a)}{\pi d^3}\end{aligned}\right\} \tag{5-45}$$

(3)汽车通过不平路面,垂向力F_{z2}最大,纵向力$F_{x2} = 0$,侧向力$F_{y2} = 0$。

此时垂直力最大值F_{z2}为:

$$F_{z2} = \frac{1}{2} k_d G_2 \tag{5-46}$$

式中：k_d——动载系数，乘用车、商用客车：$k_d = 1.75$，商用货车：$k_d = 2.0$，越野汽车：$k_d = 2.5$。

半轴弯曲应力 σ 为：

$$\sigma = \frac{32F_{z2}a}{\pi d^3} = \frac{16k_d G_2 a}{\pi d^3} \tag{5-47}$$

半浮式半轴的许用合成应力 $[\sigma_h]$ 为 600~750MPa。

3. 3/4 浮式半轴

3/4 浮式半轴与半浮式半轴相似，也是根据三种可能产生的弯矩进行计算，只是要注意危险断面与半浮式有不同。求得各工况的半轴载荷后，就可以按工程力学的方法求出危险断面的合成弯矩，进而计算出应力和变形。在强度校核时，安全系数一般取 1.3~1.6，对于越野车等使用条件比较差的车，应取较大的安全系数。半轴与半轴齿轮常用花键连接，一般采用渐开线花键，对花键也要进行挤压应力和键齿剪切应力验算。

4. 半轴材料

国产汽车半轴多采用 40Cr 和 40MnB 制造，但在不少的中、小型汽车上已采用 40 钢或 45 钢制造半轴。对这类半轴应采用中频淬火使半轴具有适当的硬化层，并在表面上形成比较大的残余压应力，从而大大提高半轴的抗扭强度和疲劳强度。

5.5.3 半轴的结构设计

(1) 全浮式半轴杆部直径 d (mm) 可按下式初步选取：

$$d = K \sqrt[3]{M_\varphi} \tag{5-48}$$

式中：M_φ——半轴计算转矩，N·mm，按式(5-38)计算；

K——直径系数，取 0.205~0.218。

根据初选的 d 再进行强度校核。

(2) 半轴花键的底径为 d_h，且 $d_h \geq d$，这样可使半轴各部分基本达到等强度。

(3) 半轴的破坏形式多为扭转疲劳损坏，在结构设计时应尽量增大各过渡部分的圆角半径，尤其是凸缘与杆部、花键与杆部的过渡部分，以减小应力集中。

(4) 当杆部较粗且外端凸缘也较大时，可采用两端用花键连接的结构。

(5) 设计全浮式半轴杆部的强度储备应低于驱动桥其他传力零件的强度储备，使半轴起"熔断片"的作用。半浮式半轴直接安装车轮，应视为保安件。

5.6 驱动桥壳设计

5.6.1 驱动桥壳的功用和设计要求

驱动桥壳的主要功用是支撑汽车质量，并承受由车轮传来的路面反力和反力矩，并经悬架传给车架（或承载式车身）；它又是主减速器、差速器、半轴的装配基体，制动器底板或制动钳也固定在它的上面，所以驱动桥壳还受到牵引或制动时产生的反作用转矩。

驱动桥壳应满足如下设计要求：

(1) 应具有足够的强度和刚度，以保证主减速器齿轮啮合正常并不使半轴产生附加弯曲应力，最大相对静弯曲变形不超过 1.5mm/m。

(2)在保证强度和刚度的前提下,尽量减小质量以提高汽车行驶平顺性。
(3)保证足够的离地间隙。
(4)结构工艺性好,成本低。
(5)保护装于其上的传动系统部件和防止泥水浸入。
(6)拆装、调整、维修方便。

5.6.2 驱动桥壳结构方案分析

驱动桥壳大体可分为可分式、整体式和组合式三种形式。

1. 可分式桥壳

可分式桥壳(图 5-31)由一个垂直接合面分为左右两部分,两部分通过螺栓连接成一体。每一部分均由一铸造壳体和一个压入其外端的半轴套管组成,轴管与壳体用铆钉连接。

这种桥壳结构简单,制造工艺性好,主减速器支撑刚度好。但拆装、调整、维修很不方便,桥壳的强度和刚度受结构的限制,曾用于总质量不大的汽车上,现已较少使用。

2. 整体式桥壳

整体式桥壳的特点是整个桥壳是一根空心梁,桥壳的强度和刚度较大,主减速器拆装、调整方便。整体式桥壳按制造工艺方法的不同,又可分为冲压焊接式、扩张成形式和铸造式三种。如图 5-32 所示的冲压焊接式整体桥壳,如图 5-33 所示的扩张成形式整体桥壳质量小,材料利用率高,制造成本低,适于大量生产,广泛应用于乘用车和总质量较小的商用车上,在有些重型货车上也有采用。如图 5-34 所示的铸造式整体桥壳的强度和刚度较大,但质量大,加工面多,制造工艺复杂,多用于总质量较大的商用车。

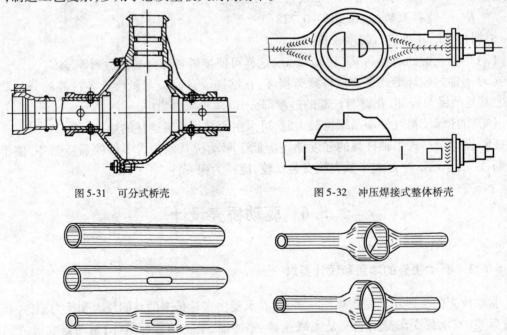

图 5-31 可分式桥壳　　　　图 5-32 冲压焊接式整体桥壳

图 5-33 扩张成形式整体桥壳

如图 5-35 所示,组合式桥壳是将两根无缝钢管制成的轴管压入主减速器壳,再用塞焊或销钉固定。其优点是从动锥齿轮轴承有着较好的支撑刚度,主减速器的装配、调整也比可分式桥壳方便,但加工精度要求较高。这种桥壳多用于乘用车和总质量较小的商用车上。

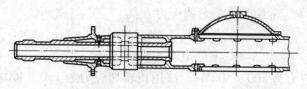

图 5-34 铸造式整体桥壳

5.6.3 驱动桥壳强度计算

驱动桥壳可视为一个梁,其受力分析如图 5-36 所示。桥壳的危险断面通常在钢板弹簧座内侧附近,而对于具有全浮式半轴的驱动桥,桥壳端部的轮毂轴承座根部也应列为危险断面进行强度验算。桥壳强度计算的载荷工况与前述半轴强度计算的三种载荷工况相同。

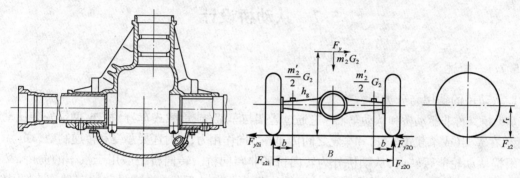

图 5-35 组合式桥壳　　　　图 5-36 桥壳受力简图

1. 牵引力或制动力最大

此时,桥壳钢板弹簧座处危险断面的弯曲应力 σ 和扭转切应力 τ 分别为:

$$\left.\begin{array}{l}\sigma = \left(\dfrac{M_v}{W_v} + \dfrac{M_h}{W_h}\right) \\ \tau = \dfrac{T_T}{W_T}\end{array}\right\} \quad (5\text{-}49)$$

式中：M_v——地面对车轮垂直反力在危险断面引起的垂直平面内的弯矩,$M_v = m'_2 G_2 b/2$,N·mm,b 为轮胎中心平面到板簧座之间的横向距离,如图 5-36 所示;

　　　M_h——一侧车轮上的牵引力或制动力在水平面内引起的弯矩,$M_h = F_{x2}b$,N·mm;

　　　T_T——牵引或制动时,上述危险断面所受转矩,$T_T = F_{x2}r_r$,N·mm;

W_v、W_h、W_T——危险断面垂直平面和水平面弯曲的抗弯截面系数及抗扭截面系数,mm³。

2. 侧向力最大

此时,桥壳内、外板簧座处断面的弯曲应力 σ_i、σ_0 分别为

$$\left.\begin{array}{l}\sigma_i = \dfrac{F_{z2i}(b + \varphi_1 r_r)}{W_v} \\ \sigma_0 = \dfrac{F_{z2o}(b - \varphi_1 r_r)}{W_v}\end{array}\right\} \quad (5\text{-}50)$$

式中：F_{z2i}、F_{z2o}——内、外侧车轮地面垂直反力,按式(5-43)计算;

　　　r_r——车轮滚动半径;

　　　φ_1——侧滑时的附着系数。

3. 当汽车通过不平路面

此时,动载系数为 k_d,危险断面的弯曲应力 σ 为:

$$\sigma = k_d G_2 b / 2 W_v \tag{5-51}$$

式中的动载系数 k_d 按式(5-46)下的说明选取。

桥壳的许用弯曲应力为 300~500MPa,许用扭转切应力为 150~400MPa。可锻铸铁桥壳取较小值,钢板冲压焊接桥壳取较大值。中碳合金钢半轴套管的弯曲应力不应超过500MPa,剪切应力不应超过250MPa。在设计桥壳时,应充分考虑汽车的使用条件并合理选择材料。一般现有的汽车桥壳安全系数取 4~10。

上述的桥壳计算方法是非常近似的,不能完全反映桥壳上真实的应力情况,但可以用于初步的验算和比较。采用有限元等现代计算方法可以使设计获得更好的效果。

5.7 从动桥设计

5.7.1 概述

1. 从动桥的功用与分类

从动桥又称非驱动桥和从动车轴。它通过悬架与车架(或承载式车身)相连,两端安装从动车轮,用以在车架(或承载式车身)和车轮之间传递各方向作用力,同时还要承受和传递制动力矩。

根据从动轮能否转向,从动桥分为转向桥和非转向桥。转向桥一般用于汽车的前桥,又称转向从动桥。非转向桥常用作发动机前置前轮驱动轿车的后桥,单轴驱动的三轴汽车的中桥(或后桥),又称支持桥。

转向桥的主要功用是利用转向节使车轮偏转,从而实现汽车的转向。它除承受汽车重力外,还承受纵向力和侧向力以及侧向力所引起的力矩。

支持桥除不能转向外,其他功能与结构与转向桥相同,有些汽车的支持桥被设计成在不用时可收起的形式。

由于悬架结构的不同,从动桥有整体式和断开式两种。整体式从动桥与非独立悬架相匹配,其结构如图5-37所示。断开式从动桥与独立悬架匹配,其结构如图5-38所示。

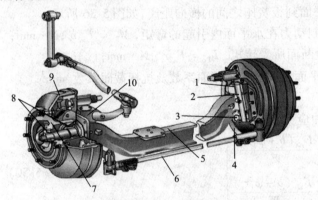

图 5-37 整体式转向从动桥
1-衬套;2-主销;3-止推轴承;4-梯形臂;5-前梁;6-转向横拉杆;7-轮毂;8-轮毂轴承;9-制动鼓;10-转向节

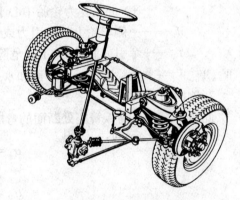

图 5-38 断开式转向从动桥

2. 从动桥设计要求

(1)从动桥应有足够的强度,以保证可靠地承受车轮与车架(或承载式车身)之间的作用力。

(2)保证有正确的车轮定位,使转向轮运动稳定,操纵轻便并减轻轮胎的磨损;从动桥要有足够刚度,以使车轮定位参数保持不变。

(3)转向节与主销、转向节与前梁之间的摩擦力应尽可能小,以保证转向的轻便性,并有足够的耐磨性。

(4)转向轮的摆振应尽可能小,以保证汽车的正常、稳定行驶。

(5)从动桥的质量应尽可能小,以减小簧下质量,提高汽车行驶平顺性。

5.7.2 从动桥结构设计

1. 从动桥结构分析

1)转向从动桥

图 5-37 所示为载货汽车的整体式转向从动桥(前桥),它主要由前梁、转向节、主销和轮毂等几部分组成。

大量生产的前梁通常中部凹下、断面呈工字形,采用中碳钢或中碳合金钢模锻而成;批量小时,为制造方便,采用焊接前梁,即由两个拳形部分与一根无缝钢管焊接而成。前梁两端的两个拳部通过转向主销安装转向节,前轮毂通过滚动轴承安装在转向节的心轴上,前轮能在转向角的范围内围绕主销转动,制动鼓装在轮毂上,可随车轮一同旋转,制动底板用螺栓固定在转向节上。前梁上还有安装钢板弹簧的钢板弹簧座,转向节上装有转向梯形臂和转向节臂。常用的转向节有两种结构型式,即整体锻造式与焊接式。

图 5-39 所示为几种常见的主销结构型式。其中图 5-39a)、图 5-39b)两种型式最为常见,图 5-39d)中直径较小的部位用于安装圆锥滚子轴承或滚针轴承。

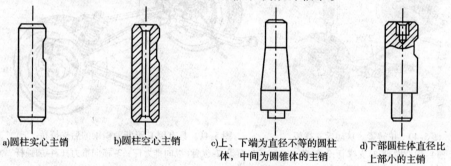

图 5-39 主销的结构型式
a)圆柱实心主销　b)圆柱空心主销　c)上、下端为直径不等的圆柱体,中间为圆锥体的主销　d)下部圆柱体直径比上部小的主销

转向节推力轴承承受作用在汽车前桥上的重力,为减小摩擦使转向轻便,可采用滚动轴承,如推力球轴承、推力圆锥滚子轴承或圆锥滚子轴承等。也有采用青铜止推垫片的。主销衬套承受较大的径向力,在大多数现代汽车结构中都由两个滑动轴承来承担,也有采用双排滚针轴承的。后者效率高,转向阻力小,且使用寿命长。

轮毂轴承多采用一对单列圆锥滚子轴承。这种型式的轴承刚度较大,可承受较大的负荷,使用寿命也长。轿车因其负荷较轻,前轮轮毂轴承也可采用一对单列或一个双列向心球轴承(或一个双列圆锥滚子轴承)的,其传动效率较高,能延长汽车的滑行距离。

某些汽车轮胎螺栓为了防松,左侧用左旋螺纹,右侧用右旋螺纹,而大多数轿车都用右旋螺纹。

2)支持桥

(1)载货汽车的非断开式支持桥。通常,载货汽车的非断开式支持桥是一根两端带有轮轴和固定制动底板用凸缘的刚性横梁,与转向从动桥类似,它可以是具有工字型断面的整体锻造式,也可以由两端的锻造轮轴、凸缘与中间的无缝钢管组焊而成。

(2)乘用车常用支持桥。最简单的非断开式支持桥是采用无缝钢管等组焊的横梁结构。其结构简单、造价低廉且轮胎的磨损较轻、接地性好,车轮跳动时轮距及车轮定位都不会改变。该支持桥通常加装横向传力杆以改善操纵稳定性。

图 5-40 所示为广泛用于前置前驱动轿车的扭转梁式从动后支持桥(The torsion beam rear axle)。它是整体式车桥的一种特殊结构,由一根呈 V 形断面钢板制成的弹性横梁(又称扭转梁 Torsion beam)1 和两根纵臂 3 呈直角焊接而成。纵臂前端装在锥形支撑套 2 上,通过支架用螺栓固定在车体上。纵臂后端与带螺旋弹簧的减振器相连。左右车轮固定在从动车桥两侧的纵臂上,通过弹性横梁相连,所以这种型式悬架的性能介于独立悬架与非独立悬架之间,故有称之为半独立悬架或复合纵臂式悬架。

弹性横梁除连接左右车轮,还兼起横向稳定杆的作用,因此,它应有一定的抗扭刚度。有时,为了提高刚度,可在横梁上再焊一根扭杆。由于横梁与纵臂呈直角连接,因而可增大汽车的后部空间,有利于整车布置。

图 5-41 所示为具有倒 U 形断面横梁的后支持桥。具有倒 U 形断面,且两端向上弯曲的横梁 1 通过焊在其两侧的纵臂 2 和位于其后的横向推力杆 3、加强杆 4 与车厢相连。经横向推力杆 3 传来的侧向力由加强杆 4 分配给左、右侧车厢。将横向推力杆 3 布置在横梁 1 之后,则汽车转弯时地面给轮胎的侧向力将使汽车具有不足转向的趋势。

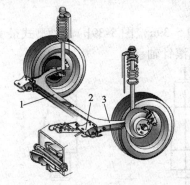

图 5-40 扭转梁式从动后支撑桥
1-弹性横梁;2-支撑套;3-纵臂

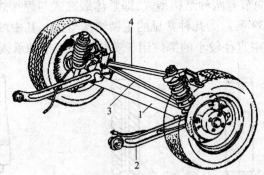

图 5-41 具有倒 U 形断面横梁的后支持桥
1-横梁;2-纵臂(纵向推力杆);3-横向推力杆;4-加强杆

2. 车轮定位

车轮定位的作用是保持汽车直线行驶的稳定性、转向轻便性及汽车转向后使转向轮具有自动回正的作用。车轮定位参数有主销后倾角、主销内倾角、车轮外倾角、前束等,如图 5-42 所示。

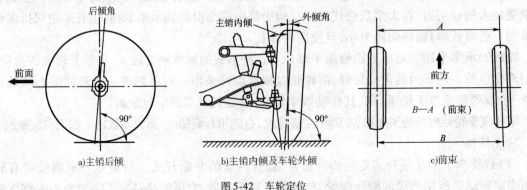

a)主销后倾　　b)主销内倾及车轮外倾　　c)前束

图 5-42 车轮定位

1)主销后倾角 γ

主销后倾的作用是保持汽车直线行驶时的稳定性,并且当汽车转向后使前轮具有自动回正作用。后倾角 γ 通常在 3°以内。现代轿车采用低压宽断面斜交轮胎,具有较大的弹性回正力矩,故主销后倾角有取为零或负值的(其主销前倾);但在采用子午线胎时由于轮胎拖距较小,则需选用较大的后倾角。

2)主销内倾角 β

主销内倾的作用也是保证汽车直线行驶时的稳定性,并使转向轻便。主销内倾使主销轴线与路面的交点至车轮中心平面的距离即主销偏移距减小,从而可减小转向时加在转向盘的力,使转向轻便,也可减小转向轮传到转向盘的冲击力。一般主销内倾角 $\beta = 5° \sim 8°$,主销偏移距为 30~40mm。为改善制动稳定性,有些轿车具有"负偏移距",其目的是减小左右制动力不等而导致汽车制动时跑偏。轻型客车、轻型货车和轿车以及装有动力转向装置的汽车,可以选用较大的主销后倾角与内倾角以提高其自动回正性能。

3)车轮外倾角 α

一般车轮外倾角为 $\alpha = 0.5° \sim 1.5°$,即 $\alpha = 1°$ 左右。由于外倾角的存在使轮胎接地点向内缩,减小了主销偏移距,从而改善了制动时的方向稳定性及转向轻便性。

4)前束

前束的作用是消除汽车在行驶中因车轮外倾而使车轮前端向外张开的不利影响,因此,在车轮安装时,使左右前轮的中心平面不平行,如图 5-42c)所示。前束($B-A$)一般为 3~5mm,可通过改变转向横拉杆的长度来调整。设定前束的名义值时,要考虑转向梯形中的弹性和间隙(主销间隙和球节间隙)等因素。

5.7.3 从动桥设计计算

1. 从动桥主要零件尺寸确定

转向从动桥前梁一般采用工字形断面,可保证其质量轻,但在垂直平面内刚度大、强度高。为避免车轮跳动过程中与发动机产生碰撞,前梁中部要向下弯曲,但中部最低处距地面的高度不可太小,以免影响汽车通过性,一般轻型货车不小于 160mm,大型货车不小于 240mm。前梁的材料一般选用中碳钢或者 Cr 钢,并经过调质处理,硬度为 241~285HB。

前梁工字形断面尺寸的推荐值如图 5-43 所示,图中虚线绘出的是其当量断面。该断面的弯曲截面系数为:

$$\left.\begin{array}{l} W_v = 20a^3 \\ W_h = 5.5a^3 \end{array}\right\} \tag{5-52}$$

式中:a——工字形断面中部尺寸,mm;
W_v——垂直弯曲截面系数,mm^3;
W_h——水平弯曲截面系数,mm^3。

在设计中为了预选在板簧座处的弯曲截面系数 W_v(单位为 cm^3),可采用经验公式计算:

$$W_v = ml/2200 \tag{5-53}$$

式中:m——作用在前梁上的簧上质量,kg;
l——车轮中线至板簧座中线间的距离,cm。

前梁拳部的高度约等于工字形断面的高度。主销的直径可取为拳部高度的 35%~45%。一般对于轻型汽车主销直径取 12~16mm;中型汽车取 16~25mm;大型汽车取 26~35mm。主销的长度按主销直径的6倍设计,主销上、下滑动轴承(即嵌入转向节上、下孔中的衬套)的长度则取主销直径的1.25~1.50倍。主销材料主要选用Cr钢或者CrNi钢制造,并进行渗碳淬火或高频淬火处理,渗碳层深1.0~1.5mm,硬度56~62HRC。

2. 前梁的强度计算

汽车前梁的强度计算是以施加在前梁上的静载荷为基础的,并考虑汽车在行驶时受到来自路面的冲击对前梁带来的附加垂直载荷(动载荷),制动时转移到前梁上的载荷,以及汽车转向时在离心力的作用下造成的汽车侧滑而产生的载荷等因素。因此,对前梁的弯曲和扭转强度都要进行计算。

1) 垂直载荷工况下的应力计算

垂直载荷工况下的前梁弯矩分布,如图5-44所示,此时作用在前梁上的最大静弯矩为:

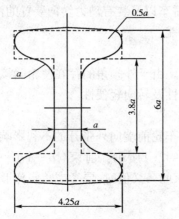

图5-43 前梁工字形断面尺寸关系的推荐值

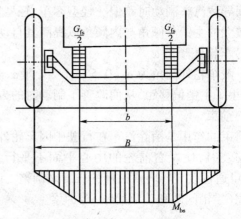

图5-44 垂直载荷工况下前梁的弯矩分布

$$M_{bs} = \frac{G_{fs}(B-b)}{2 \quad 2} \tag{5-54}$$

式中:M_{bs}——静载荷作用下的最大弯矩,N·m;

G_{fs}——前梁上的静载荷,N;

B——前轮轮距,m;

b——前梁两板簧座之间的距离,m。

在静载荷的作用下,前梁的最大弯曲应力σ_{bs}发生在两板弹座之间,其值为:

$$\sigma_{bs} = \frac{M_{bs}}{W_v} \tag{5-55}$$

式中:W_v——前梁的垂直弯曲截面系数,m^3。

汽车行驶过程中,前梁还受到来自地面的冲击力,因此在进行前梁的强度计算时还要考虑动载系数。前梁的动载系数随汽车底盘和轮胎的刚度不同而异。考虑了前梁动载荷后的最大应力为:

$$\sigma_b = k_d \sigma_{bs} = k_d \frac{M_{bs}}{W_v} \tag{5-56}$$

式中:k_d——动载系数,乘用车、商用客车:$k_d = 1.75$,商用货车:$k_d = 2.0$,越野汽车:$k_d = 2.5$。

2) 制动工况下前梁的应力计算

汽车制动时,由于载荷向前桥转移,前梁所受的垂直载荷会增加,另外在制动时,前梁还要承受转矩和水平弯矩的作用。

制动时,车轮在路面滑行时汽车受力情况如图5-45所示,此时前梁所受的载荷 G'_f 为:

$$G'_f = (L_2 + \varphi h_g)G_e/L \tag{5-57}$$

式中:L_2——汽车质心至后轴的距离,m;

φ——路面的附着系数,一般取 $\varphi = 0.6 \sim 0.8$;

h_g——汽车质心至地面的高度,m;

G_e——汽车总重力,N;

L——轴距,m。

作用在一个前轮上的制动力 $F = \varphi G'_f/2$。在这个制动力 F 的作用下,前梁会产生水平弯矩 M'_b(图5-46),即:

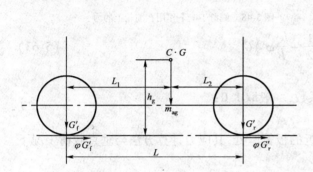

图5-45 制动时汽车受力简图　　图5-46 制动时作用在前梁上的力(水平面内)

$$M'_b = F(B-b)/2 = \varphi G'_f(B-b)/4 \tag{5-58}$$

水平弯矩应力 σ'_b 为:

$$\sigma'_b = \frac{M'_b}{W_h} \tag{5-59}$$

式中:W_h——前梁水平弯曲截面系数,m^3。

此外,汽车制动时前梁还要承受转矩,这个转矩 M_n 作用在两钢板弹簧座之间,从图5-47可知,其大小为:

$$M_n = F(r-e) = \varphi G'_f(r-e)/2 \tag{5-60}$$

式中:r——轮胎有效半径,m;

e——车轮轮心到前梁中心线的距离,m。

前梁所受的扭转应力 τ 为:

$$\tau = \frac{M_n}{W_n} \tag{5-61}$$

式中:W_n——前梁抗扭截面系数,m^3。

在水平弯曲应力 σ'_b 和扭转应力 τ 的作用下,前梁的合成应力 σ 为:

$$\sigma = \frac{1}{2}\sigma'_b + \sqrt{\frac{1}{4}{\sigma'_b}^2 + \tau^2} \tag{5-62}$$

前梁可采用45、30Cr、40Cr等中碳钢或中碳合金钢制造,其许用弯曲应力 $[\sigma_w] = 300MPa$;许用剪切应力 $[\tau] = 150MPa$。

3)侧滑工况下前梁的应力计算

汽车转向行驶时,车轮还要承受由此产生的侧向力,当发生侧滑时,侧向力达到最大值,如

图 5-48 所示,最大侧向力发生在外前轮上,由于附加载荷是施加在外前轮上的,这时的外前轮上的载荷 G_{fo} 为:

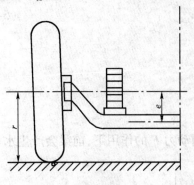

图 5-47 与前梁有关的尺寸

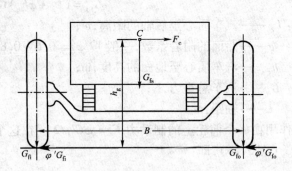

图 5-48 侧滑工况下作用在前轮上的力

$$G_{fo} = \left(\frac{1}{2} + \frac{h_g}{B}\varphi'\right)G_{fs} \tag{5-63}$$

式中:G_{fo}——外前轮上的载荷,N;

φ'——轮胎与路面之间的滑动附着系数,一般取 1.0;

G_{fs}——前轮静载荷,N。

此时,前梁的最大应力部位在外前轮附近的板簧座处,其应力计算方法与垂直载荷工况下的应力计算相同。

3. 主销强度计算

在汽车转向行驶并且发生侧滑时,外前轮主销所承受的载荷及主销衬套的压力为最大,这种工况是主销强度校核的主要工况。

汽车转向行驶时,外前轮主销受力最大,如图 5-49 所示。侧滑时车轮要承受垂直载荷 G_{fo} 和由路面产生的水平载荷 $\varphi'G_{fo}$ 的共同作用。

设这些载荷对转向主销上、下衬套所产生的力分别为 S_1、S_2,这两个力分别作用在两个衬套的中点处,S_1、S_2 分别为:

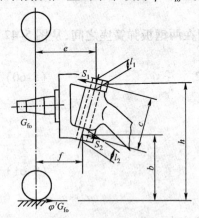

图 5-49 转向侧滑时主销的受力及有关尺寸

$$\left.\begin{array}{l}S_1 = \left(\dfrac{f - \varphi'b}{c}\right)G_{fo} \\ S_2 = \left(\dfrac{e - \varphi'b}{c}\right)G_{fo}\end{array}\right\} \tag{5-64}$$

主销衬套所受到的挤压应力为:

$$\left.\begin{array}{l}\sigma_{j1} = \dfrac{S_1}{dl_1} \\ \sigma_{j2} = \dfrac{S_2}{dl_2}\end{array}\right\} \tag{5-65}$$

式中:σ_{j1}——主销上衬套挤压应力,MPa;

σ_{j2}——主销下衬套挤压应力,MPa;

l_1——主销上衬套长度,mm;

l_2——主销下衬套长度,mm;

d——主销轴径,mm。

主销下端所受的弯曲应力 σ_w 为：

$$\sigma_w = \frac{l_2 S_2/2}{\pi d^3/32} = \frac{16 l_2}{\pi d^3} S_2 \quad (5\text{-}66)$$

主销下端所受的剪切应力 τ 为：

$$\tau = \frac{S_2}{\pi d^2/4} = \frac{4}{\pi d^2} S_2 \quad (5\text{-}67)$$

衬套许用挤压应力 $[\sigma_j] = 50\text{MPa}$。主销许用弯曲应力 $[\sigma_w] = 500\text{MPa}$，许用剪切应力 $[\tau] = 100\text{MPa}$。

4. 转向节强度计算

转向节是从动桥最重要的零件，其最大应力往往发生在侧滑工况，最大应力部位在转向节轴颈根部。转向节受力如图 5-50 所示。

侧滑时作用在左、右两个车轮上的侧向力 Y_{f1}、Y_{f2} 不等，侧向力和垂直反作用力所产生的力矩方向不同，致使作用在左、右转向节轴颈上的弯矩 M_1、M_2 也不相同。例如，当汽车向右侧滑时：

$$\left.\begin{array}{l} M_1 = G_{fs}[(c+r_r)(1-2h_g/B)]/2 \\ M_2 = G_{fs}[(c-r_r)(1+2h_g/B)]/2 \end{array}\right\} \quad (5\text{-}68)$$

一般汽车上 $2h_g/B = 1 \sim 2$，同时由于 c 远小于 r_r，因此从式(5-68)可知，当汽车向右侧滑时，右侧转向节轴颈所承受的弯矩 M_2 远大于左侧所承受的弯矩 M_1；当汽车向左侧滑时，则相反。

设转向节轴颈的直径为 d，则轴颈弯曲截面系数 $W = \frac{\pi}{32} d^3 (\text{m}^3)$。转向节轴颈根部的弯曲应力 σ_w 为：

$$\sigma_w = \frac{M_2}{W} \quad (5\text{-}69)$$

当汽车行驶在不平路面上，受到冲击载荷作用时，则作用在转向节上弯矩还应乘以动载系数 k_d。

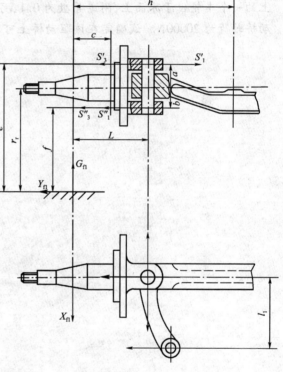

图 5-50 转向节上的作用力

转向节许用弯曲应力 $[\sigma_w] = 550\text{MPa}$。

转向节材料常采用 30Cr、40Cr 等中碳合金钢制造，经过调质处理，心部硬度为 241～285HB，高频淬火后表面硬度为 57～65HRC，硬化层深为 1.5～2.0mm。为避免转向节疲劳损坏，轴颈根部圆角半径不能太小，并经滚压处理。

习 题

1. 驱动桥主减速器有哪几种结构形式？简述各种结构形式的主要特点及其应用。
2. 主减速器中，主、从动锥齿轮的齿数应当如何选择才能保证具有合理的传动特性和满足结构布置上的要求？

3. 何谓双曲面齿轮传动主减速器？有何特点？如何从驱动桥外部即可判定是弧齿锥齿轮传动还是双曲面齿轮传动？

4. 简述多轴驱动汽车安装轴间差速器的必要性。

5. 对驱动桥壳进行强度计算时，图示其受力状况并指出危险断面的位置，验算工况有几种？各工况下强度验算的特点是什么？桥壳的实际强度和理论值有什么联系？

6. 根据汽车轮端的支撑方式不同，半轴的结构形式可分为哪几种？不同的形式在设计方面存在什么差异？

7. 汽车驱动桥是汽车传动系统的主要组成部分，也是汽车振动和噪声的主要来源之一。为降低噪声，在设计过程中应注意哪些因素？

8. 汽车为典型布置方案，驱动桥采用单级主减速器，且从动齿轮布置在左侧。如果将其移到右侧，试问传动系统的其他部分需要如何变动才能满足使用要求？为什么？

9. 有一辆15座小公共汽车采用普通锥齿轮式差速器，其锁紧系数$K = 0.15$。设驱动桥上的一个车轮位于冰面上，附着系数为0.1，另一个车轮位于水泥路面上，附着系数为0.7，驱动桥轴荷为20000N。试确定在该驱动桥上可以发出的最大驱动力。

第6章 行驶系统设计

[主要内容] 本章首先对汽车行驶系统的功用、结构形式、设计要求进行概述,介绍行驶系统载荷特点。然后介绍车架的结构形式和设计计算方法。最后讲述悬架的设计方法,主要介绍弹性元件、导向机构和减振器的设计计算。

6.1 行驶系统概述与行驶系统载荷

6.1.1 概述

汽车行驶系统的基本功用是接受传动系统传来的发动机转矩并产生驱动力;支撑整车质量,承受和传递路面作用于车轮上的各种力和力矩;缓冲减振,保证汽车行驶的平顺性;与转向系统协调配合工作,控制汽车的行驶方向,以保证汽车操纵稳定性。

汽车行驶系统的基本组成和结构形式一般取决于汽车经常行驶路面的性质。其结构形式可分为轮式、半履带式、全履带式、车轮—履带式等几种,其中以轮式汽车居多。轮式汽车行驶系统一般包括车架(或承载式车身)、车桥(或车轴)、悬架和车轮等。不同类型的汽车,行驶系统的结构类型与使用要求也不相同。

乘用车多行驶于市区及城市间的公路上,道路状况良好,承载质量相对较低,但要求快速、安全、舒适。因此轿车的行驶系统常选择承载式车身、断开式驱动桥及前后独立悬架等结构。在选择悬架型式和性能参数时,既要求有良好的平顺性,又要采取抗侧倾及抗俯仰等措施,还要注意前后悬架结构型式及参数的合理匹配以获得良好的操纵稳定性与安全性。近年来各国都在加紧研究、开发并已装车的主动悬架与半动悬架最能满足这方面的要求。在普通的悬架结构中,为减少噪声和高频振动,常在副车架、弹性元件或导向杆系、推力杆等连接处安装橡胶衬套或橡胶节点。由于车架容易隔声和隔振,故在现代高级乘用轿车上仍常采用。乘用车对其轮胎的要求是减小滚动阻力、增强承载能力;采用小直径、宽胎面,以降低车高,适应汽车的高速稳定性需要。子午线轮胎具有强度高、滚动阻力小、附着性能与缓冲性能好、寿命长等优点,在轿车上应用广泛。但其存在着侧向稳定性差及噪声大的缺点。

商用客车的行驶系统设计,除考虑安全性与舒适性外,对于城市公共汽车还应考虑上下车的方便性。因此,当采用车架时应专门设计弯曲的纵梁,以降低地板高度,方便乘客上下。承载式车身结构质量小、刚度大、地板高度低,已广泛应用于客车。为了提高乘坐舒适性,大客车可采用空气悬架或油气悬架,以保证载荷发生变化时整车振动频率变化很小,并能调节车身高度,使车厢地板保持在适当位置。

商用载货汽车的行驶系统,在满足一定舒适性要求的前提下,力求结构简单、工作可靠、维修方便、制造成本低。广泛采用边梁式车架和纵置钢板弹簧非独立悬架这种传统的结构组合型式。单片或少片(1~3片)变厚钢板弹簧,在保证同样寿命的情况下,既能节省钢材,减小质量(40%~50%),又能减少片间摩擦以保持良好的弹性,已为中、轻型商用汽车广泛采用。三轴汽车的中、后桥(轴)常采用图6-1所示两端为滑板结构的纵置钢板弹簧平衡悬架,以便使中、后桥车轮同时与地面保持良好接触。

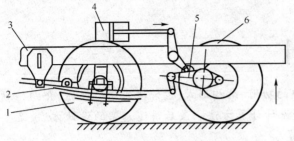

图6-1 摆臂平衡悬架
1-驱动轮;2-钢板弹簧;3-车架;4-油缸;5-摆臂;6-从动轮

重型商用自卸汽车在空载和满载时簧上质量相差很大,如采用刚度不变的悬架结构,即使满载时悬架能保证汽车有良好的行驶平顺性,但往往空载时平顺性很差。采用具有变刚度特性的油气悬架,就可保证在各种工况下汽车都有良好的行驶平顺性,并且可节省大量弹簧钢材。

越野汽车主要在坏路面上和无路地区使用,对行驶系统的要求是提高通过能力,同时有适当的舒适性以保证一定的平均速度。传统的越野汽车行驶系统常采用扭转刚度大的车架,并配以低角刚度的悬架,以减少车架的扭转;采用独立悬架以减小车架的扭转负荷(也有用非独立悬架的);采用可变气压的或低压的越野花纹轮胎以提高汽车的通过性。

6.1.2 汽车行驶系统的载荷

汽车行驶系统零件的强度,对于汽车行驶的安全性与可靠性起着决定性作用。在零件设计过程中,既要求零件有足够的强度、刚度和良好的性能,又要满足质量轻、成本低的要求。因此,在设计和强度计算阶段,除了采用先进的设计方法和准确的设计公式以外,还需要准确掌握作用在汽车行驶系统零件上的真实载荷。

行驶系统零件的载荷在很大程度上取决于车轮与路面的相互作用力和汽车的振动。汽车行驶路面的不平度是随机的,由此引起的汽车振动也带有随机的性质,所以,行驶系统零件所受的载荷一般都是不规则随机载荷,其大小和特性与路面情况、使用条件、汽车及其部件的结构参数等多项因素有关。因此研究和确定行驶系统载荷是一项很复杂的工作。

由于技术条件的限制,过去计算行驶系统零件强度的工作载荷时主要考虑作用在车轮上的轮荷,以及在一些极限工况下,如制动、侧滑和越过路面单个障碍时可能产生的最大载荷。但是这些载荷只适用于静强度计算。使用经验表明,通常汽车行驶系统零件(如前梁、转向节、弹簧等)的损坏并不是在受到最大载荷作用时产生的强度破坏,而是在承受交变载荷过程中因疲劳而引起的断裂破坏。疲劳破坏是由于交变载荷的反复作用导致零件材料内部的损伤累积。其发生破坏时的应力水平低于极限静强度,且往往低于材料的屈服极限。据统计,这样的零件在汽车上多达70%以上。所以在进行行驶系统零件载荷的确定和强度计算时,不仅要知道最大静载荷值,更主要的是掌握引起零件疲劳的动载荷和计算零件的疲劳寿命。造成零件疲劳破坏的载荷可以称为疲劳载荷,它分为两大类:

(1)确定的疲劳载荷:它是一种按一定规律变化的,可用确定的时间函数式来描述的载荷,其最简单的形式就是以最大载荷作幅值、具有零均值的等幅正弦载荷。

(2)随机的疲劳载荷:它是一种不规则的、不能用确定的时间函数式来描述的载荷,但它遵循一定的数学统计规律。汽车行驶系统零件的工作载荷大都是随机疲劳载荷,简称随机载荷,对它只能进行统计的描述。

我国汽车行业对行驶系统随机载荷确定的研究工作做了不少工作,随机载荷有两种统计分析或数据处理方法,即功率谱法和循环记数法。方法的选取与将对试件采用的疲劳试验方法及试验程序有关。如拟采用随机过程试验则应以载荷功率谱为加载依据,所以数据必须按功率谱法处理;如拟采用程序疲劳试验,则数据处理则采用循环记数法为宜。有关这方面的知识可详细参考汽车可靠性设计方面的书籍。

6.2 车架设计

6.2.1 车架的功用及设计要求

车架是汽车的装配基体和承载基体,其功用是支撑连接汽车的各总成或零部件,将它组成一完整的汽车。同时,车架还承受来自车内外的各种载荷。车架主要为商用货车、中型及以下的商用客车、中高级和高级乘用轿车所采用。

为了完成上述功能,通常对车架设计有如下要求:

(1)要求有足够的强度。保证在各个复杂受力的情况下车架不受破坏。要求有足够的疲劳强度以保证其有足够的可靠性与寿命,纵梁等主要零件在使用期内不应有严重变形和开裂。

(2)要求有足够的弯曲刚度。保证汽车在各种复杂受力的使用条件下,安装在车架上的各总成不致因为车架的变形而早期损坏或失去正常的工作能力。商用载货汽车车架的最大弯曲挠度通常应小于 10mm。

(3)要求有适当的扭转刚度。当汽车行驶于不平路面时,为了保证汽车对路面不平度的适应性,提高汽车的平顺性和通过能力,要求车架具有合适的扭转刚度。但车架扭转刚度不宜过大,否则将使车架和悬架系统的载荷增大并使汽车轮胎的接地性变差,使通过性变坏。通常在使用中其轴间扭角约为 $1°/m$。

(4)要求尽量减轻质量。在保证强度、刚度的前提下,车架的自身质量应尽可能小,以减小整车质量,因此,车架应按等强度的原则进行设计。通常,要求车架的质量应小于整车装备质量的 10%。从被动安全性考虑,乘用车车架应具有易于吸收撞击能量的特点。此外,车架设计时还应考虑车型系列化及改装车等方面的要求。

6.2.2 车架的结构形式

1. 车架结构类型

根据车架纵梁的结构特点,车架可分为以下几种结构类型。

1)框式车架。

框式车架又可以分为三种,即边梁式、周边式和 X 型车架。

(1)边梁式车架。边梁式车架又称梯形车架,其结构如图 6-2a)所示。它是由两根纵梁和若干根横梁组成,其弯曲刚度和扭转刚度均较大。其优点是便于安装车身、车厢(箱)和布置其他总成,易于汽车的改装和变型。因此,被广泛地用在商用载货汽车、越野汽车、特种车辆和用商用货车底盘改装的商用大客车上,在中、轻型商用客车上也有所采用。

(2)周边式车架。周边式车架的结构如图 6-2b)所示,它的特点是前后两端纵梁变窄,中部纵梁加宽,前端宽度取决于前轮最大转角,后端宽度取决于后轮距,中部宽度取决于车身门槛梁的内壁宽,其主要构件为封闭断面。这种车架在撞车时可吸收部分能量,主要用于中级以上的乘用车。

(3)X 型车架。X 型车架的结构如图 6-2c)所示,它的特点是中段用 X 型梁代替横梁,与左右纵梁相连,可视为框式车架的一种变形。其优点是扭转刚度大,对限制车架扭转变形作用较好,并能阻止左、右纵梁在水平面内错开。X型车架只用于乘用车。

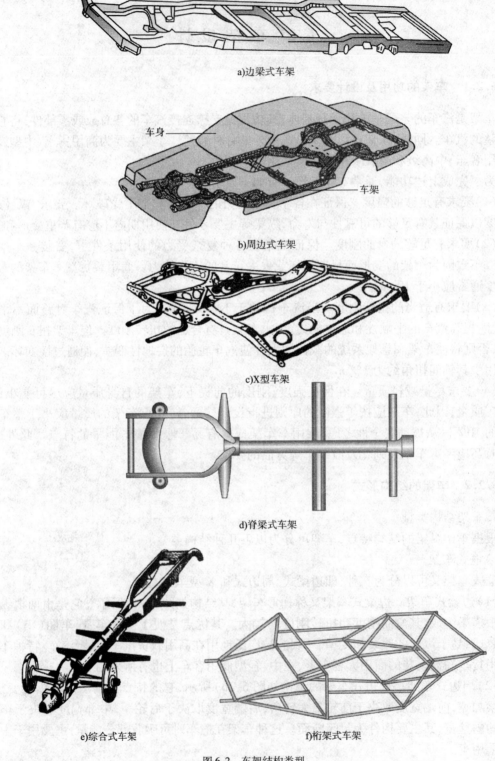

a) 边梁式车架

b) 周边式车架

c) X型车架

d) 脊梁式车架

e) 综合式车架

f) 桁架式车架

图 6-2 车架结构类型

2) 脊梁式车架

脊梁式车架又称中梁式车架,如图6-2d)所示,脊梁式车架由一根位于汽车左右对称中心的大断面管形梁(圆形或箱形断面)和某些悬伸托架构成,犹如一根脊梁。管梁将动力—传动系统连成一体,传动轴从其中间通过,故采用这种结构时驱动桥必须是断开式的并与独立悬架相匹配。与其他类型的车架比较,其扭转刚度最大。容许车轮有较大的跳动空间,使汽车有较好的平顺性和通过性。但车架的制造工艺复杂,维修不便,仅用于某些对平顺性、通过性要求较高的汽车上。

3) 综合式车架

综合式车架又称复合式车架,其结构如图6-2e)所示,综合式车架前部是边梁式,而后部是中梁式。它同时具有中梁式和边梁式车架的特点。主要用于特种汽车。

另一种综合式车架是桁架式车架,又称空间车架。其结构如图6-2f)所示,这种立体结构式的车架由钢管组合焊接而成,兼有车架和车身的作用。它刚度大,质量轻,但制造工艺性差。主要用于竞赛汽车及特种汽车。

2. 车架的结构设计

1) 纵梁的形式

纵梁是车架的主要承载部件,也是汽车中的最大工件,其形状应力求简单。载货汽车的车架纵梁沿全长多取平直且截面不变或少变,如图6-2a)所示。载货汽车的车架纵梁截面形状多为槽形,也有Z字形、工字形。轿车车架为了降低车身地板高度、增大悬架的摆动空间,将纵梁设计成中部低、前后轮处向上弯的形状,如图6-2b)所示。

纵梁的截面形状有槽形、叠槽形、箱形、Z形、管形和工字形等,如图6-3所示。槽形截面(图6-3a)的抗弯强度大,工艺性好,零件安装、紧固方便,应用广泛,但抗扭性差。叠槽形(图6-3b、c)属于对槽形截面的加强设计,形成了闭口截面,比槽形截面的抗弯、抗扭能力强。有些重型汽车的纵梁采用焊接结构或型材,常采用箱形(图6-3d、e)或工字形(图6-3g)截面。脊梁式或综合式车架的脊梁(图6-2d、e)一般采用管形截面(图6-3f)。轿车车架的纵梁截面形状则为箱形。大批量生产的车架纵梁多为冲压成形。

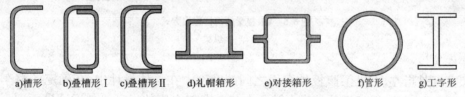

a)槽形　b)叠槽形Ⅰ　c)叠槽形Ⅱ　d)礼帽箱形　e)对接箱形　f)管形　g)工字形

图6-3　纵梁截面形状

2) 横梁的形式

车架横梁将左右纵梁连在一起,构成一个完整的车架,并保证车架有足够的扭转刚度;横梁还起着支撑某些总成的作用。商用车车架一般有4~6根横梁,其布置与有关总成、驾驶室、货箱或车身的支撑位置有关。前横梁常用来支撑散热器;中横梁常用作传动轴的中间支撑;后横梁上常设有拖曳装置,装有拖钩。乘用车或轻型商用货车经常采用X形横梁,其长度一般为车架长度的1/3左右。

横梁截面有开口和闭口之分。开口截面梁的制造工艺简单,在商用货车上应用广泛;闭口截面梁的抗扭刚度强,但制造工艺复杂,零部件安装不便,只在乘用车、商用客车和超重型商用货车上采用。选择横梁的截面形状时,既要考虑其受载情况,又要考虑受支撑总成的支撑方便。商用货车多采用抗扭刚度不大的非封闭形截面的钢板冲压横梁。

3）车架纵、横梁的连接

横梁的截面形状及与纵梁的连接形式如图6-4所示。乘用车车架的纵、横梁采用焊接方式连接,而商用货车则多采用铆钉连接,如图6-5所示。铆钉连接具有一定弹性,有利于消除峰值应力,改善应力状况,这对于要求有一定扭转弹性的商用货车车架具有重要意义。

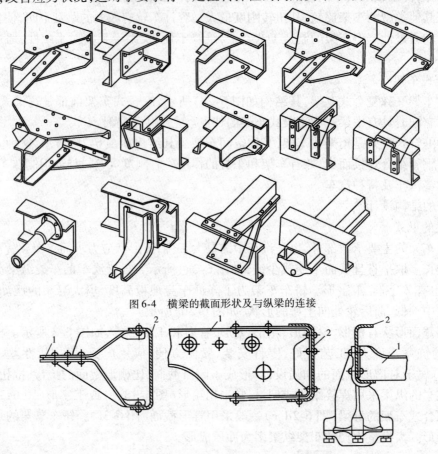

图6-4 横梁的截面形状及与纵梁的连接

图6-5 纵、横梁的铆钉连接方式
1-横梁;2-纵梁

4）车架宽度

车架宽度是指左、右纵梁腹板外侧面之间的宽度。在总体设计中,在确定了整车宽度以后,车架前部宽度就可以根据前轮最大转角与装在车架内侧的发动机外廓宽度而定。车架后部宽度则根据轮距、车轮宽度和板簧片宽等尺寸而定。

从提高整车的横向稳定性以及减小车架纵梁外侧悬置件的悬伸长度来看,希望车架尽可能宽些。为简化制造工艺和避免纵梁宽度转折处产生应力集中,还希望车架前、后宽度相等。轻型汽车、微型汽车和乘用车为增加转向空间,采用前窄后宽的车架。重型商用车为满足钢板弹簧和发动机的布置,采用前宽后窄的车架。

为了便于实现产品的标准化、系列化和通用化,有些国家对车架宽度制定了标准。如美国汽车工程学会规定,后轮为双胎的商用货车车架宽度标准为864mm。

6.2.3 车架的受载分析

汽车的使用条件复杂,其受力情况也十分复杂,随着汽车行驶条件（车速和路况）的变化,车架上的载荷变化也很大。车架承受的载荷大致可以分为以下几种。

1. 静载荷

车架所承受的静载荷是指汽车静止时,悬架弹簧以上部分的载荷,它包括车架质量、车身质量、安装在车架上的各总成与附属的质量以及有效载荷(乘客或货物的总质量)的总和。

2. 对称的垂直动载荷

这种载荷是当汽车在平坦的道路上以较高车速行驶时产生的。其大小与作用在车架上的静载荷及其分布有关,还取决于静载荷作用处的垂直加速度大小,路面的反作用力使车架承受对称垂直动载荷。这种动载荷使车架产生弯曲变形。

3. 斜对称的动载荷

这种载荷是当汽车在崎岖不平的道路上行驶时产生的。此时汽车的前后几个车轮可能不在同一个平面上,从而使车架连同车身一同歪斜,其大小与路面不平度以及车身、车架和悬架的刚度有关。这种动载荷会使车架产生扭转变形。

4. 其他载荷

汽车转弯行驶时,离心力将使汽车受到侧向力的作用;汽车加速或制动时,惯性力会导致车架前后部载荷的重新分配;当一前轮正面撞在路面凸起上时,将使车架产生水平方向的剪切变形;安装在车架上的各总成(如发动机、转向摇臂及减振器等)工作时所产生的力;由于载荷作用线不通过纵梁截面的弯曲中心(如油箱、备胎和悬架等)而使纵梁产生附加的局部转矩。

综上所述,汽车车架实际上是受到一空间力系的作用,受载情况错综复杂,而车架纵梁与横梁的截面形状和接合点又是多种多样,故更导致车架受载的复杂化。目前,一般采用有限元法来对车架的强度和刚度进行比较准确的分析,一般采用板壳(shell)单元对车架建立有限元模型。

6.2.4 车架的设计和计算

车架是一个复杂的薄壁框架结构,在车架设计的初期阶段,可对车架纵梁进行简化的弯曲强度计算,以此来确定车架的截面尺寸。下面是这种简化计算的方法和步骤。

1. 弯曲强度计算的基本假设

(1)因为车架结构是左右对称的,左、右纵梁的受力相差不大,故认为纵梁是支撑在汽车前后轴上的简支梁。

(2)空车时的簧上质量(包括车架质量在内)均匀分布在左、右两纵梁的全长上。其值可根据汽车底盘结构的统计数据大致估计。一般,对于轻型和中型商用货车来说,簧上质量约为整车整备质量的2/3;汽车的有效载荷均匀分布在车厢全长上。

(3)所有的作用力均通过纵梁截面的弯曲中心。实际上,纵梁的某些部位会由于安装外伸部件(如油箱、蓄电池等)而产生局部扭转,在设计时通常在此安装一根横梁,使得这种对纵梁的扭转变为对横梁的弯矩。故这种假设不会造成明显的计算误差。

通过上述假设,将车架由一个静不定的平面框架结构,简化成为一个位于支座上的静定结构,其简图如图6-6所示。

2. 纵梁的弯矩计算

要计算车架纵梁的弯矩,先计算车架前支座反作用力,向后轮中心支座处求矩(图6-6),可得:

$$F_1 = \frac{g}{4l}[m_s(L-2b) + m_c(C-2C_2)] \tag{6-1}$$

式中：F_1——前轮中心支座对任一纵梁（左纵梁或右纵梁）的反作用力，N；
L——纵梁的总长，mm；
l——汽车轴距，mm；
b——纵梁后端到后轴之间的距离，mm；
C——车厢长，mm；
C_2——车厢后端到后轴之间的距离，mm；
m_s——空车时的簧上质量（含车架自身质量），kg；
m_c——汽车的装载质量，kg；
g——重力加速度，取 9.81m/s^2。

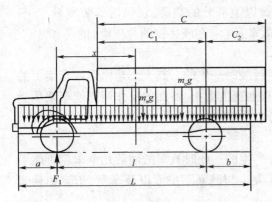

图6-6 商用货车车架上载荷分布

在计算纵梁弯矩时，将纵梁分成两段区域，每一区段的均布载荷可简化为作用于区段中点的集中力。纵梁各端面上的弯矩计算采用弯矩差法，可使计算工作量大大减少。弯矩差法认为：纵梁上某一端面上的弯矩为该断面之前所有力对这点的力矩之和。

1）驾驶室长度段纵梁的弯矩计算

在该区段内，根据弯矩差法，则有：

$$M_x = F_1 x - \frac{m_s g}{4L}(a+x)^2 \tag{6-2}$$

式中：M_x——纵梁上某一截面的弯矩，N·mm；
x——截面到前轮中心的距离，mm；
a——纵梁前端到前轮中心的距离，mm。

2）驾驶室后端（车箱前端）到后轴段纵梁的弯矩计算

在该区段内，根据弯矩差法，纵梁某一断面的弯矩为：

$$M_x' = F_1 x - \frac{m_s g}{4L}(x+a)^2 - \frac{m_c g}{4c}[C_1-(l-x)]^2 \tag{6-3}$$

式中：M_x'——纵梁上某一截面的弯矩，N·mm；
x——截面到前轮中心的距离，mm；
C_1——车箱前端到后轮中心的距离，mm。

纵梁某一断面上的剪力为该断面之前所有力的和，即：

$$Q_x = F_1 - \frac{m_s g}{2L}(x+a) - \frac{m_c g}{2C}[C_1-(l-x)] \tag{6-4}$$

式中：Q_x——纵梁某断面上的剪力，N。

由上可知，纵梁的最大弯矩一定发生在该段纵梁内。其位置可采用求 M_x' 对 x 的导数并令其为零的办法得到。

$$x = \frac{2C \cdot L \cdot F_1 - a \cdot C \cdot m_s g - L(l-C_1) \cdot m_c g}{C \cdot m_s \cdot g - L \cdot m_c \cdot g} \tag{6-5}$$

由式(6-5)计算求得纵梁发生最大弯矩的位置，将该值代入弯矩计算公式，则可求得纵梁受到的最大弯矩 M_{max}。

纵梁受到的最大剪力则发生在汽车后轴附近。当 $x = l$ 时,剪应力最大,其最大剪应力 Q_{max} 为:

$$Q_{max} = F_1 - \frac{m_s g}{2L}(a+l) - \frac{m_e g}{2C}C_1 \tag{6-6}$$

以上是仅考虑汽车静载工况下,纵梁断面弯矩和剪力的计算。实际上,汽车行驶时还受到各种动载荷的作用。因此,汽车行驶时实际受到的最大弯矩 M_{dmax} 和最大剪力 Q_{dmax} 为

$$M_{dmax} = k_d M_{max} \tag{6-7}$$

$$Q_{dmax} = k_d Q_{max} \tag{6-8}$$

式中:k_d——动载系数,乘用车、商用客车:$k_d = 1.75$,商用货车:$k_d = 2.0$,越野汽车:$k_d = 2.5$。

3. 纵梁截面特性计算

车架纵梁和横梁截面系数 W 按材料力学的方法进行计算。图 6-7 所示是车架几种常用的截面形状。其截面系数(单位 mm^3)可按下列公式计算。

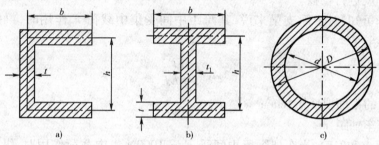

图 6-7 常见车架截面形状尺寸

对于槽形截面,截面系数 W 为:

$$W = \frac{th}{6}(h + 6b) \tag{6-9}$$

对于工字形截面,截面系数 W 为:

$$W = \frac{h}{6}(ht_1 + 6bt) \tag{6-10}$$

对于管形截面,截面系数 W 为:

$$W = \frac{\pi D^3}{32}\left[1 - \left(\frac{d}{D}\right)^4\right] \tag{6-11}$$

式(6-9)~式(6-11)中的尺寸参数意义如图 6-7 所示,单位均为 mm。

4. 弯曲应力计算

纵梁断面的最大弯曲应力 σ 为:

$$\sigma = \frac{M_{dmax}}{W} \tag{6-12}$$

按式(6-12)求得的弯曲应力不应大于材料的许用应力 $[\sigma]$。许用应力可按下式计算:

$$[\sigma] = \frac{\sigma_s}{n} \tag{6-13}$$

式中:σ_s——材料的屈服极限,对于 16Mn 材料,$\sigma_s = 340 \sim 360 MPa$;
n——安全系数,一般安全系数取 1.15 ~ 1.40。

上述计算结果应满足 $\sigma \leq [\sigma]$,据此可确定车架纵梁的截面形状和尺寸。

5. 临界弯曲应力 σ_c 的计算

当纵梁受力变形时，上下翼缘分别受到压缩和拉伸的作用，可能会造成翼缘的破裂。因此应按薄板理论进行校核。对于槽形截面纵梁来说，其临界弯曲应力 σ_c 为：

$$\sigma_c = \frac{0.4E}{1-\mu^2}\left(\frac{t}{b}\right)^2 \leqslant 350\text{MPa} \tag{6-14}$$

式中：E——材料的弹性模量，$E = 2.06 \times 10^5 \text{MPa}$；
　　　μ——泊松比，对 16Mn，$\mu = 0.3$。

由式(6-14)可得：

$$b \leqslant 16t \tag{6-15}$$

6. 车架的刚度校核

1) 车架纵梁抗弯刚度校核

为了保证汽车整车及其有关部件的正常工作，应对纵梁的最大挠度予以限制。这就要求对纵梁的抗弯刚度进行校核。

由材料力学可知，对于简支梁来说，其跨距中间受集中载荷 F 作用时，梁的挠度最大值 $y_{\max}$（cm）按下式计算：

$$y_{\max} = \frac{Fl^3}{48EJ_x} \tag{6-16}$$

式中：J_x——梁的截面惯性矩，cm^4；
　　　l——汽车轴距，m。

根据使用要求和经验，当车架纵梁中间受 $F = 1000\text{N}$ 集中载荷作用时，纵梁的最大挠度不得超过 0.085cm，即：

$$\frac{1000l^3}{48EJ_x} < 0.085$$

因此要求：

$$\frac{J_x}{l^3} > 12 \tag{6-17}$$

载货汽车车架纵梁的 J_x/l^3 值通常在 20~30，日本的一些载质量为 4t 的平头驾驶室载货汽车的 J_x/l^3 值甚至达到 58.3。

2) 车架的扭转刚度

车架的扭转刚度通常是指汽车前、后桥之间那一段车架的扭转刚度。由于车架纵梁不是等截面，且横梁也不是等距离布置，因而车架的扭转刚度沿纵梁长度上不是常数。虽然国内外对车架扭转刚度的计算在理论上作过不少尝试，但所提出的方法都有一定的局限性，通常只能做定性的比较性计算，车架的扭转刚度最终是通过实验来确定。从整车的结构来看，在设计车架各处的扭转刚度时应考虑以下几点：

(1) 车架的中部应允许有一定量的挠性。该段通常是从驾驶室后面到后悬架的这一段车架。因为车架中部受到的弯曲和扭转载荷较大，车架的变形也较大。如使该段具有一定挠性，可以起到缓冲作用，而且还可以避免应力集中，防止局部发生损坏。

(2) 车架的前部应有较大刚性。该段通常是从车架前段到驾驶室后围这一段。因为在这一段内有转向器和前悬架。当车架变形时会影响到转向的几何特性，造成车辆发飘甚至失去操纵。如该段挠性过大，对汽车的操纵稳定性很不利。当汽车前悬采用独立悬架时，前轮的运动不受前梁的约束,为保证正确的转向几何特性,必须使车架前部有足够的刚度。

(3)车架后部也必须有较大刚性。该段是从后悬架(含后悬架)到车架后端的这一段车架。因为悬架对汽车的操纵稳定性和行驶平顺性影响很大。如该段挠性过大,汽车的侧倾稳定性、后轴的轴转向等特性可能发生变化,故车架的后部必须牢固且刚性较大。

不同结构形式的车架,其扭转刚度不同。对于应用较为广泛的由开口截面构成的边梁式车架,其刚度较小,但当安装了钢板弹簧、前后桥及车厢等总成之后,其扭转刚度将大幅提高。随着高速公路的发展和道路条件的改善,车架扭转变形的问题将得到缓和。

6.3 悬架设计

6.3.1 悬架的功用及设计要求

悬架是汽车的重要总成之一,它把车架(或车身)与车轴(或车轮)弹性地连接起来。其功用是:传递车轮和车架(或车身)之间的一切力或力矩,并缓和由路面不平传给车架(或车身)的冲击载荷,衰减由此引起的振动,保证汽车行驶平顺。

为保证悬架有良好的工作性能,其设计要求有:

(1)保证汽车有良好的行驶平顺性。使汽车的振动频率较低,乘员承受的振动加速度不超过国际标准界限值。

(2)有合适的减振性能。应与悬架的弹性特性匹配良好,使车身和车轮在共振区的振幅小,振动衰减快。

(3)保证汽车有良好的操纵稳定性。车轮跳动时,导向机构应使主销定位参数变化不大,车轮与导向机构的运动协调,无摆振现象。转向时保证汽车具有不足转向特性。

(4)有适当的抗侧倾能力,汽车制动和加速时有良好的抗"点头"、抗"仰头"能力。

(5)能可靠地传递车轮与车身间的一切力和力矩,零部件质量轻并有足够的强度和寿命。

(6)有良好的隔声能力。

(7)结构紧凑、占用空间尺寸要小。

6.3.2 悬架的结构型式分析

悬架主要由弹性元件(弹簧)、导向机构和减振器组成,有些悬架中还有缓冲块和横向稳定杆。

弹性元件用来传递垂直力,并与轮胎一起缓和路面不平引起的冲击和振动。弹性元件受冲击后会产生持续的振动,引起乘坐不适,因此,悬架系统应设有减振器将振动迅速衰减,使振幅迅速减小。导向机构用来确定车轮相对于车架或车身的运动,传递除垂直力以外的各种力和力矩。为减少车轴对车架或车身的直接冲撞,一些汽车悬架上设有缓冲块。横向稳定杆的作用是减少转弯时车身的侧倾,并提高轮胎对地面的附着力。

1. 弹性元件

常见的弹性元件有钢板弹簧、螺旋弹簧、扭杆弹簧、空气弹簧、油气弹簧和橡胶弹簧。

钢板弹簧的材料利用率最低,但工作中除承受垂直载荷外,还能承受横向和纵向载荷,兼作为导向机构,简化了结构,且维修方便,制造成本低,在各种商用货车上仍得到广泛的应用。因多片弹簧质量大,片间有滑动及摩擦,性能变差,现常用一种由1~3片变厚断面构成的少片弹簧,可省去弹簧夹和中心螺柱,简化了结构,降低了成本。

螺旋弹簧和扭杆弹簧的材料利用率都较好。螺旋弹簧不需润滑,不忌油污,所占空间小,弹簧质量小,布置方便。扭杆弹簧本身就固定在车架上,使非簧载质量小,结构紧凑。这两种弹簧都易获得非线性悬架特性,有利于改善行驶平顺性,在乘用车和轻型商用车上应用较多。

空气弹簧是将一个密封的容器(如橡胶气囊或带橡胶膜片的金属罐)充入压缩空气,利用气体的可压缩性起弹簧作用。空气弹簧具有较理想的弹件特性。但空气弹簧对密封的要求高,有些还装有气压控制装置和空气压缩机,使结构变得复杂。它用于舒适性要求高的旅游大客车和高级乘用车上。

油气弹簧是空气弹簧的特例,它仍以气体为弹性元件,而在气体与活塞之间引入油液作中间介质。由于采用钢筒作储气室,气压高,体积小,质量轻,用于重型自卸车上比钢板弹簧轻50%以上。同时因它易于实现车身高度的自动调节,而获得较理想的弹性特性,故也用于高级乘用车上。

橡胶弹簧利用橡胶本身的弹性起弹簧作用。其内摩擦还可衰减振动。使用时无噪声,隔声性能好,不需润滑,维护简便,但老化后性能变坏,只能作为副簧和缓冲块。

2. 悬架的类型

在双轴汽车上常见的悬架有非独立悬架和独立悬架两大类。在三轴汽车的后悬架上常采用平衡式悬架,在一些中高级乘用车、高级商用客车上又出现了主动悬架和半主动悬架等新型式。

1) 非独立悬架

非独立悬架(图6-8a)结构上的特点是左、右车轮用一根钢件轴连接起来,并通过悬架与车架(或车身)相连,其典型代表是纵置钢板弹簧式悬架。与独立悬架相比,它的优点是结构简单,工作可靠,维修方便,成本低。当车轮上下运动时,车轮定位变化小,轮胎磨损较小。但它的非簧载质量(含车轮和整个车桥)大,对高速工况下的车辆不能充分保证行驶平顺性,用于前悬架易发生摆振现象。同时,由于左、右车轮相互影响,使车轴(桥)和车身倾斜,其行驶平顺性和操纵稳定性都较差。因此,非独立悬架主要用于商用货车、城市大客车的前、后轮及部分乘用车的后轮。

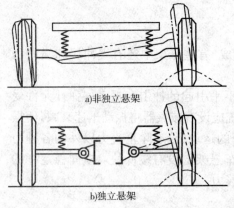

a) 非独立悬架

b) 独立悬架

图6-8 非独立悬架与独立悬架

2) 独立悬架

独立悬架(图6-8b)的左、右车轮可独立运动,互不影响。其优点是:非簧载质量(只有车轮及部分连接元件)小,悬架受到并传给车身的冲击载荷小。其弹性元件只承受垂直力,可采用刚度小的弹簧,使车身振动频率低,改善了行驶平顺性。前轮采用独立悬架后,取消整根前轴,可降低发动机位置,从而降低了汽车质心高度,提高了行驶稳定性。同时由于左、右车轮各自独立运动,相互影响小,减少了车身的倾斜和振动。适当选择导向机构的型式和参数,还有利于消除前轮摆振现象。但独立悬架结构复杂、维修不便、成本较高,多用于乘用轿车、旅行车和小型商用车的前悬及部分乘用车的后悬。越野汽车也多采用独立悬架,能保持车轮与不平路面的接地性,提高离地间隙,改善通过性。

独立悬架按车轮运动形式分为:车轮在汽车横向平面内摆动的悬架(横臂式独立悬架);

车轮在汽车纵向平面内摆动的悬架(纵臂式独立悬架);车轮在汽车的斜向平面内摆动的悬架(单斜臂式独立悬架);车轮沿主销滑动的悬架(烛式悬架和麦弗逊式悬架)。按导向机构的特点又分为:双横臂式、单横臂式、单纵臂式、单斜臂式及麦弗逊式(滑柱摆臂式)等。

(1)双横臂式独立悬架。它的两个摆臂在汽车横向平面内摆动,按上下横臂长短又可分为等长双横臂(图6-9a)和不等长双横臂(图6-9b、c)两种。等长双横臂悬架的车轮上下跳动时,虽可保持主销倾角不变,但轮距变化大,轮胎磨损严重,已很少使用。双横臂不等长时,汽车在不平路面上行驶时车轮可以倾斜,保持轮距不变,轮胎磨损减小。适当选择上下横臂长度并合理布置,还能保证前轮定位参数在限定范围内变化,保证良好的行驶稳定性,因此广泛用于小客车及中高级乘用车的前悬架。但其结构复杂,车身受力点集中,不利于无车架的承载式车身。若采用前置发动机前驱动时,悬架布置困难。

(2)单横臂独立悬架(图6-9e)。当用作前悬架车轮上下跳动时,主销内倾角及车轮外倾角变化大,因此不适于前悬,早期用于轿车后悬架。它结构简单,侧倾中心高,抗侧倾能力较强。但随着车速的提高,侧倾中心过高,急转弯时左右轮的垂直载荷转移过大,使后轮外倾角急剧增大,减少后轮侧偏刚度,会产生高速甩尾的严重后果,因此逐渐被淘汰。

(3)纵臂式独立悬架(图6-9d)。当车轮跳动时,车轮倾角和轮距保持不变,轴距有明显变化。它可分为单纵臂式和双纵臂式两种。单纵臂式独立悬架(图6-2d 上、左)由于车轮跳动时主销后倾角变化大,因此不适于前悬,但其结构简单,可用于后悬。双纵臂式独立悬架

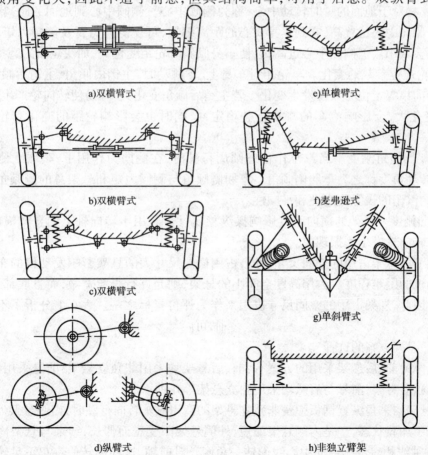

图6-9 悬架结构型式简图

(图6-2d右)的两个摆臂做成等长的,当车轮跳动时,可保持主销后倾角不变,适用于前悬,但如果横向刚度不足,则有产生摆振的可能。

(4)单斜臂式独立悬架(图6-9g)。它是单横臂式和单纵臂式独立悬架的折中方案,适当选择摆臂轴线与汽车纵轴线的夹角,可兼有单横臂、单纵臂的优点。

(5)麦弗逊式独立悬架(图6-9f)。又称为滑柱摆臂式独立悬架。它大量用于中级以下乘用车的前悬架。与双横臂式相比,其优点是结构紧凑;减振器活塞和连杆兼作转向主销,占用空间少,适于微型车的布置;车轮跳动时,前轮定位参数变化小,有良好的操纵稳定性;由于取消了上横臂,易于布置发动机及其他部件;受力点分散,每个点上承受的集中载荷相对减小,利于承载式车身。其缺点是滑柱(筒式减振器)受侧向力大,对减振器寿命不利;与车身的接合点分散,隔声较困难;改变运动学关系的自由度比双横臂式独立悬架小;上支点高,不适于有车架的车身。

实际应用的还有扭转梁式非独立悬架(图5-40),常称半独立悬架,又称复合纵臂式悬架。它的弹性横梁除连接左、右车轮,还兼起横向稳定杆的作用,提高了横向刚度,避免产生摆振。

3. 独立悬架的评价

对于不同结构型式的独立悬架,不仅结构特点不同,而且许多基本特性也有较大区别。评价时常从以下几个方面进行:

(1)侧倾中心高度。汽车在侧向力作用下,车身在通过左、右车轮中心的横向垂直平面内发生侧倾时,相对于地面的瞬时转动中心,称为侧倾中心。侧倾中心到地面的距离,称为侧倾中心高度。侧倾中心位置高,它到车身质心的距离缩短,可使侧向力臂及侧倾力矩小些,车身的侧倾角也会减小。但侧倾中心过高,会使车身倾斜时轮距变化大,加快轮胎的磨损。

(2)车轮定位参数的变化。车轮相对车身上、下跳动时,主销内倾角、主销后倾角、车轮外倾角及车轮前束等定位参数会发生变化。若主销后倾角变化大,容易使转向轮产生摆振;若车轮外倾角变化大,会影响汽车的直线行驶稳定性,同时也会影响轮距的变化和轮胎的磨损速度。

(3)悬架侧倾角刚度。当汽车作稳态圆周行驶时,在侧向力作用下,车厢绕侧倾轴线转动,并将此转动角度称之为车厢侧倾角。车厢侧倾角与侧倾力矩和悬架总的侧倾角刚度大小有关,并影响汽车的操纵稳定性和平顺性。

(4)横向刚度。悬架的横向刚度影响操纵稳定性。若用于转向轴上的悬架横向刚度小,则容易造成转向轮发生摆振现象。

不同类型的悬架占用的空间尺寸不同,占用横向尺寸大的悬架影响发动机的布置和从车上拆装发动机的困难程度。占用高度空间小的悬架,则允许行李舱宽敞,而且底部平整,布置油箱容易。因此,悬架占用的空间尺寸也用来作为评价指标之一。表6-1分析了不同型式悬架的特点。

4. 前、后悬架方案的选择

目前汽车的前、后悬架采用的方案有:前、后悬架均采用非独立悬架;前悬采用独立悬架,后悬采用非独立悬架;前悬与后悬均采用独立悬架等几种。

前、后悬架均采用纵置钢板弹簧非独立悬架的商用汽车转向行驶时,内侧悬架处于减载而外侧悬架处于加载状态,于是内侧悬架缩短,外侧悬架因受压而伸长,结果与悬架固定连接的车轴(桥)的轴线相对汽车纵向中心线偏转一角度。对前轴,这种偏转使汽车不足转向趋势增加;对后桥,则增加了汽车过多转向趋势。

不同型式悬架的特点　　　　　　　　　　表6-1

特性\结构型式	侧倾中心高度	车轮相对车身跳动时车轮定位参数的变化	轮距	悬架侧倾角刚度	横向刚度	其他
双横臂式（不等长）	比较低	车轮外倾角与主销内倾角均有变化	变化小，轮胎磨损速度慢	较小，需要横向稳定杆	大	占用较多的空间；结构稍复杂，常用于小客车及中高级乘用车的前悬架
单横臂式	比较高	车轮外倾角与主销内倾角变化大	变化大，轮胎磨损速度快	较大，可不装横向稳定杆	大	占用空间少；结构简单，不用于前悬架，早期用于轿车后悬架
单纵臂式	比较低	主销后倾角变化大	不变	较小，需要横向稳定杆	小	几乎不占用高度空间；结构简单、成本低，不适于前悬架，可用于后悬架
单斜臂式	居于单横臂式与单纵臂式之间	定位参数有变化	变化不大	居于单横臂式与单纵臂式之间	较小	几乎不占用高度空间；结构简单、成本低，可用于后悬架
麦弗逊式	比较高	定位参数变化小	变化很小	较大，可不装横向稳定杆	大	占用空间少；结构简单，紧凑，常用于中级以下乘用车前悬架
扭转梁式（非独立悬架的一种，常称半独立悬架）	比较低	左、右轮同时跳动时定位参数不变	不变	较大，可不装横向稳定杆	大	占用空间少；结构简单，常用于发动机前置前轮驱动乘用车的后悬架

由于非独立悬架的车轴，车厢侧倾时会产生不利的轴转向特性（故乘用车将后悬架纵置钢板弹簧的前部吊耳位置布置得比后边吊耳低），且前悬架采用纵置钢板弹簧非独立悬架时，前轮容易发生摆振现象，不能保证汽车有良好的操纵稳定性，所以乘用车的前悬架多采用独立悬架。对于发动机前置前轮驱动的乘用车，常采用麦弗逊式前悬架和扭转梁式后悬架。

麦弗逊式前悬架，由于弹性元件螺旋弹簧套装在减振器外部，下摆臂的球头伸到轮辋空间内，使结构非常紧凑，而且负的主销偏移距有利于保证汽车的制动稳定性。

在扭转梁式后悬架中，由于扭转梁式支撑点处采用各向异性的橡胶衬套，既具有隔振性能，又能防止汽车因后轴轴转向而产生过多转向，使汽车在转弯行驶时，比装用传统橡胶衬套的汽车具有更好的操纵稳定性。但在装配时要特别注意这种衬套的安装方向。

对于后悬架采用纵置钢板弹簧非独立悬架，而前悬架采用双横臂式独立悬架的乘用车，通过将上横臂支撑销轴线在纵向垂直平面上的投影设计成前高后低状，使悬架的纵向运动瞬心位于有利于减少制动前俯角处，使制动时车身纵倾减少，保持车身有良好的稳定性能。

6.3.3 悬架性能参数的选取

悬架设计可以分为结构型式及主要参数选择阶段和详细设计阶段,有时还要反复交叉进行。由于悬架参数影响到较多整车特性,并涉及其他总成的布置,一般要综合考虑确定。

1. 悬架的偏频和静挠度

汽车前后悬架与其簧载质量组成的振动系统的固有频率(即偏频),是影响汽车行驶平顺性的主要参数之一。悬架自振频率选取的主要依据是"ISO2631《人体承受全身振动的评价指南》",自振频率的取值与人步行时身体上下运动的频率相近。

现代汽车的悬挂质量分配系数 ε 为 $0.8 \sim 1.2$,可以近似认为 $\varepsilon = 1$,即前、后轴上方车身部分集中质量的垂向振动是相互独立的。常用偏频 n_1、n_2 表示前、后部分车身的固有频率。不同用途的汽车,对平顺性的要求是不一样的,前、后悬架偏频的选取也不同。以运送乘客为主的乘用车对平顺性的要求最高,商用客车次之,商用货车更次之。乘用车的偏频范围为 $0.7 \sim 1.6$ Hz。原则上乘用车的级别越高,悬架的偏频就越小。发动机排量在 1.6 L 以下的乘用车,前悬架偏频 n_1 在满载时取 $1.0 \sim 1.45$ Hz,后悬架则要求在 $1.17 \sim 1.58$ Hz;高级乘用车,前悬架偏频 n_1 在满载时取 $0.8 \sim 1.15$ Hz,后悬架则要求在 $0.98 \sim 1.3$ Hz。商用货车的偏频范围为 $1.5 \sim 4.0$ Hz。由于商用货车空、满载时簧载质量变化很大,且前、后悬架簧载质量的变化也很大,因此,商用货车的偏频按如下方式选取:前悬架偏频 n_1 在满载时取 $1.5 \sim 2.1$ Hz,空载时取 $1.7 \sim 2.4$ Hz;后悬架偏频 n_2 在满载时取 $1.7 \sim 2.17$ Hz,空载时取 $2.0 \sim 4.0$ Hz。

前、后悬架偏频的匹配对汽车行驶平顺性影响也很大,一般使两者接近以免产生较大的车身纵向角振动。由于汽车高速通过单个路障时,$n_1 < n_2$ 引起的车身角振动小于 $n_1 > n_2$ 时的振动,故推荐 n_1/n_2 的取值范围是 $0.55 \sim 0.95$(满载时取大值)。对于一些微型轿车,也有设计成后悬架的偏频低于前悬架的,以改善后排乘坐舒适性。

当 $\varepsilon = 1$ 时,汽车前、后悬架偏频 n_1、n_2 可用下式表示:

$$\left. \begin{array}{l} n_1 = \sqrt{C_1/m_1}/2\pi \\ n_2 = \sqrt{C_2/m_2}/2\pi \end{array} \right\} \tag{6-18}$$

式中:C_1、C_2——前、后悬架的刚度,N/mm;

m_1、m_2——前、后悬架的簧上质量,kg。

悬架的静挠度 f_c 是指汽车满载静止时,悬架上的载荷 F 与此时悬架刚度 C 之比,即 $f_c = F/C$。对于刚度为常数的悬架,前、后悬架的静挠度可表示为:

$$\left. \begin{array}{l} f_{c1} = m_1 g/C_1 \\ f_{c2} = m_2 g/C_2 \end{array} \right\} \tag{6-19}$$

式中:g——重力加速度,取 9810 mm/s^2。

联立式(6-18)、式(6-19),得:

$$\left. \begin{array}{l} f_{c1} = \dfrac{g}{(2\pi n_1)^2} \\ f_{c2} = \dfrac{g}{(2\pi n_2)^2} \end{array} \right\} \tag{6-20}$$

分析式(6-20)可知,悬架的静挠度 f_c 直接影响车身振动的偏频 n。选定偏频后,悬架的静挠度 f_c 可由所选择的偏频确定。

悬架的静挠度的取值范围为：

乘用车：$f_c = 100 \sim 300 \text{mm}$；

商用客车：$f_c = 70 \sim 150 \text{mm}$；

商用货车：$f_c = 50 \sim 110 \text{mm}$；

越野车：$f_c = 60 \sim 130 \text{mm}$。

2. 悬架的动挠度

悬架的动挠度 f_d 是指从满载静平衡位置开始，悬架由于冲击而压缩到结构允许的最大变形（通常指缓冲块压缩到其自由高度的1/2或2/3）时，车轮中心相对车架（或车身）的垂直位移。一般要求悬架应有足够大的动挠度，以防止汽车在坏路面上行驶时经常碰撞缓冲块。

前、后悬架的动挠度值常按其相应的静挠度值来选取，与车型和经常行驶的路况有关。对于行驶路况较好的乘用车，f_d/f_c 的取值较小；对于经常在恶劣路况行驶的越野车，f_d/f_c 取值较大。

悬架的动挠度的取值范围为：

（1）乘用车：f_d 取 $70 \sim 90 \text{mm}$；

（2）商用客车：f_d 取 $50 \sim 80 \text{mm}$；

（3）商用货车：f_d 取 $60 \sim 90 \text{mm}$；

（4）越野车：f_d 取 $70 \sim 130 \text{mm}$。

3. 悬架的工作行程

悬架的静挠度与动挠度取值受到汽车总体布置允许的工作行程限制。由式（6-19）可知，为了得到良好的平顺性，应当采用较软的悬架以降低偏频，但软悬架在载荷一定的情况下其变形也大。对于一般乘用车，悬架总的工作行程，即静挠度 f_c 与动挠度 f_d 之和应当不小于160mm，大型车则更大一些。其中，在悬架有效行程即上限位块到下限位块之间的这段距离，弹簧刚度起主要作用，悬架刚度呈线性变化。在设计悬架行程分配时，有1/3用于空载变形，即33%用于静态载荷。

为了同时满足在设计载荷位置附近的低刚度和有限的悬架工作行程的要求，悬架往往设计成具有非线性的弹性特性。一般是靠增加上、下行程限位缓冲块或辅助弹簧来以增加行程端点附近的刚度。

4. 悬架的弹性特性

悬架的弹性特性是指悬架在垂直方向上所受的载荷 F 与变形 f 之间的关系曲线。当悬架变形与所受载荷成固定比例增长时，弹性特性为一直线，称为线性弹性特性，此时，悬架的刚度 $C = \mathrm{d}F/\mathrm{d}f$ 为常数。钢板弹簧非独立悬架的特性即是如此。呈线性特性悬架的汽车，由于装载质量的变化而引起簧载质量不同，必然引起振动频率的变化，导致平顺性变坏，因此，应采用刚度可变的非线性悬架。

如图6-10所示，非线性特性见图中的曲线 Aab，其特点是在静载荷 F_c 附近刚度小，以达到最大限度缓和冲击的目的；高静载荷较远的两端，动载荷增加，悬架刚度也增加，以利于总布置和操纵稳定性。如图6-10所示，当动载荷增至 $3 \sim 4$ 倍静载荷时，刚度的增加保证了动挠度变化范围不超出 f_d。

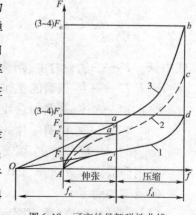

图6-10 可变的悬架弹性曲线

5. 商用货车后悬架主、副簧的刚度分配

具有主、副簧结构的钢板弹簧悬架，其弹性特性曲线如图 6-11 所示。小载荷时副簧不工作，载荷达到一定值 F_K 时，副簧与托架接触，并开始与主簧共同工作。商用货车后悬架多采用该种结构悬架。

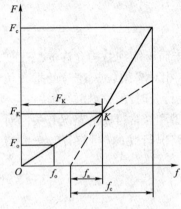

图 6-11 钢板弹簧为主、副簧的非独立悬架弹性曲线

副簧开始工作的载荷 F_K 和主、副簧之间的刚度分配，受悬架的弹性特性和主、副簧上载荷分配的影响。一般要求车身从空载到满载时的振动频率变化要小，以保证良好的汽车平顺性，同时还要求副簧参加工作前、后的悬架振动频率变化不大。这两项要求不能同时满足。具体确定方法有如下两种：

（1）从空载到满载范围内，频率的变化尽量小。使副簧起作用时的悬架静挠度 f_a 等于汽车空载时悬架的挠度 f_0；使副簧起作用前一瞬间的挠度 f_k 等于满载时的悬架挠度 f_c。由此可得：

$$F_K = \sqrt{F_0 F_c}$$

式中：F_0 和 F_c ——分别为空载和满载时的悬架载荷。

副簧、主簧的刚度比 λ 为：

$$\lambda = C_a/C_m = \sqrt{F_c/F_0} - 1 \tag{6-21}$$

式中：C_m、C_a ——主、副簧刚度，N/mm。

用此方法确定的主、副簧刚度比，能保证在空、满载使用范围内悬架振动频率变化不大，但副簧接触托架前、后的振动频率变化比较大。

（2）副簧接触托架前、后的频率突变不应过大。使副簧开始起作用时的载荷是空载、满载时悬架载荷的平均值，即 $F_K = 0.5(F_0 + F_c)$，且使载荷为 $(F_0 + F_K)/2$ 及 $(F_K + F_c)/2$ 时悬架的偏频相等，可得副簧、主簧的刚度比 λ 为：

$$\lambda = C_a/C_m = \frac{2F_c/F_0 - 2}{3 + F_c/F_0} \tag{6-22}$$

方法（1）确定的主、副簧刚度，虽能满足空、满载范围内的不大的悬架频率变化，但副簧与托架接触时的频率变化较大；而方法（2）则使全部载荷变化范围内的频率变化较大。

根据刚度分配，按规定选择了主、副簧的尺寸、片数后，还应进行应力校核：

$$\left.\begin{array}{l}\sigma_m = \dfrac{F_m L}{4nW} \\[2mm] \sigma_a = \dfrac{F_a L'}{4n'W'}\end{array}\right\} \tag{6-23}$$

式中：F_m、F_a ——满载时主、副簧上的载荷，N；
　　　L、L' ——主、副簧的工作长度，mm；
　　　n、n' ——主、副簧的总片数；
　　　W、W' ——主、副簧一片的抗弯截面系数，mm^3；
　　　σ_m、σ_a ——满载时主、副簧叶片中的应力，MPa。

许用静应力：$[\sigma_m] = 450 \sim 550 \text{MPa}$，$[\sigma_a] = 200 \sim 250 \text{MPa}$。

6. 悬架的刚度

1）悬架的线刚度（垂直刚度，简称悬架刚度）

悬架的线刚度 C 和偏频 n 关系为：

$$n = \frac{1}{2\pi}\sqrt{\frac{gC}{F}} \tag{6-24}$$

弹性元件的刚度有时与悬架刚度相等，如钢板弹簧非独立悬架；有时则不等，如图 6-12 所示，此时弹簧的刚度 C_s 与悬架的刚度 C 的关系为：

$$C_s = \left(\frac{ml}{np}\cos\theta\right)^2 C \tag{6-25}$$

式中：θ——弹簧轴线与下横臂垂线的夹角，(°)；
$\quad m$——弹簧轴线与下横臂的交点到横臂摆轴轴线的距离，mm；
$\quad n$——转向节下球销中心到横臂摆轴轴线的距离，mm；
$\quad l$、p——分别为转向节下球销中心和轮胎接地中心到导向机构摆动瞬心 O' 的距离，mm。

2）侧倾角刚度

悬架的侧倾角刚度 C_φ 由下式表示：

$$C_\varphi = \mathrm{d}M/\mathrm{d}\varphi$$

即为车身所受侧倾转矩 M 对车身侧倾角 φ 的导数。

图 6-12 所示悬架的侧倾角刚度为：

$$C_\varphi = \frac{1}{2}\left(\frac{mlB}{pn}\cos\theta\right)^2 C_s \quad (6\text{-}26)$$

式中：B——轮距，mm。

侧倾角刚度的大小对车身侧倾角影响很大。要求在侧倾惯性力为 40% 车重力时，货车车身侧倾角不超过 7°；轿车取 2.5°~4°。

另外，汽车转弯行驶时，在 0.4g 的侧向加速度作用下，要求前、后轮侧偏角之差应在 1°~3° 范围内。而前、后悬架侧倾角刚度的分配会影响前、后轮的侧偏角大小，

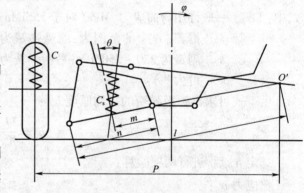

图 6-12 双横臂独立悬架的垂直刚度和侧倾角刚度

从而影响转向特性，所以设计时还应考虑悬架侧倾角刚度在前、后轴上的分配。为满足汽车具有一定不足转向特性的要求，应使汽车前轴的轮胎侧偏角略大于后轴的轮胎侧偏角。为此，应该使前悬架具有的侧倾角刚度要略大于后悬架的侧倾角刚度。对乘用车而言，前、后悬架侧倾角刚度比值一般为 1.4~2.6。

6.3.4 弹性元件的计算

1. 钢板弹簧

钢板弹簧可以分为纵置式和横置式。横置式钢板弹簧由于要传递纵向力，必须设置附加的导向机构，使其结构较为复杂，故只在少数轻、微型汽车上应用。纵置式钢板弹簧能传递各种力和力矩，并且结构简单，故在汽车上得到广泛应用。

1）钢板弹簧主要尺寸参数的确定

计算钢板弹簧主要参数，需要如下初始条件：静止状态时作用在弹簧上的载荷 F，钢板弹簧刚度 C、静挠度 f_c、动挠度 f_d 及满载弧高 f_a。

钢板弹簧的长度 L，一般在总布置中选定，推荐值为：乘用车 $L = (0.4 \sim 0.55)$ 轴距；商用货车前悬架 $L_1 = (0.26 \sim 0.35)$ 轴距，后悬架 $L_2 = (0.35 \sim 0.45)$ 轴距。

(1) 钢板弹簧的断面尺寸。可根据修正后的简支梁公式计算钢板弹簧所需的总惯性矩 J_0：

$$J_0 = \frac{\delta(L-ks)^3 C}{48E} \tag{6-27}$$

式中：s——U 形螺栓中心距，mm；

k——考虑 U 形螺栓夹紧弹簧后的无效长度系数，U 形螺栓挠性夹紧时 $k=0$，刚性夹紧时 $k=0.5$；

C——钢板弹簧垂直刚度，N/mm，$C = F/f_c$；

δ——挠度增大系数，先估计总片数 n_0，确定与主片等长重叠片数 n_1，使 $\eta = n_1/n_0$，初定 $\delta = 1.5/[1.04(1 + 0.5\eta)]$；

E——材料的弹性模量，MPa。

由钢板弹簧须满足的强度要求，可求出其总截面系数 W_0（单位 mm³）：

$$W_0 = \frac{F(L-ks)}{4[\sigma_c]} \tag{6-28}$$

式中：$[\sigma_c]$——许用弯曲应力，MPa（对于 55SiMnVB 或 60Si2Mn 等材料，表面经喷丸处理后，推荐 $[\sigma_c]$ 的范围为：前悬弹簧为 350～450MPa；后主簧为 450～550MPa；后副簧为 220～250MPa；平衡弹簧为 350～450MPa。一般静挠度大的弹簧取值可大些）。

由下式可求出钢板弹簧的平均厚度 h_p：

$$h_p = \frac{2J_0}{W_0} \tag{6-29}$$

选定 h_p 后，进行两项验算：

比应力 $\bar{\sigma}$：

$$\bar{\sigma} = \frac{\sigma_c}{f_c} = \frac{6Eh_p}{\delta(L-ks)^2} \tag{6-30}$$

比应力为弹簧单位变形的应力，它对钢板弹簧的疲劳寿命有显著影响，其取值范围为：商用货车前、后簧 $\bar{\sigma} = 45 \sim 55$ MPa/cm；平衡悬架 $\bar{\sigma} = 65 \sim 80$ MPa/cm；后悬副簧 $\bar{\sigma} = 75 \sim 85$ MPa/cm。对于静挠度大的弹簧，比应力应取下限。

最大动行程时的最大应力 σ_{max} 为：

$$\sigma_{max} = \bar{\sigma}(f_d + f_c) \tag{6-31a}$$

或

$$\sigma_{max} = \frac{6Eh_p(f_d + f_c)}{\delta(L-ks)^2} \tag{6-31b}$$

最大应力应在 900～1000MPa。

若验算不合适，应重新修改片厚及片数。

根据 h_p 可选出钢板弹簧的片宽 b。增大片宽，当车身受侧向力而倾斜时，弹簧的扭转应力增大；片宽过窄，则需增加片数，增加片间的摩擦和弹簧的总厚。推荐片宽与片厚的比值 b/h_p 在 6～10 范围内选取。

钢板弹簧各片厚度应尽量一致，取不同值时，相差范围不超过 1～3mm。叶片断面尺寸 b

和 h_p 的最后选取应符合国产型材规格尺寸。

钢板弹簧的片数 n_0 可在 6~14，商用货车特殊情况可达 20，如采用变截面的少片弹簧，n_0 为 1~4，重叠片数 n_1 为 1~3。

(2) 钢板弹簧各片长度。选择钢板弹簧各片长度时，应该使应力在片间和沿片长的分布尽可能接近等应力，已达到各片寿命接近的要求。确定各片长度的方法有计算法和展开作图法。计算法的前提条件是，保证沿钢板弹簧的长度每一叶片有最优的应力分布，且各片的应力幅值有合理的比例。展开作图法则是基于等应力钢板弹簧各片展开图接近梯形梁形状的原理来作图的。在此介绍经常采用的、比较简便的展开作图法。应指出的是初选的长度还应在验算时进行修改并圆整。

如图 6-13a) 所示，先将各片厚度 h_i 的立方值 h_i^3 按照同一比例沿纵坐标绘出，再沿横坐标绘出主片长度的一半 $L/2$ 和 U 形螺栓中心距的一半 $s/2$，分别得到 A、B 两点。连接 AB 即得到三角形的钢板弹簧展开图。AB 线与各叶片厚线上侧边的交点即为各片长度，若有重叠片，则 A 点应选为最下一重叠片的上侧边，如图 6-13b) 中的 A 点。

图 6-13b) 为 JN-150 汽车后钢板弹簧主簧用展开作图法求出各片长度的实例。图中实线为圆整后的各片实际长度。因装有卡箍，叶片端部应伸出卡箍外少许。

(3) 钢板弹簧总成在自由状态下的弧高及曲率半径。钢板弹簧总成装配后的自由弧高 H_1 (mm) 为：

$$H_1 = f_a + f_c + \Delta \quad (6-32)$$

式中：Δ——钢板弹簧在预压缩时产生的塑性变形，常取 $\Delta = 5 \sim 15$ mm。

U 形螺栓夹紧时的总自由曲率半径为：

$$R_0 = \frac{(L-L_s)^2}{8H_1} \quad (6-33)$$

式中：L_s——弹簧无效长度，$L_s = ks$，k 为考虑 U 形螺栓夹紧弹簧后的无效长度系数，U 形螺栓挠性夹紧时 $k=0$，刚性夹紧时 $k=0.5$。

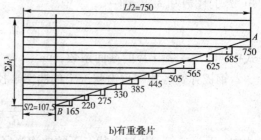

图 6-13 确定多片钢板弹簧各片长度的展开作图法

2) 钢板弹簧的验算

(1) 刚度验算。钢板弹簧的刚度验算可用共同曲率法和集中载荷法进行计算。共同曲率法的前提假定是：同一截面上各片曲率半径变化值相同。各片所承受的弯矩正比于惯性矩，该截面上各片的弯矩和等于外力所引起的力矩。集中载荷法的前提假设是：弹簧受载时，各片仅在片端处与邻片相接触，相邻两片在接触点具有相同挠度。实际状况与假设差异较大，需要修正。

(2) 各片在自由状态下的曲率半径和弧高。钢板弹簧总成装配后，各片中存在预应力。确定了预应力可确定曲率半径。预应力的确定方法有两种：

① 若各片厚度相同，由于主片受力最复杂，设计时取第一、二片预应力为 $-(80 \sim 150)$ MPa，末几片的预应力取 $+(20 \sim 60)$ MPa，使各片装配好后能很好地贴紧，全部叶片同时参加工作。

②如果叶片存在几种不同厚度,为使各片寿命相等,应根据材料的疲劳曲线来确定各片的预应力 σ_{0i}。

如图 6-14 所示,要求各片有大致相同的疲劳强度,可得:

$$\sigma_{0i} \leqslant \sigma_{-1N}\cot\theta - \sigma_{ic}\left(1 + \frac{f_d}{f_c}\cot\theta\right) \tag{6-34}$$

式中:θ——斜线 $\overline{AB}$ 的倾角,(°)(对于铬钢和硅钢,$\theta = 7° \sim 9°$);
σ_{ic}——第 i 片的静应力,MPa;
σ_{-1N}——材料的对称循环的疲劳极限,MPa。

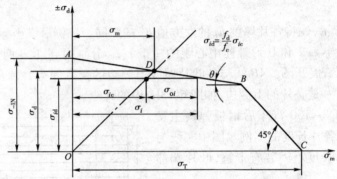

图 6-14 由疲劳曲线来确定各片的预应力
σ_T -材料的屈服极限;σ_{-1N} -对称循环的疲劳极限

确定各片预应力后,应满足:未受载荷时,钢板弹簧在任何断面中各片预应力所造成的弯矩 M_i 的代数和为零,即:

$$\sum_{i=1}^{n} M_i = \sum_{i=1}^{n} \sigma_{0i} W_i = 0$$

式中:W_i——第 i 片的截面系数,mm³。

钢板弹簧各片在自由状况下的曲率半径为:

$$\frac{1}{R_i} = \frac{1}{R_0} + \frac{2\sigma_{0i}}{Eh_i} \tag{6-35}$$

式中:R_i——第 i 片自由状态下的曲率半径,mm;
h_i——第 i 片的厚度,mm。

各片的弧高为:

$$H_i \approx \frac{L_i^2}{8R_i} \tag{6-36}$$

式中:L_i——第 i 片的片长,mm。

(3)钢板弹簧组装后总成弧高。钢板弹簧组装后的稳定平衡状态是各片势能总和最小,由此可得:

$$\frac{1}{R_0} = \frac{\sum_{i=1}^{n}(J_i L_i / R_i)}{\sum J_i L_i} \tag{6-37}$$

若片厚相等,则:

$$\frac{1}{R_0} = \frac{\sum_{i=1}^{n}(L_i / R_i)}{\sum L_i} \tag{6-38}$$

总成弧高为:
$$H \approx L^2/8R_0$$

若 H 值与式(6-32)中的 H_1 计算结果相近,则合适;否则,应重新调整各片预应力,再进行计算。

(4) 钢板弹簧强度验算。钢板弹簧必须进行极限工况下的强度验算。

① 紧急制动时(图6-15),前钢板弹簧承受最大载荷,它的后半段有最大应力为:

$$\sigma_{max} = \frac{m'_1 G_1 (l_1 + \varphi c) l_2}{(l_1 + l_2) W_0} \tag{6-39}$$

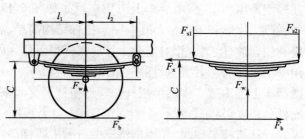

图6-15 汽车制动时作用在钢板弹簧上的力

式中: m'_1 ——制动时前轴负荷转移系数,商用车 $m'_1 = 1.4 \sim 1.6$,乘用车 $m'_1 = 1.2 \sim 1.4$;

G_1 ——作用在前轮上的静垂直负荷,N;

l_1、l_2 ——弹簧前、后段的长度,mm;

φ ——道路附着系数,取 0.8;

c ——弹簧固定点到路面的距离,mm;

W_0 ——钢板弹簧总截面系数,mm^3。

② 驱动时,后钢板弹簧承受的载荷最大,它的前半段出现最大应力为:

$$\sigma_{max} = \frac{m'_2 G_2 (l_2 + \varphi c) l_1}{(l_1 + l_2) W_0} + \frac{\varphi m'_2 G_2}{bh} \tag{6-40}$$

式中: m'_2 ——驱动时后轴负荷转移系数,商用车 $m'_2 = 1.1 \sim 1.2$,乘用车 $m'_2 = 1.25 \sim 1.3$;

G_2 ——作用在后轮上的静垂直负荷,N;

φ ——道路附着系数,猛踩离合器起步时取 $\varphi = 1$;

b、h ——主片片宽度和片厚度,mm。

③ 汽车通过不平路面时,弹簧中部应力最大,为:

$$\sigma = \frac{kGl_1 l_2}{(l_1 + l_2) W_0} \tag{6-41}$$

式中: k ——动负荷系数,可按 $k = \frac{f_c + f_d}{f_c}$ 计算;

G ——作用在车轮上的载荷,N。

许用应力 $[\sigma]$ 取为 1000MPa。

④ 钢板弹簧卷耳和弹簧销的强度校核。钢板弹簧主片卷耳受力如图6-16所示。卷耳处的应力为弯曲应力和拉(压)应力的合成,即:

$$\sigma = \frac{3F_x (D + h)}{bh^2} + \frac{F_x}{bh} \tag{6-42}$$

式中: F_x ——沿弹簧纵向作用在卷耳中心线上的力,N;

D ——卷耳内径,mm。

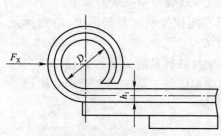

图6-16 钢板弹簧主片卷耳受力图

卷耳的许用应力 $[\sigma] = 350$MPa。

弹簧销直径 d 可按钢板弹簧受静载荷时的挤压应力验算：

$$\sigma_z = F_s/bd$$

式中：F_s——满载静止时钢板弹簧端部负荷；
$\quad\quad b$——卷耳处叶片宽度。

用 30 号或 40 号钢经液体碳氮共渗处理时，许用挤压应力 $[\sigma_z]$ 取 3~4MPa；用 20 号钢或 20Cr 经渗碳处理或 45 号钢经高频淬火时，$[\sigma_z]$ 取 7~9MPa。

2. 扭杆弹簧

作为悬架弹性元件的一种，扭杆弹簧的两端分别与车架（或车身）和导向臂连接。目前它在轻型商用客车、商用货车上应用广泛。如图 6-17 所示，扭杆弹簧按其断面形状可分为：圆形、管形、片形和组合型。其中圆形扭杆结构简单、制造方便、使用最广。管形扭杆较圆形的材料利用合理，但制造相对复杂。片形扭杆是由几片固定在四方形套筒内的扁钢组成，其材料利用率虽不如前两者，但弹性好，扭角大，而且其中一片折断不会使整个悬架立即失效，曾在国外微型车上使用过。将圆形扭杆和管形扭杆组合起来就形成了组合型扭杆，它可大大缩短弹性元件的长度，易于布置。

设计扭杆悬架时，先根据汽车的行驶平顺性确定一个扭杆悬架的平均刚度，再确定扭杆悬架的几何尺寸。

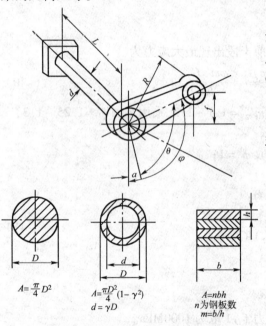

扭杆弹簧的刚度为定值，但由于导向机构的影响，扭杆弹簧悬架刚度是可变的。当横置扭杆用单纵臂与车轮相连时（图 6-17），悬架刚度 C 为：

$$C = \frac{GJ_p[1-(\varphi-\alpha)\cot\varphi]}{LR^2\sin^2\varphi} \quad (6-43)$$

式中：C——悬架刚度，N/mm；
$\quad\quad G$——材料剪切弹性模量，MPa；
$\quad\quad J_p$——扭转断面的极惯性矩，mm^4；
$\quad\quad R$——纵臂的长度，mm；
$\quad\quad L$——扭杆的工作长度，mm；
$\quad\quad \alpha$——相应于扭杆在最低位置时与铅垂线的夹角（此时扭杆处于自由状态），(°)；
$\quad\quad \varphi$——纵臂轴线与铅垂线的夹角，(°)。

设计中若不能预先确定悬架刚度，应选一平均悬架刚度 C_p。

图 6-17 扭杆受力及断面形状

扭杆悬架的几何尺寸有：扭杆长度 L、断面面积 A 及悬架杠杆臂长度 R 等。若扭杆横向布置时，可先定下扭杆长度 L，断面面积 A 可根据扭杆的扭转变形能等于悬架的变形功的原理来确定。计算公式如下。

（1）对于管形断面（亦适用于圆形断面 $\gamma=0$）为：

$$D = \frac{1.59f}{\tau}\sqrt{\frac{C_pG}{(1-\gamma^4)L}} \quad (6-44)$$

式中：D——扭杆外径，mm；

γ——内、外径之比($\gamma = d/D$);

f——悬架总挠度,mm($f = f_c + f_d$);

τ——扭杆允许扭转应力,MPa。

(2) 对于片形扭杆为:

$$h = \frac{1.41f}{\tau}\sqrt{\frac{C_p G}{\lambda mnL}} \tag{6-45}$$

式中:h——片形扭杆厚度,mm;

m——片宽与片厚之比($m = b/h$);

n——片形扭杆中扁钢片数;

λ——材料利用系数,见表6-2。

片形扭杆不同 m 值时的材料利用系数 表6-2

$m = \dfrac{b}{h}$	1.0	1.5	2.0	3.0	4.0	6.0	8.0	10.0
λ	0.618	0.546	0.529	0.542	0.567	0.598	0.614	0.626

杆长 L 和摆臂长 R 可根据静挠度 f_c 和动挠度 f_d 以及允许的最大转角 $[\theta_{max}]$ 来确定。当扭杆为管形或圆形时,$J_p/W_p = D/2$(W_p 为抗扭截面系数,mm^3)有:

$$[\theta_{max}] = \frac{2[\tau]L}{DG} \tag{6-46}$$

式中:$[\tau]$——最大允许应力,MPa。

当扭杆为片形时($m > 3$ 时),$J_p/W_p = h$,有:

$$[\theta_{max}] = \frac{[\tau]L}{Gh} \tag{6-47}$$

可根据式(6-46)和式(6-47),利用最优化方法确定扭杆的参数 D(或 h)、R、L。

扭杆端部需加工成花键、方形、六角形等,以便于安装固定,以花键用得最多。花键端头直径为 $D' = (1.2 \sim 1.3)D$(D 为扭杆杆身的直径),花键长度 l 一般取为 $(0.48 \sim 1.3)D'$。花键端部一般采用夹角为 90°的三角形花键。

端头和杆部之间应有过渡部分,过渡部分的圆锥角 $2\alpha = 30°$,过渡段长 $L_g = (D' - D)\cot\alpha$,过渡圆角取 $\gamma = (1.3 \sim 1.5)D'$。过渡段也有一部分长度作为弹簧起作用,其有效长度 L_e 应根据过渡段的结构形式而定,一般 $L_e \approx 0.5 \sim 0.8L_g$。扭杆的工作长度 $L = L_0 + 2L_e$,L_0 为扭杆杆身长。

扭杆可用 50CrV、60CrA 和 60Si2Mn 等弹簧钢,重要的扭杆可采用 45CrNiMoVA 优质合金弹簧钢。为了提高疲劳强度,要进行喷丸和预扭。预扭应连续进行 4~5 次,最后残余变形不大于 0.2°。经淬火后喷丸和预扭的扭杆许用应力为 1000~1250MPa,不喷丸和预扭的许用应力仅为 800MPa。

3. 螺旋弹簧

螺旋弹簧常用于独立悬架中,它仅承受垂直负荷作用。螺旋弹簧在其轴向负荷 F 作用下的静挠度 f_{cs} (mm)为:

$$f_{cs} = 8FD^3 n/(Gd^4) \tag{6-48}$$

式中:F——弹簧上的轴向力,N;

D——弹簧平均直径,mm;

n——弹簧有效工作圈数;

G——弹簧材料的剪切弹性模量,取 $8.3 \times 10^4 \text{MPa}$;

d——弹簧钢丝直径,mm。

因此,弹簧刚度 C_s(N/mm)为:

$$C_s = F/f_{cs} = Gd^4/(8D^3 n) \tag{6-49}$$

弹簧在压缩时其工作方式与扭杆类似,都是靠材料的剪切变形吸收能量,弹簧钢丝表面的扭转应力 τ_c(MPa)为:

$$\tau_c = 8FDK'/(\pi d^3) \tag{6-50}$$

式中:K'——考虑剪力与簧圈曲率影响的校正系数, $K' = (4C' + 2)/(4C' - 3)$,其中 C' 是旋绕比, $C' = D/d$。

综合式(6-48)、式(6-50)可得:

$$\tau_c = f_{cs}GdK'/(\pi D^2 n) \leq [\tau_c] \tag{6-51}$$

同理,动载荷下的扭转应力为:

$$\tau_d = f_{ds}GdK'/(\pi D^2 n) \tag{6-52}$$

螺旋弹簧的最大应力 τ_m 为:

$$\tau_m = \tau_c + \tau_d \leq [\tau_m] \tag{6-53}$$

螺旋弹簧的设计应首先选择悬架结构布置型式和弹簧特性,确定悬架的静挠度和动挠度,根据导向机构换算成弹簧的静挠度 f_{cs} 和动挠度 f_{ds},再按照式(6-51)和式(6-53)进行设计计算,确定弹簧的主要尺寸。

许用静扭转应力 $[\tau_c] = 500 \text{MPa}$;最大许用扭转应力 $[\tau_m] = 800 \sim 1000 \text{MPa}$。

4. 空气弹簧

空气弹簧有两大类:囊式和膜式,如图 6-18 所示。囊式又可分为圆形囊式和椭圆形囊式;还可分为单节式、双节式和三节式,节数越多,弹簧显得越软。囊式较膜式寿命长、载荷高、制造方便,但刚度大,常用于商用货车上。膜式空气弹簧的弹性特性比较理想,尺寸小、布置方便,多用于乘用车上。

设空气弹簧上受载荷 F 作用,弹簧充气后如图 6-19 所示,则有:

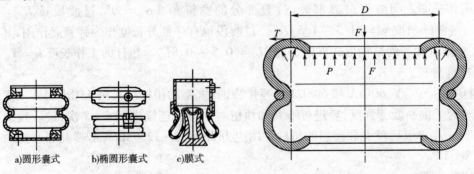

a) 圆形囊式 b) 椭圆形囊式 c) 膜式

图 6-18 空气弹簧

图 6-19 空气弹簧受力简图

$$F = (p - p_0)A$$

$$p = p_0 \left(\frac{V_0}{V}\right)^k$$

式中:p——任意位置时气体的绝对压力,MPa;

V——任意位置时气体的容积,mm^3;

p_0——静平衡位置时气体的绝对压力,MPa;

V_0——静平衡位置时气体的容积,mm³;

A——弹簧有效面积,mm²($A = \pi D^2/4$,其中 D 为空气弹簧的有效直径,mm);

k——多变指数(汽车振动缓慢时,气体变化近似于等温过程,取 $k = 1$;汽车振动激烈时,气体变化接近绝热过程,取 $k = 1.4$。一般情况下 $k = 1.3 \sim 1.38$)。

空气弹簧的刚度为载荷 F 对其垂直位移的导数,即:

$$C = \frac{dF}{df} = \left(p_0 \frac{V_0^k}{V^k} - p_a\right)\frac{dA}{df} - Akp_0 \frac{V_0^k}{V^{k+1}} \cdot \frac{dV}{df} \tag{6-54}$$

静平衡时的刚度为:

$$C_0 = (p_0 - p_a)\frac{dA}{df} + kp_0 \frac{A^2}{V_0} \tag{6-55}$$

静平衡时的振动频率为:

$$n_0 = \frac{1}{2\pi}\sqrt{\frac{g}{A} \cdot \frac{dA}{df} + \frac{p_0 kgA}{(p_0 - p_a)V_0}} \tag{6-56}$$

为了获得较低的振动频率,在式(6-56)中,须使 dA/df 很小,或增大 V_0。影响 dA/df 的因素很多,如气囊形状、气压、气囊两端的连接装置及气囊膜片内帘线角等,设计中应注意选择。增大 V_0 可适当增大辅助气室,以降低振动频率。但过大的辅助气室对降低频率的效果不显著,因此辅助气室的容积不宜超过原气囊容积的 3 倍。

6.3.5 独立悬架导向机构的设计

1. 设计要求

1)对前轮独立悬架导向机构的要求

(1)悬架上载荷变化时,轮距变化不超过 ±4.0mm,以防轮胎早期磨损。

(2)悬架上载荷变化时,前轮定位参数有合理的变化特性,车轮不产生很大的纵向加速度。

(3)汽车转弯行驶时,车身侧倾角尽可能小,在 $0.4g$ 侧向加速度作用下,车身侧倾角不大于 7°,并保证车轮与车身倾斜同向,以增加不足转向效应。

(4)制动和加速时,车身有抗前俯和抗后仰作用。

2)对后轮独立悬架导向机构的要求

(1)悬架上载荷变化时,轮距无显著变化。

(2)汽车转弯行驶时,车身侧倾角尽可能小,并使车轮和车身倾斜反向,以减小过多转向效应。

前、后悬架导向机构都应有足够的强度,并可靠地传递除垂直力以外的力和力矩。

2. 前轮定位角的变化和导向机构尺寸的选择

目前不等长双横臂式独立前悬架在汽车上广泛使用,这里以此为例。

前轮定位参数随车轮上下跳动的变化特性常指从满载位置到车轮跳动 ±40mm 的范围内的特性。在导向机构和前轮定位角的关系中,首先应考虑前轮外倾角和主销后倾角的特性。前轮外倾角的变化规律确定后,也就确定了主销内倾角和前轮前束的变化规律。前轮外倾角影响汽车的转向特性,应尽量减少车轮相对车身跳动时的前轮外倾角变化。希望在规定的车轮跳动范围内,前轮外倾角的变化量在 ±1°内。研究表明,适当选择上、下臂长比例有可能满足前轮外倾角变化在规定范围内的要求,如图 6-20 所示。比较图 6-20a)和图 6-20b),在选定的上、下臂长度范围内,臂长比值的变化对前轮外倾角的影响更大。美国通用汽车公司和克莱斯勒公司分别认为上、下臂长比为 0.66 和 0.70 时最佳,我国乘用车设计一般取为 0.65。

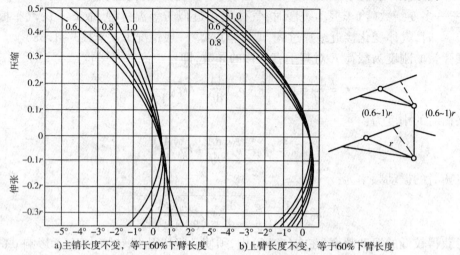

a) 主销长度不变,等于60%下臂长度　　b) 上臂长度不变,等于60%下臂长度

图 6-20　前轮外倾角与车轮跳动位置的关系

表 6-3 中列出了几种国外乘用车双横臂式独立悬架的一些参数,供设计时参考。

几种国外乘用车双横臂式独立悬架的参数　　　　　　　　表 6-3

品牌车型	上臂长 A(mm)	下臂长 r(mm)	球销距 B(mm)	A/r	A/B
奔驰600(德)	330	479	256	0.702	1.29
伏尔加(俄)	200	445	250	0.45	0.8
雷诺(法)	215	350	200	0.61	1.07
王子(日)	245	305	200	0.8	1.22
雪佛兰(美)	190	330	215	0.6	0.89

3. 上、下臂在横向平面内的倾角及其倾斜方向的确定

上、下臂在横向平面内的布置方案有三种,如图 6-21 所示,可用图解法求出各自侧倾中心为 O。上、下臂布置不同,侧倾中心位置也不同,可根据对侧倾中心的高度要求来确定其布置方案。侧倾中心越高,离车身质心越近,侧倾力矩越小,但车轮的横向位置增大。一般轿车的侧倾中心高于地面 38～90mm。

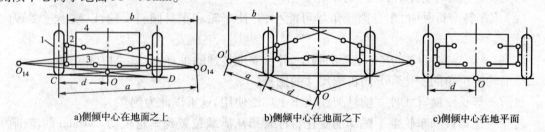

a) 侧倾中心在地面之上　　b) 侧倾中心在地面之下　　c) 侧倾中心在地平面

图 6-21　上、下横臂在横向平面内的布置方案
1-车轮;2-上横臂;3-下横臂;4-车身

4. 上、下摆臂轴线倾角的选择

1) 上、下摆臂轴线在纵向平面内的布置

在有主销的转向节结构中,上、下摆臂轴线一般平行于地平线,如图 6-22a)所示,缺点是汽车制动时,导向机构不产生抗前俯力矩,出现制动时车身"点头"现象。为克服这一缺点,采用图 6-22b)、c)、d)所示的布置形式,此时转向节与上、下臂采用球铰连接,并使上、下摆臂轴线不平行而在车轮后方相交形成夹角,该夹角的存在,能缓和制动时的"点头"现象,称之为抗点头角。

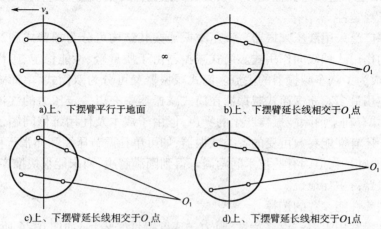

a)上、下摆臂平行于地面　　b)上、下摆臂延长线相交于O_1点

c)上、下摆臂延长线相交于O_1点　　d)上、下摆臂延长线相交于O_1点

图 6-22　上、下横臂在纵向平面布置方案

2)上、下横臂摆动轴线在水平面内的布置

乘用车前悬架上、下摆臂轴线在水平面内的布置方案有三种,如图 6-23 所示。上、下摆臂轴线为 N—N 和 M—M,分别与纵轴线的夹角为 φ_1、φ_2,此两夹角称为导向机构上、下臂轴的水平斜置角。一般规定轴线前端远离汽车纵轴线的夹角为正,反之为负,与汽车纵轴线平行的夹角为 0。

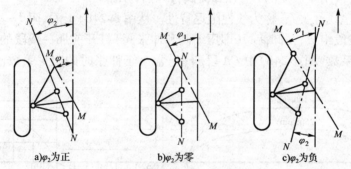

a)φ_2为正　　b)φ_2为零　　c)φ_2为负

图 6-23　上下横臂在水平面的布置方案

为了使轮胎在遇到凸起的路障上跳时也能向后退让,以减小车身受到的冲击,也为了便于布置发动机,大多数前置发动机汽车的角 φ_1 为正、而 φ_2 角则为正值、零值或负值三种布置方案。上、下臂斜置角的不同组合,对车轮跳动时前轮定位参数变化规律影响很大。

当车轮上跳时,若 φ_1 角为正、φ_2 角为负值或为零,则主销后倾角随车轮的上跳而增大;若 φ_1、φ_2 角均为正,则主销后倾角随车轮的上跳而增加较小,甚至减小(当 $\varphi_1 < \varphi_2$ 时)。对三种方案的选择,还应与上、下臂在纵向平面内的布置一起考虑。当车轮上跳时,若主销后倾角增大,车身上悬架支撑处会产生反力矩,有抑制制动点头的作用。但主销后倾角太大,会使支撑处反力矩过大,也使转向系统对侧向力十分敏感,造成车轮摆振或转向盘上力的变化。轿车主销后倾角的原始值通常为 $-1° \sim +2°$,同时,在车轮上跳,悬架每压缩 10mm,后倾角的变化范

围为 $10' \sim 40'$。

6.3.6 减振器的设计

汽车在受到来自不平路面的冲击时,其悬架弹簧可以缓和这种冲击,但同时也激发出较长时间的振动,使乘坐不适。与弹性元件并联安装的减振器可很快衰减这种振动,改善汽车的行驶平顺性和操纵稳定性。

汽车悬架中广泛采用液压减振器。液压减振器按其结构可分为摇臂式和筒式;按其作用原理可分为单向作用式和双向作用式。筒式减振器由于质量轻、性能稳定、工作可靠、易于大量生产等优点,成为了汽车减振器的主流。筒式减振器又可分为双筒式、单筒式和充气筒式,其中以双筒式应用最多。充气筒式减振器在筒式减振器中充以一定压力的气体,改善了高速时的减振性能,并有利于消除减振器产生的噪声,但由于成本及使用维修问题,使其推广应用受到一定限制。还有性能参数可变的各类减振器,如可单独调节压缩和伸张行程的减振器、电子控制减振力的减振器,但因有些技术问题尚未得到圆满解决,而未能很快推广,因此,仍以传统的双筒式减振器占主导地位。

1. 减振器主要性能参数的选择

减振器的性能常用阻力—位移特性、阻力—速度特性来表示,如图6-24所示。阻力—位移特性是表示减振器在压缩和伸张行程中的阻力变化特性。图6-24a)是在专门的试验台上,减振器行程为100mm,以每分钟25、100次振动测得的。图6-24b)是由图6-24a)与减振器振动速度的关系得到的。减振器中阻力 F(N)与速度 v(m/s)之间的关系可用下式表示:

$$F = \delta v^i \tag{6-57}$$

式中: δ——减振器阻尼系数,N·s/m;

i——常数,常用减振器的 i 值在卸荷阀打开前为1。

这样, F 与 v 呈线性关系,称为线性阻尼特性。从图6-24b)上看,阻力—速度特性可视为四条近似直线的线段组成,在卸荷阀(即压缩阀和伸张阀)打开前那一线段的斜率就是阻尼系数,压缩时的阻尼系数[图6-24b)中 OA 段斜率]常小于伸张时的阻尼系数[图6-24b)中 OB 段斜率]。

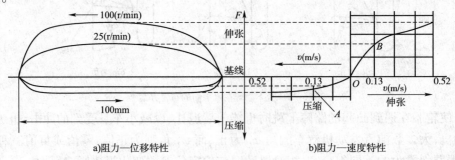

a)阻力—位移特性   b)阻力—速度特性

图6-24 减振器特性

为了设计时合理选择减振器,正确掌握减振器性能参数及其与悬架系统参数间的关系,需讨论有减振器阻尼的汽车自由振动。若悬架系统的刚度为 C,簧载质量为 m_s,则评价振动衰减程度的相对阻尼系数(阻尼比) ψ 为:

$$\psi = \frac{\delta}{2\sqrt{Cm_s}} \tag{6-58}$$

相对阻尼系数的物理意义是指减振器的阻尼作用在与不同刚度、不同质量的悬架系统匹配时,会产生不同的阻尼效果。因此,选择减振器阻尼系数时,要考虑所在悬架的刚度和簧载质量,以直接决定振动衰减程度的 ψ 值为依据。一般减振器的 ψ 值在 0~1,ψ 值越大,运动性质就越接近于非周期,故 ψ 也称为非周期系数。

在设计中减振器的性能参数为相对阻尼系数 ψ 和减振器阻尼系数 δ。

1) 相对阻尼系数 ψ 的选择

相对阻尼系数 ψ 值取得大,能使振动迅速衰减,但会把较大的不平路面的冲击传给车身;ψ 值选得小,振动衰减慢,不利于行驶平顺性。通常在压缩行程选择较小的相对阻尼系数 ψ_c,在伸张行程选择较大的相对阻尼系数 ψ_0,一般减振器有 $\psi_c = (0.25 \sim 0.5)\psi_0$。当 $\psi_c = 0$、$\psi_0 \neq 0$ 时,即减振器压缩时无阻尼,伸张时有阻尼,这种特性的减振器称为单向作用减振器。

设计时通常先选择压缩行程和伸张行程相对阻尼系数的平均值 ψ。对于无内摩擦的弹性元件悬架,取 $\psi = 0.25 \sim 0.35$;对于有内摩擦的钢板弹簧悬架,ψ 可取小些;对于越野汽车或行驶路况较差的汽车,应取较大的 ψ,且 $\psi_0 > 0.3$,$\psi_c = 0.5\psi_0$。

2) 减振器阻尼系数 δ 的确定

减振器阻尼系数 $\delta = 2\psi\sqrt{Cm_s}$,不同悬架因导向机构杠杆比不同,悬架阻尼系数应具体计算。图 6-25 所示结构中的阻尼系数可由下式计算:

$$\delta = 2\psi\sqrt{Cm_s}k^2/\cos^2\alpha \tag{6-59}$$

式中:k——杠杆比,$k = n/a$,如图 6-25 所示;
α——减振器安装角,(°)。

3) 最大卸荷力 F_0 的确定

为了减少传给车身的冲击力,当减振器活塞振动速度达一定值时,减振器应打开卸荷阀,此时活塞速度称为卸荷速度 v_x(一般为 0.15~0.3m/s)

$$v_x = A\omega\frac{\cos\alpha}{k} \tag{6-60}$$

式中:A——车身振幅,取 ±40mm;
ω——悬架固有振频,Hz。

若伸张行程时的阻尼系数为 δ_0,则最大卸荷力 F_0(N) 为:

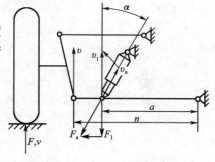

图 6-25 减振器阻力系数折算

$$F_0 = \delta_0 v_x \tag{6-61}$$

2. 主要尺寸参数

筒式减振器工作缸直径 D(mm) 可由最大卸荷力 F_0 和缸内允许压力 $[p]$ 来近似求得:

$$D = \sqrt{\frac{4F_0}{\pi[p](1-\lambda^2)}} \tag{6-62}$$

式中:$[p]$——缸内最大允许压力,取 3~4MPa;
λ——缸筒直径与连杆直径比,双筒式减振器 $\lambda = 0.4 \sim 0.5$;单筒式减振器 $\lambda = 0.3 \sim 0.35$。

计算出 D 后,根据标准将缸径圆整为 20、30、40、(45)、50、65mm。

工作缸筒常由低碳无缝钢管制成,壁厚一般取 1.5~2mm,单筒式壁厚为 2mm。

储油筒直径 $D_c = (1.35 \sim 1.5)D$，壁厚为 $1.5 \sim 2 \text{mm}$，材料可选 20 号钢。

习　题

1. 车架的设计要求是什么？车架上承受的载荷大致可分为几类？
2. 一辆轻型货车采用独立前悬架，另一辆采用纵置钢板弹簧非独立前悬架，它们的尺寸、质量参数基本相同，哪种车的车架应该具有比较大的扭转刚度？为什么？
3. 设计悬架和设计独立悬架导向机构时，各应满足哪些基本要求？
4. 悬架有哪些具体类型？各有何特点？如何根据车型选择合适的悬架结构型式？
5. 独立悬架分为哪几种型式？它们各自有何优缺点？
6. 影响选取钢板弹簧长度、片厚度、片宽度以及片数的因素有哪些？
7. 什么是轴转向效应？为何后悬架采用钢板弹簧结构时，要求钢板弹簧的前铰接点比后铰接点要低些？

第 7 章 转向系统设计

[主要内容] 本章介绍汽车转向系统的类型及设计要求,重点介绍机械式转向器设计和动力转向系统设计,包括齿轮齿条式转向器、循环球式转向器的设计,液压式动力转向机构布置方案分析,液压式动力转向机构的计算和电动助力转向系统的设计;最后介绍转向传动机构、转向操纵机构设计、转向减振器设计以及四轮转向与线控转向。

7.1 概　　述

7.1.1 转向系统的组成和分类

转向系统是用来保持或者改变汽车行驶方向的机构,在汽车转向行驶时,保证各转向轮之间有协调的转角关系。

汽车转向系统按转向能源的不同分为机械转向系统和动力转向系统两类。

机械转向系统由转向操纵机构、转向器和转向传动机构三大部分组成。有些汽车还装有防伤机构和转向减振器。从转向盘到转向传动轴这一部分属于转向操纵机构,包括转向盘、转向轴、转向万向节和转向传动轴。由转向摇臂至转向梯形这一部分(不含转向节)均属于转向传动机构,包括转向摇臂、转向直拉杆、转向节臂、梯形臂和转向横拉杆等。转向操纵机构和转向传动机构之间是转向器。

动力转向系统是在机械转向系统的基础上加设一套转向加力装置而形成的。

按照转向器和转向传动机构的不同结构特点,转向系统分类如图 7-1 所示。

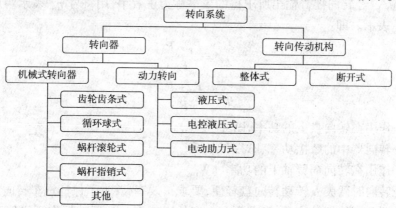

图 7-1　转向系统分类

由于电控、电动动力转向可以实现在各种行驶条件下都转向轻便,因此近年来,电控、电动动力转向器得到了较为广泛的应用。

7.1.2 转向系统的设计要求

(1)保证汽车有较高的机动性,在有限的场地面积内,具有迅速和小转弯能力。应使转向轮有尽可能大的转角,并要达到按前外轮车轮轨迹计算,其最小转弯半径大小能达到汽车轴距的 2~2.5 倍。

(2)正确设计转向梯形机构,使内、外转向轮转角间的匹配能保证当汽车转弯行驶时,全部车轮绕同一瞬时转向中心旋转,任何车轮只有滚动而无侧滑。

(3)当转向轮碰撞到障碍物后,传给转向盘的反冲击力要尽可能小。

(4)汽车在任何行驶状态下,转向轮都不得产生自振,转向盘没有摆动。

(5)操纵轻便。通常用转向时驾驶人作用在转向盘上的手力大小和转向盘转动圈数多少两项指标来评价操纵轻便性。要求当汽车以 10km/h 的车速从直线进入转弯半径为 12m 的弯道上行驶时,作用到转向盘上的最大手力对 M_1、M_2 类汽车为 150N,对 M_3、N_1 类汽车为 200N,对 N_2、N_3 类汽车为 450N。转向盘从中间位置转到每一端的圈数:乘用车不得超过2.0圈,货车不超过 3.0 圈。

(6)转向传动机构和悬架导向装置共同工作时,由于运动干涉使车轮产生的摆动应最小。

(7)汽车转向行驶后,在驾驶人松开转向盘的条件下,转向盘应自动回正,并能使汽车保持在稳定的直线行驶状态。

(8)转向器和转向传动机构的球头处,有消除因磨损而产生间隙的调整机构。

(9)当汽车发生碰撞转向盘和转向轴由于车架或车身变形而共同后移时,转向系统应有能使驾驶人免遭或减轻伤害的防伤装置。

(10)进行运动校核,保证转向轮与转向盘转动方向一致。

7.2 转向系统主要性能参数

7.2.1 转向器的效率

根据效率的定义,因功率输入来源不同,转向器的效率有正效率和逆效率两种。当功率 P_1 由转向盘输入,经转向摇臂输出所求得的效率称为正效率,用符号 η_+ 表示。反之称为逆效率,用符号 η_- 表示。即:

$$\eta_+ = \frac{P_1 - P_2}{P_1} \tag{7-1}$$

$$\eta_- = \frac{P_3 - P_2}{P_3} \tag{7-2}$$

式中:P_1——作用在转向盘上的功率,kW;

P_2——转向器中的摩擦功率,kW;

P_3——作用在转向摇臂轴上的功率,kW。

为了保证转向时驾驶人转动转向盘轻便,要求正效率高;为了保证汽车转向后转向轮和转向盘能自动返回到直线行驶位置,又需要有一定的逆效率。为了减轻在不平路面上行驶时驾驶人的疲劳,车轮与路面之间的作用力传至转向盘上要尽可能小,防止打手,这又要求此逆效率尽可能低。

1.转向器的正效率

转向器的类型、结构特点、结构参数和制造质量等因素均可影响转向器的正效率。汽车上常用的转向器有齿轮齿条式转向器、循环球式转向器、球面蜗杆滚轮式转向器和蜗杆曲柄指销式转向器等几种型式。

循环球式转向器的传动副之间用滚动摩擦代替滑动摩擦,且滚动摩擦系数降到 0.005 左右,其正效率可达到 85%。球面蜗杆滚轮式和蜗杆曲柄指销式转向器,由于传动副中还有较大的滑动摩擦,所以正效率较低。

同一类型的转向器,因结构不同正效率也不同。例如蜗杆滚轮式转向器的滚轮与支持轴之间的轴承,可以选用滚针轴承、圆锥滚子轴承和球轴承等三种结构之一。第一种结构除滚轮与滚针之间有摩擦损失外,滚轮侧翼与垫片之间还存在滑动摩擦损失,故这种转向器的正效率仅有 54% 左右。另外两种结构的转向器正效率,根据试验结果分别为 70% 和 75%。为了提高效率,在转向器的设计过程中,应尽可能地多采用滚动摩擦副,少采用滑动摩擦副。

对于蜗杆和螺杆类转向器,如果只考虑啮合副的摩擦损失,忽略轴承和其他地方的摩擦损失,其正效率可以用下面的公式计算:

$$\eta_+ = \frac{\tan\alpha_0}{\tan(\alpha_0+\rho)} \tag{7-3}$$

式中:α_0——蜗杆(或螺杆)的螺线导程角;

　　　ρ——摩擦角,$\rho = \arctan\mu$;

　　　μ——摩擦系数。

从式(7-3)可以看出,设计时,螺杆螺线的导程角 α_0 取得大一些,正效率就可以提高。

2. 转向器的逆效率

转向器的逆效率表示转向器的可逆性,它影响到汽车的转向操纵性能和驾驶人的安全。根据逆效率的大小,转向器又可以分为可逆式、极限可逆式和不可逆式三种类型。

可逆式转向器的逆效率较高,路面作用在车轮上的力,可大部分传递到转向盘,使驾驶人路感较好。在前轮定位设计良好的情况下,可逆式转向器能保证汽车转向完成后,转向盘和转向轮自动回正,既减轻了驾驶人的疲劳,又提高了行驶安全性。但是在不平路面上行驶时,车轮受到的冲击力大部分都会传给转向盘,驾驶人感到"打手",使驾驶人精神紧张;如果长时间在不平路面上行驶,易使驾驶人疲劳。齿轮齿条式和循环球式转向器属于可逆式转向器。这类转向器通常使用于行驶在良好路面的车辆上。

不可逆式转向器的逆效率较低,车轮受到的冲击力,大部分不能传到转向盘。该冲击力基本上由转向传动机构的零件来承受,因而使这些零件容易损坏。同时它不能保证车轮转向完成后自动回正,因此使驾驶人缺乏操纵转向盘的路感。现代汽车上已不采用这种转向器。

极限可逆式转向器的逆效率介于上述两者之间,当车轮受到冲击力作用时,这个力只有较小的一部分传递到转向盘,因此既有助于转向盘的自动回正,又使得在坏路上行驶时,驾驶员感到的"打手"不明显,同时转向传动机构零件受到的冲击力也比不可逆式转向器要小一些。

如果只考虑啮合副的摩擦,忽略了轴承和其他地方的摩擦损失,逆效率可用下面公式计算:

$$\eta_- = \frac{\tan(\alpha_0-\rho)}{\tan\alpha_0} \tag{7-4}$$

从式(7-4)可以看出,随着导程角 α_0 的增加,逆效率 η_- 也随之增大。因此,虽然增加导程角 α_0 能提高正效率,但因逆效率也会随之增大,所以导程角 α_0 不宜取得过大。一般在设计时,为满足操纵轻便性要求,希望转向器的正效率高。至于逆效率,则应根据车型和使用条件而定。当 $\alpha_0 \leq \rho$ 时,逆效率 $\eta_- \leq 0$。这表明转向器成为不可逆转向器,为此应使 $\alpha_{0\min} \geq \rho$,以避免出现不可逆的情况。通常螺线的导程角 α_0 应取为 $8°\sim10°$。

需要指出的是只能应用试验方法才能确定在实际载荷下的转向器正效率 η_+ 和逆效率 η_-。

7.2.2 转向系统传动比及其变化特性

1. 转向系统传动比的组成

转向系统的传动比包括转向系统的力传动比 i_P 和角传动比 $i_{\omega0}$。

转向系统力传动比 i_P 是作用在轮胎接地面中心的两个转向轮上的合力 $2F_w$ 与作用在转向盘上的手力 F_h 之比,即:

$$i_P = \frac{2F_w}{F_h} \tag{7-5}$$

转向系统角传动比 $i_{\omega0}$ 是转向盘角速度 ω_w 与同侧转向节偏转角速度 ω_k 之比,或转向盘的转角增量 $\mathrm{d}\varphi$ 与同侧的转向节转角的相应增量 $\mathrm{d}\beta_k$ 之比。用公式表示为:

$$i_{\omega0} = \frac{\omega_w}{\omega_k} = \frac{\mathrm{d}\varphi/\mathrm{d}t}{\mathrm{d}\beta_k/\mathrm{d}t} = \frac{\mathrm{d}\varphi}{\mathrm{d}\beta_k} \tag{7-6}$$

$i_{\omega0}$ 又由转向器角传动比 i_ω 和转向传动机构角传动比 i'_ω 所构成。转向器角传动比 i_ω 是转向盘角速度 ω_w 与转向摇臂轴角速度 ω_p 之比,即转向盘转角增量 $\mathrm{d}\varphi$ 与转向摇臂轴转角增量 $\mathrm{d}\beta_p$ 之比。转向传动机构角传动比 i'_ω 是转向摇臂轴角速度 ω_p 与同侧转向节偏转角速度 ω_k 之比,即转向摇臂转角增量 $\mathrm{d}\beta_p$ 与同侧转向节转角增量 $\mathrm{d}\beta_k$ 之比,用公式表示为:

$$i_{\omega0} = i_\omega i'_\omega = \frac{\omega_w}{\omega_p} \cdot \frac{\omega_p}{\omega_k} = \frac{\mathrm{d}\varphi/\mathrm{d}t}{\mathrm{d}\beta_p/\mathrm{d}t} \cdot \frac{\mathrm{d}\beta_p/\mathrm{d}t}{\mathrm{d}\beta_k/\mathrm{d}t} = \frac{\mathrm{d}\varphi}{\mathrm{d}\beta_p} \cdot \frac{\mathrm{d}\beta_p}{\mathrm{d}\beta_k} \tag{7-7}$$

2. 转向系统力传动比与角传动比的关系

轮胎和地面之间的转向阻力 F_w 与作用在转向节上的转向阻力矩 M_r 有如下的关系:

$$F_w = \frac{M_r}{a} \tag{7-8}$$

式中: a ——主销偏移距,指从转向节主销轴线的延长线与支撑平面的交点到车轮中心平面与支撑平面交线间的距离。

作用在转向盘上的手力 F_h 可由下式表示:

$$F_h = \frac{2M_h}{D_{sw}} \tag{7-9}$$

式中: M_h ——作用在转向盘上的力矩,$N \cdot mm$;

D_{sw} ——转向盘作用直径,mm。

将式(7-8)、式(7-9)代入式(7-5)后可得:

$$i_P = \frac{M_r D_{sw}}{M_h a} \tag{7-10}$$

式(7-10)表明,力传动比与主销偏移距 a 有关,a 越小,力传动比 i_P 越大,转向越轻便。但 a 值过小,会造成车轮和路面之间表面摩擦力增加,反而增大了转向阻力。对于一定车型,可用试验方法确定 a 值的最小极限。通常乘用车的 a 值取 $0.4\sim0.6B$ (B 为轮胎的胎面宽度),货车的 a 值在 $40\sim60mm$ 范围内选取。转向盘直径 D_{sw} 对轻便性有影响,选用尺寸较小的转向盘,占用空间小但转向时需对转向盘施以较大的力;而选用尺寸较大的转向盘又会使驾驶人进、出驾驶室时入座困难。根据车型不同,转向盘直径 D_{sw} 可在 380~550mm 的标准系列内选取。

如果忽略摩擦损失,根据能量守恒原理,转向系统的角传动比 $i_{\omega 0}$ 表示为:

$$i_{\omega 0} = \frac{\mathrm{d}\varphi}{\mathrm{d}\beta_k} = \frac{2M_r}{M_h} \tag{7-11}$$

将式(7-11)代入式(7-10)后可得:

$$i_P = i_{\omega 0} \frac{D_{sw}}{2a} \tag{7-12}$$

对于一定的汽车,D_{sw} 和 a 都是常数值,所以力传动比 i_P 与角传动比 $i_{\omega 0}$ 成正比。力传动比 i_P 越大,虽然转向越轻,但角传动比 $i_{\omega 0}$ 也越大,表明转向不灵敏。

3. 转向系统的角传动比 $i_{\omega 0}$

转向传动机构的角传动比 i'_ω,可用转向摇臂轴转角增量 $\mathrm{d}\beta_P$ 与同侧转向节转角增量 $\mathrm{d}\beta_k$ 之比来表示,也可以近似地用转向节臂臂长 l_2 与摇臂长 l_1 之比表示,即:

$$i'_\omega = \frac{\mathrm{d}\beta_P}{\mathrm{d}\beta_k} \approx \frac{l_2}{l_1} \tag{7-13}$$

现代汽车结构中 l_2 与 l_1 的比值,在 0.85~1.1,可粗略地认为其比值 $i'_\omega = 1$,而由前面所述的关系有:

$$i_{\omega 0} = i'_\omega i_\omega \approx i_\omega = \frac{\mathrm{d}\varphi}{\mathrm{d}\beta_P} \tag{7-14}$$

式(7-14)表明,研究转向系统的传动比特性,只需研究转向器角传动比 i_ω 及其变化规律就可以了。

4. 转向器角传动比 i_ω 及其变化规律

转向器角传动比 i_ω 是一个重要参数,它影响汽车的操纵轻便性、转向灵敏性和稳定性。式(7-12)表明增大角传动比可以增大力传动比,在转向阻力 M_r 一定时,增大力传动比 i_P 可以减少驾驶人作用在转向盘上手力 F_h,使操纵轻便。但转向器角传动比 i_ω 增加后,转向轮转角对同一转向盘转角的响应变得迟钝,操纵时间长,汽车转向灵敏性降低;所以"轻"和"灵"构成了一对矛盾。通常采用可变角传动比的转向器,以协调这对矛盾。可变角传动比的变化规律,需要根据汽车的型式、用途及转向器结构型式的不同而采取不同的方案。一般也将可变角传动比转向器称为变速比转向器。

目前使用的齿轮齿条式、循环球式、蜗杆滚轮式和蜗杆指销式转向器都可以制成变速比转向器。下面以乘用车上常采用的齿轮齿条式转向器为例说明改变转向器速比的主要思路。

相互啮合齿轮的基圆齿距必须相等,即 $P_{b1} = P_{b2}$。其中,齿轮基圆齿距 $P_{b1} = \pi m_1 \cos\alpha_1$,齿条基圆齿距 $P_{b2} = \pi m_2 \cos\alpha_2$。由上述两式可知:当具有标准模数 m_1 和标准压力角 α_1 的齿轮与一个具有变模数 m_2、变压力角 α_2 的齿条相啮合,并始终保持 $m_1 \cos\alpha_1 = m_2 \cos\alpha_2$ 时,它们就可以啮合运转。如果齿条中部(相当于汽车直线行驶位置)齿的压力角最大,向两端逐渐减小(模数也随之减小),则主动齿轮啮合半径也减小,致使转向盘每转动某同一角度时,齿条行程也随之减小。因此,转向器的传动比是变化的。图7-2所示是根据上述原理设计的齿轮齿条式转向器齿条压力角变化示例。从图中可以看到,位于齿条中部位置处的齿有较大的压力角,且齿轮有较大的节圆半径,而齿条齿有宽的齿根和浅斜的齿侧面;位于齿条两端的齿,齿根减薄,齿有陡斜的齿侧面。

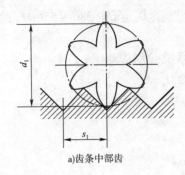
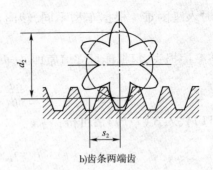

a)齿条中部齿　　　　　　b)齿条两端齿

图 7-2　齿条齿压力角变化简图

而循环球齿条齿扇式转向器的角传动比 $i_\omega = \dfrac{2\pi r}{t}$（见式(7-23)）。因结构原因，螺距 t 不能变化，但可以用改变齿扇啮合半径 r 的方法，达到使循环球齿条齿扇式转向器实现变速比的目的。

随转向盘转角的变化，转向器角传动比可以设计成减小、增大或保持不变的。影响选取角传动比变化规律的因素，主要是转向轴负荷大小和对汽车机动能力的要求。图 7-3 所示给出了几种典型的转向器角传动比变化规律，其中曲线 3 表示转向器的角传动比 i_ω 不随转向盘转角 φ 变化。

若转向轴负荷小，则在转向盘全转角范围内，驾驶人不存在转向沉重问题。装用动力转向的汽车，因转向阻力矩由动力装置克服，所以在上述两种情况下，均应取较小的转向器角传动比并能减少转向盘转动的总圈数，以提高汽车的转向灵敏性。因此，其转向器角传动比变化曲线应选用大致呈中间大两端小的上凸形曲线，如图 7-3 中的曲线 4 及曲线 5 所示。

转向轴负荷大又没有装动力转向的汽车，因转向阻力矩基本与车轮偏转角度的大小成正比变化，汽车低速急转弯行驶时的操纵轻便性问题突出，故应选用大些的转向器角传动比。汽车以较高车速转向行驶时，转向轮转角较小，转向阻力矩也小，此时要求转向轮反应灵敏，转向器角传动比应当小些。因此，转向器角传动比变化曲线应选用大致呈中间小两端大的下凹形曲线，如图 7-3 中的曲线 1 所示。

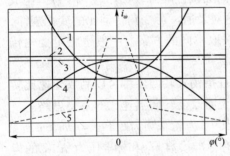

图 7-3　转向器角传动比变化特性曲线

转向盘在中间位置时的转向器角传动比不宜过小，否则在汽车高速直线行驶时，对转向盘转角过分敏感和使反冲效应加大，使驾驶人精确控制转向轮的运动有困难。相当于汽车直行位置时的转向器角传动比不宜低于 15。

因此，应根据车型和使用条件的不同来合理选择角传动比 i_ω 及其变化特性。对乘用车，推荐转向器角传动比 i_ω 在 17~25 范围内选取；对商用车，i_ω 在 23~32 范围内选取。

7.2.3　转向器传动副的传动间隙

1. 转向器传动间隙特性

转向器传动副的传动间隙是指各种转向器中传动副之间（如循环球式转向器的齿扇和齿条）的间隙，该间隙 Δt 随转向盘转角 φ 的大小不同而变化。这种变化关系称为转向器传动间隙特性。该特性与汽车直线行驶的稳定性和转向器的使用寿命有着密切的关系。

汽车直线行驶时,如果转向器有传动间隙,当转向轮受到侧向力作用时,就会在间隙 Δt 的范围内允许车轮偏离原行驶位置,使汽车失去稳定。所以要求在转向盘处于中间及其附近位置(一般是 10°~15°)时,转向器传动间隙极小,最好无传动间隙。

汽车在行驶中一般小转弯多于大转弯,所以转向器在中间位置的磨损大于两端的磨损。当中间位置的磨损大到无法确保汽车稳定地直线行驶时,就必须经调整消除间隙,要求调整后传动副在各个转向位置均能圆滑地运动而不会卡住。因此传动副的间隙特性应设计成如图 7-4 所示,在离开中间位置以后呈逐渐加大的趋势。图中,曲线 1 表明转向器在磨损前的间隙变化特性;曲线 2 表明使用磨损后的间隙变化特性(在中间位置处已出现较大间隙);曲线 3 表明调整后已消除中间位置处间隙的间隙变化特性。

2. 如何获得转向器传动间隙特性

要想获得所需要的传动副传动间隙特性,对循环球式转向器的齿条齿扇传动副可采用两种方法:一种方法是把齿条的两侧齿槽设计成比中间位置的齿槽稍宽一些,而齿扇的齿却全部具有相同的齿厚;另一种方法是将齿条的齿槽设计得具有相同的宽度,而齿扇的齿却具有不同的齿厚,中间位置的齿为正常齿厚,从中间向两边齿厚依次递减。

如图 7-5 所示,齿扇工作时绕摇臂轴的轴线中心 O 转动,加工齿扇时使之绕切齿轴线 O_1 转动。两轴线之间的距离 n 称为偏心距。用这种方法切齿,可获得厚度不同的齿扇齿。其传动间隙为:

$$\Delta t = 2\Delta R \tan\alpha_d = 2\tan\alpha_d [R - n\cos\beta_p - \sqrt{n^2\cos^2\beta_p + R_1^2 - n^2}] \qquad (7-15)$$

式中:ΔR——径向间隙,mm;
  α_d——端面压力角;
  R——节圆半径,mm;
  β_p——摇臂轴转角;
  R_1——中心 O_1 到 b 点的距离,mm;
  n——偏心距,mm。

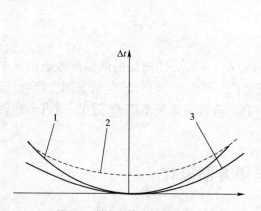

图 7-4 转向器传动副间隙特性

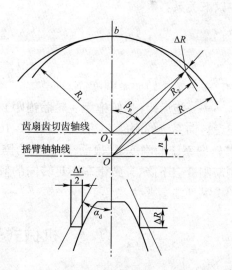

图 7-5 确定齿扇齿切齿轴线偏移的传动副径向间隙 ΔR 及传动间隙 Δt 的示意图

偏心距 n 不同,传动副的传动间隙特性也不同。图 7-6 所示为偏心距 n 不同时的传动间隙变化特性。n 越大,在同一摇臂轴转角条件下,其传动间隙也越大。一般偏心距 n 取 0.5mm 左右为宜。

对蜗杆—钢球—螺母传动副,为解决直线行驶稳定性问题,如图 7-7 所示,可将螺杆的螺槽深度设计成中间部分较浅,两端部分较深,这样可使转向器在中间位置有一定程度的预紧,保证直线行驶时转向轮的稳定性。

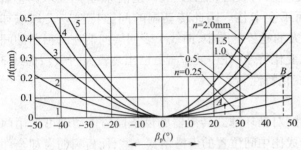

图 7-6　偏心距 n 不同时,传动间隙 Δt 的变化

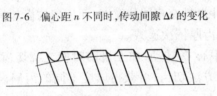

图 7-7　螺杆螺槽的深度变化

图 7-8　考虑转向系统刚度时的轮胎的侧偏刚度
δ_1 -前轮侧偏角;v_a -前轮速度;u -侧偏后的前轮速度;F_{y1} -轮胎侧向反作用力

7.2.4　转向系统的刚度

由于构成转向系统的各零部件(尤其是一些杆件)均存在一定的弹性,因此,转向轮的实际转角 α_s 要比驾驶人给定并按转向系角传动比换算至车轮的转角值 α_0 要小(图 7-8),这样将导致出现不足转向的趋势。转向系统刚度 C_s,对轮胎的侧偏刚度影响很大。设不考虑转向系统刚度时的轮胎侧偏刚度为 C_a,而考虑转向系统刚度时的轮胎侧偏刚度为 C_a',则两者之间存在以下关系:

$$C_a' = \frac{C_a}{1 + \frac{C_a}{C_s}b} \tag{7-16}$$

式中:C_s——整个转向系刚度,N/mm;
　　　　b——拖后距(后倾拖距 + 轮胎拖距),mm。

假设转向系统的刚度 C_s 很大,由式(7-16)可知,$C_a' \approx C_a$,即前轮的侧偏刚度近似等于 C_a。若转向系统的刚度 C_s 很低,则前轮的侧偏刚度 $C_a' < C_a$。因此,转向系统刚度降低,前轮的侧偏刚度会下降,导致汽车不足转向的倾向加剧。若转向系统刚度 C_s 过低,则汽车在转向时的操纵性能会恶化。

7.3　机械式转向器方案设计

7.3.1　齿轮齿条式转向器

齿轮齿条式转向器由与转向轴做成一体的转向齿轮和常与转向横拉杆做成一体的齿条组成。齿轮齿条式转向器的主要的优点是:结构简单、紧凑;壳体采用铝合金或镁合金压铸而成,

转向器的质量比较小;传动效率高达90%;齿轮与齿条之间因磨损出现间隙以后,依靠装在齿条背部、靠近主动小齿轮处的压紧力可以调节的弹簧,能自动消除齿间间隙,如图7-9所示;转向器占用的体积小;没有转向摇臂和直拉杆,所以转向轮转角可以增大;制造成本低。

齿轮齿条式转向器的主要缺点是:逆效率高(60%~70%),汽车在不平路面上行驶时,发生在转向轮与路面之间冲击力的大部分能传至转向盘。反冲现象会使驾驶人精神紧张,并难以准确控制汽车行驶方向,转向盘突然转动又会造成打手,同时对驾驶人造成伤害。

根据输入齿轮位置和输出特点不同,齿轮齿条式转向器有四种形式,如图7-10所示。

采用侧面输入、中间输出方案时,如图7-11所示,由于横拉杆长度增加,车轮上、下跳动时横拉杆摆角减小,有利于减少车轮上、下跳动时

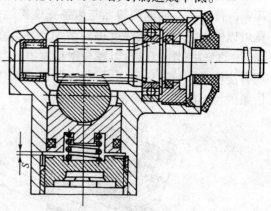

图7-9 自动消除间隙装置

转向系统与悬架的运动干涉。为了避免转向轮摆振,在该结构中还装有转向减振器。横拉杆托架与齿条的中部用螺栓固定连接,因此两横拉杆与齿条同时向左或向右移动,为此在转向器壳体上开有轴向的长槽,降低了其强度。

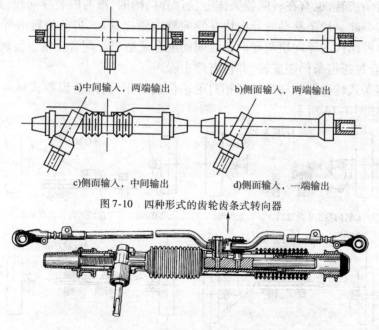

a)中间输入,两端输出　　b)侧面输入,两端输出
c)侧面输入,中间输出　　d)侧面输入,一端输出

图7-10 四种形式的齿轮齿条式转向器

图7-11 横拉杆与齿条的连接

采用两端输出方案时,由于转向拉杆长度受到限制,容易与悬架系统导向机构产生运动干涉。

侧面输入、一端输出的齿轮齿条式转向器,常用在平头微型货车上。

若齿轮齿条式转向器采用直齿圆柱齿轮与直齿齿条啮合,则运转平稳性降低,冲击大,工作噪声增加。同时,齿轮轴线与齿条轴线之间的夹角只能是直角,与总体布置不适应,故已基本不采用。采用斜齿圆柱齿轮与斜齿齿条啮合的齿轮齿条式转向器,重合度增加,运转平稳,冲击与工作噪声均下降,而且齿轮轴线与齿条轴线之间的夹角易于满足总体设计的要求。因为斜齿工作时有轴向力作用,所以转向器应该采用推力轴承,使轴承寿命降低,另外斜齿轮的

滑磨比较大是它的缺点。

齿条断面形状有圆形(图7-9)、V形(图7-12)和Y形(图7-13)三种。圆形断面齿条的制作工艺比较简单。V形和Y形断面齿条与圆形断面比较,消耗的材料少,质量小,约节省20%。位于齿下面的两斜面与齿条托座接触,可用来防止齿条绕轴线转动;Y形断面齿条的齿宽可以做得宽些,因而强度得到增加。在齿条与托座之间通常装有用减磨材料(如聚四氟乙烯)做的垫片(图7-12),以减少滑动摩擦。当车轮跳动、转向或转向器工作时,若在齿条上作用有能使齿条旋转的力矩时,应选用V形和Y形断面齿条,用来防止因齿条旋转而破坏齿轮、齿条的齿不能正确啮合的情况出现。

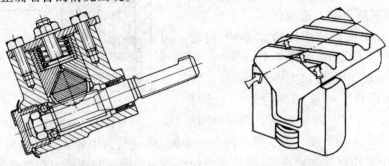

图7-12 V形断面齿条　　　　图7-13 Y形断面齿条

为了防止齿条旋转,也有在转向器壳体上设计导向槽的,槽内嵌装导向块,并将拉杆、导向块与齿条固定在一起。齿条移动时导向块在导向槽内随之移动,齿条旋转时导向块可防止齿条旋转。要求这种结构的导向块与导向槽之间的配合要适当。配合过紧会为转向和转向轮回正带来困难,配合过松齿条仍能旋转,并伴有敲击噪声。

根据齿轮齿条式转向器和转向梯形相对前轴位置的不同,齿轮齿条式转向器在汽车上有四种布置形式,如图7-14所示。

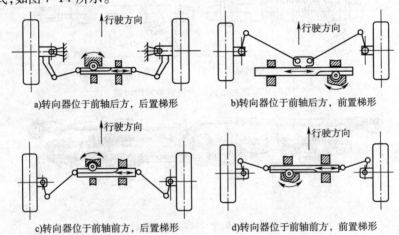

图7-14 齿轮齿条式转向器的四种布置形式

齿轮齿条式转向器广泛应用于乘用车上,特别适于和烛式及麦弗逊式悬架配用。齿轮齿条式转向器也用于载质量不大,前轮采用独立悬架的货车和客车。

7.3.2 循环球式转向器

循环球式转向器有两种结构形式,即常见的循环球—齿条齿扇式和另一种循环球—曲柄销式,前者由螺杆和螺母共同形成的螺旋槽内装钢球构成的传动副,以及螺母上齿条与摇臂轴上齿扇构成的传动副组成,如图 7-15 所示;后者由螺杆和螺母共同形成的螺旋槽内装钢球构成的传动副,以及螺母上的销座与摇臂轴上的锥销或球销传动副组成,现已很少采用。

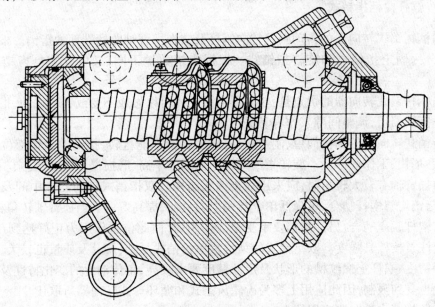

图 7-15 循环球式转向器(循环球—齿条齿扇式)

循环球式转向器的优点是:在螺杆和螺母之间因为有可以循环流动的钢球,将滑动摩擦转变为滚动摩擦,因而传动效率可达到 75%~85%;在结构和工艺上采取措施后,包括提高制造精度,改善工作表面的表面粗糙度和螺杆、螺母上的螺旋槽经淬火和磨削加工,使之有足够的硬度和耐磨损性能,可保证有足够的使用寿命;转向器的传动比可以变化;工作平稳可靠;齿条和齿扇之间的间隙调整工作容易进行(图 7-16);适合用来做整体式动力转向器。

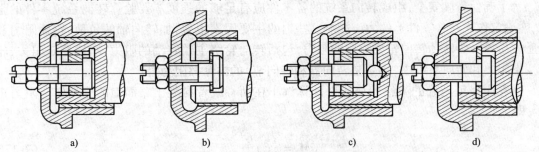

图 7-16 循环球式转向器的几种间隙调整机构

循环球式转向器的主要缺点是:逆效率高,结构复杂,制造困难,制造精度要求高。

循环球式转向器主要用于商用车上。

7.3.3 蜗杆滚轮式转向器

蜗杆滚轮式转向器的传动副是球面蜗杆及滚轮。

蜗杆滚轮式转向器主要优点是:结构简单;制造容易;因为滚轮的齿面和球面蜗杆上的螺纹呈面接触,所以有比较高的强度,工作可靠,磨损小,寿命长,逆效率低。

蜗杆滚轮式转向器的主要缺点是:正效率低;工作齿面磨损以后,调整啮合间隙比较困难;

转向器的传动比不能变化。

这种转向器曾在轻型和中型汽车上广泛使用过。

7.3.4 蜗杆曲柄指销式

蜗杆曲柄指销式转向器的传动副是转向蜗杆及装在摇臂轴曲柄端部的指销。根据指销能否自转,可分为固定指销式和旋转指销式。根据指销数量不同,又可分为单指销式和双指销式。

蜗杆曲柄指销式转向器的优点是:转向器的传动比可以做成不变或者变化的;指销和蜗杆之间的工作面磨损后,调整间隙工作容易进行。

固定指销式转向器的结构简单、制造容易;但因指销不能自转,指销的工作部位基本保持不变,所以磨损快、工作效率低。旋转指销式转向器的效率高、磨损慢,但结构复杂。

当要求摇臂轴有较大转角时,应采用双指销式结构。双指销式转向器在中间及其附近位置时,其两指销均与蜗杆啮合,可降低单个指销上的负荷,提高寿命。当摇臂轴转角相当大时,一个指销与蜗杆脱离啮合,另一指销要承受全部作用力,而此位置作用力正好达到最大值,所以设计时应注意校核其强度。双指销式的结构较单指销式复杂,尺寸及质量也较大,且对两指销间的位置精度、蜗杆上螺纹槽的形状及尺寸精度要求较高,角传动比的变化特性及传动间隙特性的变化也受到限制,因此应用上多为齿轮齿条式和循环球式转向器所取代。

蜗杆曲柄指销式转向器应用较少。

7.4 机械式转向器设计

7.4.1 转向系统计算载荷的确定

为了确保行驶安全,组成转向系统的各零件应有足够的强度。要验算转向系统零件的强度,需确定作用在各零件上的力。影响这些力的主要因素很多,如转向轴的负荷、路面阻力和轮胎气压等。为转动转向轮要克服的阻力,包括转向轮绕主销转动的阻力、车轮稳定阻力、轮胎变形阻力和转向系统中(主要是转向器和转向节)的内摩擦阻力等。

推荐用足够精确的半经验公式来计算汽车在沥青或者混凝土路面上的原地转向阻力矩 M_r,即:

$$M_r = \frac{f}{3}\sqrt{\frac{G_1^3}{p}} \tag{7-17}$$

式中:M_r——转向阻力矩,N·mm;
  f——轮胎和路面间的滑动摩擦系数,一般取 0.7;
  G_1——转向轴负荷,N;
  p——轮胎气压,MPa。

作用在转向盘上的手力为:

$$M_h = \frac{2l_1 M_r}{l_2 D_{sw} i_\omega \eta_+} \tag{7-18}$$

式中:l_1——转向摇臂长度,mm;
  l_2——转向节臂长度,mm;

D_{sw}——转向盘直径,mm;
i_ω——转向器角传动比;
η_+——转向器正效率。

对给定的汽车,用式(7-18)计算出来的作用力是最大值。因此可用此值作为计算载荷。然而,对于转向轴负荷大的货车,用式(7-18)计算的力往往超过驾驶人生理上的可能。在此情况下,对转向器和动力转向器动力缸以前零件的计算载荷,应取驾驶人作用在转向盘轮缘上的最大瞬时力,此力可取700N。

7.4.2 齿轮齿条式转向器的设计

齿轮齿条式转向器的主动齿轮多数采用斜齿圆柱齿轮。为了转向轻便,主动齿轮的直径应尽量小。通常齿轮模数多在2~3mm,主动齿轮齿数多在5~8个齿之间,压力角取20°,齿轮螺旋角多在9°~15°。应根据转向轮达到最大偏转角时,相应的齿条移动行程应达到的值来确定齿条齿数。变速比的齿条压力角,通常在12°~35°。另外,设计时应验算齿轮的抗弯强度和接触强度。

齿轮齿条式转向系统角传动比 $i_{\omega 0}$ 为:

$$i_{\omega 0} = \frac{L}{r\cos\theta} \tag{7-19}$$

式中:L——梯形臂长度,mm;
r——主动齿轮节圆半径,mm;
θ——齿轮与齿条的轴交角,θ 通常在0°~30°范围内选择。

主动齿轮常选用低碳合金钢如(如16MnCr5、20 MnCr5或15CrNi6)材料制造,而齿条常采用中碳钢或中碳合金钢(如45钢或41Cr4钢)制造并经高频淬火,表面硬度应在56HRC以上;为减轻质量,壳体通常采用铝合金压铸。

7.4.3 循环球式转向器的设计

1. 循环球式转向器主要尺寸参数的选择
1)螺杆、钢球和螺母传动副
(1)钢球中心距 D。如图7-17所示,钢球中心距 D 是指螺杆两侧钢球中心间的距离,它是一个基本尺寸,直接影响转向器的结构尺寸和强度。

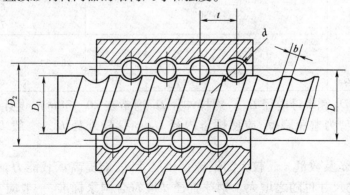

图7-17 螺杆、钢球和螺母传动副

选取 D 值的规律是随着扇齿模数的增大,钢球中心距 D 也相应增加(表7-1)。设计时应先参考同类型汽车的参数进行初选,然后进行强度验算后,再进行修正。在保证足够的强度条件下,尽可能将 D 值取小些。螺杆外径 D_1、螺母内径 D_2 及钢球直径 d 等对确定钢球中心距 D 的大小有影响。

循环球式转向器主要参数 表 7-1

齿扇模数(mm)	3.0	3.5	4.0	4.5	5.0	6.0	6.5
摇臂轴直径/mm	22	26	30	32	32 25	38 40	42 45
钢球中心距(mm)	20	23 25	25	28	30 32	35	40
螺杆外径(mm)	20	23 25	25	28	29	34	38
钢球直径(mm)	5.556	5.556 6.350	6.350	7.144		7.144 8.000	
螺距(mm)	7.938	8.731	9.525		9.525 10.000	10.000 11.000	
工作圈数		1.5			1.5 2.5	2.5	
环流行数				2			
螺母长度(mm)	41	45 52	46 47	58	56 59 62	72 78	80 82
齿扇齿数		3 5			5		
齿扇整圆齿数		12 13			13		13 14 15
齿扇压力角				22°30′ 27°30′			
切削角			6°30′			6°30′ 7°30′	
齿扇宽度(mm)	22 25	25 27	25 28	30	28~32	30 34 38	35 38

(2)螺杆外径 D_1 和螺母内径 D_2。螺杆外径 D_1 通常在 20~38mm,设计时应根据转向轴负荷的不同来选定,为避免摩擦,应使螺母内径 D_2 >螺杆外径 D_1,一般 $D_2 - D_1 = (5\% \sim 10\%)D$。

(3)钢球直径 d 及数量 n。较大的钢球直径尺寸 d,能提高承载能力,同时螺杆和螺母传动副和转向器的尺寸也随之增大。钢球直径 d 应符合国家标准,一般应参考同类型汽车的转向器尺寸选取 d,通常在 7~9mm(表 7-1)。钢球直径尺寸差应不超过 $128 \times 10^{-5}d$。

较大的钢球数量 n,能提高承载能力,但影响钢球的流动性,从而使传动效率降低。通过增加钢球工作圈数来增加有效工作钢球数,从而减轻单个钢球承受的载荷,也可降低螺杆的接触应力。经验证明,每个环路中的钢球数以不超过60个为好。每个环路中的钢球数可用下式确定:

$$n = \frac{\pi DW}{d\cos\alpha_0} \approx \frac{\pi DW}{d} \tag{7-20}$$

式中:D——钢球中心距,mm;

W——一个环路中的钢球工作圈数;

n——不包括环流导管中的钢球数;

α_0——螺线导程角,常取 $\alpha_0 = 5° \sim 8°$,故 $\cos\alpha_0 \approx 1$。

(4)滚道截面。滚道有单圆弧、四段圆弧和椭圆等截面形式。目前应用较广泛的是四段圆弧滚道截面,如图7-18所示。螺杆和螺母的滚道各由两条圆弧组成,基本上可消除轴向位移。钢球与滚道有四点接触,受力后钢球与滚道是两点接触。图中滚道与钢球之间的间隙,除用来储存润滑油之外,还能储存磨损杂质,从而减小磨损。

为了减少摩擦,滚道圆弧半径 R_2 应大于钢球半径 $d/2$,一般取 $R_2 = (0.51 \sim 0.53)d$。螺杆滚道应倒角,用来避免滚道尖角处被啃出毛刺而划伤钢球后降低传动效率。

(5)接触角 θ。钢球与螺杆滚道接触点的正压力方向与螺杆滚道法向截面轴线间的夹角称为接触角 θ,如图7-18所示。θ 角多取为45°,以使轴向力和径向力分配均匀。

(6)螺距 t 和螺旋线导程角 α_0。转向盘转动 φ 角,对应螺母移动的距离 s 为:

$$s = \frac{\varphi t}{2\pi} \tag{7-21}$$

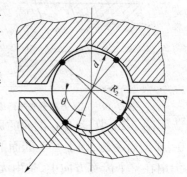

图7-18 四段圆弧滚道截面

式中:t——螺纹螺距,mm。

与此同时,齿扇节圆转过的弧长等于 s,相应摇臂轴转过 β_p 角,其间关系为:

$$s = \beta_p r \tag{7-22}$$

式中:r——齿扇节圆半径,mm。

联立式(7-21)、式(7-22)得 $\varphi = \frac{2\pi r \beta_p}{t}$,将 φ 对 β_p 求导得循环球式转向器角传动比 i_ω 为

$$i_\omega = \frac{2\pi r}{t} \tag{7-23}$$

由式(7-23)可知,螺距 t 影响转向器角传动比 i_ω 的值。在螺距 t 不变的条件下,钢球直径 d 越大,图7-17中的尺寸 b 越小,影响螺杆强度。要求 $b = (t - d) > 2.5$mm。螺距 t 一般在 $8 \sim 11$mm之间。

式(7-1)、式(7-2)均说明螺旋线导程角 α_0 影响转向器传动效率。

因此,选择螺距 t 和螺旋线导程角 α_0 时,应满足角传动比 i_ω 的要求和保证有较高的正效率 η_+,同时反行程时不发生自锁现象。

(7)工作钢球圈数 W。多数情况下,循环球式转向器用两个环路,而每个环路的工作钢球圈数 W 与接触强度有关:工作钢球圈数增加,参加工作的钢球增多,能降低接触应力,提高承载能力;但钢球受力不均匀、螺杆增长使刚度降低。工作钢球圈数一般有1.5、2.5两种(表7-1)。

(8)导管内径 d_1。容纳钢球且钢球在其内部流动的导管内径 $d_1 = d + e$,式中,e 为钢球直径 d 与导管内径之间的间隙。e 不易过大,否则钢球流经导管时球心偏离导管中心线的距离增大,并使流动阻力增大。一般 e 在 $0.4 \sim 0.8$mm。导管壁厚取为 1mm。

2)齿条、齿扇传动副设计

如图 7-19 所示,滚刀相对工件齿扇作垂直进给运动的同时,还以一定的比例作径向进给运动,获得一斜向进给运动,这样加工齿扇齿,得到变厚齿扇。如图 7-20 所示,变厚齿扇的齿顶和齿根的轮廓面是圆锥的一部分,其分度圆上的齿厚是变化的,称之为变厚齿扇。

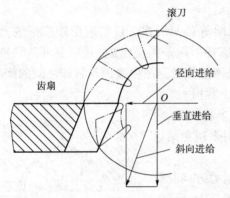

图 7-19 用滚刀加工变厚齿扇的进给运动

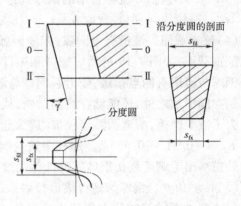

图 7-20 变厚齿扇的截面

图 7-20 中,若 0-0 剖面的原始齿形变位系数 $\xi = 0$,且Ⅰ—Ⅰ剖面和Ⅱ—Ⅱ剖面分别位于 0—0 剖面两侧,则Ⅰ—Ⅰ剖面的齿轮是正变位齿轮,Ⅱ—Ⅱ剖面的齿轮为负变位齿轮,故变厚齿扇在整个齿宽方向上,是由无数个原始齿形变位系数逐渐变化的圆柱齿轮所组成的。

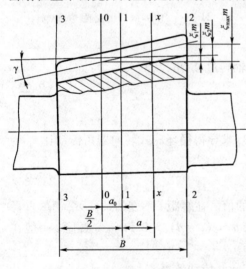

图 7-21 变厚齿扇的齿形计算用图

对齿轮来说,由于在不同位置的剖面中,其模数 m 不变,所以它的分度圆半径 r 和基圆半径 R_0 相同。因此,变厚齿扇的分度圆和基圆均为一圆柱,它在不同剖面位置上的渐开线齿形,都是在同一个基圆柱上所展出的渐开线,只是其轮齿的渐开线齿形相对基圆的位置不同而已,所以应将其归入圆柱齿轮的类型。

变厚齿扇齿形的计算,如图 7-21 所示。一般将中间剖面 1—1 规定为基准剖面。由 1—1 剖面向右时,变位系数 ξ 为正,向左则由正变为零(0—0 剖面),再变为负。若 0—0 剖面距 1—1 剖面的距离为 a_0,则其值为:

$$a_0 = \xi_1 m / \tan\gamma$$

式中,γ ——切削角。

在切削角 γ 一定的条件下,各剖面的变位系数 ξ 取决于距基准剖面 1—1 的距离 a。

进行变厚齿扇齿形计算之前,必须确定的参数有:模数 m,见表 7-2;法向压力角 α_0,一般在 $20° \sim 30°$;切削角 γ,常见的有 $6°30'$ 和 $7°30'$ 两种;齿顶高系数 x_1,一般取 0.8 或 1.0;径向间隙系数,取 0.2;整圆齿数 z,在 $12 \sim 18$ 选取;齿扇宽度 B,一般在 $22 \sim 38$mm。

循环球式转向器齿扇齿模数 表 7-2

齿扇齿模数 m		3.0	3.5	4.0	4.5	5.0	6.0	6.5
商用车	前轴负荷(N)	3000~5000	4500~7500	5500~18500	7000~19500	9000~24000	17000~37000	23000~44000
	最大载质量(kg)	350	1000	2500	2700	3500	6000	8000
乘用车	排量(L)	0.5	1.0~1.8	1.6~2.0	2.0	2.2		
	前轴负荷(N)	3500~3800	4700~7350	7000~9000	8300~11000	10000~11000		

2. 循环球式转向器零件的强度计算：

1) 钢球与滚道之间的接触应力 σ

钢球与滚道之间的接触应力 σ 可用下式计算：

$$\sigma = K \sqrt[3]{\frac{F_3 E^2 (R_2 - r)^2}{(R_2 r)^2}} \quad (7\text{-}24)$$

式中：K——系数，根据 A/B 值由表 7-3 确定，A、B 的计算公式为：

$$A = [(1/r) - (1/R_2)]/2$$
$$B = [(1/r) + (1/R_1)]/2$$

式中：R_2——滚道圆弧半径，mm；

r——钢球半径，mm；

R_1——螺杆外半径，mm；

E——材料弹性模量，$E = 2.1 \times 10^5$ MPa；

F_3——钢球与螺杆之间的正压力，可用下式计算：

$$F_3 = \frac{F_2}{\cos\theta \cos\alpha_0 n} \quad (7\text{-}25)$$

式中：θ——接触角；

α_0——螺杆螺线的导程角；

n——参与工作的钢球数；

F_2——作用在螺杆上的轴向力，N(图 7-22)。

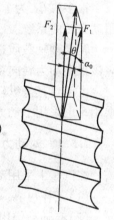

图 7-22 螺杆受力简图

当接触表面硬度为 58~63HRC 时，许用接触应力 $[\sigma] = 2500$ MPa。

系数 K 与 A/B 的关系 表 7-3

A/B	1.0	0.9	0.8	0.7	0.6	0.5	0.4	0.3	0.2	0.15	0.1	0.05	0.02	0.01	0.007
K	0.388	0.400	0.410	0.440	0.468	0.490	0.536	0.600	0.716	0.800	0.970	1.280	1.800	2.271	3.202

2) 齿的弯曲应力 σ_W

齿扇齿的弯曲应力可用下式计算：

$$\sigma_W = \frac{6Fh}{Bs^2} \quad (7\text{-}26)$$

式中：F——作用在齿扇上的圆周力，N；

h——齿扇的齿高度，mm；

B——齿扇的齿宽度，mm；

s——基圆齿厚度,mm。

许用弯曲应力为$[\sigma_w] = 540$MPa。

螺杆和螺母通常用20CrMnTi钢制造,表面渗碳。对于前轴负荷不大的汽车,渗碳层深度在0.8~1.2mm;对于前轴负荷大的汽车,渗碳层深度在1.05~1.45mm。表面硬度为58~63HRC。转向器壳可用球墨铸铁铸造。

3) 转向摇臂轴直径的确定

转向摇臂轴直径可用下式计算:

$$d = \sqrt[3]{\frac{kM_r}{0.2\tau_0}} \tag{7-27}$$

式中:k——安全系数,根据汽车使用条件不同,可取2.5~3.5;

M_r——转向阻力矩,N·mm,由式(7-17)确定;

τ_0——扭转强度极限,MPa。

摇臂轴通常用20CrMnTi钢制造,表面渗碳,渗碳层深度在0.8~1.2mm。对于前轴负荷大的汽车,渗碳层深度为1.05~1.45mm。表面硬度为58~63HRC。

7.5 动力转向系统设计

很多汽车,为了减轻驾驶人在转向时作用于转向盘上的力,以提高其操纵的轻便性,常采用动力转向系统。

转向轴轴载质量超过2.5t的货车,可采用动力转向系统;当转向轴轴载质量超过4.0t时,应该采用动力转向系统。

由于对其操纵轻便性的要求越来越高,现在包括中型轿车甚至普及型轿车在内的大多数乘用车也采用了动力转向系统。

7.5.1 对动力转向系统的要求

在汽车上采用动力转向后,为了保证原车良好的转向性能,对其提出了如下要求:

(1) 工作可靠。动力转向系统失灵时,仍可用机械系统操纵汽车车轮转向。

(2) 有随动作用。运动学上应保持转向轮转角和驾驶人转动转向盘的转角之间保持一定的比例关系,使转向轮的偏转角度与偏转速度能随着转向盘转动的角度和转动速度而成正比地变化,并能使转向轮保持在任一偏转角位置上。

(3) 转向灵敏。转向盘转动后,系统内压力能很快增长到最大值。

(4) 良好的"路感"。能及时把转向轮阻力成正比地反映到转向盘上。

(5) 具有自动回正能力。转向后转向盘能自动回正,并使汽车保持在稳定的直线行驶状态。

(6) 密封性能好,内、外泄漏少。

7.5.2 液压式动力转向机构布置方案分析

液压式动力转向是以液体的压力作动力来完成转向加力动作。其优点是油液工作压力高(一般可达6~10MPa或更高,最高可达16.5~18MPa);动力缸结构尺寸小、质量轻,结构紧凑;油液具有的不可压缩性使其灵敏度高;油液的阻尼作用可以吸收路面冲击;动力装置也无需润滑等，因而得到广泛应用。但产品结构较复杂且对加工精度和密封的要求高。与液压式相比，气压式有种种缺点故在汽车上的应用受到限制。

1. 动力转向机构布置方案

液压式动力转向机构由储油罐、液压泵、转向分配阀、转向动力缸、机械转向器（齿轮齿条式或循环球式）及油管等组成。根据分配阀、转向器和动力缸三者相互位置的不同，液压式动力转向机构可分为整体式（图7-23a）和分置式（图7-23b、c、d）两类。分置式按分配阀所在位置不同又分为：分配阀装在动力缸上的称为联阀式（图7-23b），分配阀装在转向器和动力缸之间拉杆上的称为连杆式（图7-23c），分配阀装在转向器上的称为半分置式（图7-23d）。

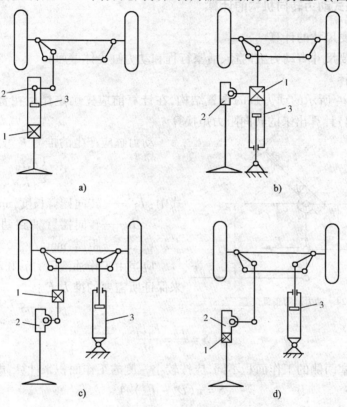

图7-23 动力转向机构布置方案图
1-分配阀；2-转向器；3-动力缸

1) 整体式

整体式动力转向机构由于其分配阀、转向器、动力缸三者装在一起，因而结构紧凑，管路较短。由于转向轮受到的侧向力作用或发动机的振动都不影响分配阀的振动，因而不会引起转向轮摆振。其缺点是转向摇臂轴、摇臂等转向器主要零件，都要承受由动力缸所建立起来的载荷，因此必须加大它们的尺寸和质量，给布置带来不利的影响；同时还不能采用典型转向器，拆装转向器时比分置式的困难。另外，由于对转向器的密封性能要求高，所以用在装载质量大的重型汽车上，会给转向器的设计带来困难。整体式动力转向器多用于乘用车和中型货车。

2) 分置式

分置式动力转向机构中，转向器可采用任何一种典型结构，其零件也不承受由动力缸所建立起来的载荷影响。但分置式的管路布置比整体式的复杂，零件的数量较多。分置式适用于装载质量大的货车。如果前轴轴载质量大，可增加动力缸数或加大缸径以满足需要，但这并不影响转向器尺寸。分置式中,以半分置式和联阀式应用较多,连杆式应用较少。

2. 分配阀的结构方案

液压式动力转向的分配阀有滑阀式和转阀式两种结构方案,前者分配阀中的阀与阀体以轴向移动方式来控制油路,后者则以旋转运动来控制油路。

滑阀式分配阀结构简单,生产工艺性较好,易于布置,使用性能较好,曾得到广泛应用。

转阀式与滑阀式比较,灵敏度高、密封件少而且结构较为先进。由于转阀式是利用扭杆弹簧使转阀复位,结构较复杂。转阀式分配阀在国内外均得到广泛应用。

7.5.3 液压式动力转向机构的计算

1. 动力缸主要尺寸的计算

动力缸的主要尺寸有动力缸内径、活塞行程和动力缸壳体壁厚。

1) 动力缸内径

对于如图7-24所示的动力缸的布置结构,在计算前应先确定作用在直拉杆上的力 F_1。此力可用式(7-17)计算出来的转向阻力矩换算。

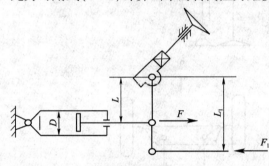

图7-24 动力缸的布置

动力缸应产生的推力 F 可用下式计算:

$$F = \frac{F_1 L_1}{L}$$

式中:L_1——转向摇臂长度,mm;
L——转向摇臂轴到动力缸活塞之间的距离,mm。

应当由工作油液压力 p 和动力缸截面面积 S 来保证所需要的推力 F:

$$F = pS$$

则

$$S = \frac{F}{p} = \frac{F_1 L_1}{pL} \tag{7-28}$$

因动力缸活塞两侧的工作面积不同,应按较小一侧的工作面积来计算,即:

$$S = \pi(D^2 - d_p^2)/4 \tag{7-29}$$

式中:D——动力缸内径,mm;

d_p——活塞杆直径,mm,一般初选时可取 $d_p = 0.35D$。

联立式(7-28)和式(7-29)后得到:

$$D = \sqrt{\frac{4F_1 L_1}{\pi pL} + d_p^2} \tag{7-30}$$

式中:p——工作油液压力,一般可取 6~10MPa,最高可取 16.5~18MPa。

2) 活塞行程

活塞行程是车轮转至最大转角时,由直拉杆的移动量换算到活塞杆处的移动量得到的。

如图7-25所示,活塞移到两端极限位置,还要留有一定间隙。活塞移到左侧极限位置时,其端面到动力缸之间应当留有10mm间隙。活塞移到右侧极限位置时,其端面到缸盖之间应留有 $e = (0.5 \sim 0.6)D$ 的间隙,以利于活塞导向作用。

活塞厚度可取为 $B = 0.3D$。动力缸的最大长度 s 为:

$$s = 10 + s_1 + B + e = 10 + s_1 + (0.8 \sim 0.9)D \tag{7-31}$$

式中:s_1——活塞最大位移量,mm。

3)动力缸壳体壁厚度

动力缸壳体壁厚度 t,根据计算轴向平面拉应力 σ_z 来确定,即:

$$\sigma_z = p\left[\frac{D^2}{4(Dt+t^2)}\right] \leq \frac{\sigma_s}{n} \qquad (7-32)$$

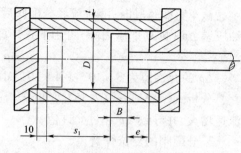

图7-25 确定动力缸长度尺寸简图

式中:p——工作油液压力,MPa;
D——动力缸内径,mm;
t——动力缸壳体壁厚度,mm;
σ_s——壳体材料的屈服极限,MPa;
n——安全系数,一般取 $n=3.5\sim5.0$。

壳体材料有球墨铸铁和铸造铝合金两种。球墨铸铁采用 QT500-05,抗拉强度为500MPa,屈服点为350MPa。铸造铝合金多采用 ZL105,抗拉强度为160~240MPa。

活塞杆用40或45钢制造。为提高可靠性和寿命,要求其表面镀铬并磨光。

2. 分配阀参数的选择

分配阀的主要参数有:滑阀直径 d,预开隙 e_1、密封长度 e_2 和滑阀总移动量 e 等,如图7-26所示。这些参数影响分配阀的泄漏量、液流速度和转向灵敏度。设计时可根据下列关系式来确定上述参数。

1)分配阀的泄漏量 ΔQ

要求按下式计算得到的 ΔQ 不大于溢流阀限制下最大排量的5%~10%,即:

$$\Delta Q = \frac{\Delta r^3 \Delta p \pi d}{12\mu e_2} \qquad (7-33)$$

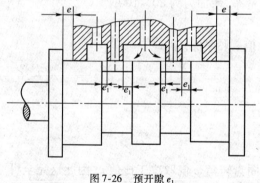

图7-26 预开隙 e_1

式中:ΔQ——分配阀的泄漏量,cm^3/s;
Δr——滑阀和阀体在半径方向的间隙,cm,一般 Δr 在 0.0005~0.00125cm,计算时取最大间隙;
Δp——滑阀进、出口油压差(又称局部压力降)MPa;
d——滑阀外径,cm;
e_2——密封长度,cm,$e_2 = e - e_1$;
μ——液体动力黏度,Pa·s。

2)中间位置的液流流速 v

中间位置的液流流速 v 可用下式计算:

$$v = \frac{Q_{max}}{37.7 d e_1} \qquad (7-34)$$

式中:v——液流流速,m/s;
Q_{max}——溢流阀限制下的最大排量,L/min,一般约等于发动机怠速时液压泵排量的1.5倍;
d——滑阀直径,cm;

e_1——预开隙,cm。

3)滑阀进、出口油压差 Δp

汽车直线行驶时,液流流经分配阀后流回油箱。液流流经分配阀时,产生的滑阀进、出口油压差 Δp(即局部压力降)可用下式计算:

$$\Delta p = 1.38 \times 10^{-3} v^2 \tag{7-35}$$

Δp 的允许值为 $3 \times 10^{-2} \sim 4 \times 10^{-2}$ MPa。

分析式(7-34)、式(7-35)可知,若滑阀直径 d 和预开隙 e_1 取得过小,将使中间位置的液流流速增大,并导致 Δp 超过允许值。

3. 分配阀的复位弹簧

为了防止因外界干涉破坏分配阀的正常工作和保证转向后转向盘的自动回正作用,复位弹簧的力在保证转向轻便的条件下,应尽可能取大些。为克服复位弹簧上的压力,反映在转向盘上的作用力,对于乘用车应比货车的小些,一般不应大于30N。

复位弹簧预压缩力的最小值,应大于转向器逆传动时的摩擦力,否则转向后转向轮不可能有自动回正作用。转向器的摩擦阻力可由试验确定。

4. 动力转向器的评价指标

1)动力转向器的作用效能

动力转向器的作用效能用效能指标 $S = F_h / F'_h$ 来评价。式中,F_h 和 F'_h 分别为没有动力转向器时和有动力转向器时,转动转向轮所必须作用在转向盘上的力。现代动力转向器的效能指标 $S = 1 \sim 15$。

2)液压式动力转向的路感

驾驶人转动转向盘,除要克服转向器的摩擦阻力和复位弹簧的阻力外,还要克服反映路感的液压阻力。液压阻力等于反作用阀面积与工作液压压强的乘积。在最大工作压力时,对于乘用车,换算到转向盘上的力增加为 $30 \sim 50$N;对于货车,增加力为 $80 \sim 100$N。

3)转向灵敏度

转向灵敏度可以用转向盘行程与滑阀行程的比值 i 来评价,即:

$$i = \frac{D_{sw}\varphi}{2\delta} \tag{7-36}$$

式中:D_{sw}——转向盘直径,mm;
φ——转向盘转角;
δ——滑阀行程,mm。

由式(7-36)可见,当 D_{sw} 和 δ 的数值不变时,转向盘转角 φ 仅取决于比值 i,因此这完全可以表达转向灵敏度。比值 i 越小,则动力转向作用的灵敏度越高。发动机排量大于4.0L乘用车的 i 值在6.7以下。

转向灵敏度也可以用接通动力转向时,作用到转向盘的手力和转角来评价,要求此力在 $20 \sim 50$N,转角在 $10° \sim 15°$ 范围。

4)动力转向器的静特性

动力转向器的静特性是指输入转矩与输出转矩之间的变化关系曲线,是用来评价动力转向器的主要特性指标。因输出转矩等于油压压力乘以动力缸工作面积和作用力臂,对于已确定的结构,后两项是常量,所以可以用输入转矩 M_φ 与输出油压 p 之间的变化关系曲线来表示动力转向的静特性,如图7-27所示。常将静特性曲线划分为四个区段。在输入转矩不大的时候,相当于图中 A 区段,是直线行驶位置附近小角度转向区,曲线呈低平形状,油压变化不大;汽车原地转向或掉头时,输入转矩进入最大区段(图中 C 区段),要求助力转向效果应当最大,故油压曲线呈陡而直状上升;B 区段属常用快速转向行驶区段,要求助力作用要明显,油压曲线的斜率变化应较大,曲线由较为平缓变陡。除此之外,上述三个区段之间的油压曲线过渡要求平滑,D 区段曲线表明的就是一个较宽的平滑过渡区间。

要求动力转向器向右转和向左转的静特性曲线应对称。对称性可以评价滑阀的加工和装配质量。要求对称性大于 0.85。

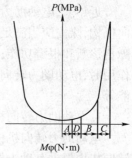

图 7-27 静特性曲线分段示意图

7.5.4 电控液压动力转向机构

液压动力转向机构经历了几十年的发展,机构上已相当完善,并在汽车上得到广泛应用。但在能量消耗、严格的密封要求和助力特性等方面始终存在不足。随着高速公路的增多,汽车行驶速度的变化范围也越来越宽,此时传统的液压动力转向已不适应汽车行驶速度多变以及既要求有足够的转向操纵轻便性又不能有转向发飘感觉的矛盾。为了满足在任何行驶工况下转向行驶都能保证良好的操纵轻便性和操纵稳定性,就必须采用车速感应型动力转向机构。

目前常用的车速感应型动力转向机构有电控液压动力转向机构和电动助力转向机构两种。

电控液压动力转向机构是以液压动力转向机构为基础增加电子控制单元(ECU)和执行元件构成的。通过车速传感器将车速信号传至 ECU,控制电液转换装置改变助力特性,达到在低速或急转弯行驶时驾驶人能以很小的手力转动转向盘,而在高速行驶时又能以稍重的手力进行转向操作。

1. 电控液压动力转向机构的分类

根据控制方式不同,电控液压动力转向机构可分为流量控制式、油压反馈控制式、动力缸分流控制式和阀特性控制式等。其中使用较多的流量控制式又可分为电磁阀式、辅助液压泵式和可变流量式等几种。

2. 流量控制式电控液压动力转向机构

流量控制式电控液压动力转向机构是根据车速的变化改变向动力转向器提供的油量,并同时改变转向盘上的手力。车速低且转向,通过增加供油量改善助力效果并减小手力;汽车转急弯通过传感器检测转向角速度的快速变化,通过 ECU 控制油路能提供最大的供油量达到全动力转向状态。车速高时又能适当减少液压泵供油量,使手力略感沉重,做到驾驶人无发飘的感觉,以提高行车安全。

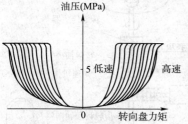

图 7-28 油压反馈控制式电控液压动力转向的助力特性

3. 油压反馈控制式电控液压动力转向机构

在车速信号控制下,车速越高,ECU 使通往控制阀反作用腔的反馈压力也越高,这就增加了开启控制阀的阻力,即转向手力增大,反之转向手力减小。图 7-28 所示为油压反馈控制式动力转向的车速感应型助力特性曲线。

该结构能在低速掉头和原地转动转向盘时提供 95% 的助力作用;随着车速的提高,可以逐渐减少到最低仅提供 65% 的助力作用。

7.5.5 电动助力转向机构

近年来,电动助力转向机构在乘用车上得到广泛应用,并有良好的发展前景。电动助力转向机构,除去应当满足对液压式动力转向机构的一些相似要求以外,同时还应当满足:具有故障自诊断和报警功能;有良好的抗振动和抗噪声干扰能力等;当地面与车轮之间有反向冲击力作用时,电动助力转向机构应迅速反应,防止转向盘转动;在过载使用条件下有过载保护功能等。

1. 电动助力转向机构的分类

电动助力转向机构利用直流电动机提供转向动力,辅助驾驶人进行转向操作。电动助力转向机构根据其助力机构的不同可以分为电动液压式和电动机直接助力式两种。

2. 电动液压式动力转向机构

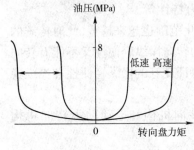

图7-29 电动液压式动力转向的助力特性

电动液压式动力转向机构,采用由蓄电池供电的直流电动机驱动液压泵。ECU根据车速信号、转向盘转速信号控制电动机转速,控制液压泵流量,达到变助力转向的目的。图7-29所示为电动液压泵式动力转向的车速感应型助力特性。其特点是由ECU提供供油特性,汽车低速行驶时助力作用大,驾驶人操纵轻便灵活;在高速行驶时转向系统的助力作用减弱,驾驶人的操纵力增大,具有明显的"路感",既保证转向操纵的舒适性和灵活性,又提高了高速行驶中转向的稳定性和安全感。

采用电动机驱动液压泵,与发动机在机械上毫无关系,液压泵不必布置在发动机附近,布置容易、拆装方便,不转向时电动机以低转速运转,甚至停止运转,又可以降低能量消耗。

3. 电动机直接助力式转向机构

1)电动机直接助力式转向机构的结构和工作原理

如图7-30所示,当转向轴转动时,转矩传感器开始工作,把两段转向轴在扭杆作用下产生的相对转角转变成电信号传给ECU,ECU根据车速传感器和转矩传感器的信号决定电动机的旋转方向和助力电流的大小,并将指令传递给电动机,通过离合器和减速机构将辅助动力施加到转向系统(转向轴)中,从而完成实时控制的助力转向。

2)电动机直接助力式转向的特点

对于电动机直接助力式转向机构,电动机仅在汽车转向时才工作并消耗蓄电池能量;而对于常流式液压动力转向机构,因液压泵处于长期工作状态和内泄漏等原因要消耗较多的能量。两者比较,电动助力转向的燃料消耗率仅为液压动力转向的16%~20%。

液压动力转向机构内的工作介质是油,任何部位出现漏油,油压将建立不起来,不仅失去助力效能,并对环境造成污染。当发动机出现故障停止工作时,液压

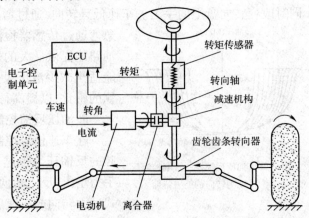

图7-30 电动机直接助力式转向机构示意图

泵也不工作,结果也会丧失助力效能,也就降低了工作可靠性。电动直接助力转向机构不存在漏油问题,只要蓄电池内有电提供给电动助力转向机构,就能有助力作用,所以工作可靠。若液压动力转向机构的油路进入空气或者储油罐油面过低,工作时将产生较大噪声,在排除气体之前会影响助力效果;而电动助力转向仅在电动机工作时有轻微的噪声。

电动直接助力转向与液压动力转向比较,转动转向盘时仅需克服转向器的摩擦阻力,不存在复位弹簧阻力和反映路感的油压阻力。电动直接助力转向还有整体结构紧凑、部件少、占用的空间尺寸小、质量比液压式动力转向轻20%~25%、在汽车上容易布置以及由于系统内部采用刚性连接,反应灵敏、滞后小、驾驶人的"路感"好等优点。

但直接助力式电动转向机构提供的辅助动力较小(车用电源电压较低),难以用于大型车辆;减速机构、电动机等部件会影响汽车的操纵稳定性,正确匹配整车性能至关重要;使用电动机、减速机构和转矩传感器等部件,增加了系统的成本。

因此,直接助力式电动转向机构尤其适用于对于空间、质量要求更高的使用小排量发动机的小型汽车上。

3)电动机直接助力式转向机构布置方案

根据电动机布置位置的不同,直接助力式电动转向系统可以分为转向轴助力式、齿轮助力式、齿条助力式三种类型。

(1)转向轴助力式电动助力转向机构的电动机布置在靠近转向盘下方,并经蜗轮蜗杆机构与转向轴连接(图7-31a)。

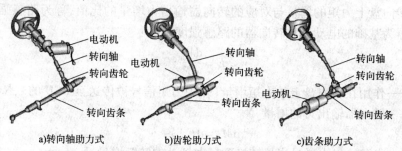

a)转向轴助力式　　b)齿轮助力式　　c)齿条助力式

图7-31　电动机直接助力式转向机构的布置方案

这种布置方案的特点是:由于转向轴助力式电动助力转向的电动机布置在驾驶室内,所以有良好的工作条件;因电动机输出的助力转矩经过减速机构增大后传给转向轴,所以电动机输出的助力转矩相对小些,电动机尺寸也小,这又有利于在车上布置和减轻质量;电动机、转矩传感器、减速机构、电磁离合器等装为一体使结构紧凑,上述部件又与转向器分开,故拆装与维修工作容易进行;转向器仍然可以采用通用的典型结构齿轮齿条式转向器;电动机距驾驶人和转向盘近,电动机的工作噪声和振动直接影响驾驶人;转向轴等零部件也要承受来自电动机输出的助力转矩的作用,为使其强度足够,必须增大受载件的尺寸;尽管电动机尺寸不大,但因这种布置方案的电动机靠近转向盘,为了不影响驾驶人腿部的动作,在布置时仍然有一定的困难。

(2)齿轮助力式电动助力转向机构的电动机布置在与转向器主动齿轮相连的位置(图7-31b),并通过驱动主动齿轮实现助力。

这种布置方案的特点是:电动机布置在地板下方、转向器上部,工作条件比较差,对密封要求较高;电动机的助力转矩基于与转向轴助力式相同的原因可以小些,因而电动机尺寸小,同时转矩传感器、减速机构等的结构紧凑、尺寸小,有利于在整车上的布置和减小质量;转向轴等位于转向器主动齿轮以上的零部件,不承受电动机输出的助力转矩作用,故尺寸可以小些;电动机距驾驶人远些,它的工作噪声对驾驶人影响不大,但振动仍然会传到转向盘;电动机、转矩传感器、电磁离合器、减速机构等与转向器主动齿轮装在一个总成内,拆装时会因相互影响而出现一定的困难;转向器与典型的转向器不能通用,需要单独设计、制造。

(3)齿条助力式电动助力转向机构的电动机和减速机构等布置在齿条处(图7-31c),并直接驱动齿条实现助力。

这种布置方案的特点是:电动机位于地板下方,相比之下,工作噪声和振动对驾驶人的影响都小些;电动机、减速机构等不占据转向盘至地板这段空间,因而有利于转向轴的布置,驾驶人腿部的动作不会受到它们的干扰;转向轴直至转向器主动齿轮均不承受来自电动机的助力转矩作用,故它们的尺寸可以小些;电动机、减速机构等工作在地板下方,条件较差,对密封要求良好;电动机输出的助力转矩只经过减速机构增扭,没有经过转向器增扭,因而必须增大电动机输出的助力转矩才能有良好的助力效果,随之而来的是电动机尺寸增大、质量增加;转向器与典型的转向器不能通用,需要单独设计、制造;采用滚珠螺杆螺母减速机构时,会增加制造难度与成本;电动机、转向器占用的空间虽然大一些,但用于前轴负荷大、前部空间相对宽松一些的乘用车上不是十分突出的问题。

4)电动机直接助力式转向的助力特性

(1)转向轻便性与路感。选用不同的助力特性将对转向操纵轻便性和路感有很大的影响。理想的助力特性应该是既能满足低速转向时有足够的轻便性能,又能满足高速转向时具有良好的路感。解决好轻便性与路感的矛盾,是助力特性中的重要问题之一。

作用在转向盘上力矩的增量与对应的转向器输出力增量的比值,称为路感强度。以齿轮齿条式转向器为基础的电动助力转向器的路感强度 E 为:

$$E = \frac{dM_h}{dF} \tag{7-37}$$

式中:dM_h——作用在转向盘上的力矩增量(作为力矩信号被传送至 ECU 的),N·mm;

dF——转向器输出力的增量,N。

因为:
$$dM_z = dF \cdot r_p \tag{7-38}$$

式中:dM_z——齿条输出力增量当量转换到转向轴上的转矩增量,N·mm;

r_p——转向器主动齿轮的分度圆半径,mm。

又因为:
$$r_p = \frac{i_\omega}{2\pi} \tag{7-39}$$

式中:i_ω——主动齿轮转动一圈时齿条的行程(且定义为齿轮齿条式转向器的传动比),mm。

将式(7-38)、式(7-39)代入式(7-37),可得:

$$E = (\frac{i_\omega}{2\pi})\frac{dM_h}{dM_z} \tag{7-40}$$

同时,根据静力学原理有:

$$dM_z = dM_h + dM_a \tag{7-41}$$

式中:dM_a——电动机作用到转向轴上的转矩增量,N·mm。

令
$$H = \frac{dM_a}{dM_h} \tag{7-42}$$

将式(7-41)、式(7-42)代入式(7-40),可得:

$$E = \frac{i_\omega}{2\pi(1 + H)} \tag{7-43}$$

由式(7-43)可知:当忽略转向器传动比 i_ω 变化带来的影响时,若 $H=0$ 表明助力矩与转向盘上力矩成固定比例变化,此时的路感强度 E 为常数。

当量路感强度 E_d 为:

$$E_d = \frac{1}{1+H} \tag{7-44}$$

当 $H=0$ 时,表明转向机构没有助力作用,汽车依靠转向机构的机械部分实现手动转向。此时的当量路感强度为100%。当 $H=\infty$ 时,表明汽车转向阻力全部由动力转向克服,此时的当量路感强度为零。应当根据汽车类型、使用条件等选取当量路感强度。

由式(7-41)可知,转向轮上的阻力矩转换到齿条再当量转换到转向轴的阻力转矩 M_z,由作用在转向盘上的力矩 M_h 和动力转向产生的助力矩 M_a 共同克服。因此,增加助力矩 M_a 则可以减小作用在转向盘上的力矩 M_h。这能达到转向轻便的目的,但路感变坏了。反之,在减小助力矩 M_a 的同时必须增加作用在转向盘上的力矩 M_h,此时路感得到增强,而转向轻便性变坏了。因此,转向轻便性与路感形成一对矛盾。

(2)直线型助力特性。图7-32所示的直线型助力特性的特点是,助力特性线可分成三个区段:无助力区段 A、助力变化区段 B、助力不变区段 C。

无助力区段 A 相当于汽车在直线行驶位置附近,转向轮以小转角状态,汽车以较高车速转向行驶。此时,转向轮的转向阻力不大,不需要助力,因此路感强度最大。此刻作用在转向盘上的力矩 M_h 为:

$$0 \le M_h < M_{h0}$$

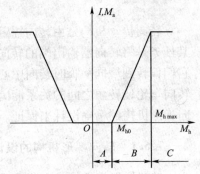

图7-32 直线型助力特性曲线的助力区段

式中:M_{h0}——电动助力转向开始产生助力时,作用到转向盘上的力矩。

助力变化区段 B 相当于汽车低速转向行驶时,转向轮处于较大转角状态,转向阻力较大,并需要较大的助力而路感强度减小。此刻作用到转向盘上的力矩 M_h 为:

$$M_{h0} \le M_h < M_{h\,max}$$

式中:$M_{h\,max}$——动力转向机构提供最大助力时作用在转向盘上的力矩。

选定助力特性曲线的斜率 K,助力特性随之确定。如图7-33所示,图中的两条曲线1和2的斜率分别为 K_1、K_2 且 $K_1 > K_2$。斜率大些的助力特性曲线与斜率小些的助力特性曲线比较更陡些。表明在转向盘力矩相同的条件下斜率大些的助力特性曲线助力效果更好,适合用于低速急转弯行驶状况。

助力不变区段 C 相当于转向轮转角接近或达到最大值,要求有最大的助力,此时电动机提供的电流也达到最大值,所以在助力不变区段 C 的助力特性曲线为一平直线段。

(3)车速感应型助力特性。电动助力转向的助力特性由程序设定。通常将助力特性曲线设计成随着汽车行驶速度 v 的变化而变化,并将这种助力特性称之为车速感应型。图7-34所示出车速感应型助力特性曲线表明,助力既是作用到转向盘上的力矩函数,同时也是车速的函数。当车速 $v=0$ 时,相当于汽车在原地转向,助力特性曲线的位置居其他各条曲线之上,助力强度达到最大。随着车速 v 不断升高,助力特性曲线的位置也逐渐降低,直至车速 v 达到最高车速 v_{max} 为止,此时的助力强度已为最小,而路感强度达到最大。

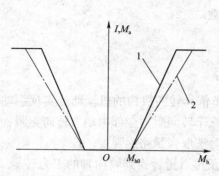

图 7-33 直线型助力特性曲线的斜率
1-斜率 K_1;2-斜率 K_2

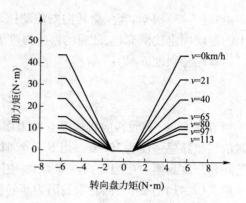

图 7-34 车速感应型助力特性

7.6 转向传动机构设计

转向传动机构是由转向摇臂至左、右转向车轮之间用来传递力及运动的转向杆、臂系统,其任务是将转向器输出端的转向摇臂的摆动转变为左、右转向车轮绕其转向主销的偏转,并使它们偏转到绕同一瞬时转向中心的不同轨迹圆上,实现车轮无滑动地滚动转向。为了使左、右转向车轮偏转角之间的关系能满足这一汽车转向运动学的要求,则要由转向传动机构中的转向梯形机构的精确设计来保证。

7.6.1 转向梯形机构的设计

转向梯形有整体式和断开式两种,选择整体式或断开式转向梯形方案与悬架采用何种方案有关。无论采用哪一种方案,都必须正确选择转向梯形参数,做到汽车转弯时,保证全部车轮绕一个瞬时转向中心行驶,使在不同圆周上运动的车轮,作无滑动的纯滚动运动。同时,为达到总体布置要求的最小转弯直径值,转向轮应有足够大的转角。

1. 整体式转向梯形机构

整体式转向梯形是由转向横拉杆1,转向梯形臂2和汽车前轴3组成,如图7-35所示。这种方案的优点是结构简单,调整前束容易,制造成本低;主要缺点是一侧转向轮上、下跳动时,会影响另一侧转向轮。

当汽车前悬架采用非独立悬架时,应当采用整体式转向梯形。整体式转向梯形的横拉杆可位于前轴后(称为后置梯形)或前轴前(称为前置梯形)。对于发动机位置低或前轮驱动汽车,常采用前置梯形。前置梯形的梯形臂必须向前外侧方向延伸,因而会与车轮或制动底板发生干涉,所以在布置上有困难。为了保护横拉杆免遭路面不平物的损伤,横拉杆的位置应尽可能布置得高些,至少不低于前轴高度。

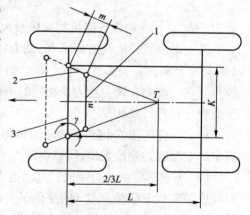

图 7-35 整体式转向梯形几何参数初选简图
1-转向横拉杆;2-转向梯形臂;3-前轴

整体式转向梯形机构设计时需要确定两个参数,梯形底角 γ 和梯形臂的长度 m ,如图7-35所示。后置转向梯形的两个梯形臂延长线通常相交在距前轴的 $2/3 L$ 处,如图中所示

汽车中心线上的 T 点,由图可以计算得到梯形底角的余切值为:
$$\cot\gamma = 3K/4L \tag{7-45}$$
式中:γ——梯形底角;

K——主销中心距,即两主销中心线延长线到地面交点之间的距离;

L——汽车轴距。

一般可参考现有汽车梯形臂长度 m 与主销中心距 K 之比的统计数据后对梯形臂的长度 m 进行初选,其范围为 $m = (0.11 \sim 0.15)K$。

在转向梯形几何参数初选后,常用图解法校核初选的梯形底角 γ 和梯形臂长度 m。如图 7-36 所示,从主销中心线的延长线与地面的交点 A 和 B,向后轴引两条平行于汽车纵轴线的直线,交于后轴上的 C 点和 D 点。将 AB 线段的中点 E 与 C 点连接。可以证明,EC 线上任一点 F 与 A、B 两点连线所组成的 $\angle EBF$ 和 $\angle EAF$,就是内、外转向轮满足理想转向特性所应有的车轮转角 θ_0 和 θ_i。根据图 7-36 的几何关系有:
$$\cot\theta_i = AG/FG = (AE - EG)/FG$$
$$\cot\theta_0 = BG/FG = (BE + EG)/FG$$
由上两式可以得出内、外轮转角的几何关系为:
$$\cot\theta_0 - \cot\theta_i = 2EG/FG = 2EA/AC = K/L \tag{7-46}$$
式(7-46)即是满足理想转向特性的内、外轮转角几何关系,因此可以证明,直线 EC 就是保证内、外轮转角正确关系的理论特性线。设计时应当使实际的特性曲线和理论特性线尽可能一致,这可以通过选取适当的梯形底角 γ 来实现。

近似设计的具体做法是:首先按初选原则选出转向梯形臂长 m,再初选一个梯形底角 γ_1,画出转向轮在中间位置时的转向梯形图,然后按均匀的原则给出一系列转向位置的内轮转角 θ_{i1}、θ_{i2} …,按理想转向特性的要求,通过作图得外轮的对应转角 θ_{01}、θ_{02} …,再如图 7-37 所示,将内、外轮转角逐一画在图上,把对应转角射线的交点连接起来,便得到在选定梯形底角 γ_1 时的转向梯形实际特性曲线。实际特性曲线在汽车转向轮转角较小时与理论特性曲线很接近,但是在转角稍大以后,便较为迅速地偏离理论特性线。如果再选一个梯形底角 γ_2,便可以用与上述相同方法得到第二条实际特性曲线。若给出一系列的梯形底角,便得到一系列的实际特性曲线,最后从中选取在转向轮常用转角范围内与理论特性线最为接近的一条实际特

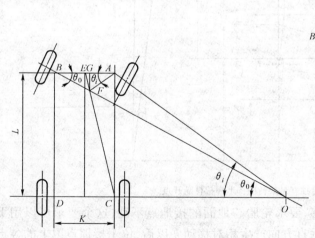

图 7-36 理想的转向梯形特性线

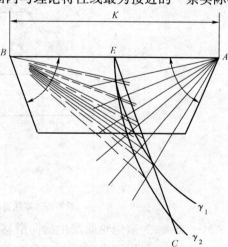

图 7-37 转向梯形的实际特性曲线

性曲线所对应的底角值,作为最后选定的梯形底角。

另外,也可以在前轴布置许可的条件下,选择一系列的转向梯形臂长,与不同的梯形底角相匹配,使实际特性曲线向理论特性线靠近。考虑轮胎侧向弹性的影响,一般应使实际内、外轮的转角差值比理论的小,两线通常交于 15°~25°,并使 25°以内的实际特性曲线应尽量靠近理论的特性线。

采用最优化设计方法优选转向梯形结构参数则可得到最佳设计效果。

2. 断开式转向梯形机构

对于前轮采用独立悬架的汽车,为了使一侧转向轮上下跳动时不会影响另一侧转向轮跳动,转向梯形中的横拉杆应该做成断开式的。与整体式转向梯形比较,由于其杆系、球头增多,所以结构复杂、制造成本高,并且调整前束比较困难。独立悬架轿车采用断开式梯形布置方案如图 7-38 所示。它一般由中间部分和两个侧向摆动臂所组成,或者横拉杆由两个摆动部分所

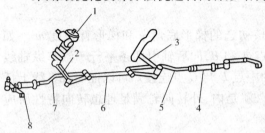

图 7-38 独立悬架的断开式转向梯形
1-转向器;2-转向摇臂;3-摇杆;4-调整臂;5、7-横拉杆;
6-主拉杆;8-梯形臂

组成。

断开式梯形中横拉杆断开点的位置,与独立悬架的结构型式有关。下面以双横臂独立悬架为例,说明与之相适应的转向横拉杆断开点的位置应如何选择。

如图 7-39 所示,独立悬架的上横臂和下横臂导向杆都是水平布置的。若转向轮在垂直方向相对汽车车身移动距离为 h,则上横臂端部 b 点、下横臂端部 d 点和横拉杆的端部 f 点在水平方向移动的距离分别近似为:

$$\left.\begin{aligned} l_b &= h^2/(2A) \\ l_d &= h^2/(2B) \\ l_f &= h^2/(2R) \end{aligned}\right\} \tag{7-47}$$

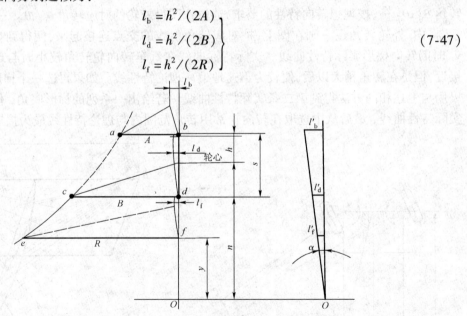

图 7-39 双横臂独立悬架转向梯形横拉杆断开点

另一方面,为避免轮胎产生横向滑移,要求轮胎与地面的接地点不动,这个要求可以用下面的方式加以满足:即当车轮与车身在垂直方向产生相对移动 h 以后,位于接地点以上的各点的横向位移与其所在位置的高度成比例关系。如图 7-39 所示,b、d、f 三点与其高度成比例

的横向位移分别是：

$$\left.\begin{array}{l}l'_b = (s+n)\tan\alpha\\l'_d = n\tan\alpha\\l'_f = y\tan\alpha\end{array}\right\} \quad (7\text{-}48)$$

因为
$$\begin{array}{l}l_b = l'_b\\l_d = l'_d\\l_f = l'_f\end{array}$$

所以
$$Ry = Bn = A(s+n) = \frac{h^2}{2\tan\alpha} \quad (7\text{-}49)$$

由式(7-49)可以看出，为了使轮胎在上下跳动的时候横向滑移尽可能地小，在双横臂独立悬架结构中，其悬架上、下横臂的支点和转向横拉杆的断开点，应布置在以接地点 O 为原点，满足式(7-48)的双曲线上的 a、c、e 点上。

7.6.2 转向传动机构部件的设计

1. 球头销

球头销常由于球面部分磨损而损坏，为此应验算接触应力 σ_j，即：

$$\sigma_j = F/A \quad (7\text{-}50)$$

式中：F——作用在球头销上的力，N；

A——在通过球心垂直于 F 力方向的平面内，球面承载部分的投影面积，mm^2。

许用接触应力为 $[\sigma_j] \leqslant 30MPa$。

球头销的形状虽复杂，然而其各部分尺寸和球头直径 d 有一定比例关系。球头直径 d 应与转向轮负荷相匹配，球头直径 d 可根据表7-4中推荐的数据进行选择。

球头直径 d 的选用范围　　　　表7-4

转向轮负荷(N)	球头直径 d (mm)	转向轮负荷(N)	球头直径 d (mm)
~6000	20	24000~34000	35
6000~9000	22	34000~49000	40
9000~12500	25	49000~70000	45
12500~16000	27	70000~100000	50
16000~24000	30		

球头销用渗碳钢12CrNiB、15CrMo、20CrNi 或液体碳氮共渗钢35Cr、35CrNi 制造。

2. 转向拉杆

转向拉杆包括转向纵拉杆、横拉杆，应有较小的质量和足够的刚度。转向拉杆通常用无缝钢管制成，常用材料为20、30、40钢。为了使发动机与横拉杆之间留有必要的间隙，而且又不占太大的运动空间，有时将横拉杆中间部分设计成弯曲状，根据类似的理由有的纵拉杆也被做成弯曲状的。弯曲状拉杆受轴向拉、压时刚度有所下降，所以在设计时应该按压杆稳定性计算方法校核转向拉杆的稳定性。稳定性安全系数不小于1.5~2.5。

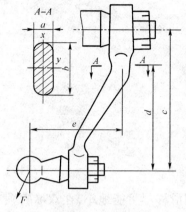

图7-40 转向摇臂受力图

3. 转向摇臂

在球头销上作用的力 F，对转向摇臂构成弯曲和扭转力矩的联合作用。危险断面在摇臂根部，应按第三强度理论验算其强度，即：

$$\sigma = \sqrt{(Fd/W_b)^2 + 4(Fe/W_t)^2} \leq \sigma_s/n \qquad (7-51)$$

式中：W_b，W_t——危险截面的抗弯截面系数和抗扭截面系数；

d，e——如图7-40所示；

σ_s——材料的屈服极限；

n——安全系数，取 $n = 1.7 \sim 2.4$。

转向摇臂与转向摇臂轴经花键连接，因此要求验算花键的挤压应力和切应力。

7.7 转向操纵机构设计

7.7.1 转向盘的布置及尺寸

转向盘由轮毂、轮缘和轮幅构成。若采用大直径的转向盘，会使驾驶人进出驾驶室感到困难；若是采用小直径转向盘，则在转向时要求驾驶人施加较大的力。转向盘布置过高，会影响驾驶人对道路和仪表板的观察视野；转向盘布置过低，则在操纵离合器、制动踏板时影响驾驶人腿部的动作。在选择转向盘直径时，应考虑与汽车的类型和大小相适应，表7-5给出了转向盘直径的大致参考范围。

转向盘直径参考值　　　　　　　　　　　　　　表7-5

汽车类型	转向盘直径(mm)
轿车、小型客车、小型货车	400
中型客车、中型货车	450、500
大型客车、大型货车	550

7.7.2 转向轴的防伤安全措施

根据交通事故统计资料和对汽车碰撞试验结果的分析表明：汽车正面碰撞时，转向盘、转向管柱是使驾驶人受伤的主要元件。这是因为在紧急制动或车辆碰撞时，车身、车架在碰撞后产生变形，导致转向轴、转向盘后移，产生第一次冲击，给驾驶人的胸部造成伤害。而人体受惯性作用前冲，又产生第二次冲击，使驾驶人的胸部和头部撞到转向盘或前风窗玻璃上造成伤害。因此，要求汽车在以 48km/h 的速度、正面与其他物体碰撞的试验中，转向管柱和转向轴在水平方向的后移量不得大于 127mm；在台架试验中，用人体模型的躯干以 6.7m/s 的速度碰撞转向盘时，作用在转向盘上的水平力不得超过 11123N，见 GB 11557—1998。为此，需要在转向系统中设计并安装能够吸收冲击能量防止或者减轻驾驶人受伤的机构。系统中用来吸收能量的元件有转向盘、转向轴或是转向管柱等，主要方法是使转向系统零件在碰撞时产生塑性变形、弹性变形或是相对摩擦滑动，以达到吸收冲击能量的目的。

当转向传动轴中采用万向节连接的结构时，只要布置合理，即可在汽车正面碰撞时防止转向轴等向乘客舱或驾驶室内移动，如图7-41所示。这种结构虽然不能吸收碰撞能量，但其结构简单,只要万向节连接的两轴之间存在夹角,正面碰撞后转向传动轴和转向盘就处在图中双点画线的位置,转向盘没有后移便不会危及驾驶人安全。转向轴上设置有万向节不仅能提高安全性,而且有利于使转向盘和转向器在汽车上得到合理布置,提高了操纵方便性并且拆装容易。

如图7-42所示为乘用车上应用的防伤安全机构,其结构最简单,制造容易。转向轴分为两段,上转向轴的下端经弯曲成形后,其轴线与主轴轴线之间偏移一段距离,其端面与焊有两个圆头圆柱销的紧固板焊接,两圆柱销的中心线对称于上转向轴的主轴线。下转向轴呈T字形,其上端与一个压铸件相连,压铸件上铸有两孔,孔内压入橡胶套与塑料衬套后再与上转向轴呈倒钩状连接,构成安全转向轴。该轴在使用过程中除传递转矩外,在受到一定数值的轴向力时,上、下转向轴能自动脱开,如图7-42b)所示,以确保驾驶人安全。

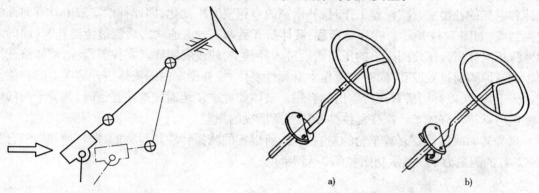

图7-41 防伤转向传动轴简图　　　　　图7-42 防伤转向轴简图

如图7-43所示,把转向柱管做成网格状。当人体冲撞到转向盘上的载荷超过允许范围时,网格状部分被压缩,产生塑性变形,同时吸收冲击能量,减轻对驾驶人的伤害。

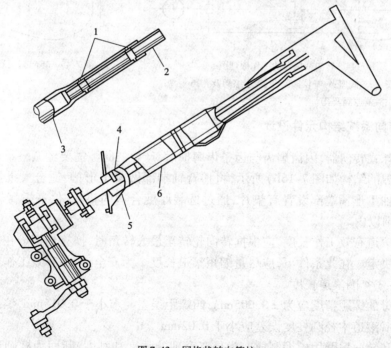

图7-43 网格状转向管柱

1-塑料销；2-上转向管柱；3-下转向管柱；4-塑料挡块；5-车身上固定部位；6-网格状转向管柱

转向轴一般用低碳钢制造,要求在转向盘轮缘上作用力为350N的情况下不会损坏。

7.8 转向减振器与转向系统结构元件设计

7.8.1 转向减振器设计

有些汽车在转向传动机构中装有转向减振器,用来衰减转向轮的摆振和缓和来自路面的冲击载荷。

转向减振器是内部充满液体的筒式减振器,并利用液体分子的内摩擦产生的黏性阻尼来衰减振动。因转向减振器是呈水平状态布置在汽车上,故对其密封要求严格,并备有隔离工作液体和空气的补偿室。减振器工作时,补偿室的容积要发生变化,因此补偿室常由具有弹性的皮囊制成,如图7-44所示。在压缩行程,液体挤开活塞上的流通阀之后流过流通孔,与此同时活塞排挤液体压开压缩阀座上的压缩阀后进入补偿室,使皮囊膨胀。在拉伸行程,液体挤开活塞上的复原阀通过复原孔,同时皮囊靠本身弹性复位,使补偿室内的液体挤开阀座上的补偿阀后进入工作腔,以补偿活塞杆所空出的容积。液体如此往复地通过这些孔道时,其分子间的内摩擦阻力就逐步衰减了活塞往复拉伸和压缩所形成的振动。

因为转向减振器要衰减车轮的左右摆动,所以它的减振特性是对称的,即拉伸和压缩行程 S 有对称的阻尼力 F。其示功图如图7-45所示。

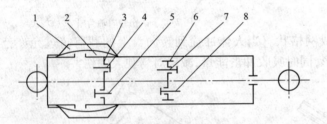

图7-44 转向减振器的工作原理图   图7-45 转向减振器的示功图
1-皮囊;2-补偿室;3-阀座;4-补偿阀及孔;5-压缩阀及孔;6-活塞;
7-流通阀及孔;8-复原阀及孔

7.8.2 转向系统结构元件设计

对于循环球式转向器,因齿扇齿与齿条齿磨损后,产生的间隙需要经调整予以消除。比较典型的消除间隙的结构如图7-16b)所示,将摇臂轴端部做成T形槽,适合大批量生产。在调整螺栓与摇臂轴T形槽端部设置有垫片,通过选装厚度合适的垫片,保证摇臂轴轴向移动量在0.02mm范围以内。

螺杆螺纹滚道有效工作长度,应根据转向轮转至最大转角时,换算到螺母在螺杆上应移动的距离大小来决定。在此条件下,应尽量缩短滚道长度。为安全计,在有效工作长度之外的两端各增加1/2~3/4圈滚道长度。

螺杆和螺母的螺距精度应为±0.005mm,四螺距误差要求小于0.015mm,滚道表面粗糙度 Ra 应为0.4μm,滚道中径圆柱度误差小于0.02mm。

转向节臂和转向摇臂用模锻制成。为具有合理的强度和刚度,断面为椭圆形。为了实现无间隙配合,摇臂与摇臂轴用锥形三角花键连接的居多。为保证摇臂能正确安装到摇臂轴上,应在它们的侧面做安装记号。

在转向传动机构中,杆件之间的接头用球接头结构连接的较为普遍。球接头可以实现空间运动。由于球接头工作表面摩擦而造成磨损形成的间隙应予以消除,结构不同消除间隙的方法也不同。图7-46a)所示结构中,球头销1与球头碗2之间通过压紧弹簧3消除两者之间的间隙。其特点是弹簧轴线与拉杆轴线方向一致,弹簧必须承受沿拉杆轴线方向作用的力。图7-46b)所示结构的特点是,弹簧轴线与球头销轴线一致,弹簧受力状况得到改善。球头碗可以是整体式球碗或分开式球碗。图7-46c)采用的结构是不可拆式的密封接头,因球碗为整体式,所以工作面磨损产生间隙后没有补偿装置。乘用车球头销目前采用45钢或合金结构钢制造。为降低球面的表面粗糙度值和提高锥体部分与球体部分过渡圆角处的疲劳强度,需要对球体及锥面部分进行滚压处理,使疲劳寿命提高约25%。球头碗可用聚氨酯、聚甲醛、高密度聚乙烯等工程塑料注塑而成。这些材料有一定的自润滑性能,摩擦因数小,耐磨损性能好。整体式球碗上设计有若干条沟槽,装配时利用球碗的弹性作用,强制将球头销压入球碗内,并形成一定预紧力。

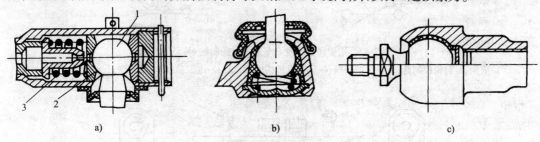

图7-46 球接头结构简图
1-球头销;2-球头碗;3-压紧弹簧

7.9 四轮转向与线控转向

7.9.1 四轮转向

四轮转向(4WS,4WheelsSteering)是现代轿车采用的一项提高汽车操纵稳定性、操纵轻便性和机动性的关键技术措施。

四轮转向汽车的后轮不仅可以与前轮同方向偏转,而且也可以与前轮的偏转方向相反。其偏转规律是:在高速行驶或转向盘转角小时,前、后车轮的偏转方向相同;而在低速行驶或转向盘的转角大时,后轮的偏转方向与前轮的相反。后轮按一定比例与前轮同向偏转时,可提高汽车高速行驶或在侧向力作用下时的操纵稳定性;后轮与前轮的偏转方向相反时,可改善汽车中、低速行驶的操纵稳定性、低速时的操纵轻便性及减小汽车的最小转弯直径。

轿车四轮转向的控制系统有以下四种类型:
(1)按照汽车横向加速度—车速进行控制;
(2)按照前轮转角—车速进行控制;
(3)按照前轮转角进行控制;
(4)按照转角比—车速进行控制。

在上述四项控制系统中前两项属微小转角控制,后两项为大转角控制。

1. 四轮转向系统小转角控制

1)按照汽车横向加速度—车速进行控制的4WS系统

这种控制系统于1985年开始采用于批量生产的汽车上,图7-47为其系统简图。其结构是在前轮的动力转向器上再加装一个后轮控制阀,使产生一个与横向加速度成比例且与前轮转向阻力相平衡的油压,再将具有该压力的油液引入后轮转向的执行机构(图7-48),后者的动力缸中装有高刚性弹簧,当引入的油压与之达到平衡时,输出杆便产生移动并使左右后轮偏转。

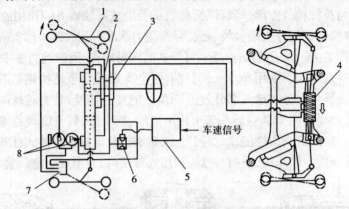

图 7-47 按横向加速度—车速进行控制的4WS系统
1-前轮;2-前轮控制阀;3-后轮控制阀;4-后执行机构的动力缸;5-电控单元;6-电磁阀;7-油罐;8-油泵

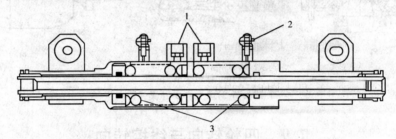

图 7-48 按横向加速度—车速进行控制的4WS系统的后执行机构
1-接后轮控制阀;2-排气阀;3-弹簧

图 7-49 所示为这种控制系统的工作特性曲线,它表示后轮转向角与汽车横向加速度及车速的关系。

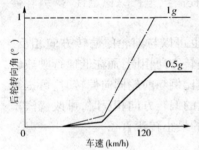

图 7-49 按横向加速度—车速进行控制的4WS系统的工作特性

2) 按照前轮转角—车速进行控制的4WS系统

为了进一步提高汽车的高速性能,1989年又推出了一种比较复杂的四轮转向控制系统,该系统是按照前轮转角—车速进行控制的。如图7-50所示,从油泵压出的油液直接流入电磁伺服阀,按计算机指令控制油液流入后轮执行机构。根据转向盘转角传感器的信号由计算机转换为转向角速度及角加速度,对后轮的转向进行控制。当车辆以中、低速行驶而快速转向时,能够使后轮瞬间反向偏转,这就大大地提前了车辆回转运动,改善了转向反应性能。图7-51所示为这种四轮转向控制系统的后轮转角特性。

2. 四轮转向系统大转角控制

这是既能保证高速行驶稳定性又能获得小转弯半径的四轮转向系统。它有以下两种类型。

1) 按照前轮转角进行控制的4WS系统

为了将前轮转角信息传给后轮,在前轮的液压助力齿轮齿条式转向器的齿条处安装了后轮转向齿轮,其作用是将齿条的轴向移动转变为后轮转向齿轮的转动,进而通过一根两端具有

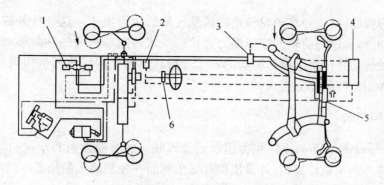

图 7-50 按前轮转角—车速进行控制的 4WS 系统
1-电磁阀;2-车速传感器;3-断流阀;4-电控单元;5-动力缸;6-转角传感器

万向节并通向两后轮之间的后轮转向机构的长轴,驱动后轮转向机构的偏心轴旋转。如图 7-52 所示,当偏心轴旋转时,其上的曲柄销将带动行星齿轮绕固定的齿圈作自转和公转,使行星齿轮上的曲柄销作弧形运动,进而通过滑块和导向器驱动后轮转向机构的输出轴使后轮偏转。

为了保证汽车在高速行驶而转向盘转角较小时使后轮作有限的与前轮同方向的偏转,在低速行驶而转向盘转角较大时(如急转弯),使前、后轮作相反方向的偏转,可通过选择适当的行星齿轮系的传动比和两个曲柄销的偏心距来达到。图 7-53 所示是后轮转向机构的输入输出特性。

2)根据转角比—车速进行控制的 4WS 系统

这里的转角比是指后轮转角对前轮转角之比。即该四轮转向控制系统是由后轮转角与前轮转角之比及车速进行控制的,其工作特性如图 7-54 所示。

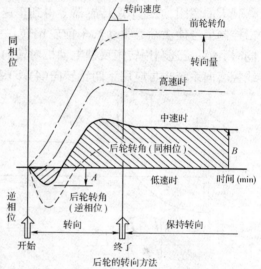

图 7-51 按前轮转角—车速进行控制的 4WS 系统的后轮转角特性

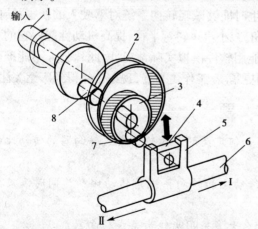

图 7-52 按照前轮转角进行控制的 4WS 系统的后轮转向机构原理图
1-偏心轴;2-齿圈(固定的);3-行星齿轮;4-滑块;5-导向器;6-输出杆;7、8-曲柄销

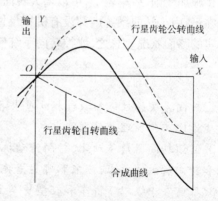

图 7-53 按照前轮转角进行控制的 4WS 系统的后轮转向机构的输入输出特性

示。为得到这种特性,首先需将前轮转角的信息传给后执行机构。这一任务的完成方式与前一系统基本相同,即通过将前轮的液压助力齿轮齿条式转向器齿条的轴向移动转变为通往后执行机构的长轴转动并传给后执行机构的方式进行。但这里的后执行机构则是另一种结构,它由动力装置和相位控制部分组成。

7.9.2 线控转向

线控转向(Steer-by-Wire)系统用传感器记录驾驶人的转向意图和车辆的行驶状况,通过数据线将信号传递给车载计算机,计算机据此做出判断并控制液压激励器提供相应的转向力,使转向轮偏转相应角度实现转向。

图 7-55 为线控转向的组成示意图。该系统在转向盘和转向轮之间不需要任何的机械连接,传统的转向机构被布置在汽车前轴上的激励器所代替。电控单元 ECU 从转向传感器获取驾驶人的意图,通过车速传感器等得到车速、加速度和横摆角速度等汽车行驶工况的信息,输出控制信号使激励器驱动汽车前轮偏转,并根据前轮转角传感器实时监控汽车的行驶状态。同时,该系统还利用转矩反馈电动机对转向盘施加反馈力矩以向驾驶人提供路面信息。此外,线控转向系统也可应用于四轮转向(4WS)系统中。

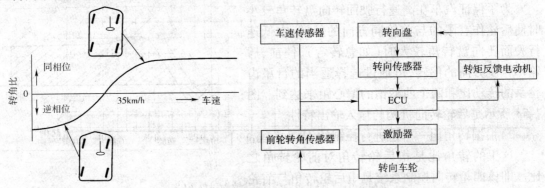

图 7-54 按转角比—车速进行控制的 4WS 系统的工作特性　　图 7-55 线控转向系统组成示意图

与传统转向系统相比较,线控转向系统省去大部分机械零部件,使发动机的布置空间增大而且安装方便,转向系统的布置更加灵活;碰撞发生时能够减轻转向系统对驾驶人的伤害;转向载荷直接施加于前、后车轮上,可以增大转向轮转角,减小汽车转弯半径,提高机动性能。它的不足之处在于:由于转向系统内部没有机械反馈,只能用软件模拟实际情况,因此驾驶人不能准确掌握真实的路面状况。总之,线控转向系统使结构更紧凑、工作更平稳,现在已经得到广泛关注。

习　题

1. 转向系统的性能参数包括哪些?各自是如何定义的?齿轮齿条式转向器的传动比的定义及变速比工作原理是什么?

2. 何谓转向器角传动比、转向传动机构角传动比和转向系统角传动比?为同时满足转向省力和转向灵敏的要求,应采取哪些措施?

3. 目前在中级以下轿车和轻型货车上为什么大多采用齿轮齿条式转向器?

4. 液压动力转向的助力特性与电动助力转向或电控液压助力转向的助力特性之间有何区别?车速感应型的助力特性具有什么特点和优缺点?

5. 简述电动助力转向系统的结构和工作原理,其转向机构的布置方案有哪些?

第8章 制动系统设计

[主要内容] 本章介绍了制动系统设计要求、制动系统性能计算、制动器的结构设计、制动驱动机构设计和制动力分配调节装置。

8.1 制动系统的设计要求

8.1.1 制动系统的组成

制动系统是汽车的一个重要组成部分,由它来制约汽车的运动状态,它直接影响汽车的安全性,制动系统的设计为整车设计中的重要部分之一。

制动系统的基本组成有制动器和制动驱动机构两部分。现代汽车上增加了一些新的制动器件,以提高汽车的制动性能。

制动装置可分为行车、驻车、应急、辅助制动四种装置。

行车制动装置使行驶中的汽车减速或停车,并且使汽车在下坡时保持适当的稳定车速。其驱动机构常采用双回路或多回路结构,保证工作可靠。

驻车制动装置使汽车可靠地停在原地(包括坡路上),它也用于汽车坡路起步。其驱动机构常采用机械式,而不用气压或液压驱动机构,避免产生故障。

应急制动装置用于行车制动装置发生意外故障失效时,利用机械力源(如强力压缩弹簧)控制的应急制动装置实现汽车制动。应急制动装置不必是独立的制动系统,它可利用行车制动装置或驻车制动装置的某些制动器件。应急制动装置也不是每车必备,同时在人力控制下它还能兼做驻车制动装置。

辅助制动装置通过装设缓速器等辅助制动,实现汽车下长坡时保持稳定车速的作用,减轻或解除行车制动装置的负荷。通常,在总质量为5t以上的客车上和12t以上的载货汽车上装备这种辅助制动装置。

汽车制动系统必须有两套独立的制动装置,即行车制动装置和驻车制动装置。重型汽车或经常在山区行驶的汽车,要增设应急制动装置及辅助制动装置。牵引汽车应有自动制动装置,保证与挂车连接管路故障时挂车能自动制动。

8.1.2 制动系统的基本功能

(1)使汽车迅速减速直至停车。
(2)使汽车在下长坡时保持稳定的车速。
(3)使汽车可靠地停在原地(包括坡路上)。

8.1.3 制动系统的设计要求

(1)足够的制动能力。制动能力包括行车制动能力和驻坡制动能力。行车制动能力是用一定制动初速度或最大制动踏板力下的制动减速度和制动距离两项指标评定。驻坡制动能力是汽车在良好路面上能可靠停驻的最大坡度。评价指标详见 GB 7258—2003。

(2) 可靠性好。汽车必须有行车和驻车两套制动装置,行车制动装置至少有两套独立的制动驱动管路。其中一套管路失效时,另一套管路应保证制动能力不低于原规定值的30%。制动系统各零部件工作可靠。制动系统应设立必要的安全保障设备和故障报警装置。

(3) 汽车以任何速度制动都不应当丧失操作性和方向稳定性。汽车前、后轮制动力矩分配比例合适,最好能随各轴间载荷转移情况而变化;同一轴上左、右车轮制动器的制动力矩应相同,避免制动时某一轮先抱死侧滑,造成汽车无法操纵,丧失方向稳定性,或甩尾、跑偏,甚至自动掉头等危险情况。

(4) 制动热稳定性好。制动器摩擦片的抗热衰退能力要高,受热恢复较快。

(5) 制动水稳定性好。能防止水和污泥进入制动器工作表面,摩擦片浸水后恢复摩擦系数能力要好。

(6) 操纵轻便。要求制动踏板、手柄的位置和行程符合人机工程学要求。要求操纵制动系统所需要的力不应过大,轿车紧急制动时踏板力应在 200~350N 的范围内,货车可选为 350~550N。手柄拉力在紧急制动时应不大于700N,其中轿车不应大于500N。

(7) 作用滞后时间短。作用滞后时间包括产生制动和解除制动的滞后时间,要求滞后时间尽可能短。

(8) 减少公害。制动系统工作时噪声要低。制动衬片的材料在制造和使用过程中,尽量减少对环境的污染。

汽车列车的制动系统除了应保证列车各轴有适当的制动力分配外,还应注意主、挂车之间制动时间的协调及制动管路的可靠。

8.2 制动系统的性能计算

8.2.1 设计制动器时应该考虑的性能要求

1. 制动效能

制动效能是指制动器在单位输入压力或力的作用下所输出的力或力矩,常用制动效能因数(简称制动因数)表示,定义为制动鼓或制动盘的作用半径上所得到的摩擦力与输入力之比。

设制动器输出的制动力矩为 M_μ,则在制动鼓或制动盘的作用半径 R 上的摩擦力为 M_μ/R,于是,制动器效能因数 K 为:

$$K = \frac{M_\mu/R}{F_0} \tag{8-1}$$

式中:F_0——输入力,取决于两制动蹄的张开力(或加于两制动块的压紧力)的平均值,即 $F_0 = (F_{01} + F_{02})/2$。

钳盘式制动器(图 8-1)制动时,制动盘两侧均承受制动块的压紧力 F_0,两个工作盘上所受摩擦力为 $2F_f = 2fF_0$,f 为制动衬块与盘间的摩擦系数。于是,钳盘式制动器的效能因数为:

$$K = \frac{2F_f}{F_0} = 2f \tag{8-2}$$

鼓式制动器一般有两个制动蹄，两制动蹄张力为 F_{01} 和 F_{02}，制动鼓内圆半径为 R，两制动蹄加于制动鼓的制动力矩为 $M_{\mu 1}$ 和 $M_{\mu 2}$，则两制动蹄制动因数为：

$$K_1 = \frac{M_{\mu 1}}{RF_{01}}$$

$$K_2 = \frac{M_{\mu 2}}{RF_{02}}$$

整个鼓式制动器的制动效能因数为：

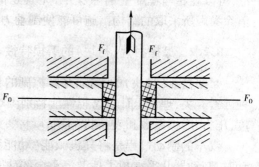

图 8-1　制动盘受力示意图

$$K = \frac{M_\mu}{RF_0} = \frac{2(M_{\mu 1} + M_{\mu 2})}{R(F_{01} + F_{02})} \tag{8-3}$$

若 $F_{01} = F_{02} = F_0$，则 $K = K_1 + K_2$。
基本尺寸比例相同的各种制动器的效能因数 K 与 f 的关系如图 8-2 所示。

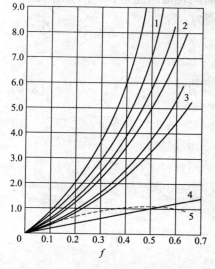

图 8-2　不同制动器的 K 与 f 关系
1-双向双领蹄式；2-双领蹄式；3-领从蹄式；
4-盘式；5-双从蹄式

2. 制动效能的稳定性

制动效能的稳定性主要取决于其效能因数 K 对摩擦系数的敏感性，即效能因数 K 随摩擦系数 f 的变化率，dK/df 愈小，则制动器的安全性愈高，这种性能称为制动效能的稳定性。而 f 值不稳定，会随着摩擦副材质、摩擦表面的温度、水湿程度、粗糙程度等因素变化，尤其是随着温度的升高，f 明显衰退。要求热稳定性好，除了应该选择其效能因数对 f 的敏感性低的制动器以外，还应该选择有良好的抗热衰退性和恢复性的摩擦材料，以及使制动鼓（制动盘）有足够的热容量和散热能力。

不同制动器的 K 与 f 关系如图 8-2 所示。由图中可以看出，领蹄的效能因数大于从蹄，但是稳定性却比从蹄差。盘式制动器效能最稳定。

3. 制动器间隙调整的简便性

制动器的结构型式和安装位置应保证调整间隙操作简便，尽可能采用间隙自动调节装置，尽量减少使用制动器磨损后调整间隙的作业次数。

4. 制动器尺寸小，质量轻

现代汽车轮胎选择较小，因此轮辋中制动器的尺寸也应该较小，而且效能高，质量轻，减少非簧载质量，提高汽车行驶平顺性。

5. 减小噪声

产生制动噪声的原因很复杂，主要影响因素是摩擦材料的摩擦特性，即摩擦系数对滑动速度的变化关系。动摩擦系数随着滑动速度的增高而减低的程度愈大，激发振动而产生的噪声愈强。其次，制动器输入压力愈高，噪声愈大（当压力高到一定程度后则不再有噪声）。制动器的温度对噪声也有影响。

在制动器设计中采取相应结构措施,如防止摩擦副发生振动、或在其振幅扩大前施加阻尼,可以在相当程度上消除噪声,尤其是低频(1kHz以下)噪声,消除高频噪声还比较困难。消除噪声所采取的结构措施可能使制动力矩下降和制动踏板行程损失等。

8.2.2 摩擦衬片(衬块)的磨损特性

摩擦衬片(衬块)的磨损,与摩擦副的材质、表面加工情况、温度、压力、相对滑磨速度等多种因素有关,理论上计算磨损性能特别困难。实验表明,影响磨损的重要因素是摩擦表面的温度、压力、摩擦系数和表面状态等。

汽车的制动过程是将其机械能(动能和势能)的一部分转换为热能耗散的过程。紧急制动时,制动器几乎承担了耗散汽车全部动能的任务。此时制动时间很短,热量来不及耗散到大气中,为制动器吸收,引起温度升高,形成制动器的能量负荷。能量负荷越大,衬片(衬块)的磨损越严重。

磨损特性常用的评价指标如下。

1. 比能量耗散率

比能量耗散率是每单位衬片(衬块)摩擦面积的每单位时间耗散的能量,单位为 W/mm^2。双轴汽车的单个前轮和后轮制动器的比能量耗散率分别为:

$$e_1 = \frac{1}{2}\frac{\delta m_a(v_1^2 - v_2^2)}{2tA_1}\beta$$

$$e_2 = \frac{1}{2}\frac{\delta m_a(v_1^2 - v_2^2)}{2tA_2}(1 - \beta) \tag{8-4}$$

$$t = \frac{v_1 - v_2}{j}$$

式中:m_a——汽车总质量;
    δ——汽车回转质量换算系数;
    v_1、v_2——制动初速度和终速度,m/s;
    j——制动减速度,m/s^2;
    t——制动时间,s;
    A_1、A_2——前后制动器衬片(衬块)的摩擦面积;
    β——制动力分配系数。

紧急制动至停车时,$v_2 = 0$,并取 $\delta = 1$。

比能量耗散率过高会引起衬片(衬块)的急剧磨损,还可能引起制动鼓或制动盘产生裂纹。推荐:取减速度 $j = 0.6g$,制动初速度轿车用 100km/h、总质量小于 3.5t 的货车为 80km/h、总质量在 3.5t 以上的货车用 65km/h,鼓式制动器的比能量耗散率以不大于 $1.8W/mm^2$ 为宜。同样的 j 和 v_1 时,轿车的盘式制动器的比能量耗散率以不大于 $6.0W/mm^2$ 为宜。

2. 比摩擦力

衬片(衬块)单位摩擦面积的制动摩擦力为比摩擦力 f_0,单个车轮制动器的比摩擦力为:

$$f_0 = \frac{M_\mu}{RA} \tag{8-5}$$

式中:M_μ——单个制动器的制动力矩;
    R——制动鼓半径(制动盘的平均半径 $R = \frac{R_1 + R_2}{2}$,如图8-9所示);

A ——单个制动器的衬片(衬块)摩擦面积。

比摩擦力愈大,磨损愈严重。制动减速度为 $0.6g$ 时,鼓式制动器的比摩擦力 f_0 以不大于 $0.48\mathrm{N/mm^2}$ 为宜。

8.2.3 前、后轮制动器的制动力矩

前、后轮制动器的制动力矩应合理确定,以保证汽车有良好的制动效能和稳定性。设计时首先选定同步附着系数 φ_0,并用下式计算出前、后轮制动力矩的比值:

$$\frac{M_{\mu 1}}{M_{\mu 2}} = \frac{L_2 + \varphi_0 h_\mathrm{g}}{L_1 - \varphi_0 h_\mathrm{g}} \tag{8-6}$$

式中:h_g ——汽车质心高度;

L_1、L_2 ——汽车质心至前轴、后桥的距离;

$M_{\mu 1}$、$M_{\mu 2}$ ——前、后轮制动器的制动力矩。

再依照汽车满载在沥青路面、混凝土路面上紧急制动到前轮抱死拖滑的情况,计算出前轮制动器的最大制动力矩 $M_{\mu 1\max}$,由上式可求出后轮制动器的最大制动力矩。

8.2.4 应急制动和驻车制动的制动力矩

应急制动和驻车制动一般是靠手操纵的驱动机构使后桥制动器或中央制动器产生制动力矩并传到后轮,引起路面对后轮作用的制动力,以实现整车制动。

1. 应急制动

应急制动时,后轮一般都将抱死滑移,后桥制动力 F_{B2} 为:

$$F_{B2} = F_2\varphi = \frac{m_\mathrm{a}gL_1}{L + \varphi h_\mathrm{g}}\varphi$$

此时的后桥制动力矩为:

$$F_{B2}r_\mathrm{e} = \frac{m_\mathrm{a}gL_1}{L + \varphi h_\mathrm{g}}\varphi r_\mathrm{e} \tag{8-7}$$

式中:m_a ——汽车满载总质量;

g ——重力加速度;

L ——轴距;

F_2 ——路面对后桥的法向反力;

φ ——附着系数;

r_e ——车轮有效半径。

如有后轮制动器作为应急制动器,则单个后轮制动器应急制动力矩为 $F_{B2}r_\mathrm{e}/2$。

如用中央制动器进行应急制动,则其应有的制动力矩为 $F_{B2}r_\mathrm{e}/i_\mathrm{o}$,$i_\mathrm{o}$ 为主传动比。

2. 驻车制动

图 8-3 所示为汽车在上坡路上停驻的受力情况,可以计算此时的后桥附着力为:

$$F_2\varphi = m_\mathrm{a}g\varphi\left(\frac{L_1}{L}\cos\alpha + \frac{h_\mathrm{g}}{L}\sin\alpha\right)$$

汽车在下坡路上停驻时的后桥附着力为:

$$F'_2\varphi = m_\mathrm{a}g\varphi\left(\frac{L_1}{L}\cos\alpha - \frac{h_\mathrm{g}}{L}\sin\alpha\right)$$

汽车可能停驻的极限上坡倾角 α_1 可根据后轴上的附着力与制动力相等的条件可得：

$$m_a g \varphi \left(\frac{L_1}{L} \cos\alpha_1 + \frac{h_g}{L} \sin\alpha_1 \right) = m_a g \sin\alpha_1$$

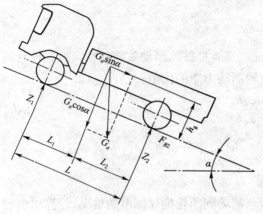

图8-3 汽车在上坡路上停驻的受力情况

$$\alpha_1 = \arctan \frac{\varphi L_1}{L - \varphi h_g} \quad (8-8)$$

同理可得汽车可能停驻的极限下坡倾角 α'_1 为：

$$\alpha'_1 = \arctan \frac{\varphi L_1}{L + \varphi h_g} \quad (8-9)$$

一般要求各类汽车的最大驻坡度不小于16%，汽车列车为12%左右。

在驻车制动器的设计中，于安装制动器的空间、制动驻动力源等条件允许的范围内，应力求后轿上驻车制动力矩接近由 α_1 所确定的极限值 $m_a g r_e \sin\alpha_1$（因 $\alpha_1 > \alpha'_1$），并保证下坡能停驻的坡度不小于法规值。单个后轮驻车制动器的制动力矩上限为 $\frac{1}{2} m_a g r_e \sin\alpha_1$；中央驻车制动器的制动力矩上限为 $m_a g r_e \sin\alpha_1 / i_0$。

8.3 制动器的结构设计

制动器按制动目的可分为行车制动器、驻车制动器、应急制动器和辅助制动器。

制动器按制动对象可分为车轮制动器和中央制动器。所有汽车都用车轮制动器作为行车制动器。驻车制动器多采用在后轮制动器上另设一套制动驱动机构，取代过去常用的中央制动器。中央制动器制动传动轴或变速器输出轴，因应急制动时易造成传动轴超载，只在少数重型汽车保留，以保证制动系统的可靠性。

制动器按耗散能量的方式可分为摩擦式、液力式、电磁式和电涡流式，广泛使用的是摩擦式制动器。摩擦式制动器按摩擦副的几何形状可分为鼓式、盘式和带式三种，以鼓式、盘式制动器应用最广泛。

8.3.1 鼓式制动器

1. 鼓式制动器的结构型式分析

鼓式制动器主要由制动鼓、制动蹄、传力杠杆和驱动装置组成。带摩擦衬片的制动蹄为固定元件，大多采用两个制动蹄，并以铰支点的形式安装于鼓内，制动过程中两个摩擦衬片都以90°~130°的角度紧贴于制动轮内表面上。制动器工作时，摩擦所产生的热量大部分由制动鼓向外散出，为承受较大的热应力，制动鼓应有足够的质量。制动鼓在非工作状态时，摩擦衬片与制动鼓之间应有合适间隙。

制动蹄有不同的张开装置：液压轮缸式、凸轮式、楔块式，还可用气动或电动方式作为制动蹄驱动装置。

鼓式制动器由于结构紧凑，可用于安装空间受限制的场合，广泛用于各种车辆的制动系统中。

鼓式制动器按制动蹄的属性可分为领从蹄式、双领蹄式、双向双领蹄式、双从蹄式、单向增力式和双向增力式，如图8-4所示。

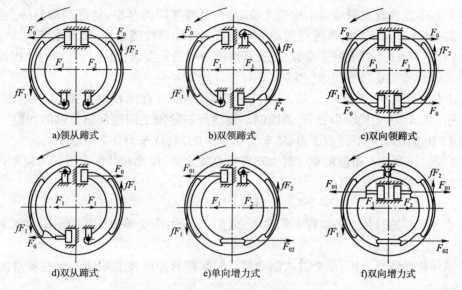

图8-4 鼓式制动器示意图

各种不同制动器的性能特点主要由制动效能、效能稳定性和摩擦衬片的磨损均匀程度评价。基本尺寸比例相同的各种制动器的效能因数如图8-2所示，可以看出增力式制动效能最高，双领蹄式次之，领从蹄式又次之，双从蹄式最低。制动效能的稳定性性能对比正好相反，双从蹄式最好，增力式最差。

领从蹄式制动器的效能和稳定性都适中，但是前进、倒车制动效能及其稳定性不变，结构简单，制造成本低，便于构成驻车制动机构，广泛用于中、重型货车前后轮及轿车后轮制动器。

双领蹄式制动器正向效能相当高，但反向时它变成双从蹄式，效能大大降低。很多中级轿车的前轮采用双领蹄式制动器，前进时前轴的动轴荷及附着力大于后轴，倒车制动时则相反，正适应这种制动器的特点。它有两个成180°布置的轮缸，若装在后轮则无法附加驻车制动的驱动机构，因而不适用于后轮。

双向双领蹄式制动器在前进、倒车制动时效能不变，广泛用于中、轻型货车及部分轿车的前、后轮制动器中，但用于后轮时，需另设中央制动器构成驻车制动器。

双领蹄式和双向双领蹄式制动器中都有两个轮缸，适用于双回路制动系统，但回路零部件数目增多，造价增高，更容易出现油液泄漏、油管破损等现象。

双从蹄式制动器制动效能最低，但制动稳定性最好。除偶尔用于对制动稳定性要求很高的高级轿车上，一般不采用。

增力式制动器效能较其他型式大得多，不大的制动踏板力就能得到很大的制动力矩，但其效能不太稳定，效能太高也易产生自锁，设计时妥善选择其几何参数，把效能因数限制在一定范围内，还要选择摩擦性能较稳定的摩擦衬片。

单向增力式制动器在倒车时制动效能大大降低，只有少数中轻型货车和轿车用它作前轮制动器。

双向增力式制动器正反向制动效能都很高，能产生很大的驻车制动力矩，在国外轿车上用得较多,适于高速。还用于汽车中央驻车制动器,无紧急制动时产生高温,无热衰退的忧患,又可省去助力驱动机构。

2. 鼓式制动器的设计计算

在整车总布置参数及制动器结构型式确定后,可参考同类车型,初选制动器的主要参数,进行制动器结构的初步设计,再进行制动力矩和磨损性能等性能验算(参见上节8.2),与所要求数值比较,不一致时,修改初选参数,直到其性能参数满足要求,再进行详细的结构设计。

1)鼓式制动器主要参数初选(图8-5)

(1)制动鼓直径D(半径R)。输入力F_0一定时,制动鼓直径D愈大,制动力矩愈大,且散热能力愈强。但D还受轮辋内径D_r的限制。制动鼓与轮辋之间应保留足够的间隙。通常使选定的D与D_r的比值在下述范围内:轿车为0.64~0.74;货车为0.7~0.38。

(2)摩擦衬片宽度b和包角θ。制动鼓直径D确定后,摩擦衬片的宽度b和包角θ便决定了摩擦衬片的摩擦面积A_p为:

$$A_p = Rb\theta$$

制动器各蹄摩擦衬片总的摩擦面积$\sum A_p$愈大,制动时所受单位面积的正压力和能量负荷愈小,磨损特性愈好。

根据国外统计资料分析,单个鼓式制动器总的摩擦衬片摩擦面积随汽车总质量的增加而增大,见表8-1。

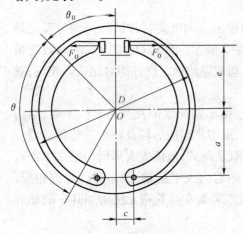

图8-5 鼓式制动器主要几何参数

制动器摩擦衬片摩擦面积　表8-1

汽车类别	汽车总质量 m_a(kg)	单个制动器总的摩擦衬片摩擦面积 A_p(cm²)
轿车	900~1500	100~200
	1500~2500	200~300
货车及客车	1000~1500	120~200
	1500~2500	150~250
	2500~3500	250~400
	3500~7000	300~650
	7000~12000	550~1000
	12000~17000	600~1500

试验表明,摩擦衬片包角$\theta = 90° \sim 100°$时,磨损最小,制动鼓温度最低,制动效能最高。减小θ角,有利于散热,但单位压力增大,磨损加剧。增大θ角延伸两端的摩擦衬片,以减小单位压力的作用也不大,此时包角两端处单位压力较小。θ过大,制动作用不平顺。包角一般不宜大于120°。

增大摩擦衬片宽度b,可减少磨损,但过大时难以保证与制动鼓全面接触。设计时,一般$b/D = 0.16 \sim 0.26$,再参照国产摩擦衬片规格选择b值。

(3)摩擦衬片起始角θ_0。一般摩擦衬片均布于制动蹄中央,使$\theta_0 = 90° - \theta/2$。也有将摩擦衬片相对于最大压力点对称布置的,以适应单位压力的分布,改善磨损均匀性和制动效能。

(4)制动器中心到张开力F_0作用线的距离e。在保证制动鼓内轮缸和制动凸轮能够布置的条件下,e应尽可能大,以提高制动效能。初步设计时定为$e = 0.8R$左右。

(5)制动蹄支撑点位置坐标 a 和 c。在保证两制动蹄支撑毛面互不干涉的条件下,a 尽可能大,而 c 尽可能小。初定 $a = 0.8R$ 左右。

(6)摩擦衬片的摩擦系数 f。f 对制动力矩影响很大。

2)制动力矩的计算

(1)制动蹄的单位压力分布。制动鼓的单位压力沿圆周是不均匀分布的,它与制动时制动蹄上各点的位移量成正比,基本符合正弦曲线规律。

在工程计算上经常采用平均压力 p_0 为:

$$p_0 = \frac{M_\mu}{bR^2 f\theta} \tag{8-10}$$

式中符号意义同本章前述。

(2)制动蹄的压力中心及压力中心圆。如图 8-6 所示,制动鼓对制动蹄摩擦衬片沿圆弧面分布的法向压力及切向的摩擦力,可用与之等效的集中合力 N 和 T 来代替。合力 N 和 T 作用于同一点,此点称为该制动蹄的压力中心(即 E 点)。制动蹄的压力中心位于一个以 l_0 为直径、圆心在其摩擦衬片包角平分线上并且通过制动鼓中心的圆上,该圆称为压力中心圆,压力中心圆直径 l_0 为:

$$l_0 = \frac{4\sin\frac{\theta}{2}}{\theta + \sin\theta} R$$

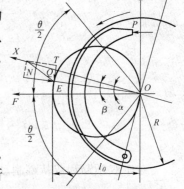

图 8-6 制动蹄压力中心圆

(3)制动蹄的制动力矩。目前,汽车上制动器的形式很多,同一制动器制动力矩的计算方法各异。通常的计算方法有分析法、效能因数法和分析图解法,这里用效能因数法。

由式(8-1)得制动蹄的制动力矩为:

$$M_\mu = KP_0 R$$

效能因数 K 是无因次系数。对于一定结构型式的制动蹄,只要已知制动旋转方向、制动蹄的主要几何参数以及摩擦系数,该制动蹄的 K 即可确定。然后可根据即定的 P_0 和 R 求 M_μ,也可根据设计要求的 M_μ 来调整 P_0、R 和 K。

支点固定的领从蹄制动器领蹄效能因数的计算公式如下。

如图 8-7 所示,OE 与摩擦衬片包角平分线 OV 的夹角为:

$$\beta = \arctan\frac{\theta - \sin\theta}{\theta + \sin\theta}\tan\alpha$$

最大压力线 OX 和 OV 的夹角为:

$$\alpha = \frac{\pi}{2} - \frac{\theta}{2} - \theta_1$$

θ 与 N 的夹角 γ 称为摩擦角。若摩擦系数为 f,则 $\gamma = \arctan f$。

领蹄的效能因数为:

$$K_1 = \frac{\xi}{\dfrac{k\cos\lambda}{\rho\cos\beta\sin\gamma} - 1} \tag{8-11}$$

式中:$\xi = h/R$;$k = f/R$;$\rho = l_0/R$;$\lambda = \gamma + \beta - \alpha$。

其他结构形式的制动器量效能因数的计算可查阅有关资料。

一般在计算时采用当量效能因数(整个制动器的效能因数)。对于非平衡式凸轮张开装置的领从蹄制动器,当量效能因数为:

$$K = \frac{4K_1 K_2}{K_1 + K_2} \tag{8-12}$$

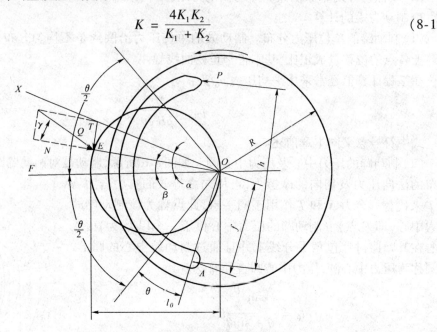

图 8-7 支点固定的领蹄的效能因数

对于双领蹄和双从蹄制动器及平衡式凸轮张开装置的领从蹄制动器,当量效能因数为:

$$K = K_1 + K_2 \tag{8-13}$$

输入力可由输入力矩求得,即:

$$\frac{1}{2}(P_1 + P_2) = M_c / a$$

式中: M_c ——输给制动凸轮轴上的转矩;

a ——张开力 P_1、P_2 对凸轮中心的力臂之和。

3. 鼓式制动器主要零部件

1) 制动鼓

制动鼓是鼓式制动器的重要零件,应有较高的强度、刚度和较大的热容量,制动时温度的升高不得超过最大允许值。制动鼓的材料与摩擦衬片材料相配合,能保证有较高的摩擦系数,工作表面磨损均匀。

中、重型货车及大型客车的制动鼓材料多采用灰口铸铁,耐磨,易加工,单位体积的热容量大,也有用合金铸铁的。对轻型汽车和轿车,制动鼓采用组合式,如图 8-8b)所示,其圆柱部分用铸铁铸造,腹板采用钢板冲压而成,以减轻制动鼓的质量。还有双金属制动鼓,其主体由铝合金铸成,内镶灰铸铁,散热性和耐磨性更好。

铸造的制动鼓壁厚度一般为 11~13mm,轿车为 7~12mm,中型以上货车为 13~18mm,以保证其强度和刚度,有助于增加热容量。在鼓的外周还有周向肋条(图 8-8a),也有铸造成轴向肋条,以改善制动鼓的刚度、热容量和散热性。

2) 制动蹄

制动蹄也是制动器的重要零件之一,它的刚度、强度和振动将影响制动器工作的稳定性。

重型货车的制动蹄一般采用铸铁或铸钢铸成,保证其较大刚性。轻型货车和轿车则广泛采用钢板冲压焊接。制动蹄的横截面有 T 形或山字形,制动蹄的截面形状和尺寸应保证其刚度。小型车用钢板制成制动蹄,在其腹板上往往开一条或两条径向槽,减小制动蹄的弯曲刚度,使摩擦衬片磨损均匀,并减小制动时的尖叫声。中小型车制动蹄的腹板和翼缘的厚度为 3~5mm,大型的为 5~8mm。

3) 制动底板

制动底板承受全部制动反力矩,应具有足够的刚度,否则会导致制动力矩减少,踏板行程增加,摩擦衬片磨损也不均匀。制动底板多压成凹凸起伏的形状,重型汽车甚至用铸造的制动底板代替冲压的制动底板。

4) 摩擦材料

对摩擦材料的主要要求是:具有较高且稳定的摩擦系数,较高的耐磨性,热衰退性和恢复性好;浸水后的敏感性小,出水后能尽快恢复性能;应有足够的机械强度,且不刮伤制动鼓;制动过程中低噪声,无臭味,无污染;材料来源充裕,价廉易制造,易保管运输。

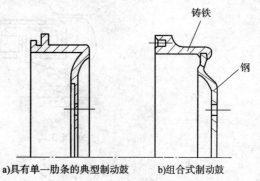

a) 具有单一肋条的典型制动鼓　　b) 组合式制动鼓

图 8-8　制动鼓

摩擦材料早期主要采用石棉材料,由于石棉污染环境,已经淡出汽车市场,出现了新型材料如半金属制动材料、粉末冶金等。半金属制动材料生产工艺简单,成本低,具有摩擦系数大、耐磨、导热、高温稳定、无噪声、无龟裂、不伤对偶的优点,在车速和装载质量不断提高的今天,半金属制动材料更具有实用性。铜基粉末冶金材料的性能可靠,耐高温,无污染,无噪声,高耐磨,使用寿命长,也在汽车上有一定的应用。

各种摩擦材料摩擦系数的稳定值为 0.3~0.5,少数品种可达 0.7。一般而言,材料摩擦系数愈高,耐磨性愈差,在选择制动器材料应注意这个特点。制动器设计时,一般取摩擦系数为 0.30。

摩擦衬片和制动蹄可以铆接,也可以粘接。粘接的优点是摩擦衬片更换前允许磨损的厚度较大,但更换摩擦衬片操作困难。铆接的可靠性高,便于更换摩擦衬片,维修方便,噪声较小,但摩擦衬片磨损至铆钉处就要更换,允许磨损厚度相对较小,摩擦衬片材料的利用率低。

8.3.2　盘式制动器

1. 盘式制动器结构型式分析

按摩擦副中固定元件的结构型式不同,盘式制动器可分为钳盘式和全盘式。钳盘式制动器的固定元件是制动块,它装在制动钳中,制动钳可相对制动盘移动,并从两面夹紧制动盘,实现制动。制动块与制动盘接触面很小,在制动盘上所占的中心角一般仅为 30°~50°,因此,也称钳盘式制动器为点盘式制动器。全盘式制动器的作用原理同离合器,其固定摩擦元件也为盘状,制动时与制动盘全面接触,轴向压紧,能提供更大的制动力矩。

钳盘式制动器如图 8-9 所示,可分为固定钳式、浮动钳式。浮动钳式又有滑动钳式和摆动钳式两种。

固定钳式制动钳固定不动,制动时依靠液压缸活塞的运动推动制动块移动,从两边夹紧制动盘,实现制动。制动钳的刚度好;结构和制造工艺与一般制动轮缸相近,很适应分路系统的要求(可采用三液压缸或四液压缸结构),工作可靠,因此应用广泛。但近年来,由于其加工精度要求较高,结构也较复杂,尤其是液压缸跨过制动盘,分置其两侧,增大了制动器的尺寸,很难布置于现代轿车主销偏移距小的前轮中,而且在严酷使用条件下,制动液易受热汽化,也很难实现驻车制动,它的使用逐渐被浮动钳式取代。

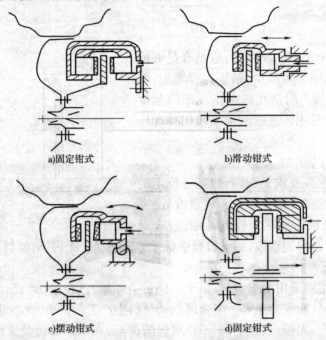

图 8-9 钳盘式制动器示意图

滑动钳式制动钳可相对制动盘作轴向滑动。摆动钳式制动钳体铰接于车轴上,制动时钳体在与制动盘垂直的平面内摆动,为使制动块磨损均匀,应将制动块预制成楔形。

浮动钳式只在一侧设置液压缸,另一侧的制动块装在钳体上,零件较小,减少了跨越制动盘的油管,可减少液压缸、活塞等精密件,可减小尺寸,减轻质量,降低成本,制动液吸收制动盘的热量也较少。结构上的改进还能实现同一组制动块兼作行车和驻车制动,简化了结构,使浮动钳盘式制动器的应用愈来愈普遍。

制动钳的安装位置可以在轴前或轴后,如图 8-10 示。制动钳安在轴前可以避免轮胎向钳内甩溅泥污,制动钳安装在轴后能使制动时轮毂轴承的合成载荷减小。

与鼓式制动器相比,盘式制动器有如下优点:

(1)制动效能的稳定性好。由于它的效能因数与摩擦系数关系的 K-f 曲线变化平缓,如图 8-2 所示,而且无鼓式制动器自行增势或减势作用,保证良好稳定性。

(2)热稳定性好。制动盘暴露在外,摩擦衬片面积较制动盘小得多,通风散热较好。也没有自行增势作用,制动盘的轴向热膨胀极小,径向热膨胀与性能无关,无机械衰退。

(3)水稳定性好。因制动块制动夹紧盘的单位压力高,容易挤出水,盘旋转的离心力容易甩出水,浸水后制动效能降低不多。

(4)制动力矩与汽车前进、倒车的方向无关。

(5)结构简单。更容易更换摩擦衬块,容易实现制动间隙自动调整。而且制动盘与制动块的间隙小,制动作用滞后时间少。

(6)同样条件下,盘式制动器可承受较高的摩擦力矩,摩擦衬块磨损小且较均匀,使用寿命长。

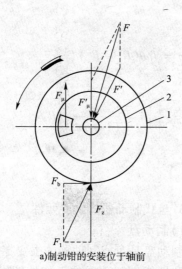 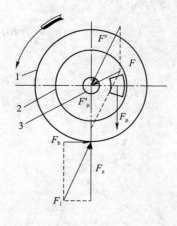

a) 制动钳的安装位于轴前　　　　b) 制动钳的安装位于轴后

图 8-10　制动时车轮、制动盘及轮毂轴承受力示意图

1-车轮；2-制动盘；3-轮毂；F_z-路面法向反力；F_b-制动力；F_1、F'-与 F_z、F_b 的合力及相应的支撑反力；F_μ、F'_μ-制动块对制动盘的摩擦力及相应的支撑反力；F-轮毂轴承合成载荷

（7）踏板力受车速的影响较小。制动盘受热后厚度变化量小，踏板行程变化不大，而鼓式受热后变化较大。

（8）易于构成双回路制动系统。

盘式制动器的缺点是：

（1）制动效能较低。其效能因数的平均值只有双领蹄式制动器的 25% 左右，需有助力装置。所需制动液压力较高，对密封要求较高。

（2）大部分元件暴露在空气中，易受尘污和锈蚀。

（3）兼作驻车制动时，附加的驱动机构较复杂。

目前，国外几乎全部客车和轿车的前轮都采用盘式制动器，在中轻型货车的前轮也有一半采用盘式制动器，甚至高级轿车上有全部采用盘式制动器的，在重型汽车上的应用也日渐增多。在国产车上，盘式制动器的也普遍应用，尤其应用在轿车上。

2. 盘式制动器的设计计算

盘式制动器的设计计算原理同鼓式制动器的，初选制动器的主要参数，进行制动器结构的初步设计，再进行制动力矩和磨损性能等性能验算，满足要求后进行详细的结构设计。

盘式制动器的制动力矩的计算：钳盘式制动器的摩擦衬块简图如图 8-11 所示，假定摩擦衬块表面全部与制动盘接触，且各处单位压力均匀，则一块摩擦衬块产生的摩擦力矩为：

$$\frac{M'_\mu}{2} = \int_{-\theta}^{\theta}\int_{R_1}^{R_2} fpR^2 \mathrm{d}R\mathrm{d}\varphi = \frac{2}{3}fp\theta(R_2^3 - R_1^3) \tag{8-14}$$

式中：R_1、R_2——摩擦衬块表面的内、外半径；

　　　　f——摩擦系数；

　　　　p——摩擦衬块与制动盘之间的单位压力；

　　　　θ——制动块夹角；

　　　　R——微元面积距制动盘中心的距离；

　　　　φ——微元面积与盘中心连线与 X 轴的夹角。

盘式制动器的制动力矩为 $2fF_0R$，F_0 为单侧制动块对制动盘的压紧力，故单侧制动块加

于制动盘的总摩擦力为:
$$fF_0 = \int_{-\theta}^{\theta}\int_{R_1}^{R_2} fpR\mathrm{d}R\mathrm{d}\varphi = fp\theta(R_2^2 - R_1^2)$$

有效半径 R_e 为:
$$R_e = \frac{M_\mu}{2fF_0} = \frac{2(R_2^3 - R_1^3)}{3(R_2^2 - R_1^2)} = \frac{4}{3}\left[1 - \frac{m}{(1+m)^2}\right]R_m$$

式中: $m = R_1/R_2$

R_m ——平均半径, $R_m = \dfrac{R_1 + R_2}{2}$。

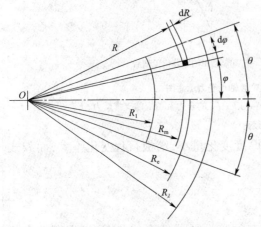

图 8-11　钳盘式制动器的摩擦衬块简图

3. 盘式制动器的主要元件

1) 制动盘

制动盘是盘式制动器的主要零件之一,其结构型式和性能对制动器的工作性能影响很大。制动盘的形状有平板形(用于全盘式制动器)和礼帽形(用于钳盘式制动器)两种,礼帽形制动盘圆柱部分的长度主要取决于轮毂凸缘和制动钳槽口间偏距的大小。如图 8-9 所示,采用浮动钳可缩短盘的圆柱部分长度,但会增加传给轮毂轴承的热量。

设计制动盘的要求是尺寸小,制动效能高,耐热,导热系数高,有一定的强度和刚度,尽可能使摩擦表面产生的噪声不发生共振且有衰减振动的性能,有一定防锈功能。

制动盘的工作表面应光滑平整,两侧表面平行度应小于 $8\mu m$,厚度不匀会引起制动盘振动。盘面摆差应小于 0.1mm,端面跳动量大,会激起踏板振动,加大行程。

为延长制动盘的寿命,应避免制动盘面划出凹痕,并用防护板防止泥沙溅上和嵌进盘面。

制动盘多采用铸铁制成,高性能的汽车有使用几种混合材料的,也有用锻钢制造的,使其能承受更高的负荷,适应高速化,使制动器小且轻。

也有将制动盘制造成通风型的,即铸造成中间由若干叶片相连的双层盘,大大增加散热面积,但同时增加了制动盘的厚度。更有采用夹层材料的,以增大导热系数。

2) 制动钳

制动钳通常做成两半,用螺栓连接,外缘留有开口,可以不用拆下制动钳就能检查或更换制动块。这种钳体的强度和刚度都较大,且能防振。

钳体常用高强度、高韧性的可锻铸铁铸成,也有用轻合金铸造的。多数制动液压缸在钳体中加工出来,也有将液压缸单独制造,再嵌入钳体的。

活塞一般呈杯状,开口端顶靠制动板背板,以减小传给制动液的热量。活塞多由碳钢制成。有的还镀上绝热材料,防止制动时产生的热量传给制动液。也有用铝制的,后经阳极氧化处理,提高耐腐蚀性,铝活塞的外表面还需镀上绝热材料。未来轿车和载货汽车将会采用比碳钢导热系数低很多的二苯酚树脂制造活塞。

3) 制动块

它由背板和摩擦衬块压嵌成一体,也有用粘接的。摩擦衬块多为扇形,也有矩形、正方形的。制动块大部分面积应被活塞压住,以免摩擦衬块卷角引起尖叫声。许多摩擦衬块内镶有电触点,当摩擦衬块磨损到需要更换时,触点露出与制动盘接触,警告灯发亮,安全报警。

摩擦衬块材料性能是决定钳盘式制动器性能的关键,摩擦材料的各项性能指标要求更高。摩擦衬块通常采用粉末冶金材料,但因其导热系数很高,长时间使用制动液温度上升,产生气阻,噪声加大,因此尚不能用于轿车,轿车一般以有机模压材料制造摩擦衬块。为了与制动钳绝热又研制出双层及三层的摩擦衬块材料,大大改善了摩擦衬块的导热性和制动性能。

8.3.3 制动器间隙自动调整装置

汽车运行时,制动器使用频繁,摩擦片磨损导致制动器间隙和制动踏板自由行程相应增大,降低了车辆制动性能。因此,需要及时调整制动器间隙。为免除这项频繁、脏累的作业,现代汽车多采用制动器间隙自动调整装置。盘式制动器间隙调整都已自动化,鼓式制动器中采用间隙自调装置的日益增多,液压制动系统制动器间隙自调装置的结构型式多种多样,结构简单,使用效果较理想。

盘式制动器一般利用制动钳中的橡胶密封圈的极限弹性变形量来保持制动时为消除设定间隙所需的轮缸活塞设定行程Δ,如图8-12所示。若制动摩擦衬块磨损而导致所需的轮缸活塞行程大于Δ时,活塞便在液压作用下克服密封圈的摩擦力,继续移动到实现完全制动为止。活塞与密封圈这一不可恢复的相对位移补偿了制动器的过量间隙。也有的在盘式制动器中设置专门的间隙自调装置,以保证可靠地解除制动。

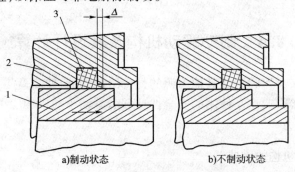

图8-12 盘式制动器的活塞密封圈
1-活塞;2-制动钳;3-密封圈

鼓式制动器有的采用一次调准式间隙自调装置,它对制动鼓热膨胀造成的过量间隙随时补偿,往往造成"调整过头"(即冷态下间隙过小)。因鼓式制动器的热变形较盘式制动器大,采用此自调装置时,需选取更大的设定间隙,以预留热膨胀量,从而增大踏板行程损失。因此,现在鼓式制动器已很少采用该装置,而多采用阶跃式间隙自调装置。

如图8-13所示为双向自动增力式制动器用的阶跃式间隙自调装置。倒车制动时,后制动蹄4的上端离开支撑销1,整个制动蹄以前制动蹄9上端抵靠在支撑销1上,挂在支撑销上的拉索3就会拉动自调拨板5的自由端向上摆动。当制动器过量间隙增大到一定值时,自调拨板可以嵌入带棘轮的调整螺钉7的棘轮齿间,并在解除倒车制动时,转动调整螺钉,从而恢复设定间隙。

阶跃式间隙自调装置必须经过若干次制动后,才能消除积累的过量间隙。它所允许的过量间隙可以取得小些,但是制动器装车后必须经过多次制动方能自调到设定间隙,因此,可事先进行粗略的人工调整。

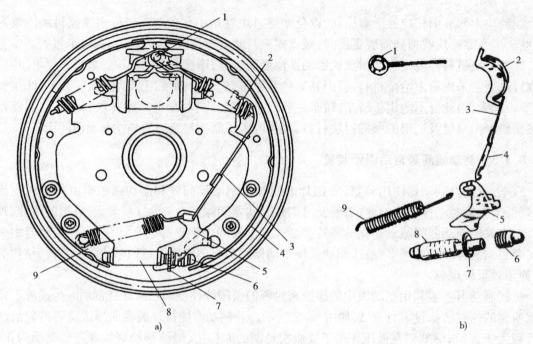

图8-13 双向增力式制动器间隙自动调节装置
1-支撑销;2-拉索导向板;3-拉索;4-后制动蹄;5-自调拨板;6-顶杆帽;7-带棘轮的调整螺钉;8-推杆体争;
9-前制动蹄

8.4 制动驱动机构及其设计计算

制动驱动机构将来自驾驶人或其他力源的力传给制动器,使之产生制动力矩。

制动驱动机构直接影响汽车使用的安全性,因此,制动驱动机构应工作可靠,反应灵敏,随动作用好,操纵轻便省力。

8.4.1 制动驱动机构的型式

按驱动力的传递媒介形式分类,驱动机构有机械、液压、气压、真空加力液压和气液综合式五种;按动力源分类有人力驱动、动力驱动和伺服驱动三种;按驱动机构对制动器的控制独立程度可分为非独立联通式和分路式两种。

1. 人力驱动机构

它是仅靠驾驶人手力或脚踏力作力源的驱动机构。它分为机械式和液压式。机械式完全靠杆系、钢丝绳传力,仅用在中小型汽车的驱动机构中;液压式驱动机构由一个制动主缸和若干个制动轮缸组成。它的传动比大,机械效率高,作用滞后时间短(只有0.1～0.3s),工作压力高,轮缸尺寸小,结构紧凑,容易布置,制动系统内压力相等,左右车轮同时制动,前后轮的制动力也有一定比例。但过度受热后,制动液汽化产生气阻,降低制动效能,甚至失效,一旦漏油或侵入空气,同样降低制动效能。这种型式驱动机构曾广泛用于轿车、轻型货车及一部分中型货车上。

2. 动力驱动机构

动力驱动机构工作时,驾驶人施力于踏板或操纵手柄的控制单元,使蓄有压力的气路或液路传递动力至工作气室或液压轮缸,使制动器制动。驾驶人施加的力仅用于回路控制元件的操纵。

动力驱动机构有气压式、液压式和综合式三种。

气压式广泛用于总质量大于8000kg的汽车上,它的力源为压缩空气,制动作用完成后无需收回排气,可简化回路,管路中不会出现液压系统中的气阻现象。备用的压缩空气可驱动其他工作装置,但其工作气压低,使驱动机构复杂、笨重,作用滞后时间长达0.3~0.9s,不利于缩短制动距离。对较长距离的供气,为缩短滞后时间,需在系统中的适当位置安装继动阀、快放阀,这使机构更加复杂,制造成本增加,制动气室排气时还会有较大噪声。

气液综合式驱动机构也称气顶油驱动,它兼有液压制动和气压制动的主要优点。由于气压系统管路较短,作用滞后时间也较短,但其结构复杂,造价高,主要用于重型车上,欧洲也用于一部分总质量在9000~11000kg的中型货车上。

全液压动力制动系统以发动机驱动液压泵产生的液压为动力源,有闭式(常压式)和开式(常流式)两种。如图8-14示为闭式液压动力制动系统,液压泵4产生的压力先后输入止回阀8和蓄能器5,各为分立的前、后制动管路的压力源。并列双腔制动阀9工作时,所输出的液压与踏板力成正比,分别传到前轴和双联后桥的轮缸。后制动钳中附装有由液压控制的弹簧制动装置。由于双控制止回阀6的作用,弹簧制动装置在任一蓄能器的压力降低到一定值以下时,都能自动进行应急制动,平时则可在驻车制动控制阀10的操纵下起驻车制动作用。

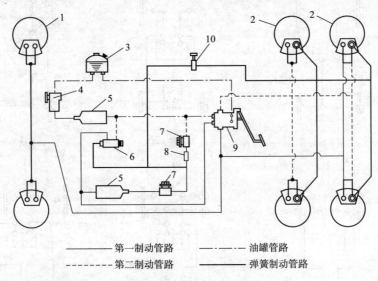

—— 第一制动管路　—·—· 油罐管路
- - - 第二制动管路　——— 弹簧制动管路

图8-14 全液压动力制动回路
1、2—前、后制动器;3—储液罐;4—液压泵;5—蓄能器;6—双控制止回阀;7—蓄能器切断阀;8—止回阀;9—并列双腔制动阀;10—驻车制动控制阀

闭式结构相当复杂,精密件多,系统的密封性要求较高,但滞后时间比开式短。在油路发生故障时,开式的即不起制动作用,而闭式的还可以利用蓄能器的压力继续进行若干次制动。

全液压动力制动除了具有一般液压驱动系统的优点外,制动能力也强,尺寸小,质量轻,易于采用制动力调节装置和防滑移装置,即使产生气阻影响也不很大。但结构复杂,精密件多,密封要求高,推广应用难,只用于高级轿车和大型客车上。

3. 伺服制动

伺服制动系统由人力制动系统与起伺服作用的动力制动系统合成。正常情况下由动力伺服系统工作;伺服系统失效时,人力驱动系统工作。最大限度地保证了汽车制动的可靠性,广泛用于中级以上轿车和重型货车上。

按伺服力源不同,伺服驱动有真空伺服驱动、空气伺服驱动和液压伺服驱动三种。

真空伺服驱动和空气伺服驱动的工作原理基本一致,只是其力源的相对压力不同。真空伺服驱动的伺服力源一般为真空度 0.05~0.07MPa,空气伺服驱动的伺服气压为 0.6~0.7MPa。若输出力相同,空气伺服驱动气室直径可比真空伺服驱动的气室小很多,但空气伺服驱动的其他组成部分却比真空伺服驱动的复杂得多。目前,真空伺服驱动用于总质量在 1100kg 以上的轿车和装载质量在 6000kg 以下的中轻型货车上,空气伺服驱动则广泛用于装载质量为 6000~12000kg 的中、重型货车及少数高级轿车上。

4. 分路系统

为提高行车安全性,制动器必须采用两个或两个以上相互独立的制动管路系统,即分路系统,以保证其中一个回路失效后,其余回路仍可使汽车制动。

双回路制动系统在汽车上的布置型式如图 8-15 所示,前五种为常见型式,它们依次形象地称为 Ⅱ、X、HI、LL、HH 型,系统 6 因为制动稳定性不佳,实际上未采用。

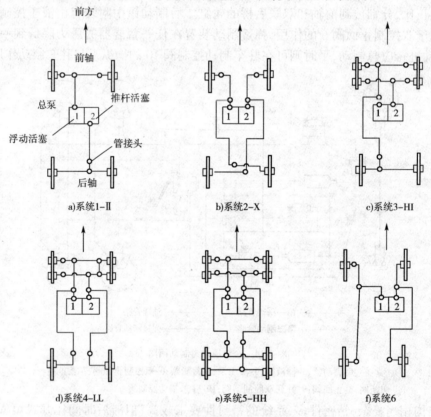

图 8-15 不同的双管路系统布置

Ⅱ 型实际应用较多,它的结构最简单,零件少,最容易与传统的单管路系统相配合,成本较低,广泛用于货车上。这种型式若后制动回路失效,则前轮一旦抱死极易丧失转弯制动能力。对于采用前轮驱动而前制动器强于后轮的汽车,当前制动回路失效而只有后轴制动时,制动力将严重不足(小于正常值的一半);并且,若后轴荷小于前轴荷,则制动踏板力过大时,后轴易抱死而导致汽车甩尾。

X 型的结构也很简单,直行制动时任一回路失效,剩下的制动力仍能保持正常值的 50%。

但若某一管路损坏使制动力不对称,此时前轮将向制动力大的一边绕主销转动,使汽车丧失稳定性。因此,它适用于主销偏移距为负值的汽车,此时不平衡的制动力使汽车车轮反向转动,改善了汽车的稳定性。

HI、LL 和 HH 型结构都比较复杂。LL 和 HH 型的任一回路失效时,前后制动力比值均与正常情况相同,剩余总制动力 LL 型可达正常值的 80%,而 HH 型为 50% 左右。HI 型单用一轴半回路时,剩余制动力较大,但此时与 LL 型一样,紧急制动时,后轮容易先抱死。

8.4.2 液压制动驱动机构设计

制动轮缸对制动蹄或制动块施加的力 F_0,应当保证汽车紧急制动时的最大制动力矩,据此可确定轮缸直径 d 和制动管路压力 p,即:

$$d = 2\sqrt{\frac{F_0}{\pi p}}$$

制动管路压力 p 一般不超过 $10 \sim 12 \text{MPa}$,盘式制动器可更高。压力愈高,对管路的密封性要求愈高,同时,驱动机构更紧凑。

轮缸直径应符合有关标准规格系列。

一个轮缸的工作容积为:

$$V_i = \frac{\pi}{4} \sum_{1}^{n} d_i^2 \delta_i$$

式中:d_i ——一个轮缸活塞的直径;

n ——轮缸中活塞数目;

δ_i ——一个轮缸活塞在完全制动时的行程,$\delta_i = \delta_1 + \delta_2 + \delta_3 + \delta_4$。

其中,δ_1 ——为了消除制动蹄(制动块)与制动鼓(制动盘)之间的间隙所需要的轮缸活塞行程,对鼓式制动器可以近似等于相应的制动蹄中部与制动鼓之间间隙的 2 倍;

δ_2 ——因为摩擦衬片(衬块)的变形所引起的轮缸活塞行程,可根据摩擦衬片(衬块)的厚度、材料的弹性模量及单位压力计算;

δ_3、δ_4 ——分别为鼓式制动器制动蹄和与制动鼓的变形所引起的轮缸活塞行程,只能利用经验数据确定。

在初步设计时,对鼓式制动器可取 $\delta_i = 2 \sim 2.5 \text{mm}$。

所有轮缸的工作容积为:

$$V = \sum_{1}^{m} V_i$$

式中:m ——轮缸数目。

制动主缸应有的工作容积为:

$$V_0 = V + V'$$

式中:V' ——制动软管的容积变形(刚性油管变形可忽略不计),$V' = \alpha_k l p$。

其中,α_k ——软管变形系数,即单位长度的软管在单位管路压力下所产生的容积变形;

l ——制动驱动机构中软管的总长度。

在初步设计时,可取 $V_0 = (1.1 \sim 1.3)V$,其中小客车、轿车取下限,货车取上限。

主缸活塞直径 d_0 和活塞行程 S_0 可由下式确定:

$$V_0 = \frac{\pi}{4} d_0^2 S_0$$

一般，$S_0 = (0.8 \sim 1.2)d_0$。

制动踏板力 F 用下式验算：

$$F_p = \frac{\pi}{4}d_0^2 p \frac{1}{i_p} \frac{1}{\eta}$$

式中：i_p——踏板机构传动比；

η——踏板机构及液压主缸的机械效率，可取 $\eta = 0.82 \sim 0.86$。

制动踏板力应满足如下要求：最大踏板力一般为 500N（轿车）~700N（货车）。设计时，轿车、货车的紧急制动踏板力的选取范围参见 8.1.3。

制动踏板工作行程为：

$$S_p = i_p(S_0 + \delta_{01} + \delta_{02})$$

式中：δ_{01}——主缸中推杆与活塞间的间隙；

δ_{02}——主缸活塞空行程，即主缸活塞从不工作的极限位置到皮碗完全封堵主缸上的旁通孔所经过的行程。

制动器调整正常时的制动踏板工作行程 S_p，只应为包括制动摩擦衬片（摩擦衬块）的容许磨损量在内的制动踏板全行程的 40%~60%。为了避免空气侵入制动管路，在计算制动主缸活塞复位弹簧（也是回油阀弹簧）时，应保证制动踏板放开后，制动管路中仍保持有 0.05~0.14MPa 的残余压力。

8.5 制动力分配的调节机构

8.5.1 制动力

汽车制动时，如果忽略地面对车轮的滚动阻力矩和汽车回转质量的惯性力矩，则任一角速度 $\omega > 0$ 的车轮的力矩平衡方程为：

$$M_\mu - F_B r_e = 0$$

式中：M_μ——制动器对车轮作用的制动力矩，即制动器的摩擦力矩，方向与车轮旋转方向相反；

F_B——地面作用于车轮的制动力，即地面与车轮之间的摩擦力或地面制动力，方向与汽车行驶方向相反；

r_e——车轮有效半径。

令 $F_\mu = M_\mu / r_e$，并称为制动器制动力，它是制动力矩 M_μ 所造成的车轮对地面的作用力，也可以称为制动周缘力。$\omega > 0$ 时，F_μ 与制动力 F_B 大小相等，方向相反。

地面作用于车轮的制动力受车轮与地面之间附着条件的限制，其值不能大于附着力，即：

$$F_B \leq F_\varphi = \varphi Z$$

式中：F_φ——车轮与地面之间附着力；

φ——车轮与地面之间附着系数；

Z——地面对车轮的法向反力。

当地面制动力 F_B 达到最大值，等于附着力 F_φ 时，车轮即抱死在地面上滑移，$\omega = 0$。此后制动力矩 $F_\mu f$ 表现为静摩擦力矩，而 $F_\mu f = M_\mu r_e$ 即成为与 F_B 相平衡以阻止车轮再旋转的周缘力的极限值。制动到 $\omega = 0$ 以后，地面制动力 F_B 达到附着力 F_φ 值后就不再增大，而制动器制动力 F_μ 随着制动踏板力 F_0 的增加使摩擦力矩 M_μ 增大而继续上升。各种力的关系如图 8-16 所示。

根据汽车制动时整车受力分析,考虑制动时的轴荷转移,可以求出地面对前、后车轮的法向反力为:

$$Z_1 = \frac{G}{L}\left(L_2 + \frac{h_g}{g} \cdot \frac{du}{dt}\right)$$

$$Z_2 = \frac{G}{L}\left(L_1 - \frac{h_g}{g} \cdot \frac{du}{dt}\right)$$

式中:G——汽车总重力;

$\frac{du}{dt}$——汽车制动减速度;

其余同前。

汽车总的制动力为:

$$F_B = F_{B1} + F_{B2} = \frac{G}{g} \cdot \frac{du}{dt} = Gq$$

式中: q——制动强度,也称为比减速度或比制动力;

F_{B1}、F_{B2}——分别为前后车轮地面制动力。

于是,可以求出前后车轮附着力为:

$$F_{\varphi 1} = \left(G\frac{L_2}{L} + F_B\frac{h_g}{L}\right)\varphi = \frac{G}{L}(L_2 + qh_g)\varphi$$

$$F_{\varphi 2} = \left(G\frac{L_1}{L} - F_B\frac{h_g}{L}\right)\varphi = \frac{G}{L}(L_2 - qh_g)\varphi$$

前后车轮同时抱死即前后车轮附着力同时被充分利用的条件是:

$$F_{\mu 1} + F_{\mu 2} = F_{B1} + F_{B2} = \varphi G$$

$$F_{\mu 1}/F_{\mu 2} = F_{B1}/F_{B2} = (L_2 + \varphi h_g)/(L_1 - \varphi h_g)$$

式中:$F_{\mu 1}$——前轮制动器制动力,$F_{\mu 1} = F_{B1} = \varphi Z_1$;

$F_{\mu 2}$——后轮制动器制动力,$F_{\mu 2} = F_{B2} = \varphi Z_2$;

Z_1、Z_2——分别为地面对前后轮法向反力。

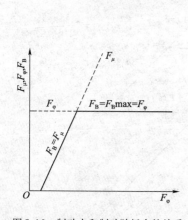

图 8-16 制动力和制动踏板力的关系

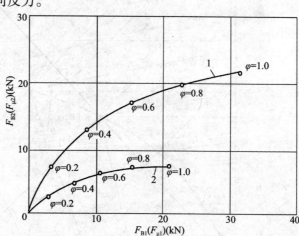

图 8-17 I 曲线

1-满载;2-空载

由上式可知,前后车轮同时抱死时,前后车轮制动器制动力是 φ 的函数,可以求出对应于一系列参变数 φ 值的前后制动力的理想关系曲线,通常称为理想的制动力分配曲线,简称 I 曲线,如图 8-17 所示,汽车实际装载质量不同时,总质量和质心位置变化,I 曲线有所不同。如果前后轴制动器制动力 $F_{\mu 1}$、$F_{\mu 2}$ 能按 I 曲线的规律分配,则能保证在任何附着系数 φ 的路面上制动时,汽车都能使前后车轮同时抱死。

8.5.2 制动力分配系数

前轮制动器制动力 $F_{\mu 1}$ 与汽车总制动器制动力 F_μ 的比值称为汽车制动器制动力分配系数,用符号 β 表示,$\beta = F_{\mu 1}/F_\mu$。于是后轮制动器制动力 $F_{\mu 2}$ 与汽车总制动器制动力 F_μ 的比值为 $F_{\mu 2}/F_\mu = 1 - \beta$。

按照理想的制动力分配特性的要求,系数 β 应当是可变的,并且是附着系数 φ 或制动强度 q 及汽车实际总质量、汽车质心位置参数的函数。

很多汽车(尤其是货车)的制动力分配系数仍然设计为恒定的,因此实际制动力分配特性是线性的,这种特性线简记为 β 线。

按 β 线这种线性分配特性分配前后制动力的制动系统不可能在所有的附着条件和汽车实际装载情况下使汽车实现理想的制动。

某货车 β 线、满载时的 I 线以及对应不同 φ 值时的前后轮的滑移界限线如图 8-18 所示,除原点外,β 线和 I 线只在对应 $\varphi = 0.6$ 的点 M 相交,这表明该车只在 $\varphi = 0.6$ 的道路上才有可能将前后车轮制动到同步抱死,即该车的同步附着系数 $\varphi_0 = 0.6$。此时可以得到最大总制动力 $F_B = G_a \varphi = F_{B1M} + F_{B2M} = F_{\mu 1M} + F_{\mu 2M} = 15\text{kN} + 16.5\text{kN} = 31.5\text{kN}$,制动强度 $q = \varphi = 0.6$,即减速度 $j = 0.6g$。可见制动周缘力和附着力都得到充分利用,即:

$$\frac{F_\mu}{F_B} = 1$$

$$\varepsilon = \frac{F_B}{G\varphi} = \frac{q}{\varphi} = 1$$

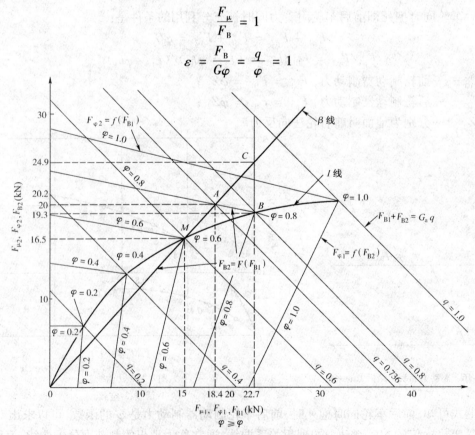

图 8-18 β 恒定的汽车的制动情况

式中：ε——附着系数利用率（或附着力利用率）。

现代汽车设计中,同步附着系数 φ_0 有增大的趋势。国外有推荐满载时同步附着系数轿车取 $\varphi_0 \geq 0.6$；货车取 $\varphi_0 \geq 0.5$ 为宜。汽车上安装有比例阀或感载比例阀等制动力调节装置,可以根据制动强度、装载质量等因素调节前后制动器制动力的比值,使之接近理想的制动力分配曲线。

习　题

1. 设计制动系统时应该满足哪些基本要求？
2. 设计制动系统时应该考虑哪些性能参数？有哪些影响性能参数的因素？
3. 鼓式和盘式制动器各有哪几种型式？各自有哪些性能特点？
4. 制动器的间隙调整有哪几种？原理如何？
5. 制动驱动机构的型式有哪些？各自有哪些优缺点？
6. 双轴汽车双回路制动系统型式有哪些？各自有哪些优缺点？

第9章 车身设计

[主要内容] 本章介绍汽车车身设计的流程,造型设计,车身布置设计和结构分析方法。

9.1 概 述

汽车车身是汽车的四大总成之一,随着汽车产品需求的多样化、个性化,车身设计已从从前的次要地位逐渐占据主导地位,车身已是一个品牌的标志和象征,它直接代表着轿车的开发水平,同时也生动反映了社会政治、经济和文化等多方面,也鲜明折射出整个国家工业水平及装备情况。

汽车车身发展的历史是不断开发新资源和采用新技术并按照审美的规律进行造物的历史。在这个历史发展的过程中,设计师不断地协调着材料、结构、工艺、技术与造型美学之间的矛盾关系,使汽车设计既符合功能要求又符合人的审美情趣。在当前激烈的市场竞争条件下,要求在更短的开发周期中,推出高质量、低价格的产品,对市场需求快速响应成为各个汽车生产商生存发展首要考虑的问题之一,车身总成占轿车总质量和成本的1/3~1/2,是轿车产品商品性的重要标志,在轿车开发中占有主体地位,起着主导作用,因此车身开发是决定整车竞争力大小和成本高低的关键因素,因而各集团公司均把车身开发放在整车开发的首要位置。

9.1.1 车身开发流程和方法

汽车生产企业为了在激烈的市场竞争中不被淘汰,就必须具有持久竞争力,其核心要素是具有竞争力的优势产品,要保障这种优势产品的获得,先进的汽车产品开发流程是基础。目前先进的汽车产品开发流程主要包括市场调研、概念开发、工程设计、工程验证、批量准备阶段,如图9-1所示。这几个阶段不是完全独立而是相互交叉同步进行,这样就能大大缩短新产品的开发周期。

1. 产品策划

产品策划是车身产品开发的第一阶段,其目的是规划和定义车身产品开发的指导原则、开发内容、关键技术、性能指标、实施线路和风险分析等事项。产品策划包含了很多方面,包括市场竞争分析、消费群调查、法规调研、成本分析、投资预算、技术方案、产品定位等内容。

在产品策划阶段,通过对市场进行调查研究,分析市场的容量,确定产品的定位和成本价格;同时通过市场分析,确定竞争车型,在此基础上,确定新车型的设计基准和设计目标。市场分析是对目标市场投放车辆的形象、特征、设计及规格进行定义和认证,对竞争车型进行分析,包括外观、总体布置、动力、安全性、稳定性、舒适性、装配、表面处理、功能、性能、振动和噪声、通风、空调的制冷与制热等各方面的评估,通过与潜在客户的面谈或问卷调查,确定新车型的设计概念和设计风格。同时进行批量生产的可行性研究和初步选定配套厂家,为以后工作的顺利进行做好充分准备。

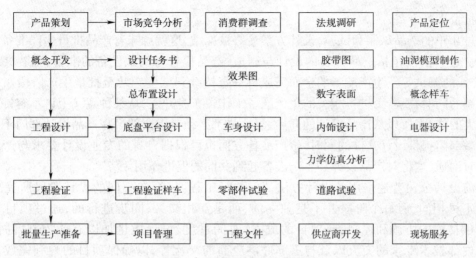

图 9-1 汽车产品开发流程示意图

2. 概念设计

概念设计是以产品策划为依据,将造型概念和工程结构有机结合,将创意转化为方案的实现过程,是极为重要的环节。

概念设计主要包括车身造型、车身总布置和结构可行性研究三大方面,具体包括车身硬点尺寸参数确定、主要结构断面和分块确定、人机工程布置、造型效果图制作、CAS 数据制作、造型模型制作、测量和线图、前期 CAE 分析以及结构和工艺可行性分析等。

概念设计的一般过程:先由设计师们提交各自的概念草图,经过筛选以后,确定 4 套以上不同的造型方案,由设计师手工绘制彩色的包括外部和内部的造型效果图。当概念草图被批准后,将绘制全尺寸的胶带图(tape drawing),CAS 数据制作,进行人机工程分析。

3. 工程设计

油泥模型冻结后,就全面进入到了产品设计阶段。产品设计工程是汽车自主创新开发中最为重要的一步,它贯穿整个汽车开发的全过程,包括整车总体布置、汽车工程分析、产品结构分析、具体总成与零部件的详细设计以及它们之间的相关协调工作。这一阶段耗时最长,如果撇开后期的设计改进时间不算,一般需要 1 年左右的时间。

在产品设计阶段,供应商会提前介入,使产品的设计做得更经济、合理。产品设计多采用现代产品设计的手段,利用三维软件对产品零部件进行装配,做各种断面与干涉检查,使产品结构尺寸准确无误;利用有限元分析软件对产品结构进行有限元模拟分析,产品性能模拟分析要达到合格水平。在设计时,还必须严格执行国家制定的相关法规和标准,对于要出口的产品,还要执行国外的法规和标准,如 ISO(国际标准化组织)、SAE(美国汽车工程师协会)、JIS(日本工业标准)、EEC(欧洲经济共同体)、ECE(欧洲经济委员会)等标准。

4. 工程验证

产品试验是产品验证的重要环节。虽然在设计过程中,大量采用 CAE 进行模拟计算,可以有效地验证设计结果,但最终的验证只能通过实车试验来完成。因此工程验证阶段包括样车试制、零部件试验和道路试验。制作样车的零件通过制作简易模具和快速成形获得,材料和加工工艺与实际生产时保持一致。样车试验包括扭转和弯曲强度试验、空气动力学和风噪声试验、前碰试验、后碰试验、侧碰试验、可靠性试验、基本性能试验和道路试验等,通过试验来验证设计是否满足法规和设计的要求。

5. 批量生产准备

经过几轮的产品试制和试验,设计方案最终被冻结,这就意味着产品批量生产准备工作全面启动。这一阶段包括产品工装的设计与制造、产品检查与调试设备的准备、工装夹具的验证、生产线的调试等。生产准备的全面完成将一直持续到试生产乃至批量生产阶段。在进行样车试制的同时,要着手进行相关的生产准备工作。车身开发,从某种意义上讲不容许产品设计有重大的修改,所以从产品设计的开始,每一步都必须考虑成熟。在产品设计部门不断地向生产准备部门提供设计文件的同时,生产准备方面也可根据自身的专业设计要求与产品设计人员及时沟通,这将对产品设计和生产准备起到共同的促进作用。

目前设计公司普遍采用的设计方法——并行工程,尽管在不同的设计阶段所完成的工作内容不尽相同,但每个阶段并不是独立的,而是互相交叉、同步进行的,通过项目管理团队来提供整体的协调和控制,对项目的成本、时间进度、设计质量加以有效控制,并协调项目团队内部技术专家的交流以及与零部件供应商的交流等,以确保项目的顺利完成。由于采取了各种有效的措施,目前一个新车型的开发周期将由原来的 4~5 年时间缩短到 1~2 年的时间。

9.1.2 车身开发技术

在汽车整个开发过程中,全面采用计算机辅助技术,将造型、设计、计算、试验、直至制模、冲压、焊装、总装等各个环节中的计算机模拟技术联为一体的综合技术,称为数字样机开发技术,具有数字化、集成化、智能化、协同化、虚拟化的特点和趋势。它在降低成本、缩短开发周期、提高产品系统级性能,获得最优化设计产品、提高开发质量方面具有极大的优势和潜力,是汽车工业竞争取胜的关键技术。车身开发所采用的汽车现代设计技术将在第 10 章中陈述。

9.2 汽车造型设计

9.2.1 汽车创意设计

汽车创意设计是车身设计的最初步骤,是一项综合构思。汽车产品由创意开始,通过造型设计、车身结构设计,是科学技术与艺术手法相结合的产物。

1. 仿生设计

自然界本身就是最优秀的设计师,纵观汽车百年历史,仿生设计是汽车造型发展的原动力,对于汽车造型设计具有重大意义,显示了极强的生命力。

图 9-2~图 9-7 为典型的仿生创意设计例子。

图 9-2　1934 年克莱斯勒 Airflow 设计的"大犀牛"

图 9-3　通用哈里厄尔鱼的"尾鳍"

图9-4 新甲壳虫轿车

图9-5 大众高尔夫GTI水箱格栅蜂巢造型

图9-6 采用最新生物结构的奔驰BIONIC概念车

图9-7 以生物形象作为汽车标志

2. 仿物设计

类似于仿生设计,汽车设计师也一直不断地从大千世界的每个事物上寻找灵感。图9-8、图9-9是两个设计师仿物设计的典型例子。

图9-8 外形酷似大拖鞋的标致新车

图9-9 外形酷似黑鸟战斗机的萨博概念车

3. 打破传统观念的创新设计

所谓的创新设计,除了在传统基础上的改进、变化外,还有一种更加彻底的创新思想,即完全打破传统的思想,消除思维定式,另辟蹊径地进行创新设计。图9-10~图9-15所示就是几个完全打破传统观念的创新设计。

图9-10 不对称的车身造型

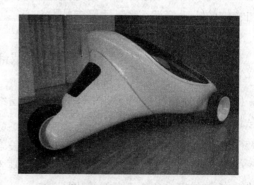

图9-11 可变车身长度Z-Car概念车

图9-12　会飞的风扇动力车　　　　　图9-13　第一台木质超级跑车

图9-14　世界首辆零排放"压缩空气动力车"　　图9-15　燃料电池电动汽车

9.2.2　汽车造型美学法则及色彩设计

1. 汽车造型美学法则

汽车造型具有明显的科学技术和文化艺术的双重特征，反映了当代科学发展的动向。纵观汽车的发展历程，经历了马车型、箱型、甲壳型、船型、鱼型以及楔型六个阶段的演变。在不同的历史发展时期，汽车总是通过造型艺术来体现其时代流行美感。

下面介绍和汽车造型密切相关的一些美学原则。

1) 对称与均衡

对称是指造型物各部分之间位置的相对关系，是在视觉上产生一种重复的共性因素。车身造型上的对称会给人以庄重和稳定感。均衡是指造型物各部分之间轻重的相对关系，是对称的发展，也是一种不对称型式的心理平衡。

2) 统一与变化

统一是指同一要素在同一物体或环境中各要素的共性。统一的作用是避免杂、乱、散，是建立秩序美、和谐美的基础。变化是指在统一物体或环境中各要素的差异性。变化的作用是增加物体的生动活泼，避免枯燥乏味与沉闷。

3) 比例与尺度

造型的比例是指物体形的各部分之间或部分与整体之间的匀称关系，是形体之间谋取统一、均衡的数量秩序。其表现形式包括：

(1) 黄金分割比例：通常轿车车身的下窗线将车身高度分割成黄金比例，大部分轿车轴距与总长之比都在1∶1.618～1.732。

(2) 均方根比例：两厢式的轿车车身的长宽比多采用$\sqrt{5}$。

(3) 整数比例：整数比例是以正方形为基本单元而组成的不同的矩形比例。例如，轿车车身的总布置图多采用1∶5的比例图。

4) 稳定与轻巧

稳定是指造型物上下之间的相对轻重关系。稳定给人以安全、稳重的感觉,不稳定则给人以危险和紧张的感觉。稳定可分为实际稳定和视觉稳定两类,视觉稳定是造型设计中应该着重考虑的。轻巧是指造型物上下之间的相对轻重关系。其作用是给人以灵巧、轻盈与活泼之感。

5) 节奏与韵律

节奏是指某些造型要素有规律、周期性变化连续性的形式美。其具体表现形式有:连续、循环、重复。韵律从广义上讲是一种和谐美感的规律,造型中是形象在节奏的节制、推动、强化下所呈现的情调和趋势。韵律的具体表现形式有:交替、起伏、渐变。

6) 对比与调和

对比是指突出各构成要素的差异性,其目的是在于打破单调、形成高潮。调和是指强调各构成要素之间的一致性。调和可以通过明确各部分之间的主与宾、支配与从属或等级序列关系来达到。在车身造型中多采用整体调和、局部对比的手法。

7) 主从与重点

"主"是指车身的各部位或各主要功能部位,它是表现的重点,也是人的视觉中心。在车身造型中,应突出、渲染、强调主体。"从"则是指非主体或次要部位,从属部位主要是起烘托、映衬作用。

8) 过渡与呼应

过渡是指在造型物的两个不同形状或色彩之间,采用某种既联系两者又逐渐演变的方法,从而使各形体或各色彩之间产生和谐美。呼应是指在造型物的某个方位上(前后、上下、左右)形、色、质的相互关联和位置的相互照应,在视觉上产生关联的协同感。

美学的原则不是一成不变的,它也将随着时代的演变、科技的进步、社会文化艺术的发展不断完善和创新。

2. 色彩设计

色彩是设计美的重要构成要素,它可以直观而生动地将设计师的想法或意念传达给消费者。一切造型都离不开色彩,都要通过色彩来表现。可以说,在一切设计元素中,色彩是最具表现力的元素,它不仅可以强化造型效果,而且本身具有很高的审美价值。

汽车造型与汽车色彩是相辅相成的,汽车颜色是仅次于造型的一种设计要素,直接影响消费者的购买倾向。如今,颜色不仅是汽车的包装和品牌认识的标志,而且利用颜色进行市场竞争,已提到战略性的高度。

汽车色彩设计常受到不同观念和意识形态的影响,设计师应从消费者的角度来设计汽车的颜色,具体应考虑以下几个方面:

(1) 不同国家、不同地区的人们对色彩的喜好是不同的;
(2) 不同宗教信念会影响色彩的设计;
(3) 不同的自然地理条件会影响色彩的设计;
(4) 车身的色彩设计要高度注意其交通安全性;
(5) 汽车色彩设计应考虑对都市环境协调和自然环境恶化所产生的影响。

在进行汽车色彩设计时,先考虑的是汽车色彩的主色调,突出某一种色彩,使之占绝对优势,而其他部分的色彩则围绕这个主色调进行变化。具体的方法如下。

1) 造型与色彩的一致性

设计概念的定位是由目标需要所决定的,而造型与色彩又是表现设计概念的两种手段。通常情况下,造型和色彩是共同发挥作用来解释设计所要表达的含义的。例如:要表达"稳重",如果采用的是复杂多变的造型以及像红、黄这样鲜艳的色彩,就很难使人联想到稳重。同样是表达"稳重",假如使用的是简单些的规整的形体和沉稳的冷色或深色系,那么它所传达给人的心理感受又大不相同。可见,实现设计概念是通过造型与色彩的共同作用来完成的。

设计者在进行汽车造型设计中只有将造型与色彩充分结合,才能体现出所要表达的设计概念。例如:为年轻人设计的汽车,可以将前卫的造型和亮丽的色彩相结合表现年轻人的青春活力;而针对中年人设计的车型,由于使用对象不同,造型和色彩就会相应发生变化。

2)造型与色彩的互动

造型与色彩的恰当应用,在很大程度上可以体现出设计最终所要表现的风格与气质。例如:不同的色彩运用在不同的造型上,不同的面积、大小以及色彩的纯度、明度、色相的变化都会给形体与色彩的搭配及其所形成的空间关系带来不同的视觉效果和心理感受。

在汽车设计中,设计者还应该注意造型与色彩以及不同色彩之间的搭配关系。例如:同一种车型使用两种色彩,这两种色彩的色相、纯度、明度的不同,在组合中会产生不同的效果。

3)色彩的组合

在对车身色彩进行设计时,只有充分地运用色彩规律将色彩进行恰当的组合和协调。这样才会产生色相对比、明度对比、纯度对比和面积效应等变化,从而突出和丰富色彩的表现力。

4)相似色彩的组合

色相上基本属于同种色系的色彩,且差别不大,无较大的明暗程度差异,这样的色彩组合搭配易形成统一的色调。通常选用一种运用于大面积,形成基调,再选用同色系中相似的色彩或在明度上有变化的颜色来与基调进行搭配组合。相似色彩的组合,会使色彩的整个载体带来和谐、统一、柔和的效果,进一步强化了物体的亲和力。

5)对比色彩的组合

色彩的对比主要是从色相的差别、明度的对比、纯度的对比等几个方面体现的。具有对比色彩的组合能够起到刺激观者视觉的作用,同时也给色彩的载体带来更多强烈与生机的感觉。这种色彩组合,一般选用一种色彩用于大面积,形成基调,再选用其他在色相、明度、纯度上与主色调成较大反差的色彩进行搭配使其达到所盼的色彩效果。

不管是采用相似色彩组合还是对比色彩组合,都要注意保持整体车身色调的和谐统一。使用恰当比例的色彩搭配,借助主从、呼应等形式法则来展现整体色彩的视觉美感。例如:采用对比色彩组合的车身,如果从稳定感要求出发,将汽车下部用深色,上部用浅色,则可以表现重心降低的感觉。但在实际中,考虑到色彩所占的面积将影响视觉效果,如汽车车身裙部连同前后翼子板的面积远远大于顶盖和侧窗支柱等的侧面面积,再采用上浅下深的话,视觉上就不能够达到平衡,故很多汽车的上部反而用重色,车身裙部用浅色,以求得心理、视觉上的平衡感。

汽车内部空间的色彩要与整体汽车造型设计风格统一。如果整车要体现的是一种端庄优雅,那么内饰的色彩可以采用柔和暖色系更好地体现这一风格。如果整车表现的是运动的活力,那么内饰的颜色就相应地采用具有动感活力的色彩。

汽车的内部空间可以将几种颜色搭配使用,但使用的颜色不易过多,一般以 2~3 种比较合适。当几种颜色组合时,可选用色相明度具有差别的色彩,但对比反差不易太大,避免给驾驶人造成视觉上的压力。浅色系为主的色调在心理上会加大空间感,在视觉上会令坐在其中的人们倍感宽敞舒适。总之,内饰的色彩在感官上,要尽可能体现该车精致而又协调的整体设计所带来的独特的视觉感受,为乘坐者营造出一种和谐舒适的车厢气氛。

颜色对人们的购买心理影响很大。调查表明,面对商品,人们只要7s就可以确定对这些商品是否有兴趣。在这短暂而关键的7s之中,色彩的作用达到67%,成为决定人们对商品喜好程度的重要因素。在不增加成本的基础上,成功的色彩设计可以为产品增加15%~30%的附加值。因此,汽车的色彩运用在汽车设计中有很重要的地位。一款新车,在造型设计过程中,就要进行色彩设计,色彩已成为区别汽车造型的关键要素之一。

9.2.3 汽车造型表现技法

在汽车的造型设计过程中,从最初设计师的构思到最后的冻结造型方案,之间有很多汽车造型的表现方式,大体可分为平面表现技法和三维表现技法。下面介绍在汽车造型设计中常用到的几种表现技法。

1. 平面表现技法

1) 概念草图

概念草图是汽车造型方案的源头,应用于造型设计的初期。设计者通过概念草图,将自己的构思和灵感用手绘的形式快速表现出来。概念草图的绘制没有统一的规定,以自己和同行看懂并理解设计意图为目标,可以增加一些明暗效果来提高表现力,如图9-16所示。

2) 效果图

在进行了概念草图绘制的基础上,要进一步对其进行色彩、线条、明暗关系等各方面的渲染,使其更接近真实效果,以便于展示,绘制出来的图通常称为效果图。事实上,效果图和概念草图之间没有明显的界限,目的都是为了表达设计构思。这种效果图不同于机械制图中的轴侧图,它更具有良好的视觉效果,能真实地反映车身造型的构思,为以后模型的雕塑打下基础。效果图通常按1:5或1:10的比例来绘制。在传统的汽车造型表现技法中,手绘出逼真传神的效果图是汽车设计师需要掌握也是很难掌握的技术。

图9-16 前期设计草图

随着计算机辅助造型设计技术(CAS)的发展,这种完全手工绘制的效果图几乎不再使用,取而代之的是汽车三维数学模型渲染出的效果图,用专业渲染软件渲染出的效果图更加逼真,既神似又形似,如图9-17所示。

图9-17 CAS软件渲染出的效果图

3)三视图

三视图是观测者从三个不同位置观察同一个空间几何体而画出的图形。汽车的三视图是造型的平面表现中常用的一种方法,如图9-18所示。

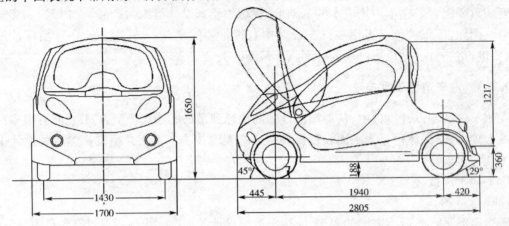

图 9-18 三视图

4)胶带图

所谓胶带图就是用不同宽度和不同颜色的胶带在标有坐标网格的白色图板上,粘贴出模型轮廓的曲线和线条,将汽车整个轮廓曲线(主要是侧视图)、开缝线、内部布置尺寸、座椅投影、发动机位置轮廓、操纵机构布置轮廓以及人体样板显示出来,如图9-19所示。在缩小比例模型的形状确定后,可将模型的轮廓曲线放大至1:1,用胶带图的形式表现出来。经过胶带图验证的曲线可移植到全尺寸的模型上,作为雕塑的依据。

2. 三维表现技法

1)油泥模型

油泥模型包括缩小比例的油泥模型和1:1的全尺寸油泥模型。在选定效果图之后,常需要通过缩小比例的油泥模型将造型表达为立体形式以更好地认识设计的造型,如图9-20所示。缩小比例的油泥模型通常为1:5。缩小比例的油泥模型是造型设计过程中的一个试探性步骤,是效果图的补充和验证,可以根据视觉效果和生产要求进行适当的改型。全尺寸模型是汽车造型设计的最终定型,是车身结构设计、绘制主板图的依据。

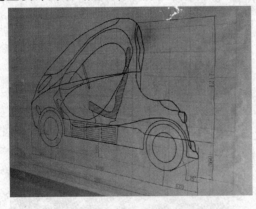

图 9-19 胶带图

图 9-20 油泥模型

2)数学模型

计算机和美学专业工程软件的发展为汽车的造型设计提供了强有力的手段。通过计算机辅助造型设计软件绘制出汽车的三维数学模型,能够迅速地表达想要设计的造型,不仅可以直接用于模型的制作甚至产品的生产,还可以对其进行渲染得到真实的效果展示图,另外可以结合虚拟现实技术(VR)进行高度逼真感受。

9.3 汽车车身布置设计

9.3.1 车身布置设计内容

车身布置设计是围绕人机工程学原理并充分考虑到制造工艺、材料特性、安全特性,在满足车身造型和整车总布置要求的前提下,对车身内外形、前后围、发动机舱、行李舱、车窗、地板、仪表台、座椅、操纵机构以及备胎、油箱等进行尺寸控制和布局的过程,由整车总布置、车身、底盘、发动机、电气以及附属设备等部门协调完成。其主要目标是在满足车辆级别和整车性能要求下获得最大、最舒适的室内空间。

1. 车身布置设计的主要内容

在进行车身布置设计之前,要清楚车身布置设计与整车总布置的关系,首先进行整车总布置,确定整车总体布置的基本定义,表9-1。整车总体布置的基本定义完成之后,即进入车身布置设计阶段,此外,还要了解目标乘员的人体尺寸,以此作为设计基本依据。

轿车总体布置的基本定义   表9-1

序号	内　容	序号	内　容	序号	内　容
1	车身类型:两厢还是三厢、车门数、车级别	10	前悬架	19	变速器:手动还是自动
2	总长、总宽、总高	11	后悬架	20	油箱容积
3	轴荷分配	12	转向系统	21	排气系统
4	前后悬	13	制动系统	22	散热器面积
5	乘员数目	14	蓄电池尺寸	23	行李舱容积
6	整车整备质量	15	前/后座头部空间	24	备胎
7	驱动形式:4×2还是4×4	16	前/后座腿部空间	25	发动机悬置系统:3个单点还是其他
8	发动机类型	17	前/后座肩部空间	26	结构强度、刚度
9	发动机布置形式:前置前驱还是前置后驱等	18	前后轮胎规格	27	整车性能:最高车速、加速时间、爬坡度等

明确了车身布置后应考虑的性能要求有:

(1)乘坐舒适性:乘坐舒适性包括居住性、振动的舒适性、车身密封性、空调及车身内部设施等都要达到令人满意的水平。

(2)车身的密封、隔热和隔声性:良好的车身密封性可以减少漏气,利于隔声、隔热,防止外部灰尘和湿气的侵入。良好的隔热性可以保持车内适宜的温度。

(3)安全性:安全性包括了能减少交通事故的主动安全,如舒适性、操纵性、上下车的方便性、外廓尺寸、灯光规定以及制动器规定等;还包括设法减轻事故发生后乘员受到伤害程度地被动安全,如对驾驶室内部的软化、安全带的设置等。

(4) 视野性：驾驶人的前后视野会对驾驶安全性有直接的影响。

(5) 上下车的方便性：影响上下车方便性的因素包括车门、脚踏板、扶手等。

(6) 操纵方便性：汽车是高速交通工具，驾驶人工作紧张而劳累，必须提供舒适的操作环境，如具备合理的操纵位置、足够的操作空间；转向盘角度、直径，转向盘与坐垫、仪表板的位置、转向柱、变速杆、加速踏板、离合器踏板相对位置都要有合理的搭配和尺寸；在转动转向盘和移动变速杆时，不应使胳膊、手臂触到前风窗玻璃、车门、仪表板等。各种仪表应容易辨别，各种按钮、拉钮应更容易触到，灵活方便，"挡感"明显；操纵时不分散驾驶人观察道路情况的注意力。

2. 具体的车身布置内容

1) 发动机及传动系统布置

发动机布置形式和驱动方式发动机布置形式和驱动方式是决定车辆基本尺寸、设计、结构和性能的重要因素，目前使用的汽车布置形式主要有发动机前置后轮驱动(FR)、发动机前置前轮驱动(FF)和发动机后置后轮驱动(RR)三种形式，如图9-21所示。

FR布置形式是传统的轿车布置形式；由于轴荷分配合理，有利于提高轮胎的寿命，动力性和操纵稳定性都较好。但存在贯穿车辆前后的传动轴，地板中部需要有凸包，影响了乘坐的舒适性，且整车尺寸和质量较大，整车高度不容易降低，适合于大型车上的布置。

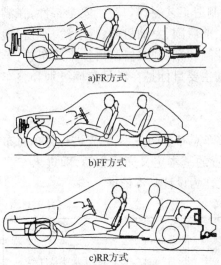

图9-21 发动机布置形式和驱动方式

FF布置形式有明显的不足转向性能；主减速器与变速器装在一个壳体内，动力总成结构紧凑；前轮可以获得足够的驱动力，整车长度缩短，并有利于轻量化，发动机前置也使汽车越障性能较强。对于微型轿车、有后举升门轿车和旅行车，多采用这种布置形式。

RR布置形式的乘用车，动力总成紧凑，而且汽车前部高度可以降低，改善了驾驶人的视野。上坡行驶时，由于驱动轮上附着力增加，爬坡能力提高。但发动机后置使后桥负荷重，汽车有过多转向倾向，前轮附着力小，高速行驶时操纵稳定性不佳。目前乘用车极少采用这种布置方式。

2) 轮罩形状和地板布置

当发动机和底盘布置草图基本形成，底盘的关键尺寸，如长度(轴距、前悬、后悬)、宽度(轮距)和高度(轮胎尺寸、发动机离地高度)初步确定后，首先确定地板线和轮罩形状。为了降低整车高度，希望地板线尽可能降低；但是要考虑离地间隙的要求和发动机、传动系统布置形式。

(1) 地板高度线的确定。根据车辆行驶的道路情况以及道路建筑法规，车辆设计时必须控制通过性指标，包括离地间隙、接近角、离去角和纵向通过角等。确定通过性指标需要考虑空载、设计载荷和满载三种载荷状态。

根据各载荷状态下车轮承受的垂直载荷可计算出车轮中心到地面的距离，据此得出三种载荷状态下的地面线。确定离地间隙还应考虑地板布置形式、排气管离地间隙和动力传动装置的离地间隙；对于FR布置形式，还要考虑传动轴及主减速器的离地间隙和满足底部构件跳动的运动间隙。

(2)轮罩空间形状设计。作前轮转向跳动图和后轮跳动图,可以确定前、后轮罩的空间大小及形状。车轮跳动图需要根据车轮跳动的极限位置和最大转向角来求作。车轮跳动的极限位置与悬架的结构形式、参数以及橡胶缓冲限位块的允许压缩量有关。

轮罩表面形状不仅要包容车轮在跳动和转向过程中占据的空间,还要考虑悬架和车轮系统的装配误差、导向机构和各铰接点的弹性、轮胎旋转时离心力和汽车制动力引起的弹性变形,以及安装防滑链所需的空间等,还应考虑使车轮能从轮罩中方便地取出的情况,因而应在车轮跳转包络面的基础上给出一个间隙空间,从而得到实际需要控制的轮罩表面。间隙的取值由汽车运用的具体区域条件、气候条件和公路状况等因素而决定。

设计微型轿车车身时,要兼顾内部空间充裕和外形小巧紧凑。因此,设计轮罩时必须利用好空间。轮罩会在地板的前后端产生凸包,前轮罩将会影响前排乘员的搁脚空间和踏板布置;后轮罩将会影响后排座椅的布置。如果将圆柱形轮罩做成圆滑的外形,可使后座加宽或加大前座的搁脚空间。由于车轮转向时并不占用轮罩中部,为充分利用空间,可将其做成嵌入轮罩内的凹部,腾出的空间可用来布置离合器踏板或安放坐垫的最宽部分,这样可将坐垫降低或前移。轮罩空间在满足车轮转向和跳动所需空间的前提下尽量减小,轮罩最好不突出于室内。

一旦轮罩雏形形成,可通过曲面求交来求得与前翼子板表面的交线,也就是设计翼子板开口的形状控制线。翼子板开口形状的确定,还应考虑拆卸轮胎所需空间和造型的需求。

(3)地板布置。根据前后轮罩位置和形状,离地间隙要求、发动机和传动系统布置形式以及地板和门槛下沿线高度,可初步确定地板高度及布置形式。对于 FF 或者 RR 布置形式,由于地板下部没有传动轴通过,地板可以降低,有利于座椅布置和提高居住性。对于 FR 布置形式,应尽可能减小由于传动轴通过地板下部所需的地板通道高度,提高舒服适性并降低地板高度和车身总高,通常在垂直平面上将传动轴呈 U 形布置,如图 9-22 所示,这样既降低了传动轴的轴线高度,又使各万向节轴线间的夹角保持在允许的范围内,以提高传动效率。通道与中间传动轴部分之间的最小间隙一般可取 10~15mm。在绘出传动轴的最高轮廓线之后,即可据以确定传动系统上的凸包线。由于传动轴作上述布置,前后地板往往形成不大的阶梯,前后排乘员将脚搁在前排座椅下面,可改善后排乘员的乘坐舒适性,且后排座椅可适当前移,从而缩短车长;同时能减小由于后轮罩产生的凸包对座椅布置的影响,增加坐垫的厚度和有效宽度。

a)单万向节传动轴　　　　b)装有中间支撑的双万向节传动轴

图 9-22　传动轴 U 形布置方案

3)发动机舱和前围布置

(1)发动机舱布置。发动机舱的布置需要依据发动机、变速器、排气系统、散热器和蓄电池等的尺寸和布置来确定。发动机罩前端高度决定于散热器的布置高度,在保证油底壳离地间隙以及发动机等部件与发动机舱内表面间隙的条件下,降低发动机罩高度有利于车身前部造型和驾驶人前下视野。考虑到总装时发动机从下部安装的可能性,发动机最宽处应能通过发动机舱的最窄部位。

(2)前围布置。前围将发动机舱与车室隔开。在前围上部固定前风窗玻璃,其车室内侧安装仪表板,外侧支撑发动机罩、安装刮水器,前围下部与地板连接。前围室内一侧通常还装有隔热和减振材料层,固定安装制动器、离合器和转向盘等的支架,以及暖气设备等。应保证前围板到发动机后端有足够的间隙,以布置转向系统机构、制动系统和离合器的管路和附件,以及暖风系统的风道。

前围下部常采用倾斜面与地板连接,倾斜面一般与前轮罩面相切,以利于前排乘员保持良好的搁脚姿势。将前轮前移或将发动机位置前移,前围可相应前移以加大前排乘员的搁脚空间和便于布置踏板。根据发动机罩后端的高度以及仪表板表面的位置,可确定前围上部的高度和形状,初步确定前风窗玻璃的下沿位置,并设置玻璃的安装止口。

前围布置完毕,可根据前围和地板位置初步确定加速踏板的位置。

4)车内布置

车室内部布置的核心是乘员,同时要兼顾操纵方便性、安全性和美观性。车室内部布置包括车室长、宽、高的空间设计,以及座椅、仪表板和操纵件的布置等内容。

5)后围布置

汽车后围起着将车室与行李舱分隔开的作用,其上部应保证后窗玻璃下沿的安装位置。在风窗与靠背之间设置搁板,风窗下沿的外部为行李舱盖支撑位置。为使行李舱增大,一般后围的布置与后排座椅靠背的背面平齐,下部与地板连接。

6)行李舱、备胎及油箱等的布置

(1)行李舱布置。现代轿车普遍将行李舱布置在车尾。根据整车造型空气、动力学要求和后窗下沿的高度,可确定行李舱盖的高度和轮廓线,进而确定行李舱的长度和容积。行李舱的有效容积在中级轿车上为 $0.4 \sim 0.7 m^3$,在高级轿车上为 $0.7 \sim 0.9 m^3$。图9-23所示为当代流行的两厢式和三厢式轿车行李舱的布置形式。

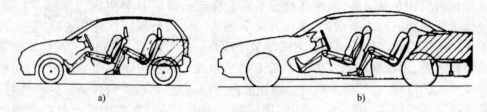

图9-23 行李舱布置

(2)燃油箱、备胎和排气系布置。燃油箱和备胎的布置,对车身有效容积和整车轴荷分配都有很大影响。在燃油箱的布置中,应确保必要的燃油箱容积和燃油箱最小离地间隙;加油口位置要方便加油操作;油道要合理,装配方便。燃油箱要尽量远离发动机舱,以保证安全。目前用到的油箱布置方式如图9-24所示。备胎常安放在行李舱内。

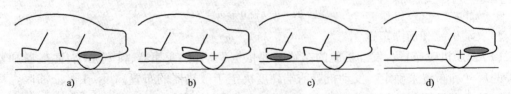

图9-24 油箱布置

排气管布置对车身地板的设计布置有着很大的影响。在地板下面安装双排气管、主消声器和在主消声器前后布置两个辅消声器,是当前最理想的消声器布置方案,能高效吸收噪声。

地板和消声器之间应留有足够的间隙,以避免地板过热。为有效利用车身底部的通风来降低排气管温度,排气系统和消声器应沿着空气的流动方向布置,而在其周围要用隔热隔声材料层将其与车身其他部分隔离开。

3. 车身布置术语介绍

1) H 点

车身布置中最重要的一个术语就在于 H 点。能够比较准确地确定驾驶人或乘员在座椅中位置的参考点是躯干与大腿相连的旋转点"胯点"。实车测得的"胯点"位置称为 H 点。H 点测量装置(HPM)和 H 点设计工具(HPD)都属于常用的 H 点装置。其中,HPM 用于对尺寸进行审核和测量对比,HPD 用于设计乘员布置的 CAD 工具。

2) R 点

进行总布置设计之初,先根据总布置要求确定一个座椅调至最后、最下位置时的"胯点",称该点为 R 点,即乘坐参考点。然后以 R 点作为设计参考点进行设计。在 H 点调节轨迹上众多设计 H 点之品,只有一点定义为 SgRP。而利用 SgRP 可以定位一些布置工具,定义一些关键尺寸。

3) D 点

是坐姿状态下 H 装置臀部的最低点。

4) K 点

H 点装置上大腿与小腿的铰接点,即膝关节点。

5) 躯干线

点装置上自 H 点出发,平行于后背腰部区域外表面,用于定义躯干角度的直线。

6) 腿线

连接腿部两端关节的直线,包括大腿线和小腿线。大腿线连接 H 点和 K 点,小腿线连接 H 点和踝关节点。

7) 坐垫线

H 点装置上,自 H 点出发,用于定义坐垫角度的直线。

9.3.2 车身布置设计工具

在汽车设计中,车身布置应当能够满足驾驶人和乘员的乘坐舒适性、操纵性、行车安全性、视野性的要求。为了达到以上性能,SAE、ISO、GB 等设计标准定义了汽车驾驶人的眼睛、头部、肢体上与车身布置有关的人体特征点。驾驶人以正常驾驶姿势入座后,测取人体特征点,经统计处理后,便可得到各种百分位身材男女驾驶人的人体特征点分布图形。这些图形称为车身布置设计工具。它们包括眼点、眼椭圆、头廓包络线(面)、手伸及界面等。除人体模型外,其他设计工具都是驾驶人人体特征点(汽车驾驶人的眼睛、头部、胯部、膝部及胃腹部上一些与车身设计有关的特殊点)在车身坐标系中的分布图形,这些分布图形已经被做成现成的样板以供内部布置使用。用车身布置工具来辅助设计过程,可以加快设计速度,提高设计品质。我国汽车车身布置标准多等效采用 ECE 标准,参见 GB11562—1994。

1. 人体尺寸和人体模型

人体模型是汽车设计必备的一种测量和模拟分析工具,根据用途的不同可分为布置用人体模型、测量用人体模型、动力学分析人体模型和碰撞人体模型等,既有物理人体模型,也有数字人体模型。

1）人体尺寸

人体尺寸决定了人体占据的几何空间和活动范围,是内部布置的主要依据。各国家都建立了适合不同要求的人体数据库,GB 10000—1988 定义了我国成年人体尺寸数据。从人机工程学角度出发,为保证产品适合使用者要求,必须以群体人体尺寸统计数据作为设计依据。

2）物理人体模型

常用于车身布置的物理人体模型是 H 点测量装置。20 世纪 60 年代,美国通用公司的工程师 Michael Myal 设计了一种三维尺寸的测量工具,被 SAE 设计设备委员会纳入 SAEJ826 标准,发展成为标准 H 点测量装置(HPM,型号为 Oscar)。后来经过完善,演变出了新的 H 点测量装置 HPM-II,同样收录在 SAEJ826 标准中。

HPM-II 可测量 H 点位置、坐垫角、靠背角和腰部支撑量四个座椅参数;若与该装置上的大腿部、小腿部和鞋配合使用,即可测量车内布置尺寸。HPM-II 点测量装置由鞋、小腿部、大腿部、坐垫盘和躯干部组成,各部分均可以拆卸;此外,还包括鞋固定装置和头部空间测量装置两个附件。

3）人体设计样板

人体设计样板(HPD)是车身布置最基本的工具,常用塑料板材等按 1:1、1:5、1:10 等常用制图比例制成,用于辅助制图、乘员乘坐空间布置和测量以及校核空间尺寸等。

最早的人体设计样板是美国福特汽车公司开发的。标准化的样板与 H 点测量装置相对应。2002 年,SAEJ826 标准中用 HPM-II 型 H 点测量装置替代了 Oscar 后,J826 人体设计模板也相应地进行了更新,如图 9-25 所示。

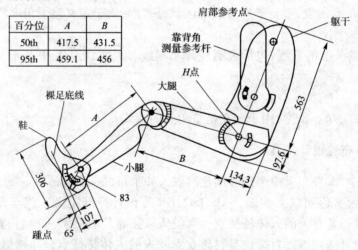

图 9-25 人体设计样板

在躯干、大腿和小腿上有基准线。躯干、H 点、膝关节点和踝关点处还有角度测量装置,用来确定关节角度。除了基本的测量功能以外,人体设计样板还可以用来建立乘员布置的关键点和尺寸。

4）数字人体模型

随着计算机技术的发展和并行工程的应用,在概念设计阶段同时进行三维数字化人机工程设计是现代车身设计的必然要求。以人体参数为基础建立的数字人体模型,描述人体形态和力学特征的有效手段,是研究、分析、设计和评价人机系统不可缺少的测量和模拟工具。

数字人体模型包含大量统计的人体数据,可生成任何百分位人体模型,并提供年限参考和预测功能;有较强的姿势求解和控制算法;能生成眼点看去的视景。汽车设计领域最著名的是RAMSIS,它包括德国、美国和日本等国的人体数据,外观也较逼真。如图9-26所示。

在汽车设计领域,数字人体模型被和人机工程学结合起来进行乘员布置设计、驾驶人视野分析、操纵件伸及性分析、舒适姿势预测及评价、布置空间分析、进出方便性分析等。

2. 眼椭圆

1) 眼椭圆的定义和由来

眼椭圆代表了驾驶人以正常驾驶姿势坐在座椅上,其眼睛所在位置的分布范围。是通过对驾驶人眼睛所在位置的测量、统计分析得到的,由于驾驶人眼睛的位置分布图形呈椭圆状,故称之为"眼椭圆"。在车身设计中一般采用眼椭圆样板来描述驾驶人的眼睛分布范围,如图9-27所示。

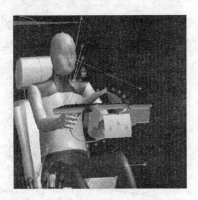

图9-26 数字人体模型

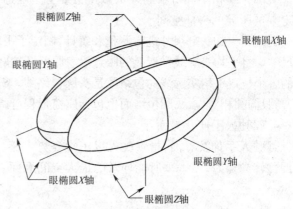

图9-27 眼椭圆模型

最初的眼椭圆是基于美国福特汽车公司的研究成果开发而来的。研究人员对驾驶人眼睛位置的分布进行了试验统计,通过对眼睛位置的分布数据进行统计分析,就得到其在空间的分布图形,即为眼椭圆。此后对眼椭圆的研究更深入和全面。研究中考虑了驾驶人系安全带、调节座椅位置和靠背角等因素,对驾驶人车后的眼睛位置、汽车布置、汽车布置参数进行统计分析,得到了更加准确的眼椭圆,收录于SAEJ941标准中。

2) 眼椭圆的定位和应用

眼椭圆的位置是由 H 点确定的,由于作图法绘制眼椭圆较烦琐,目前 UG 等三维造型软件中已包含了眼椭圆绘制程序,使设计人员得以从作图法这一烦琐的工作中解脱出来,集中精力于校核工作。眼椭圆作为校核视野、除霜系统、刮水器刮扫面积的基本依据,并为头部包络线的绘制提供基准,是校核工作的基准。

下面以驾驶人前方下视野设计为例,进一步说明应用眼椭圆进行视野设计的原理,如图9-28所示。若要驾驶人前下视野不被发动机罩、前风窗下边缘、仪表板上边缘或转向盘上缘所阻挡,并能看到车头前方一定距离 d 以外的路面,做法是:在侧视图上,从地面上距离车头 d 外的一点 P_d 作95百分位眼椭圆的下切线 L_d,则眼睛位置落在切线 L_d 上方的概率是95%。如果使发动机罩、前风窗下边缘、仪表板上边缘和转向盘上缘都在切线 L_d 的下方,就能以95%的概率保证驾驶人的眼睛不被上述物体遮挡而能看到 P_d 点前方的路面,从而满足上述视野要求。以 SAE 眼椭圆为理论依据,可进行如下视野设计内容:内、外视镜布置,驾驶人前方视野的设计和校核,车身 A、B、C 柱盲区的计算,仪表板上可视区的确定,刮水器的布置和刮扫区域校核,以及遮阳带位置的确定等。

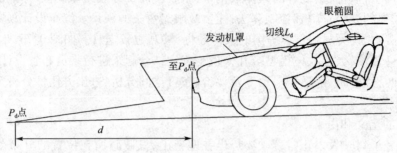

图 9-28　利用眼椭圆进行驾驶人前方下视野设计

3. 头廓包络

头廓包络指不同身材的乘员以正常姿势坐在适宜的位置时,其头廓的包络;用于在设计中确定乘员所需的头部空间。

通过对人的头部尺寸进行测量和统计,制定了平均头廓线,来描述侧视和后视方向头廓的平均尺寸。将平均头廓线样板上的眼点沿着眼椭圆轮廓上半部分运动,平均头廓线随之平动,描绘出的各个位置平均实廓线的包络就是头廓包络线。SAEJ1052 标准中,将头廓面简化成上半椭球面,与眼椭圆相对应,头廓包络面也包括座椅行程可调式和不可调式两种,如图 9-29 所示。

4. 驾驶人手伸及界面

驾驶人手伸及界面,指驾驶人以正常姿势入座、身系安全带、右脚踩在加速踏板上以及一手握住转向盘时,另一手所能伸及的最大空间廓面。驾驶人伸及界面在车内的位置如图 9-30 所示。

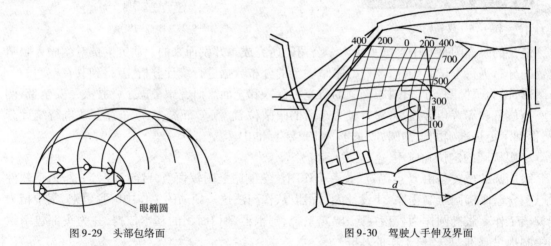

图 9-29　头部包络面　　　　　　　　图 9-30　驾驶人手伸及界面

当驾驶人操纵汽车行驶时,其精神总是处于相对专注的状态。驾驶人手伸及界面的设计原则就是,保证驾驶人在身体躯干部不作太大动作的情况下,能方便地进行操作。

9.3.3　车身布置设计方法

汽车车身总布置是汽车设计最初始也是最关键的步骤,是其他设计阶段的前提和基础,在很大程度上决定着车身设计的成败。

一般采用正向和反向两种设计方法。

正向设计(从内到外法)即"以人为本",依据人体布置工具来逐步地定义驾驶人和乘员的乘坐空间和车内附件的布置,以满足人体乘坐和驾驶舒适性为前提,先进行室内布置,然后再进行整车外部造型设计。

反向设计(从外到内法,适用于改型车设计),反向设计的基本思想是在参考同类型车或基于某一平台的基础上,运用专家设计经验,进行整车变型或改型设计。也就是优先确定整车的级别、总布置外部尺寸,然后在此基础上,进行车身室内布置,尽最大可能合理地满足整车舒适性、视野性及操纵方便性。现代汽车设计多采用这种从外到内的布置方法,先选定几款与预设计车型类似(款式、整车尺寸、动力性、经济性)竞争车型,采用现有底盘平台进行设计优化(安全性、舒适性、动力性及经济性等),然后进行造型设计、内外表面CAS设计、A级表面模型设计,最后确定整车典型断面和整车车身结构。

1. 车身内部布置要求

(1)乘员坐姿和座椅布置符合舒适性要求。

(2)保证车内必需的空间(如腿部空间、头部空间以及转向盘与驾驶人躯干之间的空间等),以保证驾驶人操作灵活、准确,增强舒适性和安全性。

(3)操纵装置的布置位置和作用力大小符合人体操纵范围和操纵力特点,使驾驶人操纵自然、迅速、准确而轻便,降低驾驶疲劳。

(4)驾驶人视觉信息系统适合人眼视觉特性和驾驶人视野要求,且能及时获得正确的驾驶信息。

(5)符合安全性要求。例如,正确地设置安全带铰接点位置和对人体的约束力,可以降低车辆正碰时二次碰撞的伤害程度。

2. 车身布置设计方法

1) H 点布置设计

乘员座椅的布置,要通过确定 H 点位置来实现。对于驾驶人座椅,不仅要确定设计 H 点的位置和行程,还需确定合理的设计 H 点调节方式和调节轨迹,为座椅调节机构提供参考。所确定的 H 点位置,是驾驶人下肢舒适的乘坐位置,它与驾驶人坐姿密切相关。

人体乘坐的舒适和疲劳程度与坐姿关节角度有关,舒适关节角度通常因车型而异。而驾驶人的设计 H 点布置、驾驶人座椅的布置对驾驶安全、坐姿舒适性、视野和操作方便性都具有重要的影响,是车室内部布置的重要内容。

正常行驶时,有三个重要的设计 H 点位置:最前位置、最后位置和平均位置。身材高大的驾驶人乘坐位置通常偏后、偏下,以便于获得良好前方上视野、降低顶盖高度和避免进出时腿部与转向盘干涉;身材矮小的驾驶人乘坐位置则偏前、偏上,以满足前方下视野要求和操作转向盘的要求。

驾驶人 H 点布置过程大致分为以下几步:

(1)确定平均 H 点。选定人体尺寸中50th百分位下肢的人体设计模板,以此为基准设计平均 H 点位置。

(2)确定最前、最后设计 H 点。通过分析和经验确定最前、最后设计 H 点相对于平均设计 H 点位置的前后调节量,从而确定最前、最后设计 H 点,以及设计 H 点的水平和垂直调节行程。

(3)将人体设计模板根据地板线和加速踏板定位,检查关节角度的舒适性。

(4)根据最前、最后和平均设计 H 点位置确定 H 点的调节轨迹。

2) 后排乘客的 H 点布置

乘客座椅多为行程不可调节的座椅。乘客的 H 点布置需将选定的人体模板根据地板线

和前排座椅来定位,以第二排乘客的 H 点布置为例,过程如下:

(1)将前排座椅定于最后、最低位置,并选定合适的人体模板。

(2)根据乘坐时的 D 点高度画出 D 点高度线。为保证乘坐舒适性,需要将中间乘客和两边乘客的 D 点高度差控制在一定范围内。

(3)在保持踝关节角不大于 130° 的条件下,将人体模板鞋沿地板前移,并保证在 D 点始位于 D 点线上的同时躯干也相应前移,直至鞋或小腿与前排座椅接触。

3)顶盖和前后风窗的布置

前后座定位以后,可将头廓包络面定位。根据头部空间尺寸,可确定顶盖的高度。根据发动机高度和前围位置,再考虑造型上的要求,可确定发动机罩最 C 点位置。根据行李舱盖高度和后围位置,确定后风窗下缘后背舱面 D 点位置。发动机罩 C 点决定了车头长度,后背舱 D 点决定了车尾长度,两者之间的长度决定了乘员室的大小。确定前后风窗角度和开口大小时,需要兼顾驾驶人视野、造型和空气动力学等方面的要求,如图 9-31 所示。

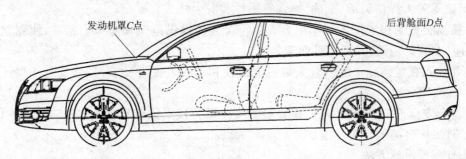

图 9-31　发动机罩 C 点和后背舱面 D 点

4)车身宽度方向的布置

车身宽度方向的尺寸要保证乘员头部与侧窗、肩部与车门以及肘部与车门之间的间隙。车身外表面各点与顶盖厚度、玻璃下降的轨迹、门锁和玻璃升降的尺寸以及车门厚度等因素有关。在横截面上布置门槛和顶盖梁,可以确定门槛和门框的高度。

确定车身侧壁倾斜度时,在满足所需空间的基础上,还应考虑上下车的方便性。如图 9-32 所示,当 K(车身上下边缘的水平距离)值为零时,入座不便;如果取 K 在 100~150mm,则上手稍许倾斜便可入座。K 值也不能过大,否则将由于上下比例失调而影响车身外观,内部空间利用率也不高。

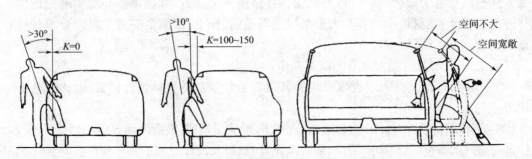

图 9-32　K 值和车身侧壁倾斜性与上下车方便性的关系

3. 布置方案校核

行车过程中,80% 以上的信息是通过驾驶人的视觉获得,因此良好的驾驶视野是行车安全的必要条件。仪表板可视性、操纵杆件和按钮伸及性,也与主动安全性密切相关。

1)驾驶人视野和盲区

驾驶人视野是指驾驶人处于正常驾驶位置,并且当眼睛和头部在正常活动范围时能直接或借助于辅助设备看到的范围,可分为直接视野和间接视野。直接视野是指驾驶人直接看到的范围;间接视野是指驾驶人借助后视镜等辅助设备看到的范围。阻碍驾驶人视线的物体称为视野障碍。被视野障碍挡住的驾驶人看不见的区域,称为盲区。

2)前风窗开口视野校核

前风窗开口是驾驶人获得清晰前视野的主要途径。前风窗开口上沿的高度应使驾驶人能够方便地观察交通灯。开口下沿高度要保证驾驶人有足够的前方下视野,地面盲区控制在规定范围之内。

3)A柱盲区校核

驾驶人一侧的A柱盲区,是驾驶人前方视野盲区中最主要的部分。由于A柱对驾驶人视线的阻挡,驾驶人常常需要转动眼睛和头部观察驾驶人一侧前方的交通状况,容易引起疲劳,对安全行车不利。A柱盲区用双目障碍角表示,其大小与A柱本身的结构尺寸和驾驶人眼睛到A柱的距离有关。在国家标准GB/T 11562—1994《汽车驾驶人前方视野要求及测量方法》中规定,每根A柱的双目障碍角不能超过6°。

4)前风窗刮水器刮扫区域校核

刮水器的功能是刮除风窗上雨、雪和其他污物,保持良好的视野性。刮水器不仅要保证足够的刮扫面积,还要有正确的刮扫部位。在标准中定义了理论刮扫区,它是重点刮扫的部位。它由眼椭圆上下左右四个切平面与前风窗的交线围成的区域。规定的刮扫部位和要求如图9-33和表9-2所示。

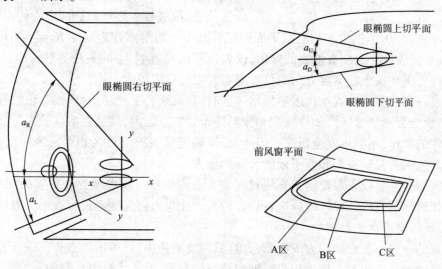

图9-33 刮水器刮扫区域

刮 水 器 要 求　　　　　　　　　　　　　　　　　　　　表9-2

区域	刮净率(%)	角度(°)			
		α_L	α_R	α_U	α_D
A	80	18	56	10	5
B	95	14	53	5	3
C	100	10	15	5	1

5)仪表板布置及视野校核

仪表板是汽车操纵控制与显示的集中部位,是汽车的操纵中心和信息传递中心。因此,仪表板的设计必须满足视野性、操纵性和空间布置的要求。

(1)仪表板高度的确定。仪表板高度的设计要兼顾高个驾驶人腿部空间和矮个驾驶人前方下视野。如图9-34所示,根据驾驶人前方地面盲区大小的要求作前方下视野线 L_d,同时与发动机罩和眼椭圆下方相切,则 L_d 与水平面所成的角度即为驾驶人前方下视野角 α。为保证前方下视野的要求,应该使仪表板上方最高点和转向盘轮缘都低于下视野线 L_d。

(2)仪表板布置和仪表视野校核。

①仪表板布置。仪表板应是驾驶人最容易观察到的地方,但驾驶人在观察时,转向盘轮缘、轮辐和轮毂都会在仪表板上形成盲区。为此,在侧视方向,作转向盘轮缘最高处截面下方和眼椭圆上方的公切线 L_1,作转向盘轮毂上方和眼椭圆下方的公切线 L_2,则仪表板应该布置在 L_1 和 L_2 之间,这样能保证大部分驾驶人可以通过转向盘上半轮缘和轮毂,轮辐之间的空隙观察到仪表。连接仪表板中心和眼椭圆中心的直线 L_3,应平分 L_1、L_2 之间的空间。

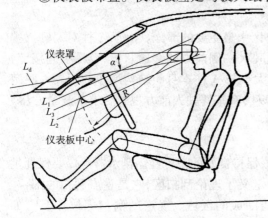

图9-34 汽车仪表板视野

考虑到人体垂直方向的自然转动角度范围为上下各15°,头部垂直方向的自然转动角度范围为上下各30°,为使驾驶人能够轻松自然地观察仪表,仪表板中心和眼椭圆中心的连线 L_3 水平面的夹角应该在30°范围内。仪表板平面到眼椭圆中心的距离称为视距 R。为保证仪表数字的正确读识,仪表板平面要有恰当的倾角,仪表板平面与直线 L_3 的夹角一般控制在 $90°\pm10°$ 范围内。仪表板和仪表在宽度方向的位置应布置在可视区域内。

②仪表视野校核。在观察仪表等显示装置时,其视线会受到转向盘轮缘、轮毂或轮辐的阻挡,在仪表板上会形成盲区。如果仪表和控制件布置在盲区内,就会影响驾驶人对仪表的读识和对控制件的操作,不利于安全行车。因此,必须确定仪表板上盲区和可视区的范围,将仪表布置在驾驶人无需转动头部和躯干就能看到的地方。

③仪表罩布置。仪表罩要防止光线对驾驶人造成炫目。仪表罩要有足够的深度,以遮住射向仪表板玻璃的光线。设计时应进行炫目检查。如果入射光线经过仪表面反射后不会与眼椭圆相交,就不会产生炫目现象。

仪表罩的布置不能影响前方下视野,并且其厚度要适中,以少占用布置仪表板的空间。

④操纵键和按钮布置。仪表板操纵键和按钮的布置,要考虑到考虑驾驶人的手伸及能力,确保驾驶人在不需要大动身体躯干部位的情况下就能操作仪表板上的操纵钮件,从而满足驾驶人的生理要求和减缓疲劳,确保操作有效、迅速而方便。

⑤后视镜布置。驾驶人后方视野是驾驶人借助后视镜间接观察到的范围,一般分为两种:外后视镜看到的外后视野和借助车内后视镜看到的内后视野,与后视镜尺寸置有关。内视镜通常为平面镜,外视镜有平面镜和曲面镜两种形式。汽车后视镜布置应充分考虑人眼的视觉特性,以尽量靠近驾驶人直前视线为宜;这样驾驶人不用经常转动眼睛和头部就能获得足够的信息。人机工程学推荐:后视镜水平方向的位置位于驾驶人直前视线左右各60°范围内,垂直

方向的位置位于驾驶人直前视线上下各45°范围内。对于驾驶人侧后视镜,一般推荐镜中心与靠近视镜一侧眼点的连线(或眼椭圆切线)与驾驶人直前视线的夹角不大55°。观察后视镜的视线不应被立柱阻挡。通过前风窗观察后视镜,后视镜应布置在通过前风窗刮扫区域看到的范围内。对于副驾驶人侧后视镜,应安装在驾驶人直前视线75°范围内,如图9-35所示。

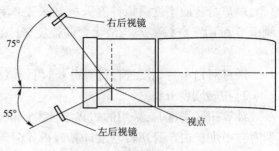

图9-35　汽车后视镜布置

9.4　汽车车身结构分析

9.4.1　车身结构强度与刚度分析

在现代轿车车身设计中,强度和刚度分析是非常重要的一部分,它直接影响到车身结构的可靠性和耐久性、车身NVH性能、车身密封性、轿车的静态和动态特性,以及车身动力特性等。

车身刚度是产品定型的关键指标之一,当按满足刚度要求来确定结构时,可同时充分满足强度准则。汽车车身刚度主要是指车身弯曲刚度和整体扭转刚度,弯曲刚度可用车身在铅垂载荷作用下产生的挠度大小来表示,也可用单位轴距长度最大挠度量描述。扭转刚度可以用车身在扭转载荷作用下产生的扭转角的大小来描述,也可以用单位轴距长度轴间相对扭转角来评价。

现代轿车车身大多数采用全承载式结构,几乎承载了使用过程中的各种载荷,如扭转、弯曲和碰撞载荷等。如果白车身刚度不足,在使用过程中车身变形就会比较大,特别是立柱、门框、窗框等关键部位的变形过大,可能造成门锁变形、内饰脱落、整车密封性差,甚至车门卡死框内玻璃被挤碎等现象。因此,在设计过程中必须考虑白车身整体刚度和关键部位的变形。

下面以某轿车的白车身为例,利用有限元分析其刚度及强度。

1. 有限元模型

由于车身主要是由钣金冲压件经过点焊焊接后制成的,因此用壳体单元来模拟车身零件的薄板钣金结构。主要承载零部件及总成包括前纵梁、后纵梁、门槛、顶盖、地板、A柱、B柱、C柱、后风窗支柱、前轮罩、后轮罩、前塔型支撑、后塔型支撑、后翼子板、后围板、行李架等。

在建立车身的几何模型时,在需要点焊的地方加上硬点。白车身有限元模型如图9-36所示。

图9-36　白车身有限元模型

2. 刚度分析

1) 弯曲刚度分析

计算弯曲刚度时,采用的边界条件参照试验情况,边界条件是约束前后悬架固定座支撑点的所有自由度。

计算弯曲刚度时采用的载荷工况参照试验情况,载荷条件是在座椅固定处施加左右对称的向下的力,白车身弯曲刚度计算分析载荷条件如图9-37所示。

白车身弯曲刚度模拟计算分析结果是：弯曲最大挠度 1.55mm。轿车白车身整体的弯曲刚度 D 可用车身载荷 F 与最大弯曲挠度 Z_{max} 的比值来衡量，此时弯曲刚度计算式为：

$$D = F/Z_{max}$$

经过对白车身刚度进行计算分析，得到该有限元模型的弯曲刚度为 4 268 N/m。

2) 扭转刚度分析

计算扭转刚度时，采用的边界条件参照试验情况，边界条件是约束后悬架固定座支撑点的所有自由度。白车身扭转刚度计算分析载荷条件如图 9-38 所示。

图 9-37 白车身弯曲刚度工况载荷分布

图 9-38 白车身扭转刚度工况载荷分布

计算扭转刚度时，采用的载荷工况参照试验情况，载荷条件是在车身前轮罩固定处施加大小相等方向相反的竖直方向的集中力，扭矩的大小为：

$$T = 0.5 \times 前轴最大负荷 \times 轮距 = 5 494.5 \text{ N·m}$$

白车身扭转刚度计算分析载荷条件见图 9-38。

白车身扭转刚度模拟计算分析结果是：白车身前后轴间相对扭转角度 θ 为 0.92°，白车身扭转刚度 G 可用车身扭矩 T 与白车身前后轴间相对扭转角度 θ 的比值来衡量，此时扭转刚度为：

$$G = T/\theta = 5972 (\text{N·m})/(°)$$

3) 白车身结构洞口变形分析

轿车车身上的洞口主要有车门、车窗、发动机舱和行李舱等部位。汽车在弯曲和扭转工况下，如果车身刚度不足或分配不合理，就可能导致车身洞口变形量过大，从而造成车门、发动机舱盖和行李舱盖开关困难，或对灰尘和雨水的密封性不好等状况。因此，车身洞口部分的变形大小也是衡量车身刚度的重要参考指标。如图 9-39、图 9-40 所示，选取了前后风窗部位的 4 条对角线、车门门框部位的 4 条对角线和门锁部位作为研究对象，并分别就弯曲和扭转工况条件下的变形进行了详细的分析计算。

图 9-39 车门部位的 4 条对角线和门锁部位

图 9-40 前后风窗部位的 4 条对角线图

通过计算获得上述各对角线长度的变化量见表9-3。

各对角线长度的变化量　　　　　　　　　　　　　　　　　　表9-3

	洞口变形部位	原先长度(mm)	弯曲工况变形量(mm)	扭转工况变形量(mm)
1	前风窗 F1	1409.355	+0.023	-3.70
2	前风窗 F2	1409.355	-0.014	+3.99
3	后风窗 L1	1199.352	+0.015	+6.47
4	后风窗 L2	1199.352	+0.001	-6.46
5	左前门 V1	1338.696	-0.064	+1.16
6	左前门 V2	823.365	+0.097	-1.45
7	左后门 H1	1148.582	+0.156	+1.86
8	左后门 H2	1017.488	+0.075	-2.69
9	前门锁 T1	630.799	+0.146	+2.55
10	后门锁 T2	555.036	+0.661	+3.24

从有限元分析结果可知,该车静刚度相对于一般轿车较低,后风窗变形大于一般标准5 mm,这对与整车的舒适性和安全性都是极为不利的,需要对截面形状、接头或板厚等进行优化。

9.4.2 车身结构动力分析

汽车在工作过程中,作用在结构上的载荷,除静载荷外,还有与时间 t 有关的动载荷。因此,相应的位移、应变和应力不仅随坐标位置而变,而且还随时间 t 而变化,为了研究汽车车身的动力特性,可以用动力问题的有限元法进行分析。

1. 车身结构模态分析

轿车产品开发初期,车身结构细节尚不确定,但车身主要梁结构件的布置及尺寸是初步确定的。现代车身工程一般以这些初定的车身梁结构预测车身结构的低阶模态参数等指标,进行主要梁结构改进设计。某轿车的开发初期的车身梁单元有限元模型如图9-41所示。

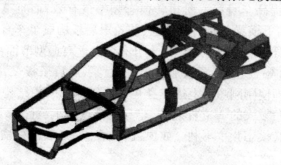

图9-41　车身梁单元有限元模型

在次模型的基础上不加任何约束与载荷,计算此车身有限元模型的自由—自由模态:绕 X 轴的一阶扭转模态,频率为 27.04Hz;车身绕 Y 轴一阶弯曲模态,频率为 43.18Hz。

由此可得出,车架前部较弱,相对位移较大,需要加强设计。

2. 车身结构低阶模态灵敏度分析

车身结构的低阶弹性模态,不仅反映汽车车身的整体刚度性能,而且是控制汽车常规振动的关键指标,已逐渐被视为汽车新产品开发的强制性考核内容。

为同时保证必要的车身结构强度与刚度指标,一般的模态参数修改方案是将车身结构低阶弹性模态频率提高到一定的水平。一种途径是应用密度小的材料,如铝、塑料及超轻钢等车身材料,以降低模态质量;另一种途径是合理修改关键零件的结构形式与尺寸以提高模态刚度。第一种途径受到生产成本、材料特性及生产工艺等影响,应用较少。在用第二种途径进行车身结构模态参数修改时;关键是找出影响低阶模态的灵敏零件,然后通过增加板厚而提高整体抗弯或抗扭刚度等措施来改进该模态。

车身结构模态频率灵敏度分析,不仅可以直接应用于设计中提高车身结构的低阶模态频率,而且对其他车身结构设计与分析工作也有重要的参考价值。

通过有限元方法,对某轿车车身结构进行分析,计算其车身结构第一阶扭转及第一阶竖直弯曲模态频率对车身各板件单元厚度的灵敏度,具体分析如下。

1) 扭转工况

该车车身结构第一阶扭转模态频率对车身较大灵敏度的结构件的统计见表9-4。

对车身第一阶扭转模态频率的灵敏结构件　　　表9-4

结构件名称	抗扭灵敏度(Hz/m)	结构件名称	抗扭灵敏度(Hz/m)
A柱外板	5775	加强板—后翼子板	-300
A柱内板	2262	B柱内板及外板	-295
前轮罩后板	993	转向柱横梁	287
门槛外板	441	支架—端板	-251
中地板	441	前横梁	-239
后座椅下横梁	205	后翼子板	-220
顶盖	-1246	后围上下连接板	-202
锁板	-527	后悬挂固定板	-174
水槽	-351		

可见A柱的加强对提高车身第一阶扭转模态频率最有效,而且A柱外板比其内板更有效。除A柱以外,后座椅下横梁、中地板、门槛、前轮罩后板构成了车身基本抗扭承载区,该区结构件的加强对提高车身一阶扭转模态频率十分有效。远离振型节面结构反而对提高车身一阶扭转模态频率不利,如锁板、后翼子板加强板、前横梁、后翼子板、后围上下连接板、前下横梁、前纵梁、前侧内板。即使刚刚超出上述车身基本抗扭承载区的结构件也是如此,如后地板与后悬架固定座。除倾角较大的A立柱之外,车身基本抗扭承载区以上的结构件的进一步加强均对提高车身一阶扭转模态频率不利。如顶盖、水槽、B柱、转向柱横梁。

2) 弯曲工况

该车车身结构第一阶竖直弯曲模态频率对车身主要结构厚件的灵敏度见表9-5。

可见,由于车身第一阶竖直弯曲模态有两个相距较远的振型截面,该模态的灵敏结构件较多。由车身上部的顶盖,下部的前地板、中地板及门槛,前及后部的转向柱横梁、后座椅下横梁、前轮罩后板及前悬挂固定座,以及侧面的A、B、C立柱及后风窗立柱构成了车身空间基本抗弯盒。该基本抗弯盒的结构件的加强对提高车身竖直弯曲模态频率十分有效。通过分析,可以看出:

(1) 后座椅下横梁、中地板、门槛与前轮罩后板构成了车身基本抗扭承载区。该基本抗扭承载区与 A 立柱结构件的加强对提高车身第一阶扭转模态频率十分有效。

（2）以乘客舱结构件为主的顶盖、前地板、中地板、门槛、转向柱横梁、后座椅下横梁、前轮罩后板、前悬挂固定座、A、B、C 立柱及后风窗立柱构成了车身空间基本抗弯盒。该基本抗弯盒结构件的加强对提高车身第一阶竖直弯曲模态频率十分有效。

第一阶竖直弯曲模态频率对车身主要结构厚件的灵敏度　　表 9-5

结构件名称	抗扭灵敏度(Hz/m)	结构件名称	抗扭灵敏度(Hz/m)
A 柱外板	1846	C 柱内板	347
后风窗支柱内板	1705	C 柱外板	326
B 柱外板	1691	加强板—转向柱横梁	259
B 柱内板	1356	后座椅下横梁	220
A 柱内板	1070	前地板	188
前轮罩内板	979	外横梁	111
转向柱衡量	775	包裹架—后挡板	-146
后翼子板	551	后围封闭板	-265
门槛外板	533	锁板	-438
中地板	466	前下横梁	-593
顶盖	420	后围上下连接板	-892
加强板—后翼板	381		

（3）车身基本抗扭承载区结构件及 A 立柱是车身低阶模态频率修改的最关键结构件。

（4）车身结构模态频率灵敏度分析在车身设计中有较宽的应用范围。

9.4.3 车身闭合件设计及耐久性分析

1. 车身闭合件设计

车身闭合件，包括车门、发动机罩、行李舱盖和后背门等部件。本节主要以车门为例简述车身闭合件的设计。

车门系统的主要设计要求如下：

（1）车门的开关应灵活、轻便、自如，开启后能停止在最大开度和半开的位置上，并能可靠限位，开度应足够，一般不低于 60°或开度不小于 650mm。

（2）尽量加大车门窗口及玻璃尺寸，合理布置三角窗位置、大小、形状。

（3）车门造型与整车相协调，色彩与内饰亦与整车相匹配。

（4）足够的强度、刚度。不易变形下沉，否则影响车门开关可靠性，开关车门时不允许有振动噪声。

（5）部件性能可靠、不干涉。

（6）碰撞、翻车时不能自行开门，以确保乘员安全。

（7）满足侧撞时对乘员的保护要求。

（8）具备良好的密封性，使乘员与外界环境隔离，雨、雪、尘等不能进入车内。

（9）易于生产制造。

（10）拆装方便，易于维修。

车门系统一般由门体、车门附件和车门内饰件三部分组成。

1) 门体

门体,即白车门,支持和控制车门系统内所有附件的位置关系,是包括车门内、外板,门体加强板,抗侧撞梁,窗框等零件的焊接总成,是实现车门整体造型效果、强度、刚度及附件安装的基础框架。

白车门主要由钣金加工的零件构成,又称钣金件,钣金件由薄钢板(板厚0.7~3mm)经冲压、辊压等工艺制成,一般采取增加板料厚度、采用高强度钢板、合理设计加强筋及拉延结构等措施以使钣金件自身具有高强度和高刚度。

2) 车门附件

车门附件的性能及其在门体上的布置设计直接影响车门的使用性能。车门附件包括铰链和限位系统、门锁系统、密封系统、玻璃升降系统、外侧后视镜和其他所要求的部件等。

(1) 车门铰链及限定器。铰链主要包括固定部分(即铰链座,固定在门框上)、活动部分(安装在车门上)和轴。现代汽车主要使用合页式铰链,这种铰链轴线在门柱以外,它质量轻、刚度高、结构紧凑,装配关系简单。

门框与铰链的连接刚度的加强可通过设置加强版和加大上下铰链的间距来实现,但要注意车身外形的整体尺寸。

车门的开度限位器主要是是限制车门的最大开度,防止车门外板与车身相碰,并使车门停留在所需开度,防止车门自动关闭。如图9-42所示,由于弹簧力作用,滚轮压住限位杆,当门的开度到滚轮被拉过限位杆上的凸起时,由于限位杆端头的橡胶缓冲块与限位盒壳相碰而使门限制在最大开度。

车门的最大开度一般在65°~70°,这是根据上、下车方便,上车后关门方便以及车门与车身不干涉等条件而定的。

现在常采用限制器与铰链结合在一起的结构,如图9-43所示,采用压缩弹簧和连杆机构与铰链组合成一体。

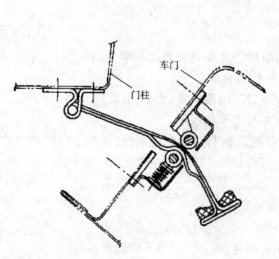

图9-42 车门开度限位器(拉带式)

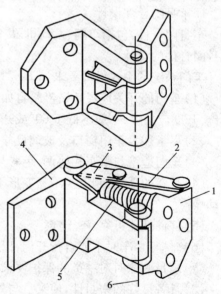

图9-43 车门铰链(合页式)

1、2-合页;3-连杆;4-二力构件;5-弹簧;6-铰链轴线

为了使用要求,限位器应承受180N·m以下力矩不损坏。

(2)门锁系统。目前市场上的车门锁主要有三类:

①机械门锁,这种门锁为手动开闭锁,根据其结构可大致分为舌式、棘轮式和凸轮式。

②中控门锁:采用控制按钮或点火锁,由驾驶人集中控制开闭的门锁。

③防盗门锁:根据声、光、电、磁等远离,在遇强行开门时,以蜂鸣器或灯光报警。

(3)玻璃升降系统。玻璃升降器应满足以下要求:

①升降平顺、工作可靠,无冲击和阻滞现象。

②操纵轻便,在正常载荷下摇动升降器的最大力矩不应大于2N·m,各臂开始运动前,手柄的自由转动空行程量一般不大于60°。

③机构可靠,制动力矩足够,在臂杆滚轮处沿玻璃切线方向加300N反力无逆转,在上升行程任意位置,玻璃下沉量不大于5mm。

④具有防止升降器在受外力时发生倒转的机构。

现在广泛使用的臂式传动的玻璃升降器,驱动方式有电动或手动两种。在车门设计中,应根据具体车门结构和升降玻璃形状来选择升降器。单臂式结构适用于具有平行玻璃导槽的车门窗框,而当玻璃形状不规则、导槽较短时,则易使用交叉臂式传动结构,在运动过程中,支撑中心始终接近玻璃质心,使升降平稳。

当汽车外形和车门附件初步选型完成后,即应开始机构的布置工作。

3)车门布置

车门布置的主要工作有:外部条件的确定;铰链、门锁的布置;玻璃、窗框结构确定及玻璃升降器布置;车门与门柱的配合设计。

(1)外部条件的确定。进行汽车车门布置设计时首先应该确定其外部条件,即车门与门洞周边结构件之间的关系。如图9-44所示,$G\text{-}G$断面、$A\text{-}A$断面、$B\text{-}B$断面分别表示的是窗框

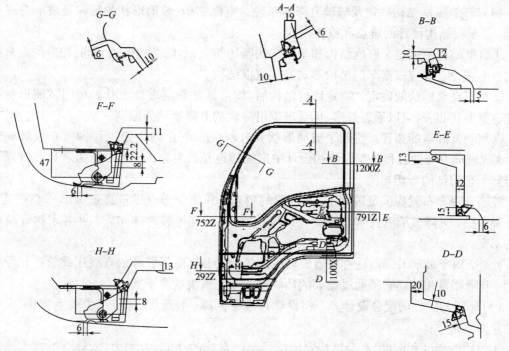

图9-44 车门与门洞周边结构件的关系

前部、上部和后部与门洞之间的配合及密封关系，F-F 断面、H-H 断面表达了上、下铰链与前立柱安装面之间的技术条件；E-E 断面表达了门锁与后立柱安装面之间的技术条件；D-D 断面表示的是车门与门槛之间的关系。这些关系的确定，应考虑下面的原则：

①满足车门与门洞之间的密封要求，保证相配合的断面能使密封条沿周边压缩量均匀一致。

②保证铰链在前立柱和车门上的装配，并保证车门开关运动不干涉。

③保证门锁与后立柱上的锁环配合以及门锁的开关运动不干涉。

这些要求是车门结构设计的依据，也是门洞结构件设计的技术条件，只有同时满足了这些要求，才能保证车门的功能和使用要求。

(2) 铰链、门锁的布置。铰链、门锁机构是车门实现开关运动并承受车门重力的主要附件。当给定车门表面形状和车门边缘的结构形式及尺寸后，即可开始布置车门铰链。

铰链所受垂直方向力只与车门重力 W 有关，且铰链所受水平方向力不仅与车门重力有关，还与两铰链中心间距离 h 有关，距离越大力越大，故布置时应尽量加大两铰链间的距离。

铰链的布置要点是：上、下铰链轴应在同一条直线上，称作铰链中心线。一般铰链中心线垂直于地面或向车内倾斜一个角度，后者可使关门方便，并呈自动关门趋势。

(3) 门锁的布置。门锁一般安装在车门内板的后端部（与铰链对应），其安装高度一般希望安装在车门中间。门锁的装配位置还与车门外手柄位置有关，且外手柄高度应满足使用和整车外形要求，铰链及门锁机构要进行运动校核，须检验车门周边与门洞是否干涉，特别是车门前端是否与前立柱干涉，并依此确定车门的开度。

与门锁机构相关的运动件很多，如内外手柄、内锁按钮、锁芯、锁体、锁环及其相应的连杆等，它们的正确安装、使用、彼此干涉情况对车门结构的影响和制约较大，也是车门布置设计的重要步骤。

(4) 玻璃、窗框结构确定及玻璃升降器布置。窗框结构、玻璃形状的确定及玻璃升降器的布置，是车门结构设计的难点和重要内容。

①窗框结构的确定。窗框结构和车门架构密切相关，车门结构形式不同，相应的窗框结构形式也不同，所以，应根据车门结构形式确定窗框结构。

②车门玻璃形状的确定。确定窗框结构后，即可据此确定玻璃形状。车门玻璃形状和窗口处造型形状相关，应以逼近外形、保证玻璃沿导轨的升降运动为原则。

③玻璃升降器的布置。确定了玻璃形状和升程（上、下止点位置）后，即可布置玻璃升降器，实现玻璃升降的过程是车门结构设计中最关键也是最复杂的一步，因为玻璃在升降过程中与整个车门结构密切相关。

玻璃升降器布置应满足玻璃上、下行程的要求，并使受力点尽量靠近玻璃质心位置，以便升降平稳，升降玻璃时要求玻璃前、后导轨平行且具有足够的导向段，并要求两导轨曲率保持不变。

此外，对于玻璃升降器还存在着玻璃的圆弧运动和升降器臂杆的直线运动轨迹相矛盾的问题，升降器臂和玻璃必须通过支架的巧妙连接才能解决这个矛盾。

(5) 车门与门柱的配合设计。车门设计与车身侧围（主要是门柱）结构关系密切，设计时应注意如下事项：

①门柱的强度和刚度。车身结构要能承受车门系统的动能、力和力矩，具有抵抗汽车侧碰撞的能力。

②车门铰链、限位器、门锁闩等安装位置和精度,包括孔的大小、孔位、前和后、上和下、内和外调整措施,允许的精度、度量和定位策略等。

③与密封措施有关的车身结构要求,如密封条安装措施、翻边宽度和表面平面度要求、车身间隙的尺寸精度和间隙的调整方法等。

④门和门框配合的一些控制措施,如防颤、防声的楔形块,防下沉的楔形块,限位缓冲垫等。选择的材料和加工方法要满足涂装处理的要求,如设置泄水孔和保持表面光滑,防范密封条与漆之间相互作用等。

2. 车身耐久性分析

汽车车身耐久性能作为汽车耐久、安全和NVH三大性能中最基本、最重要的指标,是汽车品质的标志之一,一直是汽车性能开发的重要内容。本节论述的车身耐久性分析是基于实际道路谱的车身疲劳分析技术,它有别于基于虚拟试验场的分析技术,基于虚拟试验场的分析技术是将理论研究和计算机仿真技术相结合,采用汽车虚拟试验场技术,应用动力学和有限元方法,建立较完整的汽车整车有限元模型,并结合联合仿真,建立整车耐久性模型。而在本部分所要具体讨论的基于道路谱的车身耐久性分析方法,它包括道路谱采集、多体虚拟迭代和有限元分析等三部分,形成多学科有机结合的疲劳预测和控制技术。

本节描述以车身作为研究对象,以试验场道路谱测试信号为前提,以产品设计的可靠性能为目标,以CAE为手段的疲劳分析技术。通过实车道路试验采集信号(如加速度、位移和应变等),建立多体动力模型,通过虚拟迭代得到车身上的力,再进行疲劳寿命预测和结构优化,满足产品可靠性设计目标。在保证精度的前提下,该方法具有成本低、周期短的优点,值得推广运用。

1) 道路谱采集

道路谱采集主要包含道路采集方案的制定、采集前的测试准备、道路谱采集、数据确认和采集数据后处理等工作。根据设计车辆的结构特点,制定道路谱采集方案,采集方案包含采集内容、信号标定、采集设备及传感器要求、传感器布置方式、采集线路及驾驶工况要求等。道路谱采集前的测试准备包含零部件打磨、加工,传感器布置,传感器标定,采集系统调试和整车配重等,道路谱采集需专业驾驶人在指定的试验场按照采集方案中规定的线路和速度驾驶,数据采集员进行采集并在现场确认数据的完整性和准确性,采集的原始信号必须经过严格的数据后处理才能使用。首先,在专业软件中进行滤波、去除尖峰、修正漂移和平移、缩减数据等处理;再根据路面类型进行载荷谱的分割和组合,将载荷谱合成为具有典型特征的不同路段供后续虚拟迭代使用,缩减数据的目的是减少仿真和计算时间,基于雨流计数法计算各典型路段的损伤值,缩减前、后载荷相对损伤不低于95%。通过该方法可大大减少载荷谱数据而不影响计算结果的精度。

2) 多体虚拟迭代

经过数据后处理的载荷谱是多体虚拟迭代的输入,建立与采集车辆状态一致的多体动力学模型作为虚拟迭代的多体模型基础,使用数据后处理软件和多体动力学软件联合仿真进行载荷谱迭代,虚拟迭代原理如图9-45所示。

虚拟迭代首先由白噪声得到系统的传递函数F,求逆得出逆函数,再由试验采集得到的信号求得一组初始驱动载荷并施加在多体动力学模型MBS上,计算得到所有输出通道的响应,包括迭代信号、控制信号和信息信号等。比较响应与采集的原始信号,如果不满足条件,修正式(9-1)中参数a,继续迭代,直到满足收敛条件,终止迭代。

$$u_n = u_{n-1} + aF^{-1}(y_{测} - y_{n-1})$$

式中：u_n——第 n 次迭代的响应信号；

u_{n-1}——第 $n-1$ 次迭代的响应信号；

a——迭代修正参数；

$y_{测}$——测量值；

y_{n-1}——第 $n-1$ 次迭代的驱动信号。信号比较包括时间域曲线比较、功率谱曲线比较和相对损伤值比较等 3 项。时间域曲线主要比较相位、幅值和趋势吻合度；功率谱曲线比较幅值和趋势吻合度。

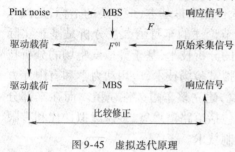

图 9-45　虚拟迭代原理

3）有限元疲劳分析

疲劳分析以设计车可靠性能目标为目标，计算出疲劳损伤结构的优化和改进，并满足产品设计的疲劳寿命。基于道路谱的车身疲劳分析，以车身接附点力为载荷输入，加上车身静力分析的应力结果和材料的 S-N 曲线，考虑各项影响因素修正得到具体结构的 S-N 曲线图，利用累计损伤计算车身疲劳损伤。以最后一次虚拟迭代的驱动载荷，通过多体动力仿真得到车身力载荷谱曲线。材料 S-N 曲线有两种方式定义：一种是由试验测试的疲劳性能参数生成 S-N 曲线；另一种是通过经验公式由材料的屈服极限和强度极限得到 S-N 曲线，具体需根据实际情况在软件中进行材料定义，并考虑平均应力、应力集中和塑性等影响因素，对结构 S-N 曲线进行必要的修正。

习　题

1. 简述车身开发流程和方法。
2. 为什么汽车颜色不仅是汽车的包装和品牌认识的标志，而且是市场竞争的重要因素？如何选择和设计汽车颜色？
3. 车身布置的内容有哪些？车身布置设计工具有哪些？
4. 什么是驾驶人视野和盲区？驾驶时的盲区来源于哪几方面？
5. 简述车身骨架的结构强度和刚度分析方法。

第10章 汽车现代设计方法

[主要内容] 本章概略介绍了汽车现代设计方法的特征和内容,主要简介了常用的计算辅助设计、汽车优化设计和汽车仿真技术的基本内涵。

10.1 概　　述

汽车发展到今天,人们对汽车安全性、舒适性、可靠性和耐久性的要求越来越高,由于能源的紧缺、市场的竞争和环保的要求,迫使汽车要实现结构轻量化并降低成本,因而引发材料和制造业的变化,并促进设计理念和设计方法的不断改进。

10.1.1 汽车现代设计的特征

现代设计是传统设计的深入、丰富和完善,而非独立于传统设计的全新设计,可从以下两个特征来理解。

1. 以计算机技术为核心

这是现代设计的主要特征。计算机技术的飞速发展对设计产生了巨大影响,表现为以下几方面。

1) 设计手段的更新

计算机技术推动了设计手段从"手工"向"自动"的转变。早期的传统设计多是人工绘图,而现代设计已实现计算机绘图,进入无纸化设计时代。

2) 产品表示的改变

计算机技术推动了产品表示从"二维"向"三维"的转变。

3) 设计方法的发展

高性能的计算机硬件和先进的软件技术促进了一些新的设计方法的出现,如有限元分析、优化设计、模态分析等都涉及大量复杂计算,计算机技术的发展推动了这些方法的进步和应用,同时不断促进新的设计方法,如模块化设计、并行设计、虚拟设计、计算机仿真等。

4) 工作方式的变化

计算机技术促进了设计方式从"串行"到"并行"的变化。

5) 设计与制造的一体化

计算机建立的产品模型可直接进入计算机辅助工艺规划CAPP和NC编程,加工代码可直接传入NC机床、加工中心进行加工。计算机建立的产品模型加强了设计与制造两个环节的连接,提高了产品开发的效率。

6) 管理水平的提高

产品设计是一个复杂的系统工程,设计过程中涉及大量设计数据和设计行为的管理。数据库技术的发展改变了传统的手工管理模式,各种MIS、PDM系统的广泛应用大大提高了设计的管理水平,保证了设计过程的高效、协同和安全。

7）组织模式的开放

网络技术的发展加快了数据通信速度，缩短了企业之间的距离。传统的局限于企业内部的封闭设计正在变为不受行政隶属关系约束的、多企业共同参与的异地设计。为完成一种设计任务形成的虚拟企业或动态联盟将实现优势互补和资源共享，极大地提高设计效率和水平。

2. 以设计理论为指导

受科学技术发展水平的限制，传统设计是以生产经验为基础，以运用力学和数学形成的计算公式、经验公式、图表、手册等作为依据进行的。随着理论研究的深入，许多工程现象不断升华和总结为揭示事物内在规律和本质的理论，如摩擦学理论、模态分析理论、可靠性理论、疲劳理论、润滑理论等。现代设计方法是基于理论形成的方法，利用这种方法指导设计可减小经验设计的盲目性和随意性，提高设计的主动性、科学性和准确性。因此，现代设计是以理论指导为主、经验为辅的一种设计。

综上所述，现代设计的内涵就是以市场需求为驱动，以知识获取为中心，以现代设计理论、方法为指导，以现代技术手段为工具，以产品的整个生命周期为对象，考虑人、机和环境相容性的设计。

10.1.2 汽车现代设计原则

受设计水平、观念、体制等限制，传统设计所考虑的原则着眼于产品的功能和技术范畴，而设计的影响贯穿产品整个生命周期，所以现代设计原则是面向生命周期内的各个阶段，现代设计原则是传统设计原则的扩充和完善，可归纳为以下几类。

1. 功能满足原则

产品设计的目的是构造能够实现规定功能的产品。如果产品不具备要求的功能，设计就失去价值。因此满足功能是各类产品设计的必要原则。

2. 质量保障原则

保证质量是产品设计的重要原则。产品质量主要由性能和可靠性决定，因此这类原则主要包括：

（1）性能指标。指产品的各类技术指标，如汽车最高车速、$0\sim100$km/h 加速时间等。先进的技术指标是实现高质量产品的前提。

（2）可靠性。指产品在规定的条件和规定时间内完成规定功能的能力。产品只有可靠性能才有实用价值，因此性能的发挥依赖于可靠性。

（3）强度原则。要求产品零件具有抵抗整体断裂、塑性变形和某些表面损伤的能力。

（4）刚度原则。要求在外载作用下产品变形在规定的弹性变形之内。

（5）稳定性。指产品在外载作用下能够恢复其平衡的特性。

（6）抗磨损性。要求零件在规定时间内材料的磨损量在规定值以内。

（7）抗腐蚀性。要求产品在恶劣环境下不被周围介质侵蚀的特征。

（8）动态特性。指在动载荷作用下产品具有良好的抗振特性，以保证产品的平稳和低噪声运行。

（9）平衡特性。指旋转产品具有良好的静平衡和动平衡特性。

（10）热特性。保证产品具有要求的温度大小、温度分布和热流状态，以及热应力、热变形在规定值以内。

3. 工艺优良原则

指设计能够且容易通过生产过程实现,它包括:

(1)可制造性。指利用现有设备能够制造出满足精度等要求的零件,且制造成本低,效率高。

(2)可装配性。指零件能够装配成满足装配精度要求的部件和整机,且装配成本低、效率高。

(3)可测试性。指产品能够且容易通过适当方式进行有关测试,以评估设计、制造和装配。

4. 经济合理原则

要求产品具有较低的开发成本和使用费用。

5. 社会使用原则

考虑产品投放市场后的表现行为,包括:

(1)环境友好性。保证产品产生尽可能少的废水、废气、噪声、射线等,符合环保法规,对生态环境破坏最小。

(2)环境适应性。适应使用环境的湿度、温度、载荷、振动等特殊条件。

(3)人机友好性。满足使用者生理、心理等方面要求,使产品外形美观,色彩宜人,操作简单、方便、舒适。

(4)可维修性。使产品能够且易于维修,维修的时间、费用、复杂性、人员要求和出错尽可能最小。

(5)安全性。保证不对人的生命财产造成破坏。

(6)可安装性。保证产品使用前安装容易、可靠,且安装费用最小。

(7)可拆卸性。考虑产品的材料回收和零组件的重新使用。

(8)可回收性。考虑产品报废及回收方式。

10.1.3 现代设计方法与技术

1. 现代设计方法

设计方法是设计理论的具体化和实用化。现代设计方法是基于现代设计理论形成的方法,是科学方法论在设计中的应用,它融合了信息技术、计算机技术、知识工程和管理科学等领域的知识,借助理论指导设计可减少传统设计中经验设计的盲目性和随意性,提高设计的主动性、科学性和准确性。产品的现代设计方法多达几十种,下面简述其中的几种,汽车设计中应用广泛的设计方法将在后续章节中详细论述。

1)优化设计

优化设计(Optimal Design)是一种规格化的设计方法,它首先要求将设计问题按优化设计所规定的格式建立数学模型,选择合适的优化方法及计算机程序,然后再通过计算机的计算,自动获得最优设计方案。

2)可靠性设计

可靠性设计(Reliability Design)是指在规定时间内、规定的条件下,以概率论和数理统计为理论基础,以失效分析、失效预测及各种可靠性试验为依据,以完成产品规定功能为目标的现代设计方法。

3)模块化设计

模块化设计是指对于一定范围内的不同功能,或相同功能条件下的不同性能规格的产品,在进行功能分析的基础上,划分并设计出一系列功能模块。通过模块的选择与组合,可以构成不同的产品,以满足市场不同需求的设计方法。

4) 反求工程设计

反求工程设计(Reverse Engineering Design)是将已经存在实物转变为CAD模型的一种工程设计方法。这种方法能将实物的形状转变成数据文件,然后在计算机屏幕上再现。所以说,它是数字化技术和几何模型重建技术的总称。这是狭义反求的概念,广义反求工程不仅有产品造型的反求,还有工艺反求、管理反求、材料反求等。

反求工程的实施主要靠测量仪器完成。仪器的测量头在实物上扫描,获取数据,然后经过处理成像。

5) 绿色产品设计

绿色产品设计是指在生态哲学的指引下,运用生态思维,将物的设计纳入"人、机、环境"系统,既考虑满足人的需求,又注意生态环境的保护和可持续发展的原则,即既实现社会价值又实现自然价值,促进人与自然的和谐协调、共同繁荣。

6) 工业造型设计

工业造型设计是以工业产品为对象,从美学、自然科学、经济学等方面出发,专注于批量生产的三维空间的产品之美与有用性,进行材料、构造、加工方法、功能性、合理性、经济性、审美性的推敲和设计。

7) 人机工程设计

人机工程设计是从人机工程学的角度考虑机械设计、处理机械和人的关系,以便使设计满足人的需要。

8) 创新设计

创新设计是基于创新的设计思维和创造技法以及"人、机、环境"大系统观探讨各种产品的新原理、新方案、新解法等。

9) 并行工程

并行工程是对产品设计和相关过程(包括制造过程和支持过程)进行集成,开展并行设计的一种系统化方法。换句话说,并行工程是产品设计阶段同时考虑产品全生命周期(从概念形成到产品回收或报废处理)中的各种主要性能指标,从而避免在产品研制后期出现不必要的返工与重复性工作。

10) 价值工程

价值工程简称VE,亦称VA,它是技术与经济相结合分析产品和劳务价值的一种方法。其目的在于分析产品的功能与产品的成本,在保证产品功能的条件下,降低产品的成本,或者在一定产品成本的条件下,提高产品功能,从而保证提高产品的价值。

2. 现代设计技术

作为设计应用来说,技术是一种手段,是前面所述的设计理论和设计方法的实现方式。现代设计技术主要以计算机辅助工程技术为主,计算机辅助工程(CAE)是一种迅速发展的信息技术,是实现重大工程和工业产品的计算分析、模拟仿真与优化设计的工程软件,是支持科学家进行创新研究和工程师进行创新设计的、最重要的工具和手段。

广义的计算机辅助工程CAE涵盖了狭义计算机辅助设计CAD、狭义计算机辅助工程分析CAE、计算机辅助工艺过程设计CAPP、狭义计算机辅助制造CAM、产品数据管理PDM和产品生命周期管理PLM,以及制造资源计划MRP Ⅱ与企业资源计划ERP等,而广义的计算机辅助设计CAD则包括狭义的计算机辅助工程分析CAE,广义的计算机辅助制造CAM则包括计算机辅助工艺过程设计CAPP。本章讲述的是广义的计算机辅助设计。

计算机辅助设计技术的高速发展使其边界越来越模糊,凡可以计算机化的设计内容均可列为CAD的范畴,如辅助绘图、仿真、多媒体、并行工程、网络远程设计等。作为汽车设计应用来说,CAD它是一种强有力的手段,其能力和发展依赖于上述各项理论和方法的发展。

10.2 汽车计算机辅助设计

目前,计算机应用技术已经贯穿汽车产品全生命周期的各个环节。对结构几何形状设计给予辅助的计算机应用技术的是CAD(Computer Aided Design),它可以通过计算机进行产品的几何形状定义(三维建模)、形状评价和总布置确认等。利用CAD的三维模型进行结构分析的计算机辅助技术为CAE(Computer Aided Engineering)。试制、生产技术、制造工艺中的计算机辅助技术为MPM(Manufacturing Process Management)。MPM是在编制加工中心加工用数据或机械手动作指示数据等的CAM(Computer Aided Manufacturing)基础上,还包含了生产工序管理的具有更广泛概念的技术。在MPM中由CAD定义的形状上添加了生产所需信息并加以利用。PLM(Product Lifecycle Management)是对整个企业所有产品的全生命周期进行管理的技术。借助IT(Information Technology)技术对零部件的三维CAD数据、属性信息、构成信息等数据库进行统一管理和共享。规划、造型设计到销售、售后服务整个过程都是PLM计算机辅助管理的对象。

随着汽车行业的高速发展,竞争日趋激烈,计算机辅助设计技术使得整车制造中新产品开发周期大为缩短,同时也使得以往设计中的一些经验性的知识可以以量化的形式出现,使得产品的开发效率更高,被认为是继福特公司的流水线生产、丰田公司的精益生产之后,汽车工业具有革命性意义的重大技术进步。

10.2.1 系统构成

计算机辅助设计系统由硬件和软件组成。硬件系统是计算机辅助设计的基础,软件系统是计算机辅助设计的核心,决定了系统所具有的功能。

1. 计算机辅助设计系统的硬件

系统硬件主要包括计算机主机、显示器、存储设备、输入设备和输出设备。

2. 计算机辅助设计系统的软件

所谓软件是指使用和发挥计算机效率、功能的各种程序,整个计算机系统的工作过程都是由软件来控制和实现的。软件的水平是决定该系统效率高低、使用是否方便等的关键因素。CAD系统的软件主要包括系统软件、支撑软件和应用软件。

1)系统软件

系统软件是与计算机硬件直接联系且供用户使用的软件,它处于整个软件的核心层,起着扩充计算机功能、合理调度并自动管理和控制计算机资源的作用,所有软件都是在系统软件的管理和支持下进行工作的,它使计算机协调一致并高效地完成各种任务。系统软件主要包括操作系统、数据通信系统、诊断修复系统、管理系统等。

2)支撑软件

支撑软件是帮助人们高效率开发应用软件的软件工具系统,亦称为软件开发工具,它在某一特定范围内对各种应用对象具有通用性。例如计算机三维造型软件 UG 可以实现造型、装配等功能。计算机辅助设计系统的支撑软件主要包括图形软件、三维造型软件、数据库管理软件,是计算机辅助设计的核心技术。此外,计算机程序设计语言、有限元分析计算软件、优化设计及动态仿真软件、常用的数值计算软件、文字处理软件等也属于支撑软件,这些软件为计算机辅助设计系统的开发提供了必要的软件环境,实现多种多样的计算机辅助设计功能。支撑软件是应用软件开发的基础,计算机辅助设计系统的功能和效率在很大程度上取决于支撑软件的性能。

3) 应用软件

应用软件有时也称为专用软件,是用户为解决各种具体设计工作中的实际问题而利用计算机以及它所提供的各种系统软件和支撑软件自行编制的软件。由于它一般基于特定领域的支撑软件进行开发,因此也被称为"二次开发"。例如汽车设计包括了总体方案、造型、空气动力学、载荷计算、结构分析、应力计算、液压系统、电气系统、机构设计、可靠性设计等专业性的设计与制造软件,这类软件一般由各行业、各企业自己开发。计算机辅助设计系统的功能最终反映在解决具体设计问题的应用软件上,应用软件的水平的高低反映了计算机辅助设计技术应用水平的高低。

10.2.2 计算机辅助设计的功能

比较完善的计算机辅助设计系统是由数值计算与处理、交互式绘图与图形输入输出、存储和管理设计制造信息的工程数据库三大模块组成。它的主要功能如下。

1. 计算机辅助绘图

是指使用计算机进行二维的工程图样的绘制,取代了传统的手工绘图,提高了工程图样的绘制质量和速度。

2. 造型功能

几何造型指三维的形体或产品在计算机中的表示和处理。几何造型描绘物体有几种不同的方法:线框造型、曲面造型、实体造型以及特征造型。

3. 数据处理与管理

是指在设计工作中涉及的数据(包括图形数据等)的统一管理和处理。

4. 分析计算

分析计算可以用于在设计工作的初期,了解设计方案的可行性并加以改进,提早发现和解决设计人员不易察觉的潜在问题,并有助于所开发产品的优化。它主要包括:

(1) 应用有限元方法等对重要的零部件以及整车的强度与刚度、振动与噪声、可靠性及寿命等的分析计算。

(2) 对产品及其零部件进行考虑各方面因素(不仅包括通常的产品成本、体积、质量、产品性能等,还包括产品可靠性、寿命及制造过程等)的优化设计计算;以保证产品具有现代化设计水平。

(3) 机构运动学和动力学仿真以及整车瞬态工况的模拟,制动、碰撞等情况的模拟,控制系统模拟等。

(4) 新材料、新工艺、新技术的分析、模拟和评价。制造过程(包括宏观的整体规划和微观的某一零部件或模具的具体加工过程)与销售过程的模拟与分析等。

(5) 计算流体力学的应用,汽车空气动力学分析、发动机混合气形成与燃烧过程的模拟、室内空调。

此外,也包括利用计算机进行设计工作中的一些常规的计算工作。如根据几何模型计算相应物体的体积、质量、表面积、重心、转动惯量、回转半径等几何特性,为工程分析提供必要的基本参数和数据。

10.2.3 汽车 CAD/CAE 常用工具及方法

1. 汽车 CAD 常用方法

1) 参数化设计和变量化设计

参数化设计方法就是将模型中的定量信息参量化使之成为可任意调整的参数。参数化设计方法使零件模型具有易修改的特性,通过对参数化赋予不同数值,就可得到不同大小和形状的零件模型。参数化设计中的参数化建模方法主要有变量几何法和基于结构生成历程的方法,前者主要用于平面模型的建立,而后者更适合于三维实体和曲面模型。

参数化技术更适合与设计过程比较明确的工作,变量化设计则为设计对象的修改提供了更大的自由度,可以通过求解一组约束方程组来确定产品的尺寸和形状。约束方程驱动可以是几何关系,也可以是工程计算条件。约束结果的修改受约束方程驱动变量化设计可以应用于公差分析、运动结构分析、设计优化,尤其在做概念设计时更显得得心应手。变量化技术既保持了参数化技术的原有优点,同时又克服了它的一些不足之处,为 CAD 技术的发展提供了更大的空间。

参数化设计和变量化设计,使得车身结构设计可以随着尺寸的修改和使用环境的变化而自动修改。现在的主流 CAD 软件几乎都是基于变量化设计的。

2) 基于特征的设计

特征设计是用易于识别的、包含加工信息的几何单元(如孔、槽、倒角、加强筋等)来取代以往设计中所有的纯几何描述(如直线段、圆弧等)。特征是构造零件的最基本的单元要素。特征使设计人员和工艺人员对同一特征具有相同的理解,并且特征定义包含了所有的几何和非几何信息。基于特征的设计更适合于 CAD/CAM 的集成和 CIMS 中的建模需要。

3) NURBS 几何构型技术

NURBS(Non-Uniform Rational B-Spline)即非均匀有理 B 样条,它在 CAD 中用来定义复杂的几何曲线曲面,在车身 CAD 领域,更是应用广泛。运用 NURBS 技术可以使系统在描述自由曲线曲面以及精确的二次曲线曲面时,能够采用统一的算法和表示方法。用 NURBS 技术构造的曲面易于生成、修改和存储,为系统提高对曲面的构造能力和编辑修改能力打下了基础。

2. 汽车 CAD 常用的工具

在汽车设计中常用的 CAD 软件有 CATIA、NX、Pro/ENGINEER、Alias 等,主要用于三维建模,是 CAE 的基础,CATIA 软件是法国 DASSAULT SYSTEM 公司开发的 CAD/CAE/CAM 一体化软件,CATIA 软件集成解决方案覆盖了汽车产品设计与制造领域,是目前欧洲的汽车行业包括戴姆勒—克莱斯勒、宝马、大众等一大批知名企业的标准级软件;NX 软件是 UGS 与 SDRC 合并后推出的 CAD/CAE/CAM 一体化软件,是 UG 软件和 I-DEAS 软件的继承产品。UG 软件是众多美国汽车公司所采用的软件,集成了 CAD/CAE/CAM,采用基于约束的特征建模和传统的几何建模为一体的复合建模技术,在曲面造型、数控加工方面有较强优势。此外,NX 软件提供了与分析软件 NASTRAN 和 ANSYS、机构动力学软件 ADAMS、注塑模分析软件

MOLD FLOW 等的接口。NX 软件是 UGS PLM 新一代的数字化产品开发系统,实现了包含 CAD/CAE/CAM 全范围开发过程的产品全生命周期管理;Alias 是世界一流的工业设计软件开发公司,Alias 软件是工业设计软件中的全方位解决方案,给设计师提供了丰富的工具,使用起来比较方便,界面友好,提供了艺术家们很熟悉的工具,比如喷笔、油泥等。Alias 软件加快了设计的全过程,缩短了新产品进入市场的时间,从而帮助使用者获得更高的效率。主要用于汽车的概念设计、内外饰设计;美国 PTC 公司 1985 年成立于美国东海岸文化名城波士顿,是全球 CAID/CAD/CAE/PDM 领域具有代表性的软件公司,PRO/ENGINEER 为代表的软件产品的总体设计思想体现了 MDA 软件的新发展,具有一定的优势。

3. 汽车 CAE 常用方法

在汽车 CAE 分析过程中,主要用到的方法有有限元分析法、优化设计方法、动态模拟仿真以及虚拟设计方法等。这些方法将在后面几节具体介绍。

4. 汽车 CAE 常用的工具

汽车产品开发 CAE 分析所用软件以使用国外成熟的商业软件为主,也有少量自编程软件。根据分析内容的不同,需要用到的分析软件也不尽相同,常用的 CAE 软件见表 10-1。

汽车 CAE 中使用的软件多种多样,可能同一种分析需要多个软件的相互配合使用。根据所分析内容的不同,使用的软件也不尽相同。每个软件都有自己的侧重点,比如 ANSYS 偏重于线性分析,而 ABAQUS 非线性就比较好。在研开发中常将 MATLAB/Simulink 控制器模型和 ADAMS/Car 整车模型联合起来建立联合仿真模型,以提高建模效率和仿真精度。不管使用哪个软件,软件只是一个工具,是帮助完成分析的工具,最基本的还是使用的理论以及方法。

10.2.4 CAD/CAE 技术在汽车设计中的应用

计算机技术已成为现代工业提升竞争力的主要手段之一。如果说 CAD 是在帮助工程师创造更丰富、更优美、更实用的几何实体设计,那么 CAE 则在产品设计的质量、寿命、性能和成本等方面发挥着更加重要的作用,CAE 技术为汽车行业的高速发展提供了有力的技术保障,为企业带来巨大的经济效益。CAE 技术可以在生产样品、样车之前,模拟零部件甚至整车的性能和工作状况,避免传统上的设计、试制、测试、改进设计、再试制的重复过程,减少了人力、物力和财力上的消耗而降低开发费用,使汽车产品的大多数问题都可以在设计阶段通过仿真得到解决,从而提高了设计质量和效率,大幅度减少开发时间和费用;CAE 技术改变了传统设计中的依靠经验进行定性分析、缺少定量数据的设计方法,使产品减重、性能优化成为可能;同时,采用 CAE 计算能在短时间内尝试和比较更多的设计方案,因而有可能获得较佳甚至最优的设计,从而提高开发质量;还能找到问题的真正原因,为设计工程师提供修改方向,减少修改时的盲目性,缩短开发周期;CAE 技术的应用也使得以往设计中的一些经验性的知识可以以量化的形式出现,同时,灵活、方便、快捷的特点使 CAE 技术能为设计工程师提供大量的仿真试验数据和技术参数(而其中一些数据根本无法或很难通过试验获得),增加企业的经验积累,提升企业的设计能力;CAE 技术使设计工程师在产品设计阶段对汽车的结构和性能做出预先评估,因而大大降低了新产品开发的风险;同时,CAE 技术可以替代大部分试验。目前,CAE 已逐渐成为汽车产品开发的中枢,在汽车产品开发过程中所发挥的作用已经无法被取代。

汽车产品开发中 CAE 实际应用　　　　　　表 10-1

	性能	软件名称	应用类别
底盘	前处理	HYPERMESH FEMB ANSA VPG Patran	HYPERMESH、ANSA 通用有限元前处理软件，FEMB 基于 NASTRAN、LSDYNA 有限元前处理软件，VPG 汽车专用前处理软件，Patran 是基于 NASTRAN 的有限元前处理软件
	动力性及燃油经济性	AVL Cruise	AVL Cruise 软件进行动力匹配分析
	人机工程	CATIA UG NX Pro/ENGINEER Ramsis	以 CATIA、UG NX、Pro/ENGINEER 三维布置软件为基础，借助 Ramsis 人机专业评价软件进行布置优化及人体舒适性评价分析
	NVH	Patran Sysnoise AutoSEA	LMS.VIRTUAL.LAB，NVH 集成工具 Akusmod 汽车内噪声预测分析 Sysnoise 声学分析软件，AutoSEA 高频声学分析软件
车身	操纵稳定性及平顺性	ADAMS MADYMO	ADAMS 软件进行运动学和动力学分析 MADYMO 多刚体动力学分析软件
	碰撞性能开发	Hyper-work LS-Dyna Abaqus Pam-Crash Radioss	Hyper-work、LS-Dyna、Abaqus、Pam-Crash、Radioss 大变形非线性求解软件
	可靠性	MSC/Nastran nCode	NASTRAN，nCode 线性和疲劳寿命评估软件
其他	CFD 开发	Fluent Star-cd AVL-Fire	现有 Fluent、Star-cd、AVL-Fire 流体动力学分析软件
	汽车电子	MATLAB/Simulink	MATLAB/Simulink 控制器与控制对象联合仿真
	冲压	DYNAFORM	DYNAFORM 钣金冲压软件
	铸造	Magma Procast	Magma、Procast 主流的铸造分析软件
	通用分析软件	MSC.NASTRAN	目前应用最广泛的分析软件，主要应用于线性分析、振动分析
		ANSYS	通用分析软件，线性、非线性分析、冲击分析、疲劳分析、流固耦合、热分析、动态大变形分析
		ABAQUS	通用分析软件，非线性分析突出
		ADINA	通用分析软件，流固耦合、非线性分析突出
		IDEAS NX Nastran NX	IDEAS NX 通用分析软件，有强大的 CAD 功能；Nastran NX 结构动力学分析
	动态冲击	LS-DYNA	应用最广泛的动态冲击分析软件
		PAMCRASH	动态冲击分析
		Dytran	动态冲击分析

1. 碰撞分析

一方面随着汽车技术发展,对碰撞安全性能的要求越来越高,另一方面伴随节能问题,又要求车身构造进一步轻量化。因此,如何保证在碰撞安全性的前提下做到轻量化程度越高,为此,碰撞分析成为车身构造设计研究中不可缺少的技术。在碰撞分析中,对碰撞现象的再现及乘员伤害值预测精度的要求越来越高,现在主要采用大规模的 FEM 分析技术。如图 10-1 所示,是汽车侧面碰撞变形图。通过分析可以得到汽车各部分的变形、加速度、能量等情况,从而判断汽车的被动安全性能。碰撞方面的分析主要包含:正碰、侧碰、后碰、40% 偏置碰和行人保护等。主要分析软件有:LS -DYNA、PAM -CRASH、VPG 等。

图 10-1 大规模 FEM 碰撞分析

1) 车对车碰撞兼容性分析

现在在车身结构的设计中,不仅应考虑确保正面碰撞、侧面碰撞及后面碰撞的性能,还应考虑到提高碰撞发生时车与车之间的相互安全性。

相互安全性能既应降低对方车辆的损害程度。在对碰撞时的载荷传递线路等进行评价的同时,提出新的车身方案。在相互安全性方面评价中,考虑碰撞位置、速度及车身质量等的各种参数影响的同时,在实际车辆碰撞试验前,还需利用碰撞分析对结构进行研究。

2) 行人保护分析

在车身构造的设计中,提高行人保护性能是很重要的。由于行人保护性能受发动机罩等形状的影响较大,故要求在设计的初期阶段就要进行分析及评价。特别是在头部保护性能方面,为提高碰撞头部时的能量吸收性能,应充分利用碰撞分析法,对发动机罩及发动机舱内的零部件间隙进行详细地研究。在头部保护分析方面,可通过对发动机罩周边零部件及发动机舱内的零部件进行精确建模,提高伤害值的预测精度。同样,为提高行人腿部保护性能,在保险杠的结构分析中,也可充分利用碰撞分析法。

2. 噪声、振动 (NVH) 分析

NVH 即噪声(Noise)、振动(Vibration)和不舒适(Harshness)。汽车噪声振动有两个特点:一是与发动机的转速和汽车行驶速度有关,二是不同的噪声振动源有不同的频率范围。图 10-2 表示汽车噪声源与行驶速度的关系。在低速时,发动机是主要噪声和振动源;在中速时,轮胎与路面的摩擦是主要噪声与振动源;而在高速时,车身与空气之间的摩擦变成了最主要的噪声与振动源。图 10-3 表示噪声源与频率的关系。低频时,发动机是主要噪声与振动源,路面与轮胎摩擦和车身与空气摩擦的贡献随着频率增加而增加;中频时,变速器和风激励噪声占主导成分;高频时,主要考虑的问题是说话和听话的声音是否清晰,即所谓声品质问题。

整车噪声与振动分析是建立在所有系统和部件的噪声与振动分析和激励源分析基础之上的。在产品开发的时候,要确定整车噪声与振动的目标,并且将之分解到各个系统。另外,还要划分所有系统的频率范围,以确保所有相邻的系统之间不发生振动或者声的耦合。通常有三种方法来分析整车噪声与振动。第一种是简单的刚体模型和有限元模型,第二种是源—通道—接受体模型,第三种是模态综合分析。

简单的刚体模型是用来了解汽车最基本的振动特性,常有的模型有 1/4 汽车模型和二维垂直俯仰模型。这些方法是将汽车简化成有限个自由度的刚体结构,来计算其基本频率和振型。在分析整车低频结构振动时,最常用的是有限元模型,计算出固有频率及振型,以频率响应分析求出传递函数,进行性能评价。

整车源—通道—接受体模型是分别计算或者测量所有的振动与噪声源信号,并确定传递通道灵敏度,将这些源和通道的贡献叠加起来,就得到了整车的噪声与振动。比如测量了进气口的噪声和进气口噪声与车内噪声之间传递函数,就可以计算出进气口噪声对车内噪声的贡献大小,所以这种方法对识别噪声与振动源也非常有用。这种方法简单而直观,可以用于测试数据也可以用于计算数据,但是精度受到限制。

模态综合分析比较复杂。首先要系统进行分析得到系统的模态。比如车身的振动模态、声学模态、动力装置的振动模态、路面施加的力等。然后将结果输入到模态综合系统中进行整车的噪声与振动分析,得到车厢内的声压,地板、座椅和转向盘上的振动。模态分析可以采用系统计算结果也可以用测试结果。当汽车只有一个系统改变时,就只需要对这个系统重新计算或测量。在整车模态分析时,只需更换新系统的模态结果,其他系统保持不变。模态综合方法的精度比较高,但分析起来比源—通道—接受体分析要复杂很多。

振动现象的基础方程式由质量、刚度、阻尼构成,对这三个参数进行控制是基本的。在各种振动现象中,根据频率的不同,在质量、刚度、阻尼中,整车起到的作用有所不同。不同的振动频率对整车产生的影响也是不一样的。CAE按各种现象,分别采用不同的分析模型及分析方法,如图10-4所示。以车身为例,在低频时,多为车身的共振及共鸣现象的问题。从车身的FEM模型计算出固有频率及振型,通过频率响应分析求出传递函数,进行性能评价;在中频时,隔振材料及降噪材料对车身面板的振动特性有很大的影响,因此,考虑钢板与隔振、降噪的定式化及计算方法是很关键的,但由于其计算成本较高,因此目前尚未确立可使用的设计研究手段;在高频时,增加振型数(振型密度),对各振型进行评价,事实上是不可能的,因此,多所用的统计能量分析法(SEA法)解决该问题。

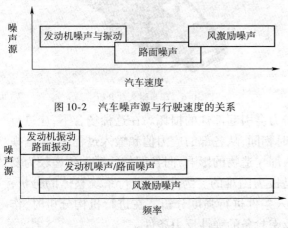

图10-2 汽车噪声源与行驶速度的关系

图10-3 噪声源与频率的关系

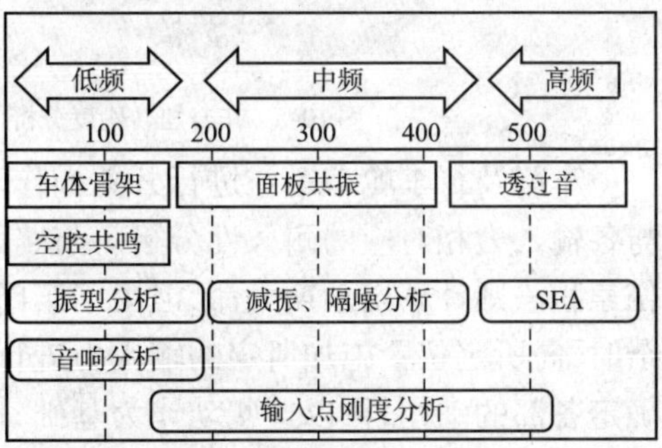

图10-4 车身的振动噪声现象分析方法

3.强度、耐久性分析

车身的强度、耐久性分析分为:作为振动噪声、舒适性和操作稳定性指标的刚度分析;预测车身各部的破损部位及预期寿命的耐久性分析。耐久性分析又分为:以路面形态为输入进行耐久性评价的动态耐久性分析和车门盖板类的开关操作等路面输入以外的耐久性分析。

1)刚度分析

以行驶时的振动噪声、舒适性和操纵稳定性相对应的车身骨架作为代用特性评价,来进行刚度(变形)分析。

在分析中采用与碰撞分析等相同的白车身模型,在安装悬架的状态下,对轴向位置或车身的各悬架安装位置施加所定的输入力,输入条件与整车试验相同,施加车身的静弯曲、扭转等的位移及载荷值,根据所获得的分析结果,计算出车身的扭转刚度值及弯曲刚度值等,对车身刚度进行评价,如图10-5所示。另外,针对车门开关顺畅度的评价指标,应对车门等的安装开口部位的变形量进行评价。

2)耐久性分析

为预测在各种路面上行驶时的车身各部的破损情况及寿命长短,应进行耐久性分析。在分析中采用与刚度分析等相同的白车身模型,为对耐久性评价中较为重要的应力值进行准确的评价,一般的车身模型的网格尺寸较大(10mm左右),这对正确进行耐久性评价上很重要的应力值的评价是太粗了。因此,应对应力集中部位的部分网格进行细化处理,以提高分析精度。另外,车身采用较多的点焊焊接(SPW)部位应力高度集中,因此也应对点焊位置的网格进行细化处理。此外,还有预测结构部SPW自身寿命的方法。在SPW的寿命预测方面,根据加在SPW上的各反力,可以以数据库为基础求出寿命。

通过静态分析获得的单一输入力时的应力与路面行驶时的数据输入经历计算出各部的应力,从材料的 S-N 数据,根据次varepsilon法则计算出预期寿命。路面行驶时的输入经历是以现有车型的试验数据为基础进行调整,从路面分布图中采用对车辆机构的分析结果求出输入值。最近,在进行机构分析时,还采用将车身及悬架等作为弹性体进行模型化处理,可直接计算出由复合输入值产生的应力,求出预期寿命的方法。此时,还要考虑主要部件(发动机、变速器、内饰件等)的振动输入的影响,因此这些部件也应进行模型化处理,如图10-6所示。

图10-5　车身扭转刚度分析　　　　　　图10-6　车身耐久性分析

车门及行李舱盖等在进行开关操作时,冲击力会引起部件的损坏。在这种场合下,应进行与各输入力相对应的耐久性分析。与路面输入时相同,从各部的应力值和输入过程中,根据损伤累积法则计算出预期寿命,但由于车门系统内部构造物的影响,向各部位的输入传递较为复杂时,向所定位置施加所定的输入力进行分析是极为困难的。为此,应进行系统整体的分析,确定各部的动作,再以这些动作为基础,根据输入条件进行强度分析。在进行机构分析时,作为分析条件,应设定门钩接合装置的动作条件及密封条的弹性反力条件。

4. 热流体的分析

1)空气动力学分析

从20世纪80年代前半期,以欧美为中心,已开始了CFD在汽车研究、开发中的应用。CFD是对车身的空气动力(风阻、升力、横向力及各种力矩)进行预测的技术,目前世界各国的汽车厂家无一例外地在进行CFD技术的开发及利用,汽车空气动力学分析所获得的结果已接近试验结果,如图10-7所示。另外,还可通过滑动网格及畸变网格,对错车及超车时的空气压力变动等非正常现象进行分析。

2）冷却、热损害分析

作为主要的冷却问题，发动机舱内的通风性能引起了广泛关注。由于低短车头化的车身造型倾向，使发动机舱内的布置更加紧凑，使通风孔已是最小的极限。为此，由CFD所进行的事前研究则显得更为重要。

在冷却、热损害分析中，是对通过前格栅和散热器的冷却风量进行预测及对发动机舱内的温度分布进行预测。由于发动机产生的热量的大部分是通过散热器进行散热，因此散热器的通风量的预测计算在汽车开发的初期阶段便已开始另外进行，在发动机舱内的热流体分析中，设定散热器及排气管的热边界条件，对异常温度部位及过热部件的有另行研究。图10-8所示为车辆发动机的温度分布。另外，如何将发动机舱内的复杂形状模型化尚是一个课题。

图10-7　汽车空气动力学分析　　　　　　图10-8　发动机热流体分析

5. 多刚体分析

多刚体方面的分析主要包括动力学及运动学分析。例如：整车的操纵稳定性分析以及平顺性分析。这里简单介绍，详见本章10.4节。

在工程样车试制之前，基于多柔体系统理论，为解决汽车机械系统设计和动态性能的优化设计问题，常将车辆作为一个完整的控制系统进行分析研究，可以建立整车动力学模型，并针对操纵稳定性、平顺性和制动性等性能进行虚拟试验场动态仿真分析，并输出整车动态性能的特征参数，制定优化策略。它可让设计人员掌握部件结构参数对整车性能影响规律，并对其性能进行预测、可行性研究和优化设计。

图10-9为汽车多刚体分析，通过该分析可以了解整车行使时的整体性能，能直观地反映汽车各部件之间是否干涉、最小间隙等。

6. 冲压分析

冲压分析主要为汽车上各种冲压件的冲压过程分析，通过冲压分析判断冲压件结构是否合理及其优化、冲压工艺是否合理及其优化和模具设计是否合理及其优化，以及零件展开、精确地求解下料尺寸、排样和模具报价等；还能预测冲压过程中的材料拉裂、起皱位置、材料的料厚变化以及回弹等。

图10-9　汽车多刚体分析

冲压分析有助于确定产品的可制造性，优化冲压方向，工艺补充，坯料估算和排样。它可以在设计阶段预测产品冲压成形中可能出现的质量缺陷（如起皱、开裂等），进而对产品设计进行优化，以消除成形缺陷。由于此时还处于产品设计阶段，产品的修改代价最小。由于汽车车身上金属覆盖件占的比例最高，钣金件的模具成本是整个制造过程中最大的成本之一。工艺过程分析是降低废品率、压缩生产成本的有效方法。

图10-10是汽车尾灯支架拉延成型分析得到的成形极限图，其中图10-10a）是初始方案，

图10-10b）是修改拉延筋后的成形极限图。由图可以看出，初始方案存在着拉裂的区域，而修改方案则不存在拉裂的区域。

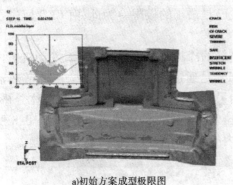
a) 初始方案成型极限图

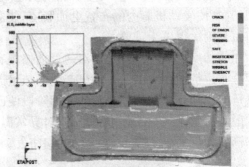
b) 整圈布筋成型极限图

图10-10　尾灯支架成型极限图

7. 锻造分析

锻造分析主要包括：汽车上各种锻件的成型过程分析，如各种轴、连杆等锻件。主要分析各种金属成型过程中的金属流动，提供极有价值的工艺分析数据及成型过程中的材料和温度流动。

图10-11是某零件热锻成型温度分布图，可以判断零件在热锻过程中应力、应变、温度的分布。

8. 铸造分析

铸造分析主要包括：汽车上各种铸件的成型过程分析，如发动机缸体等。主要分析各种液态、半固态成型过程中的金属流动，提供极有价值的工艺分析数据及成型过程中的金属流动和温度变化，预测疏松、夹杂、缩孔、浇注不足等缺陷。

图10-12是某零件铸造过程的温度云图，可以根据铸造过程中的温度云图、固相率云图等判断可能出现铸造缺陷的位置。

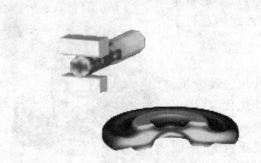
图10-11　锻造分析

图10-12　铸造过程温度云图

9. 塑料成型分析

塑料成型分析主要包括：汽车中的塑料件成型分析，如前照灯、仪表板等。可以分析不同工艺、模具结构时塑料熔体在整个注塑过程中的流动情况及温度分布，优化浇口位置和加工参数、预测制件可能出现的收缩和翘曲等缺陷。

图10-13是拉杆头注塑成型的产品温度、流场图，可以看出注塑过程的材料流动过程，温度分布，从而判断零件的熔接痕位置等。

目前，CAE技术在国外汽车工业中的应用已经非常广泛和成熟，在新车开发过程中发挥着越来越重要的作用。随着 CAE 应用深度及广度的提高,实现 CAE 工作的规范化和制度化是提升企业的技术能力和市场竞争力的有力保证。

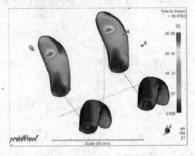 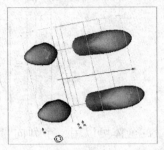

图 10-13　注塑成型温度、流图

10.3　汽车优化设计

10.3.1　概述

优化设计是最优化数学方法与现代计算机技术结合的产物,它能够使某项设计在规定的各种限制条件下优选设计参数,从而使其设计指标获得最优值。

对任何一个工程设计师来说,总是希望作出一个最优化的设计方案,使得设计的工程设施或产品,具有最好的使用性能和最低的材料消耗与制造成本,以获得最佳的经济效益。在传统的设计过程中,通常是设计人员凭借自身或他人积累起来的经验和专业知识,在初始设计方案的基础上,通过反复地试验、比较和改进,最终得到一个较为满意的设计方案。这样的设计方法不仅设计周期长,人力物力消耗大,而且尽管可能找到一个较好的方案,但是一般不能够找到最优的设计方案。而优化设计方法则提供了一条可以高效率地求得最优设计方案的途径。实践证明,优化设计方法是一种保证产品具有优良的性能、降低成本、减小质量和体积的有效设计方法,同时也可以大大地缩短设计周期、提高设计效率,因此已经得到了越来越广泛的应用。

10.3.2　优化设计的数学模型

建立数学模型,就是用专业知识确定设计的限制条件和所追求的目标,确定各设计变量之间的相互关系。数学模型一旦建立,优化设计的工程问题就从物理问题变成了一个数学求解问题,这样,根据数学模型的特点,选择适当的优化方法,然后选取或自行编制程序,上机计算求得数学模型的最优解,从而得到工程问题的最优设计方案。可以归结为在给定的条件(约束条件)下,求目标函数的极值或最优值问题。

1. 设计变量

一个设计方案可以用一组基本参数的数值来表示,把需要在优化设计过程中不断进行修改、调整、一直处于变化状态的参数称为设计变量。

设计变量可用向量的形式表示:$\vec{x} = [x_1 \quad x_2 \quad \cdots \quad \cdots \quad x_n]^T$

优化设计是在多种方案中优选,设计变量应可变才有多种方案选优。

设计变量的选取是根据实际问题确定的。其中某些基本参数,如工艺、结构布置、工作性能等,可以根据已有的经验预先取为定值,称为设计常数,而不是设计变量。

例如活塞的设计,设计中有许多尺寸,如 D(活塞直径)、h(顶环以上的火力岸高)、H(总高)、H_i(活塞销中心至顶高)、d_i(活塞销径),略去其他因素,则:

$$\bar{x} = \begin{bmatrix} x_1 \\ x_2 \\ x_3 \\ x_4 \\ x_5 \end{bmatrix} = \begin{bmatrix} D \\ h \\ H \\ H_i \\ d_i \end{bmatrix} = \begin{bmatrix} D & h & H & H_i & d_i \end{bmatrix}^T$$

设计变量的全体可以用一个列向量表示。$\bar{x} = [x_1 \quad x_2 \quad \cdots \quad \cdots \quad x_n]^T$,它是一个 n 维矢量。n 维矢量的全体被称为 n 维矢量空间(或设计空间),记为 $\bar{R}^n$。在设计空间中,自原点到某端点的一个向量可以称作一个设计方案,如图 10-14 所示。相邻两方案的关系为:

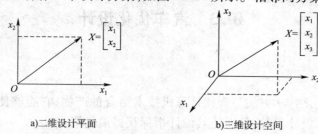

a)二维设计平面　　　　b)三维设计空间

图 10-14　设计点

$$\Delta \bar{x} = \bar{x}^2 - \bar{x}^1$$

$$\bar{x}^2 = \bar{x}^1 + \Delta \bar{x} = \begin{bmatrix} x_1^1 \\ x_2^1 \\ x_3^1 \end{bmatrix} + \begin{bmatrix} \Delta x_1^1 \\ \Delta x_2^1 \\ \Delta x_3^1 \end{bmatrix} = \bar{x}^1 + \alpha \bar{d}$$

式中:α——步长因子;

$\bar{d}$——搜索方向。

优化设计就是要找最佳的搜索方向 $\bar{d}$ 和步长因子 α。

设计变量越多,自由度越大,越容易找到最佳。但是在实际情况下,变量越多,建立模型越难,一般只要选取关键尺寸,且容易建立模型的设计变量就足够了。

2. 约束条件

一个可行设计的设计变量取值时必须满足某些限制条件,这些限制条件称为约束条件。

如果按其性质可分为几何约束和性能约束两类。几何约束是只对设计变量的取值范围加以限制的约束。性能约束是由某些必须满足的设计性能要求而得到的约束。例如,对零件强度、刚度、稳定性(根据设计中机械必须满足的某种性能或设计要求推导出来的)的要求等。

如果按数学表达形式分:

(1)等式约束表示为:$h(\bar{x}) = 0$

其设计点在约束曲面上。

(2)不等式约束表示为:$g(\bar{x}) \leq 0$

其设计点在约束曲面的一侧(包括曲面本身)。

3. 目标函数　$f(\bar{x})$

目标函数是设计中预期要达到的目标与设计变量之间的关系表达式。目标函数可以是结构质量、体积、功耗、产量、成本或其他性能指标和经济指标等。例如,希望使用性能最好、质量或体积最小、制造成本最低等。目标函数的值是评价设计方案优劣程度的标准。在一般情况下,为应用通用优化设计方法计算程序的方便,我们追求目标函数的最小值,即目标函数越小,设计方案越优。目标函数有单目标函数与多目标函数之分。仅根据一项设计准则建立起来的目标函数称为单目标函数。单目标函数与设计变量构成 $n+1$ 维空间(n 维变量);若某项设计,要求同时兼顾若干个设计准则,即一个设计中有两个或两个以上需要优化的指标,这就是多目标函数,即:

$$f_1(\bar{x}) = f_1(x_1, x_2, \cdots, x_n)$$
$$f_2(\bar{x}) = f_2(x_1, x_2, \cdots, x_n)$$

例如设计一传动装置,不仅要求其质量最轻,而且希望承载能力最大、寿命最长等。

4. 优化问题的数学模型

一般形式:求设计变量向量 $\vec{x} = [x_1 \quad x_2 \quad \cdots \quad \cdots \quad x_n]^T$,使 $f(\bar{x}) \to \min$。

且满足约束条件:$h_k(\bar{x}) = 0 \quad (k = 1, 2, \cdots, l) \quad l < n$

$$g_j(\bar{x}) \leq 0 \quad (j = 1, 2, \cdots, m)$$

$l = m = 0$,特例,无约束:

$$\min_{x \in D} f(\bar{x})$$

在数学模型的建立中,一方面要应用有关专业知识,使数学模型能较真实地反映实际的设计问题,另一方面也要进行必要的简化,避免因模型过于复杂而难于求解或使计算机工作量增大。

下面举一个例子来说明建立数学模型的方法和步骤。

要用薄钢板制造一个体积为 $20m^3$ 的货箱,由于运输装卸要求其长度不小于 4m,不大于 7m,问:为了使耗费的钢板最少并减轻质量,应该如何选取货箱的长度 x_1、宽度 x_2、高度 x_3?

解:显然,钢板的耗费量与货箱的表面积成正比,如果货箱不带上盖,则目标函数为:

$$f(\bar{x}) = f(x_1, x_2, x_3) = x_1 x_2 + 2(x_1 x_3 + x_2 x_3)$$

约束条件为:
$$\begin{cases} x_1 x_2 x_3 = 20 \\ 4 - x_1 \leq 0 \\ x_1 - 7 \leq 0 \\ -x_2 \leq 0 \\ -x_3 \leq 0 \end{cases}$$

所以,其数学模型为:$\min f(\bar{x}) = \min f(x_1, x_2, x_3) = \min[x_1 x_2 + 2(x_1 x_3 + x_2 x_3)]$

s.t. $\begin{cases} x_1 x_2 x_3 - 20 = 0 \\ 4 - x_1 \leq 0 \\ x_1 - 7 \leq 0 \\ -x_2 \leq 0 \\ -x_3 \leq 0 \end{cases}$ (其中有一个等式约束,四个不等式约束。)

s.t. 表示满足约束条件。

有一个等式约束,在理论上可以减少一个设计变量,$x_3 = \dfrac{20}{x_1 x_2}$,所以数学模型可以简化为：$\min f(\bar{x}) = \min f(x_1, x_2) = \min[x_1 x_2 + 40(\frac{1}{x_1} + \frac{1}{x_2})]$

s.t. $\begin{cases} 4 - x_1 \leq 0 \\ x_1 - 7 \leq 0 \\ -x_2 \leq 0 \end{cases}$

10.3.3 解决优化设计问题的一般步骤及几何解释

1. 一般步骤

(1) 建立优化设计的数学模型。
(2) 选择适用的最优化方法及相应的计算程序。
(3) 确定初始数据和初始设计点。
(4) 编写有关的主程序及函数子程序。
(5) 计算机求解并输出结果。
(6) 结果分析、比较。

2. 几何解释

求解优化问题的几何解释，可认为是在约束限定的范围内，找出目标函数的最小值。

10.3.4 优化设计问题的迭代过程及迭代终止准则

优化设计中，绝大多数是多变量有约束的非线性规划问题，但是一些有约束非线性规划问题，往往可以转化为无约束非线性规划问题来求解，此外有些约束优化设计方法，也可以借助于无约束优化方法的策略思想来构造，所以说无约束优化办法是优化设计中的最基本方法。

优化设计问题的求解通常采用数值计算方法，而不采用解析方法，因解析方法对于较复杂的问题是无能为力的。数值方法的实质是逐步逼近的。

下面我们以无约束优化问题为例，说明优化设计的优化策略。

无约束优化问题尽管有各种各样的方法，但它们的优化设计的优化策略是相同的，一般可以按下面四步进行迭代。

(1) 令迭代次数 $k=0$，选择初始点 $\vec{x}_0$。
(2) 确定搜索方向 d_k 和步长因子 α_k。
(3) 从 $\bar{x}^k$ 点出发，沿 d_k 方向进行一维极小化，得 $\bar{x}^{k+1}$ 点，即 $\bar{x}^{k+1} = \bar{x}^k + \alpha^* \bar{d}^k$，而且沿此方向目标函数是下降的，即 $f(\bar{x}^{k+1}) < f(\bar{x}^k)$。

对于有约束优化问题，$\bar{x}^{k+1}$ 还要满足所有的约束条件，保证其为可行设计点。其寻优过程如图10-15所示。

(4) 由于数值迭代是逐步逼近最优点而获得近似解的，所以要考虑优化问题解的收敛性及迭代过程的终止条件。

通常检查相邻两次迭代点差值是否小于设定的误差。如是，终止迭代输出结果；如否，继续迭代，直至小于误差为止。

10.3.5 常用优化方法

一般优化方法分为两类，一类是无约束的优化问题的求解，另一类是有约束的优化问题的求解。

1. 无约束优化方法

在这类方法中,有坐标轮换法、鲍威尔法、共轭梯度法、DFP 变尺度法、BFGS 变尺度法等。

坐标轮换法的基本思路是每次搜索只允许沿一个变量变化,其余变量保持不变,它把多变量优化问题轮流地转化成单变量的优化问题,当 n 个变量依次进行过一维搜索后,即完成一轮计算,若未收敛,则以上一轮最后一点开始继续下一轮计算。其特点是只需计算函数值,无需求函数的导数,所以程序编制简单,存储量少。但计算效率低,可靠性差。

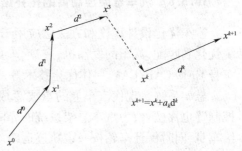

图 10-15 寻求极值点的搜索过程

鲍威尔法是一种共轭方向法,它直接用函数值来构造共轭方向,是一种直接方法。它具有二次收敛性,收敛速度较快,可靠性较好,存储量少。但编制程序较复杂。适用于维数较高的目标函数。

共轭梯度法也是一种共轭方向法,它是利用函数梯度值来构造共轭方向,然后选取共轭方向作为每一次的搜索方向。它的特点是只需计算函数的一阶偏导数,程序编制容易,存储量少,收敛速度快。使用于维数较高的优化问题。

变尺度法有 DFP、BFGS 等方法。DFP 变尺度法是在梯度法与牛顿法两者的基础上提出的一种寻优方法。其寻优迭代公式中,步长因子是随着迭代位置的变化而变化的。BFGS 变尺度法与 DFP 变尺度法具有完全相同的性质,其基本思想和迭代步骤相同。它们的差别在于计算构造矩阵的递推公式不同。变尺度法收敛快,计算稳定性好,适用于解决维数较高的非线性问题。

2. 约束优化方法

工程上出现的问题一般都是有约束的优化问题。其常用的方法是随机方向法、复合形法和惩罚函数法。

直接解法是在可行域内直接求解最优设计点的方法。常用的直接解法有随机方向法、复合形法。直接解法只能解决只有不等式约束的优化设计问题。

随机方向法是在可行域 D 内利用随机产生的可行下降方向进行搜索的一种直接解法。其特点是对目标函数无特殊要求,编制程序简单,计算量小,存储量少,收敛速度较快。

复合形法的基本思想是通过预定顶点数的多边形。(称为复合形)各顶点的函数值相互比较,反复朝着函数值减小的方向进行点的映射与复合形的收缩,使之逐步逼近约束最优解。复合形法不需要计算目标函数的导数,也不进行一维寻优,对目标函数和约束条件都没有特殊的要求,适用范围较广,编制程序简单。

间接解法是把有约束优化问题变为无约束优化问题进行求解。具体地说,就是将约束优化问题中的约束函数进行特殊的加权处理,然后和目标函数结合起来,构成一个无约束的新目标函数。间接解法主要有惩罚函数法(SUMT 法)。惩罚函数法,根据新函数的不同构造法,可分为外点法、内点法及混合法三种。

内点惩罚函数函数法要求整个寻优过程在可行域内进行,迭代点均要为可行解。故初始点必须是一个内点。外点惩罚函数法,初始点可以随便选择,而且其在迭代过程中生成的迭代点也可能在可行域外。

混合惩罚函数法它将两者的惩罚函数形式结合在一起,用于求解既有不等式约束又有等式约束条件的最优化问题。它结合了内点法和外点法的优点,克服了其缺点。初始点可任选,可适用于具有等式和不等式约束的优化问题,可处理多个变量及多个函数。

10.3.6 汽车悬架控制臂的拓扑结构优化

汽车优化设计理论和方法已应用于汽车诸多领域中的很多环节,如汽车整车动力传动系统优化和匹配,汽车的发动机、底盘、车身各主要总成的优化设计、机械加工的优化设计、汽车车身 CAD/CAE/CAM 一体优化技术等,现以汽车悬架控制臂的拓扑结构优化为例加以说明。

悬架系统是现代汽车上的重要总成,对汽车的行驶平顺性和操纵稳定性有很大的影响。控制臂也称摆臂,为汽车悬架系统的导向和传力元件,其作用是将作用在车轮上的各种力传递给车身,同时保证车轮按一定轨迹运动。控制臂应有足够的刚度、强度和使用寿命,所以从节约材料和车身轻量化的角度出发,对控制臂的结构优化就显得尤其重要,在保证控制臂能满足使用要求的情况下,尽可能的减少材料的使用。

使用 Hyperworks 软件的 OptiStruct 模块对汽车悬架控制臂进行拓扑结构优化设计。

麦弗逊悬架在目前是大多数中小型轿车前悬架所首选的类型,对于麦弗逊悬架的下控制臂来说主要在加速、制动、过坎是承受纵向力,以及在转向是承受侧向力,对于垂向力下控制臂只是抵消前后橡胶衬套被扭转变形时的一些结构反力,垂向力主要由滑柱弹簧来承受,由于作用在控制臂上的垂向力在数量级上远小于纵向力及侧向力,所以在校核下控制臂时通常不考虑垂向力。麦弗逊悬架的受力情况如图 10-16 所示。

1. 优化前处理

1) 网格划分

将建立的拓扑优化边界导入 HyperMesh 划分网格,单元类型采用一阶四面体单元,最终网格划分情况如图 10-17 所示。

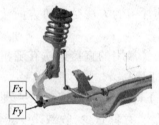
图 10-16 优化前控制臂模型

图 10-17 划分网格

2) 添加材料

创建出各向同性金属材料,弹性模量及泊松比分别为:$E = 2.0E^5, \mu = 0.266$。

3) 设置属性

划分优化区域及非设计区域,因为拓扑优化区域是由属性来识别的,所以通过多个属性可区分设计及非设计区域,这里将控制臂前衬套外圈、后衬套芯轴、外球销点紧固螺栓孔设置为非设计区域,其他为设计区域,如图 10-18 所示。

4) 连接关系建立

使用 RBE2 单元将外球销点与三个紧固螺栓孔内壁节点连接、相同的操作将前后衬套中心点与对应节点连接。

5) 建立边界条件

麦弗逊悬架控制臂分析时通常固定前衬套 X、Y、Z 三个方向平动(1、2、3),后衬套点 Y、X 方向平动(2、3),外球销点 Z 方向平动(1),Loadtype 选择 SPC,结果如 10-19 所示(坐标系为整车坐标系)。

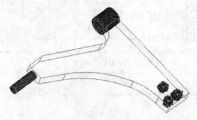
图10-18 划分设计、非设计区域

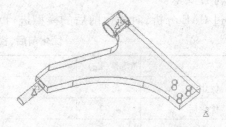
图10-19 建立边界条件

6)施加载荷

根据已有的整车参数计算出制动、转向工况时的纵向、侧向力分成两个载荷施加到外球销点上,如图10-20所示。

7)建立工况

利用上两步所创建出的边界条件及载荷分别组合起来创建出制动、转向两种工况,表10-2所示为模型前处理信息。

模型前处理信息 表10-2

类型	节点	网格	材料	属性	RBE2单元	边界条件	载荷
		四面体	钢材		刚性单元	SPC	静载荷
数量	7733	31429	1	2	3	1	2

建立拓扑优化变量、优化响应、优化约束和优化目标,调用解算器进行求解。

2. 优化结果后处理

优化结果如图10-21和10-22所示。

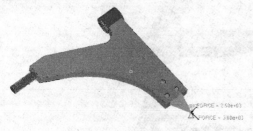
图10-20 添加载荷

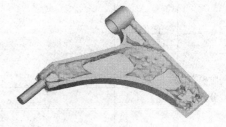
图10-21 控制臂优化结果

1)CAD模型的重建

参考输出的结果曲面,通过CAD软件,对控制臂模型进行参数化重建,重建后的模型如图10-23所示。

图10-22 光顺后的结果

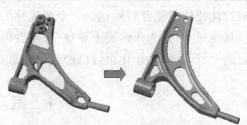
图10-23 重建后的控制臂模型

2)重建模型的验证

重建后的模型必须经过CAE分析,通过与以前的模型进行各方面的比较,才能知道该模型是否符合要求。

通过 CAE 分析,对优化前后的模型进行对比,结果见表 10-3。

优化前后,模型各项指标对比　　　　　　　　表 10-3

		质量(kg)	最大应力(MPa)
	优化前	5.83	244
	优化后	4.77	226
刚度分析	优化前		
	优化后		
一阶模态分析	优化前		
	优化后		

通过优化使控制臂材料达到一个最优化的分布,在既定的条件下使控制臂的用料最少,对应的质量也最小,作为车辆簧下质量,控制臂的质量越小,整车的舒适性也越好。随着燃油价格的普遍上涨,车辆轻量化设计已经越来越被重视,零部件还有优化的空间。

10.4　汽车仿真技术

10.4.1　仿真系统的基本组成及仿真建模方法

仿真是建立模拟真实系统的模型并对模型进行分析和试验去研究真实系统的工作行为。

其目的在于以计算机技术为手段,在产品设计的全生命周期内(包括设计、测试、制造、应用和维护的全过程)实施仿真、分析与评估,尽可能在产品设计阶段,预测产品在设计、制造、应用等阶段可能出现的问题,进行全局优化。它和现实系统试验的差别在于,仿真试验不是依据实际环境,而是依据"人造"环境下进行的。

1. 仿真系统的基本组成

仿真系统由硬件系统和软件系统两部分组成。硬件包括计算机、接口、数据采集记录显示设备、信号产生与激励设备、系统测试设备、通信及监控设备、能源动力系统等;软件系统包括通用软件(计算机操作系统、编程语言等)、专用软件(专用算法、专用接口通信程序等)、系统模型软件、对象数学模型、仿真算法、系统运行流程、仿真服务的仿真程序、仿真程序包、仿真语言等。

仿真包括三个要素:系统、模型、计算机。三者的关系如图10-24所示。其中,系统即仿真的实际研究对象或按比例缩小、具有相似物理性质的物理模型;模型是指用抽象的数学方程描述系统内部物理变量之间的关系而建立起来的该系统的数学模型;计算机是指用计算机语言描述模型,即建立仿真模型进行仿真试验。

仿真是基于模型的活动,只有建立正确的模型并赋予正确的数据,才能得到正确的仿真结果,仿真才有意义和价值。建模是对实体(飞机、导弹、舰艇、车辆、电站、机器设备等)、自然环境(地形、大气、海洋、空间)、人的行为(个体、群体、组织)的抽象描述。

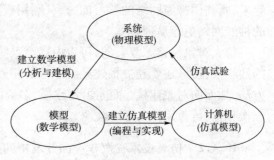

图 10-24 系统、模型、计算机三者的关系

2. 仿真建模方法

1) 机理建模法

根据实际系统工作的物理过程的机理,在某种假定条件下,按照相应的理论(如质量守恒、能量守恒定律,运动学、动力学、热力学、流体力学的基本原理等),写出代表其物理过程的方程,结合其边界条件与初始条件,再采用适当的数学处理方法,得到能够正确反映对象动静态特性的数学模型。各个应用领域大多采用机理建模方法来描述客观事物的特性和行为,包括连续系统建模(线性/非线性、定常/时变、集中参数/分布参数、确定/随机)、离散事件系统建模(面向事件、面向进程、面向活动)或混合系统建模。例如车身单质量振动系统的机理数学模型(以微分方程描述的连续时间模型):

$$m_2 \ddot{z} + C(\dot{z} - \dot{q}) + K(z - q) = 0$$

2) 系统辨识建模法

采用系统辨识技术,根据系统实际运行或试验过程中所取得的输入/输出数据,利用各种辨识算法来建立系统的动静态数学模型。主要研究内容包括系统辨识的实验设计、系统模型结构辨识、系统模型参数辨识(参数估计)、系统模型试验。针对线性系统的主要辨识方法有最小二乘法、递推最小二乘法、广义最小二乘法、增广最小二乘法、辅助变量法、卡尔曼滤波法、极大似然法;针对线性系统的辨识方法有多项式逼近法和Volterra级数展开法等。

3) 模糊建模法

用于具有不确定性、模糊性、难以建立精确数学模型而需建立非数学模型的对象。模糊建模方法首先要根据输入量的隶属函数对精确的输入量进行模糊化处理,然后根据模糊规则

进行模糊推理和模糊判决,根据输出量的隶属函数对模糊判决结果进行反模糊化处理,并输出精确的输出量,如图 10-25 所示。

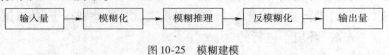

图 10-25 模糊建模

4)神经网络建模法

神经网络 NN(Neural Network)是指利用工程技术手段模拟人脑神经网络的结构和功能的一种技术系统,是一种大规模并行的非线性动力学系统。它反映了人脑功能的若干基本特征,包括并行信息处理、学习、联想、模式分类、记忆等。神经网络的结构是相同神经元的大规模组合,具有自组织、自学习、自适应和较强的容错特性,可处理多输入信号并具有多输出功能,适用于多变量系统。用于系统辨识的常用神经网络类型包括多层前馈网络、时延神经网络、内时延反馈网络和输出反馈网络等。

5)模糊神经网络建模法

模糊神经网络模型把处理不确定性信息的模糊推理和依据样本数据学习的神经网络结合起来,既利用神经网络的学习能力,又利用模糊逻辑的表达能力,使模糊神经网络模型比传统的神经网络更容易理解。

仿真对象是错综复杂的,可以由多个系统和分系统组成,除建立描述系统内部特性和行为的数学模型外,还要建立描述系统之间的相互关系的模型,因此需要更高层次统一建模语言和方法,如面向对象建模、面向组件建模、多智能体建模、元建模、面向服务建模等。模型应具有互操作性、可重用性、可组合性。

10.4.2 仿真技术在汽车产品开发中的应用

仿真技术发展到今天,几乎已经涵盖了汽车产品开发中汽车性能要求的所有方面,刚度、强度、疲劳寿命、振动噪声、运动与动力性分析、碰撞仿真和乘员保护、空气动力学特性等。

汽车仿真技术按分析目标可分为:整车系统分析和部件系统分析。整车系统分析又分为:整车疲劳寿命分析;整车动力学分析;整车 NVH(振动、噪声和舒适性)分析;整车碰撞模拟分析。部件系统分析分为底盘、车身等。

按照不同的分类方法,系统仿真可分为不同的类型。根据被研究系统的特征可分为连续系统仿真和离散系统仿真;按照仿真试验中所取的时间与自然时间之间的比例关系可分为实时仿真和非实时仿真。按照参与仿真的模型的种类不同,可为分物理仿真、数学仿真、硬件在回路仿真、软件在回路仿真、人在回路仿真。

1. 物理仿真——汽车风洞试验

物理仿真是指按照实际系统的物理性质构造系统的物理模型,并在物理模型上进行试验研究。例如汽车风洞试验,用风扇来产生人造气流,模拟各种行车环境中遇到的空气阻力、噪声、热力学状态,以及天气环境甚至太阳辐射等,用以测试样车的安全性和操纵稳定性,最大限度地减少汽车行驶阻力,为设计更加节能、美观的汽车提供条件。汽车时速达到110km 的时候,风阻就占总阻力的70%,因此通过风洞试验,模拟汽车在行驶中的情况,优化汽车外形设计,减少风阻、节约燃油、降低噪声,这是汽车风洞试验的主要目的。汽车风洞中用来产生强大气流的风扇是很大的,比如奔驰公司的汽车风洞(图10-26),其风扇直径就达 8.5m,驱动风扇的电动机功率高达4000kW,风洞内用来进行实车试验段的空气流速达270km/h。建造一个这样规模的汽车风洞往往需要耗资数亿美元,而且每做一次汽车风洞试验的费用也是相当大的。

图 10-26　汽车风洞试验

汽车风洞有模型风洞、实车风洞和气候风洞等,模型风洞较实车风洞小很多,其投资及使用成本也相对小些。在模型风洞中只能对缩小比例的模型进行试验,其试验精度也相对低些。实车风洞则很大,建设费用及使用费用极高。目前世界上的实车风洞还不多,主要集中在日本、美国、德国、法国、意大利等国的大汽车公司。中国第一个汽车风洞——上海地面交通工具风洞中心,它由两个风洞构成:一个是国内首座汽车气动声学整车风洞,用来测风、测阻力、测噪声;另一个是国内首座热环境整车风洞,用来测温度、测环境。物理仿真直观形象,逼真度高,但不如数学仿真方便灵活。

2. 数学仿真——汽车动力性仿真分析

是指首先建立系统的数学模型,并将数学模型转化成仿真计算模型,选择合适算法,在计算机上运行试验,再现和评价客观事物特性。数学仿真无需实物系统,无需模拟生成客观真实环境的各种物理效应设备。例如汽车动力性仿真,汽车动力性数学模型为:

$$\frac{T_{tq}i_g i_0 \eta_T}{r} = Gf + \frac{C_D A}{21.15}u_a^2 + Gi + \delta m \frac{du}{dt}$$

式中:T_{tq}——发动机转矩,N·m;
　　　i_g——变速器传动比;
　　　i_0——主减速器传动比;
　　　η_T——传动效率;
　　　G——车重力,N;
　　　m——车质量,kg;
　　　f——滚动阻力系数;
　　　r——车轮半径,m;
　　　C_D——空气阻力系数;
　　　A——迎风面积,m^2;
　　　i——爬坡度;
　　　δ——旋转质量换算系数;
　　　u_a——车速,km/h;
　　　du/dt——车加速度,m/s^2。

根据上述汽车动力性数学模型,利用 MATLAB 编制汽车动力性仿真程序的界面如图 10-27 所示。若汽车总质量由 1625kg 增加至 2000kg,则最高车速由 159.8km/h 减小至 156.7km/h(图 10-28),最大爬坡度由 26.994% 减小至 21.405%(图 10-29),加速时间(0~100km/h)由 20.7s 增加至 25.7s(图 10-30)。若汽车总质量由 1625kg 减小至 1000kg,则最高车速由 159.8km/h 增加至 164.8km/h(图 10-31),最大爬坡度由 26.994% 增加至 47.849%(图 10-32),加速时间(0~100km/h)由 20.7s 减小至 12.96s(图 10-33)。

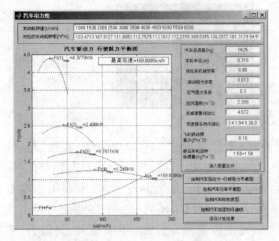

图 10-27 汽车动力性仿真程序界面

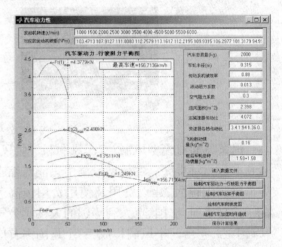

图 10-28 汽车总质量为 2000kg 时的最高车速

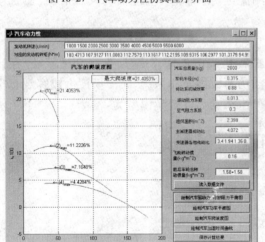

图 10-29 汽车总质量为 2000kg 时的最大爬坡度

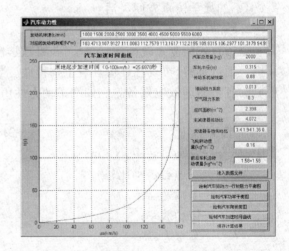

图 10-30 汽车总质量为 2000kg 时的加速时间

由上述仿真分析知:汽车质量增加,汽车动力性变差;汽车质量减小,汽车动力性变好。

3. 硬软件在回路仿真——变速器 ECU 的仿真测试

硬软件在回路仿真是将对象实体的动态特性通过建立数学模型和编程在计算机上运行,同时还将系统的部分实物(如控制系统的测量传感器、控制计算机、伺服执行机构)接入回路进行的试验。又称含实物仿真或半实物仿真。相对于传统的实车道路试验,它利用仿真技术模拟待测元件的实际工作环境,不受空间和时间等限制,能按照特定目的,进行可控和可循环的快速测试;相对于虚拟仿真,它采用实际物理元件替代系统模型中对测试精度和实时性影响较大的关键部件,以及难以准确模型化的黑匣子部件,从而大大提高仿真测试的准确性。例如利用硬件在回路(HIL)仿真对变速器 ECU 进行的功能测试,使用 dSPACE 的实时控制仿真平台(Simulator 设备)作为实时环境的硬件载体,在 MATLAB/SIMULINK 中来建立变速器模型、液力变矩器模型、发动机模型、整车底盘模型与路面模型等被控对象模型,对于一些关键部件模型我们可以采取真实部件取代,例如手柄部件、加速踏板、制动踏板等。通过 Simulator 中专用 I/O 板卡完成信号采集,进而通过操作车辆模型模拟平稳加速状态、急加速急减速状态、坡道状态、软件故障状态,甚至一些在现实中很难出现的极端行驶状态,完成测试与评估 ECU 的控制效果。

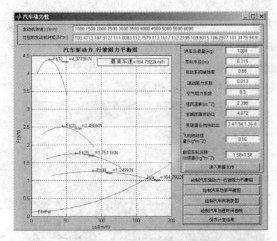

图 10-31　汽车总质量为 1000kg 时的最高车速

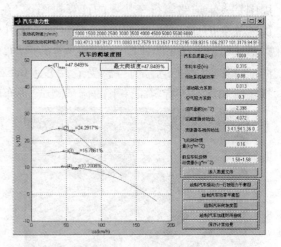

图 10-32　汽车总质量为 1000kg 时的最大爬坡度

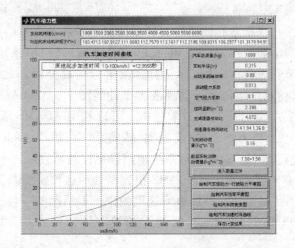

图 10-33　汽车总质量为 1000kg 时的加速时间

软件在回路仿真是将系统计算机与仿真计算机通过接口对接,进行系统试验。接口的作用是将不同格式的数字信息进行转换。无需实物系统,一般用于控制系统软件开发。

4. 人在回路仿真——汽车驾驶模拟器

是将对象实体的动态特性通过建立数学模型和编程在计算机上运行,同时操作人员(驾驶人、飞行员或宇航员等)在系统回路中进行操纵的仿真试验。需要实物系统,有模拟生成人的感觉(视觉、听觉、动感等)环境的各种物理效应设备,必须实时运行,一般用于系统主观评价试验。在汽车工业中的一个典型应用是汽车驾驶模拟器,汽车驾驶模拟器是一种能正确模拟汽车驾驶动作,获得试车驾驶感觉的仿真设备,目前驾驶模拟器已成为高效率地进行汽车产品开发、交通系统研究和驾驶培训的一种重要工具。一般来说,系统是将一个驾驶舱模型或者座椅安置在与六联并杆多轴仿真台相连接的测试平台上。运动平台内的伺服作动器将标准六自由度方向上的力、加速度和位移数据输入给测试平台,这些数据通常来自早前的虚拟测试结果。通过忠实复现底盘对这些输入的反应,测试对象可以感受汽车在预定测试路况上的行驶特征。

图10-34 和图10-35 为丰田公司汽车模拟驾驶系统,在直径 7.1m 的圆室内放置了实车,周围是表示道路等行车状况的计算机图像,在驾驶座位上可以看到左右360°屏幕,所映出的街道的变化,可以体会到与实际驾驶相差无几的感觉。驾驶人边看着画像边做驾车操作,圆室以最快每秒6.1m 的速度做不同方向的运动,以纵35m,横20m 的幅度移动。加速时,让圆室向前方移动并倾斜后部,以感受最大可达0.5g 的重力加速度。此外,还可以实施在危险行车、打瞌睡和饮酒等特定条件下的行车测试,为车辆安全装备的开发提供了真实数据。

图10-34　汽车驾驶模拟器

图10-35　汽车驾驶模拟器

5. ADAMS 软件在汽车悬架及转向系统设计中的运动学和动力学仿真分析

ADAMS(Automatic Dynamic Analysis Mechanical System)是机械系统仿真设计软件,利用 ADAMS 交互式图形环境和零件库、约束库、力库等,进行仿真分析和比较,自动输出位移、速度、加速度和作用力,其仿真结果可显示动画或 $X\text{-}Y$ 曲线图形。ADAMS 具有如下功能:

(1)对三维机构进行运动分析与动力学分析。可以利用 ADAMS 来模拟作用在轮胎上的垂直、转向、牵引、制动等力与力矩;分析前悬架、转向系统在跳动、转向时各前轮定位角的变化、有没有运动干涉;进行整个车辆或悬架系统道路操纵性的研究。

(2)模拟有较大位移动作的系统。ADAMS 很容易处理这种模型的非线性方程。

(3)分析运动学静定(对于非完整约束或速度约束一般情况的零自由度)系统。对于一个或多个自由度机构,ADAMS 可完成某一时间上的静力学分析或某一时间间隔内的静力学分析。

ADAMS 提供了用户界面模块 ADAMS/View、求解器模块 ADAMS/Solver 和后处理模块 ADAMS/Postprocessor 三个核心模块;提供了耐久性分析模块 ADAMS/Durability、液压系统模块 ADAMS/Hydraulics 和振动分析模块 ADAMS/Vibration 等功能扩展模块;提供了轿车专业模块 ADAMS/Car、底盘模块 ADAMS/Chassis 和驾驶人模块 ADAMS/Driver 等专业模块;还提供了控制模块 ADAMS/Controls 和柔性模块 ADAMS/Flex 两个接口模块。

ADAMS/Car 是五大汽车制造公司(Audi、BMW、Ford、Renault 和 Volvo)共同开发的模块。具有虚拟样机能力。能建立包括悬架、传动系统、发动机、转向机构、ABS 等系统模型,用户可以在各种不同的道路条件下运行 ADAMS/Car 模型,执行驾驶操作,使车辆在试验道路上行驶,可以准确模拟汽车的操纵稳定性、乘坐舒适性、安全性、牵引性能控制、ABS 等控制系统。为汽车工程师提供了较强的仿真能力。

悬架运动学的主要研究内容是车轮定位参数(轮距、前束、外倾角、主销后倾角及主销内倾角等)与悬架弹簧变形(或车轮跳动量)的关系。悬架动力学则主要研究在轮胎和路面之间的力(侧向力、驱动力及制动力)和力矩(回正力矩)作用下的车轮定位参数的变化规律。车轮定位参数在行驶过程中会不断变化,这些车轮定位参数的变化对汽车的操纵稳定性会产生很大影响。因此系统地开展悬架运动学和动力学的研究,并由此指导现代汽车悬架的开发设计,提高汽车的行驶稳定性,是现代汽车悬架研究开发中面临的重大课题。

ADAMS/Car 模块内有悬架运动学/动力学分析的专业模板,可以很方便地建立各种结构形式的悬架,迅速得出悬架的多达几十种参数的性能曲线,其后处理模块也很方便输出这些性能参数互相组合的图表曲线。模型采用参数化设计,能对设计参数进行修改和调整,找出修改方案对各种性能参数的影响,优化设计目标,最终开发出最佳方案。

①ADAMS/Car 在前悬架设计中的运动学/动力学分析。在建立分析总成模型的过程中,ADAMS/CAR 的建模顺序是自下而上的,所有的分析模型都是建立在子总成基础上,而子总成又是建立在模版的基础上,模版是整个模型中最基本的模块。然而模版又是整个建模过程中最重要的部分,分析总成的绝大部分建模工作都是在模版阶段完成的。将前双横臂式独立悬架模型、齿轮齿条式转向系统模型、横向稳定杆模型和悬架测试平台进行装配,得到某轿车前悬架——转向系统运动学和动力学仿真分析的虚拟样机模型,如图 10-36 所示。

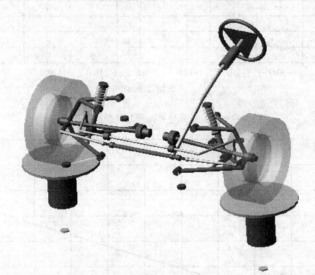

图 10-36　汽车前悬架测试平台

研究悬架的运动特性通常采用车轮跳动分析方法,即通过使某一侧车轮或两侧车轮沿垂直方向跳动,而车轮跳动分析方法实际上是对车轮遇到障碍物时悬架的运动和车身侧倾时引起的颠簸运动、汽车加减速时车身纵倾引起的悬架运动和车身侧倾时引起悬架运动等较多运动的综合分析。在悬架试验台上对前双横臂式独立悬架进行两侧车轮沿垂直方向同向跳动时的运动学仿真,车轮从静平衡位置开始,上下跳动范围为 -50~50mm,计算分析由此引起的车轮定位参数、车轮转角等参数的变化规律,从而预评价悬架系统的特性。图 10-37 为车轮外倾角随车轮跳动的变化曲线。

汽车转向行驶时,在车轮接地区作用有路面的侧向反力,使轮胎、悬架导向杆系各元件产生侧向变形,同时会引起车轮外倾角和车轮转角的变化。仿真时给每个前轮施加 -3000 ~ 3000N 的地面侧向作用力,该悬架车轮外倾角随侧向力变化情况如图 10-38 所示。

汽车加速行驶或制动时,在车轮接地区作用有路面的纵向反力,使悬架导向杆系各元件发生纵向和侧向变形,引起车轮转角和主销后倾角等参数变化。仿真时给每个前轮加载 -1000 ~ 1000N 的纵向地面力,车轮外倾角随制动力的变化关系如图 10-39 所示。

汽车在行驶中受到侧向力、路面不平等因素影响会通过"后倾拖距"产生车轮回正力矩,使悬架导向杆系各元件产生变形,引起车轮外倾角和车轮转角的变化。在仿真中对每个车轮上加载一个线性的回正力矩。这一回正力矩由最大负值线性变化到最大正值,并且回正力矩的最大值取得略大于通常情况下车轮的回正力矩,即变化范围为 -100 ~ 100N·m。这样可以较为全面地分析双横臂悬架相关参数随回正力矩的变化情况。图 10-40 所示为车轮外倾角与回正力矩的关系曲线。

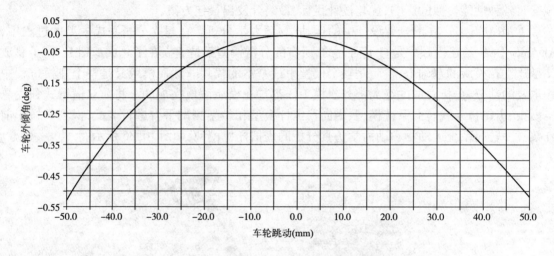

图 10-37　前悬架车轮外倾角与轮跳的变化曲线

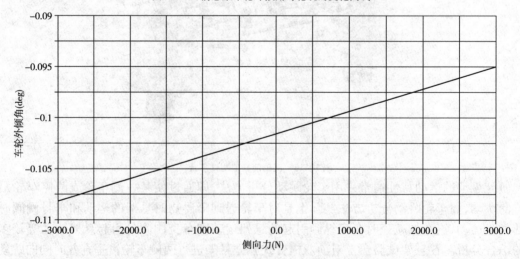

图 10-38　前悬架车轮外倾角与侧向力的关系曲线

②ADAMS/Car 在转向系统转向设计中的运动学/动力学分析。转向机构组成的系统是空间杆机构,当转向梯形断开点位置选择不当时,会造成横拉杆与悬架导向机构运动不协调,汽车行驶时会出现前轮摆振现象,破坏操纵稳定性,加剧轮胎磨损。设计时,在满足转向系统空

间布置的同时,应追求尽量减少汽车转向时产生的 Ackerman 转角误差,这样的设计可以保证车辆在转向时尽量减少轮胎的磨损。车辆左转时车轮转角如图 10-41 所示。

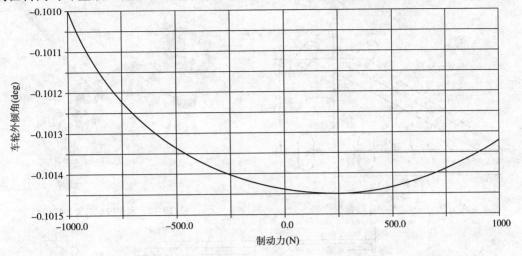

图 10-39 前悬架车轮外倾角与制动力的关系曲线

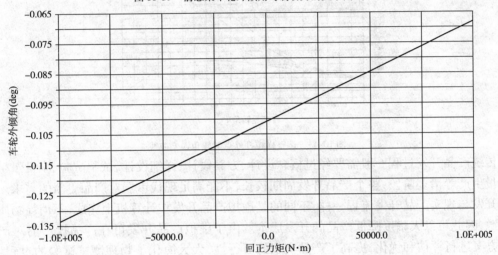

图 10-40 前悬架车轮外倾角与回正力矩的关系曲线

根据设计部门提供的弹簧、减振器、轮胎、横向稳定杆及前轮定位参数等悬架参数在 ADAMS/Car 中建立的某款轿车的前悬架模型,如图 10-42 所示。

在 ADAMS/Car 模块里面可以进行转向系统的分析,通过调整转向梯形断开点位置,可以在 ADAMS/Postprocessor 中得到多组方案的 Ackerman 转角误差曲线,图 10-43 中的每一条曲线代表一种调整方案。通过分析可以知道,图中 Ackerman 转角误差曲线斜率越小,越靠近 x 轴,则转向时产生的 Ackerman 转角误差越小,一般该转角误差保证在 40%~60%。

10.4.3 虚拟产品开发

1. 虚拟产品开发基本概念

虚拟产品开发(VPD,Virtual Product Development)是指在不实际生产产品实物的情况下,利用计算机技术在虚拟状态下构思、设计、制造、测试和分析产品,以有效解决那些反映在时间、成本、质量等存在的问题,是产品设计制造的真实过程在虚拟环境中的展现。

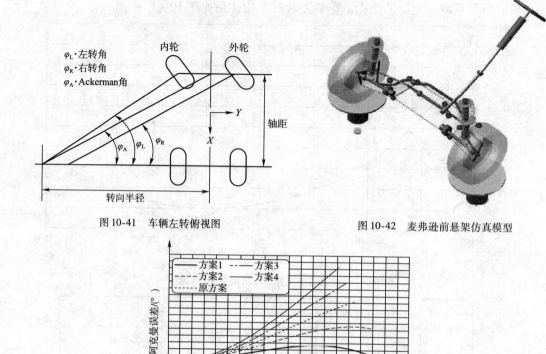

图 10-41 车辆左转俯视图　　图 10-42 麦弗逊前悬架仿真模型

图 10-43 调整横拉杆外点的转角误差曲线

传统产品开发过程一般需要经过概念设计、方案设计、详细设计、试制试验、小批量生产和大批量生产等诸多阶段,整个产品开发周期较长,不能满足现代市场对产品更新的需求。虚拟产品开发与现实产品开发流程一样,不同的是虚拟产品开发在计算机上完成,不消耗物质资源和能源,因此可以大幅度降低产品的开发成本。由于虚拟产品开发可在产品投产前对产品实现的方案进行评估和优化,提高了产品实现的可行性,大大简化了物理测试试验的过程,缩短了产品上市周期,提高了产品的市场竞争力。

2. VPD 关键技术

虚拟产品开发涉及许多关键技术与研究领域,某些关键支撑技术往往成为其发展的制约因素。

1) 建模与仿真技术

建模是整个虚拟样机的基础,关系到虚拟样机能否在一定程度上取代物理样机,准确地对产品进行仿真、测试以及评价。仿真随着产品虚拟产品开发向异地、异构和大规模方向的发展而变得越来越复杂,不同领域的设计人员需要从不同的学科领域对同一个虚拟样机进行协同、并行的仿真。因而在加强协同仿真框架、分布协同理论研究、更广泛灵活地将人工智能应用在仿真方面都将是持续性的课题。

2) 人机交互与人机结合技术

人机交互主要是通过虚拟现实(VR)技术和触感技术使人与虚拟模型直观的高度逼真地进行相互作用,另外借助形式化计算机语言、自然语言处理、图像图形识别等相关技术增强人机之间的相互通信。

3) 测试评估技术

建立产品虚拟样机的主要目的是对设计产品的主要性能参数进行预先测试评价,进而指导并改进设计工作。虚拟样机的测试评估研究大致分两个方面:一是考察虚拟样机与物理样机的关系,通过建立主要性能参数的评价函数,利用该评价函数对虚拟样机仿真结果进行评估;二是结合虚拟现实和触感技术,建立包含虚拟样机的外观、主要参数和主要性能指标的系统,由设计人员或者用户或者专家组成测试者,对虚拟样机进行体验、测试并给出评价。

4) 集成技术

目前的虚拟样机系统中相关的集成技术研究主要涉及:工程设计环境、建模仿真环境、虚拟现实可视化环境之间的集成技术;多领域产品开发环境之间的集成技术;多领域分布建模集成技术及协同仿真集成技术;CAD/CAE/CAM/DFX 的集成技术。

5) 虚拟环境

产生虚拟环境的工具一般包括所需要的软件支撑系统、能接受各种信息的高性能传感器、能生成立体的显示设备、能调用和互联各种数据的数据库以及计算机辅助设计软件等系统。

3. VPD 发展趋势

(1) 数字化。虚拟环境下开发的产品是全数字化的产品;产品的开发过程、测试过程、检验过程、制造过程、销售过程等将告别现在的纸制介质,并与数字化产品信息紧密结合;数字化将是虚拟产品开发技术的重要发展方向,基于数字化虚拟产品技术的各个分支将得到全面的发展。

(2) 集成化。虚拟产品的集成建模技术,虚拟产品开发系统的集成化,虚拟产品设计、测试和制造的集成化等。

(3) 智能化。将人的知识和智能融入到虚拟产品开发技术中,使新产品开发过程实现自动化,将智能化的知识和数字产品结合起来,使其具有自律、分布、智能、仿生和分形等特点。

(4) 协同化。分布式异地协同虚拟开发将是 CAD 支撑层的重要发展趋势。

(5) 虚拟化。虚拟化包括虚拟环境的建立,还包括虚拟环境下产品的表达、虚拟产品装配模型和虚拟产品模型分析,进而发展到产品的虚拟制造(VM)和虚拟企业(VE)等。

4. VPD 应用实例

1) 汽车虚拟试验系统

汽车虚拟试验系统是一个复杂的系统,基于面向对象的设计思想,采用多体系统动力学分析软件获取车辆性能参数,虚拟实现车辆性能的试验系统,可完全实现"室内虚拟试验",人可以身临其境的主观感受和评价车辆性能。

汽车虚拟试验系统主要由输入模块、虚拟试验模块以及输出模块三部分组成,如图 10-44 所示。把汽车模型导入到虚拟环境中,根据用户的输入控制命令,对汽车模型进行运动学、动力学分析,利用分析数据在虚拟场景中"虚拟再现汽车试验过程"(图 10-45),用户通过各种传感器感受并体验该车的性能,得出性能的评价,根据评价进行修改模型参数,该过程可不断重复,进行汽车参数的修改,直至汽车获得最优性能。

2) 汽车虚拟分析系统

主要包括 3 大关键部分:整车、总成和零部件。

(1) 整车。整车部分的虚拟分析通常做运动学、动力学仿真以及模拟各种汽车性能(如车辆行驶的平顺性、操纵稳定性),建立整车的虚拟样机,以确定整车参数。

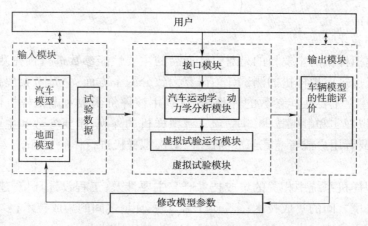

图 10-44　汽车虚拟试验系统框图

图 10-45　虚拟试验过程中的仿真场景与虚拟仪表的变化

（2）总成。总成或者大的子系统的虚拟分析通常是在整车分析确定的参数分解到各个总成后，需要对汽车车身、底盘、发动机和电子电气四大系统进行 CAE 分析，以确定这些参数可以在各总成实现。

（3）零部件。这部分主要对车门、发动机缸体、悬架、面板、进排气系统等子系统做 CAE 分析，以确定它们的力学性能是否符合总体设计要求，进一步改进初始设计。

通过对这些关键部分的 CAE 仿真分析，可以在概念设计阶段就把握好产品各个方面的性能，排除问题。这对于汽车行业来说极为重要，因为问题发现越早，解决问题的代价就越低。图 10-46 所示为轿车车体抗撞性 CAE 分析。

3）汽车虚拟设计系统

目前，汽车虚拟设计系统采用的核心技术是数字样机技术，数字样机技术是以 CAX/DFX 技术为基础，以机械系统运动学、动力学和控制理论为核心，融合虚拟现实、仿真技术、三维计算机图形技术，将分散的产品设计开发和分析过程集成在一起，使产品的设计者、制造者和使用者在产品的早期可以直观形象地对数字化虚拟产品原型进行设计优化、性能测试、制造仿真和使用仿真,为产品的研发提供全新的数字化设计方法。图 10-47 所示为汽车中控台数字样机。

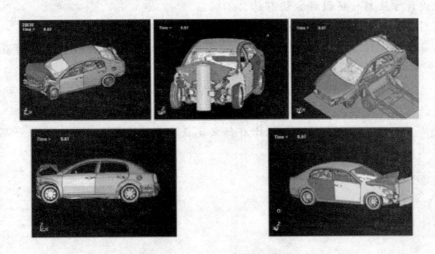

图 10-46　轿车车体抗撞性 CAE 分析

狭义的数字样机认识从计算机图形技术角度出发,认为数字样机是利用 CAD/CAE 技术在计算机上建立物理样机的模型并进行分析以指导制造生产;广义的数字样机从制造的角度出发,认为数字样机是一种基于计算机的产品描述,从产品设计、制造、服务、维护直至产品回收整个过程中全部所需功能的实时计算机仿真,通过计算机技术对产品的各种属性进行设计、分析与仿真,以取代或精简物理样机。

数字样机技术具有以下三个技术特点:

(1) 真实性。为了取代或精简物理样机,数字样机必须具有同物理样机相当或者一致的功能、性能和内在特性,即能够在几何外观、物理性能以及行为特性上与物理样机保持一致。

图 10-47　汽车中控台数字样机

(2) 面向产品全生命周期。数字样机是对物理产品全方位的一种计算机仿真,而传统的工程仿真是对产品某个方面进行测试,以获得产品该方面的性能。数字样机是由分布的、不同工具开发的甚至是异构子模型的联合体,主要包括 CAD 模型、外观模型、功能和性能仿真模型、各种分析模型、使用维护模型以及环境模型。

(3) 多学科交叉性。复杂产品设计通常涉及机械、控制、电子、流体动力等多个不同领域。要想对这些产品进行完整而准确的仿真分析,必须将多个不同学科领域的子系统作为一个整体进行仿真,使得数字样机能够满足设计者进行功能验证与性能分析的要求。

数字化样机是设计制胜的关键,它能让制造商以数字化方式设计、可视化和模拟新的车辆及组件设计的实际性能,帮助汽车制造商更快地向市场推出轻型高效发动机及动力系统。汤普森联轴器有限公司通过将概念设计、工程设计与机械设计数据整合到一体的数字模型,对产品进行仿真,降低了开发成本,缩短了产品上市时间。

习 题

1. 现代设计方法与传统设计方法有什么不同？
2. 何谓 CAD/CAE 技术？CAD/CAE 技术在汽车设计过程中有哪些运用？
3. 什么是仿真？仿真系统的基本组成及建模方法有哪些？按照参与仿真模型的种类不同，系统仿真可分为哪几类？
4. 悬架的运动学和动力学研究内容有什么区别？
5. 举例说明仿真技术在汽车产品开发中的应用。
6. 虚拟产品开发与传统产品开发相比有什么优点？关键技术有哪些？虚拟产品开发在汽车工业有哪些应用？

参 考 文 献

[1] 刘惟信.驱动桥[M].北京:人民交通出版社,1987.
[2] 张洪欣.汽车设计[M].北京:机械工业出版社,1989.
[3] 〔日〕小田柿浩三.汽车设计[M].徐逢源,译.北京:机械工业出版社,1990.
[4] 温吾凡.汽车人体工程学[M].吉林:科学技术出版社,1991.
[5] 孟少农.汽车设计方法论[M].北京:机械工业出版社,1992.
[6] 龚微寒.汽车现代设计制造[M].北京:人民交通出版社,1995.
[7] 林世裕.膜片弹簧与碟形弹簧离合器的设计与制造[M].南京:东南大学出版社,1995.
[8] 郭启全.CAD/CAM基础教程[M].北京:电子工业出版社,1997.
[9] 林宁.汽车设计[M].北京:机械工业出版社,1999.
[10] 刘惟信.汽车设计[M].北京:清华大学出版社,2001.
[11] 余志生.汽车理论[M].3版.北京:机械工业出版社,2003.
[12] 于美梅.工业企业标准化[M].北京:中国标准出版社,2003.
[13] 王望予.汽车设计[M].4版.北京:机械工业出版社,2004.
[14] 刘惟信.汽车车桥设计[M].北京:清华大学出版社,2004.
[15] 陈立周.机械优化设计方法[M].北京:冶金工业出版社,2005.
[16] 栾宝国.汽车人机工程学三维人体模型的建立和应用[J].北京汽车.2005.4.
[17] 过学迅,邓亚东.汽车设计[M].北京:人民交通出版社,2005.
[18] 卢志文,等.基于人体工程学约束的汽车驾驶员动态H点人体机构的研究[J].交通与计算机,2006.2.
[19] 陈家瑞.汽车构造[M].5版.北京:人民交通出版社,2006.
[20] 黄金陵.汽车车身设计[M].北京:机械工业出版社,2007.
[21] 姜立标.汽车数字开发技术[M].北京:北京大学出版社,2010.
[22] 高晓辰.基于ADAMS悬架系统动力学研究.江苏大学[D],2010.
[23] 王霄锋.汽车底盘设计[M].北京:清华大学出版社,2010.
[24] 刘瑞叶.计算机仿真技术基础[M].2版.北京:电子工业出版社,2011.
[25] 罗永革,冯樱.汽车设计[M].北京:机械工业出版社,2011.
[26] 中国汽车技术研究中心.汽车设计标准资料手册.金属篇[M].天津:中国汽车技术研究中心,1994.
[27] 中国汽车技术研究中心.汽车设计标准资料手册.非金属篇[M].天津:中国汽车技术研究中心,1994.
[28] 机械工程手册编辑委员会.机械工程手册·专用机械卷(三)[M].北京:机械工业出版社,1997.
[29] 中国汽车技术研究中心汽车标准研究所.汽车设计标准资料手册.标准件篇[M].长春:吉林科学技术出版社,2000.
[30] 日本自动车技术会.汽车工程手册5:底盘设计篇[M].中国汽车工程学会组,译.北京:北京理工大学出版社,2010.
[31] 日本自动车技术会.汽车工程手册3:造型与车身设计篇[M].中国汽车工程学会组,译.北京:北京理工大学出版社,2010.

中规定"观感质量应符合要求"明确了观感的检查项目，按该表的要求检查、记录。对于观感质量的检查结果，是一个定性的概念，没有定量的要求，不需进行相关的计算。

（6）"综合验收结论"应明确下列事项：共几个分部工程、质量控制资料核查结果、安全和功能检验结果、观感质量验收意见。此处的"综合验收结论"是经验收各方商量的结论，是经参加验收各方共同商定的，由建设单位填写。

（7）形成一致意见后，参加验收的各单位项目负责人和监理单位总监现场签字，相单位应盖单位法人印章，本验收记录是单位工程验收的法定文件。

第14章 工程质量缺陷的识别、分析与处理

14.1 装饰工程质量问题分类、质量通病、分析与处理

14.1.1 建设工程质量问题分类

建设工程质量问题通常分为工程质量缺陷、工程质量通病、工程质量事故等三类。

1. 工程质量缺陷

工程质量缺陷是指建筑工程施工质量中不符合规定要求的检验项或检验点,按其程度可分为严重缺陷和一般缺陷。严重缺陷是指对结构构件的受力性能或安装使用性能有决定性影响的缺陷;一般缺陷是指对结构构件的受力性能或安装使用性能起决定性影响的缺陷。

2. 工程质量通病

工程质量通病是指各类影响工程结构、使用功能和外形观感的常见性质量损伤。犹如"多发病"一样,故称质量通病。

3. 工程质量事故

工程质量事故是指对工程结构安全、使用功能和外形观感影响较大、损失较大的质量损伤。

14.1.2 装饰工程常见的质量通病

此处内容主要涉及对装饰工程的各分部分项工程常见质量缺陷及质量通病进行识别、分析与处理。建筑装饰装修工程常见的施工质量缺陷有:空、裂、渗、观感效果差等。装饰装修工程各分部(子分部)、分项工程施工质量缺陷详见表14-1。

装饰装修工程各分部(子分部)、分项工程施工质量缺陷　　　　表14-1

序号	分部(子分部)分项工程名称	质　量　通　病
1	地面工程	水泥地面起砂、空鼓、泛水、渗漏等;板块地面、天然石材地面色泽、纹理不协调,泛碱、断裂,地面砖爆裂拱起,板块类地面空鼓等;木、竹地板地面表面不平整、拼缝不严、地板起鼓等
2	抹灰工程	一般抹灰:抹灰层脱层、空鼓、面层爆灰、裂缝、表面不平整、接槎和抹纹明显等装饰抹灰除一般抹灰存在的缺陷外,还存在色差、掉角、脱皮等
3	门窗工程	木门窗:安装不牢固、开关不灵活、关闭不严密、安装留缝、倒翘等;金属门窗:划痕、碰伤、漆膜或保护层不连续;框与墙体之间的缝隙封堵不严密;表面不光滑、顺直,有裂纹;门窗扇的橡胶密封条或毛毡密封条脱槽;排水孔不畅通等

续表

序号	分部(子分部)分项工程名称	质量通病
4	吊顶工程	吊杆、龙骨和饰面材料安装不牢固;金属吊杆、龙骨的接缝不均匀,角缝不吻合,表面不平整、翘曲、有锤印;木质吊杆、龙骨不顺直、劈裂、变形;吊顶内填充的吸声材料无防散落措施;饰面材料表面不洁净、色泽不一致,有翘曲、裂缝及缺损
5	轻质隔墙工程	墙板材安装不牢固、脱层、翘曲,接缝有裂痕或缺损
6	饰面板(砖)工程	安装(粘贴)不牢固,表面不平整、色泽不一致、裂痕和缺损、石材表团泛碱
7	涂饰工程	泛碱、咬色、流坠、疙瘩、砂眼、刷纹、漏涂、透底、起皮和掉粉
8	裱糊工程	拼接、花饰不垂直,花饰不对称,离缝或方纸,相邻壁纸(墙布)搭缝、翘边,壁纸(墙布)空鼓,壁纸(墙布)死折,壁纸(墙布)色泽不一致
9	细部工程	(1)橱柜制作与安装工程:变形、翘曲、损坏、面层拼缝不严密; (2)窗帘盒、窗台板、散热器罩制作与安装工程:窗帘盒安装上口下口不平、两端距窗洞口长度不一致,窗台板水平度偏差>2mm,安装不牢固、翘曲,散热器罩翘曲、不平; (3)木门窗套制作与安装工程:安装不牢固、翘曲,门窗套线条不顺直、接缝不严密、色泽不一致; (4)护栏和扶手制作与安装工程:护栏安装不牢固、护栏和扶手转角弧度不顺、护栏玻璃选材不当等

14.1.3 质量问题的原因分析

建筑装饰装修工程施工质量问题产生的原因是多方面的,其施工质量缺陷原因分析应针对影响施工质量的五大要素(4M1E:人、机械、材料、施工方法、环境条件),运用排列图、因果图、调查表、分层法、直方图、控制图、散布图、关系图法等统计方法进行分析,确定建筑装饰装修工程施工质量问题产生的原因。主要原因有五方面:

(1) 企业缺乏施工技术标准和施工工艺规程。
(2) 施工人员素质参差不齐,缺乏基本理论知识和实践知识,不了解施工验收规范。质量控制关键岗位人员缺位。
(3) 对施工过程控制不到位,未做到施工按工艺、操作按规程、检查按规范标准,对分项工程施工质量检验批的检查评定流于形式,缺乏实测实量。
(4) 工业化程度低。
(5) 违背客观规律,盲目缩短工期和抢工期,盲目降低成本等。

14.1.4 质量问题的处理方法

及时纠正:一般情况下,建筑装饰装修工程施工质量问题出现在工程验收的最小单位——检验批,施工过程中应早发现,并针对具体情况,制定纠正措施,及时采用返工、有资质的检测单位检测鉴定、返修或加固处理等方法进行纠正。通过返修或加固处理仍不能满足安全使用要求的分部工程、单位(子单位)工程严禁验收。

合理预防:担任项目经理的建筑工程专业建造师在主持施工组织设计时,应针对工程特点和施工管理能力,制定装饰装修工程常见质量问题的预防措施。

14.2 室内防水分项工程

14.2.1 室内防水工程的质量缺陷及分析处理

室内防水部位主要位于厕浴厨房间，其设备多、管道多、阴阳转角多、施工工作面小，是用水最频繁的地方，同时也是最易出现渗漏的地方。厕浴厨房间的渗漏主要发生在房间的四周、地漏周围、管道周围及部分房间中部。究其原因，主要是设计考虑不周，材料选择不当，施工时结构层（找平层）处理得不好或防水层做得不到位，管理、使用不当等原因造成的。

1. 地面汇水倒坡

（1）原因分析：地漏偏高，地面不平有积水，无排水坡度甚至倒流。

（2）处理方法：凿除偏高，修复防水层，铺设面层（按照要求进行地面找坡），重新安装地漏，地漏接口处嵌填密封材料。

（3）防治措施

1）地面坡度要求距排水点最远距离控制在2‰，且不大于30mm，坡度要准确。

2）严格控制地漏标高，且应低于地面标高5mm；厕浴厨房间地面应比走廊及其他室内地面低20mm。

3）地漏处的汇水口应呈喇叭口形，要求排水畅通。禁止地面有倒坡或积水现象。

2. 墙身返潮和地面渗漏

（1）原因分析

1）墙面防水层设计高度偏低。

2）地漏、墙角、管道、门口等处结合不严密，造成渗漏。

（2）处理方法

1）墙身返潮，应将损坏部位凿除并清理干净，用1:2.5防水砂浆修补。

2）如果墙身和地面渗漏严重，需将面层及防水层全部凿除，重新做找平层、防水层、面层。

（3）防治措施

1）墙面上设有水器时，其防水高度为1500mm，淋浴处墙面防水高度不应大于1800mm。

2）墙体根部与地面的转角处找平层应做成钝角。

3）预留洞口、孔洞、埋设的预埋件位置必须正确、可靠。地漏、洞口、预埋件周边必须设有防渗漏的附加层防水措施。

4）防水层施工时，应保持基层干净、干燥，确保涂膜防水与基层粘结牢固。

3. 地漏周边渗漏

（1）原因分析：承口杯与基体及排水管接口结合不严密，防水处理过于简陋，密封不严。

（2）处理方法

1）地漏口局部偏高，可剔除高出部分，重新做地漏，并注意和原防水层搭接好，地漏和翻口外沿嵌填密封材料并封闭严实。

2）地漏损坏，应重做地漏。

3）地漏周边与基体结合不严渗漏，在其周边剔凿出宽度和深度均不小于20mm的沟槽，清理干净，槽内嵌填密封材料，其上涂刷2遍合成高分子防水涂料。

（3）防治措施

1）安装地漏时，应严格控制标高，不可超高。

2）要以地漏为中心，向四周辐射找好坡度，坡向要准确，确保地面排水迅速、畅通。

3）安装地漏时，按设计及施工规范进行施工，结点防水处理得当。

4. 立管四周渗漏

（1）原因分析

1）立管与套管之间未嵌入防水密封材料，且套管与地面相平，导致立管四周渗漏。

2）施工人员不认真，或防水、密封材料质量差。

3）套管与地面相平，导致立管四周渗漏。

（2）处理方法

1）套管损坏应及时更换并封口，所设套管要高出地面大于20mm，并进行密封处理。

2）如果管道根部积水渗漏，应沿管根部凿出宽度和深度均不小于20mm的沟槽，清理干净，槽内嵌填密封材料，并在管道与地面交接部位涂刷管道高度及地面水平宽度不小于100mm、厚度不小于1mm无色或同色的合成高分子防水涂料。

3）管道与楼地面间裂缝小于1mm，应将裂缝部位清理干净，绕管道及根部涂刷2遍合成高分子防水涂料，其涂刷高度和宽度不小于100mm，厚度不小于1mm。

（3）防治措施

1）穿楼板的立管应按规定预埋套管。

2）立管与套管之间的环隙应用密封材料填塞密实。

3）套管高度应比设计地面高出20mm以上；套管周边做同高度的细石混凝土防水保护墩。

14.2.2 案例分析

1. 背景

某装饰工程，混合结构六层。卫生间楼板现浇钢筋混凝土，楼板嵌固墙体内；交付使用不久，用户普遍反映卫生间顶棚漏水。

2. 问题

（1）试分析顶棚渗漏原因。

（2）如何预防卫生间顶棚漏水？

3. 分析

（1）渗漏原因

1）防水层质量不合格，如找平层质量不合格和未修补基层、未认真清扫找平层，造成防水层起泡、剥离。

2）防水层遭破坏。

（2）预防措施

1）涂膜防水层做完之后，要严格加以保护，在保护层未做之前，任何人员不得进入，也不得在卫生间内堆积杂物，以免损坏防水层。

2）防水层施工后，进行蓄水试验。蓄水深度必须高于标准地面20mm，24h不渗漏为止，如有渗漏现象，可根据渗漏具体部位进行修补，甚至于全部返工。防水工程作为地面子分部工程的一个分项工程，监理公司应对其作专项验收。未进行验收或未通过验收的不得进入下道工序施工，更不得进入竣工验收。

14.3 门窗分项工程

14.3.1 门窗工程安装中的质量缺陷及分析处理

1. 木门窗玻璃装完后松动或不平整

（1）原因分析

1）裁口内的胶渍、灰砂颗粒、木屑渣等未清除干净。

2）未铺垫底油灰，或底油灰厚薄不均、漏涂；或铺底油灰后，未及时安装玻璃，底油灰已结硬失去作用。

3）玻璃裁制的尺寸偏小，影响钉子（或卡子）钉牢。

4）钉子钉入数量不足或钉子没有贴紧玻璃，出现浮钉，不起作用。

（2）防治措施

1）必须将裁口上的一切杂物事先清扫干净。

2）裁口内铺垫的底油灰厚薄应均匀一致，不得漏涂。发现底油灰结硬或冻结必须清除，重新铺垫后，及时将玻璃安装好。为防止冬期施工底油灰冻结，可适当掺入一些防冻剂或酒精。

3）玻璃尺寸按设计裁割，且保证玻璃每边镶入裁口应不少于裁口的3/4，禁止使用窄小玻璃安装。

4）保证钉子数量每边不少于1颗；但边长若超过40cm，至少钉两颗，间距不得大于20cm。钉帽应贴紧玻璃表面，且垂直钉牢。

5）当出现安装好的玻璃有不平整、不牢固，程度轻微时，可以挤入底油灰，达到不松动即可；严重松动、不平整的应拆掉玻璃，重新安装。

2. 铝合金、塑料门窗玻璃放偏（不在槽口中）或放斜

（1）原因分析

铝合金和塑料门窗槽口宽度较宽；槽口内杂物未清除净；安装玻璃时一头靠里一头放斜，未认真操作。

（2）防治措施

1）安放玻璃前，应清除槽口内灰浆等杂物，特别是排水孔，不得阻塞。

2）安放玻璃时，认真对中，对正，首先保证一侧间隙不小于2mm。

3）玻璃应随安随固定，以免校正后移位和不安全。

4）加强技术培训和质量管理。

14.3.2 案例分析

1. 背景

某商品住宅小区楼装修工程完成后，在监理工程师组织的预验收中，发现部分门窗框有不正、松动现象。监理工程师要求施工单位限期整改，待整改完成后重新验收。

2. 问题

（1）门窗框不正由哪些原因造成的？如何预防？
（2）简述门窗框松动原因及其处理措施。
（3）规范中，验收过程中建筑工程质量不符合要求时，应如何处理？

3. 分析与处理

（1）门窗框不正

原因分析：门窗框在安装的过程中卡方不准，框的两个对角线有长短，造成框不方正。预防措施：安装时使用木银临时固定好，测量并调整对角线达到一样长，然后用铁脚固定牢固。

（2）门窗框松动

原因分析：
1）安装锚固铁脚间距过大。
2）锚固铁脚所采用的材料过薄，四周边嵌填材料不正确。
3）锚固的方法不正确。

处理措施：
1）门窗应预留洞口，框边的固定片位置距离角、中竖框、中横框150～200mm，固定片之间距离小于或等于600mm，固定片的安装位置应与铰链位置一致。门窗框周边与墙体连接件用的螺钉需要穿过加衬的增强型材，以保证门窗的整体稳定性。
2）框与混凝土洞口应采用电锤在墙上打孔装入尼龙膨胀管，当门窗安装校正后，用木螺钉将镀锌连接件固定在膨胀管内，或采用射钉固定。
3）当门窗框周边是砖墙或轻质墙时，砌墙时可砌入混凝土预制块以便与连接件连接。
4）推广使用聚氨酯发泡剂填充料（但不得用含沥青的软质材料，以免PVC腐蚀）。
5）锚固铁脚的间距不得大于500mm，铁脚必须经过防腐处理。
6）锚固铁脚所采用的材料厚度不低于1.5mm，宽度不得小于25mm。
7）根据不同的墙体材料采用不同的锚固办法，砖墙上不得采用射钉锚固，多孔砖不得采用膨胀螺栓锚固。

（3）《建筑工程施工质量验收统一标准》GB 50300—2001规定

5.0.6 当建筑工程质量不符合要求时，应按下列规定进行处理：
（1）经返工重做或支换器具、设备的检验批，应重新进行验收。
（2）经有资质的检测单位检测鉴定能够达到设计要求的检验批，应予以验收。
（3）经有资质的检测单位检测鉴定达不到设计要求、但经原设计单位核算认可能够满足结构安全和使用功能的检验批，可予以验收。
（4）经返工或加固处理的分项、分部工程，虽然改变外形尺寸但仍能满足安全使用要求，可按技术处理方案和协商文件进行验收。

5.0.7 通过返修或加固处理仍不能满足安全使用要求的分部工程、单位（子单位）工程，严禁验收。

14.4 吊顶分项工程

14.4.1 吊顶工程中常见的质量缺陷及分析处理

1. 木格栅拱度不匀

吊顶格栅装钉后，其下表面的拱度不均匀，不平整，严重者成波浪形；其次，吊顶格栅周边或四角不平；还有的吊顶完工后，只经过短期使用，产生凹凸变形等质量问题。

（1）原因分析

1）吊顶格栅材质不好，变形大，不顺直、有硬弯，施工中又难于调直；木材含水率过大，在施工中或交工后产生收缩翘曲变形。

2）不按规程操作，施工中吊顶格栅四周墙面上不弹平线或平线不准，中间不按平线起拱，造成拱度不匀。

3）吊杆或吊筋间距过大，吊顶格栅的拱度不易调匀。同时，受力后易产生挠度，造成凹凸不平。

4）受力节点结合不严，受力后产生位移变形。

（2）防治措施

1）吊顶应选用比较干燥的松木、杉木等软质木材，并防止受潮或烈日暴晒；不宜用桦木、色木及林木等硬质木材。

2）吊顶格栅装钉前，应按设计标高在四周墙壁上弹线找平；装钉时，四周以平线为准，中间按平线起拱，起拱高度应为房间短向跨度的1/200，纵横拱度均应吊匀。

3）格栅及吊顶格栅的间距、断面尺寸应符合设计要求；木料应顺直，如有硬弯，应在硬弯处锯断，调直后再用双面夹板连接牢固；木料在两吊点间如稍有弯度，弯度应向上。

4）各受力节点必须装钉严密、牢固，符合质量要求。

5）吊顶内应设置通风窗，使木骨架处于干燥环境中；室内抹灰时，应将吊顶人孔封严，待墙面干后，再将人孔打开通风，使吊顶保持干燥环境。

6）如吊顶格栅拱度不匀，局部超差较大，可利用吊杆或吊筋螺栓把拱度调匀。

7）如吊筋未加垫板，应及时安设垫板，并把吊顶格栅的拱度调匀；如吊筋太短，可用电焊将螺栓加长，并重新安好垫板、螺母，再把吊顶格栅拱度调匀。

8）凡吊杆被钉劈裂而节点松动处，必须将劈裂的吊杆换掉。

2. 铝合金龙骨不顺直

铝合金主龙骨、次龙骨纵横方向线条不平直；吊顶造型不对称、罩面板布局不合理。

（1）原因分析

1）主龙骨、次龙骨受扭折，虽经修整，仍不平直。

2）挂铅线或镀锌铁丝的射钉位置不正确，拉牵力不均匀。

3）未拉通线全面调整主龙骨、次龙骨的高低位置。

4）测吊顶的水平线误差超差，中间平线起拱度不符合规定。

（2）防治措施

1）凡是受扭折的主龙骨、次龙骨一律不宜采用。

2）挂铅线的钉位，应按龙骨的走向每间距1.2m射一枚钢钉。

3）一定要拉通线，逐条调整龙骨的高低位置和线条平直。

4）四周墙面的水平线应测量正确，中间接平线起拱度1/300～1/200。

3. 纤维板或胶合板吊顶面层变形 纤维板和胶合板吊顶装钉后，部分板块逐渐产生凹凸变形现象

（1）原因分析

1）纤维板或胶合板，在使用中要吸收空气中的水分，特别是纤维板不是均质材料，各部分吸湿程度差异大，故易产生凹凸变形；装钉板块时，板块接头未留空隙，吸湿膨胀后，没有伸胀余地，会使变形程度更为严重。

2）板块较大，装钉时没能使板块与吊顶格栅全部贴紧，又从四角或四周向中心排钉装钉，板块内储存有应力，致使板块凹凸变形。

3）吊顶格栅分格过大，板块易产生挠度变形。

（2）防治措施

1）宜选用优质板材，以保证吊顶质量。胶合板宜选用五层以上的胶合板；纤维板宜选用硬质纤维板。

2）轻质板块宜用小齿锯截成小块装钉。装钉时必须由中间向两端排钉，以避免板块内产生应力而凹凸变形。板块接头拼缝必须留3～6mm的间隙，以减轻板块膨胀时的变形程度。

3）用纤维板、胶合板吊顶时，其吊顶格栅的分格间距不宜超过450mm，否则，中间应加一根25mm×40mm的小格栅，以防板块中间下挠。

4）合理安排工序。如室内湿度较大，宜先装钉吊顶木龙骨，然后进行室内抹灰，待抹灰干燥后再装钉吊顶面层。但施工时应注意周边的吊顶格栅应离开墙面20～30mm（即抹灰层厚度），以便在墙面抹灰后装钉吊顶板及压条。

2）若有个别板块变形过大时，可向人孔进入吊顶内，补加一根25mm×40mm的小格栅，然后在下面将板块钉平。

14.4.2 案例分析

案例1：

1. 背景

某宾馆大厅进行室内装饰装修改造工程施工，按照先上后下，先湿后干，先水电通风后装饰装修的施工顺序施工。吊顶工程按设计要求，顶面为轻钢龙骨纸面石膏板不上人吊顶，装饰面层为耐擦洗涂料。但竣工验收后三个月，顶面局部产生凸凹不平和石膏及接缝处产生裂缝现象。

2. 问题

结合实际，分析该装饰工程吊顶面局部产生凹凸不平的原因及板缝开裂原因。

3. 分析

(1) 工程为改造工程，原混凝土顶棚内未设置预埋件和预埋吊杆，因此需重新设置锚固件以固定吊杆，后置锚固件安装时，特别是选择用的胀管螺栓安装不牢固，若选用射钉可能遇到石子，石子发生爆裂，使射钉不能与屋盖相连接，产生不受力现象，因此局部下坠。

(2) 不上人吊顶的吊杆应选用向钢筋，并应经过拉伸，施工时，若不按要求施工，将未经拉伸的钢筋作为吊杆，当龙骨和饰面板涂料施工完毕后，吊杆的受力产生不均匀现象。

(3) 吊点间距的设置，可能未按规范要求施工，没有满足不大于 1.2m 的要求，特别是遇到设备时，没有增设吊杆或调整吊杆的构造，是产生顶面凹凸不平的关键原因之一。

(4) 吊顶骨架安装时，主龙骨的吊控件、连接件的安装可能不牢固，连接件没有错位安装，次龙骨安装时未能紧贴主龙骨，次龙骨的安装间距大于 600mm，这些都是产生吊顶面质量问题的原因。

(5) 骨架施工完毕后，隐蔽检查验收不认真。

(6) 骨架安装后安装纸面石膏板，板材安装前，特别是切割边对接处横撑龙骨的安装不符合要求，这也是造成板缝开裂的主要原因之一。

(7) 由于后置锚固件、吊杆、主龙骨、次龙骨安装都各有不同难度的质量问题，板材安装尽管符合规范规定，但局部骨架产生垂直方向位移，必定带动板材发生变动。发生质量问题是必然的。

案例 2：

1. 背景

某单位家属楼为 20 世纪 80 年代建筑，为了改善职工生活条件，现单位出资对家属楼进行改造，内容主要有地面的防水、门窗的更换和顶棚吊顶。

2. 问题

(1) 室内防水工程蓄水试验要求。

(2) 吊顶工程施工前准备工作有哪些？

(3) 简述暗龙骨吊顶工程施工质量控制要点。

3. 分析与处理

(1) 室内防水工程蓄水试验的要求

室内防水层完工后应做 24h 蓄水试验，蓄水深度 30～50mm，合格后办理隐蔽检查手续；室内防水层上的饰面层完工后应做第二次 24h 蓄水试验（要求同上），以最终无渗漏时为合格，合格后方可办理验收手续。

(2) 吊顶工程施工前准备工作

1) 安装龙骨前，应按设计要求对房间净深、洞口标高和吊顶管道、设备及其支架的标高进行交接检验。

2) 吊顶工程的木吊杆、木龙骨和木饰面板必须进行防火处理，并应符合有关设计防火的规定。

3) 吊顶工程中的预埋件、钢筋吊杆和型钢吊杆进行防锈处理。

4) 安装面板前应完成吊顶内管道和设备的调试及验收。

(3) 暗龙骨吊顶工程施工质量控制要点

1) 吊顶标高、尺寸、起拱和造型应符合设计要求。

2) 饰面材料的材质、品种、规格、图案和颜色应符合设计要求。

3) 暗龙骨吊顶工程的吊杆、龙骨和饰面材料的安装必须牢固。

4) 吊杆、龙骨的材质、规格、安装间距及连接方式应符合设计要求。金属吊杆、龙骨应经表面防腐处理，木吊杆、龙骨应进行防腐、防火处理。

5) 石膏板的接缝应按其施工工艺标准进行板缝防裂处理。安装双层石膏板时，面层板与基层板的接缝应错开，并不得在同一根龙骨上接缝。

6) 饰面材料表面应洁净、色泽一致，不得有翘曲、裂缝及缺损，压条应平直、宽窄一致。

7) 饰面板上的灯具、烟感器、喷淋头、风口笛子等设备的位置应合理、美观，与饰面板的交接应吻合、严密。

8) 金属吊杆、龙骨的接缝应均匀一致，角缝应吻合，表面应平整，无翘曲、锤印。木质吊杆、龙骨应顺直，无劈裂、变形。

9) 吊顶内填充吸声材料的品种和铺设厚度应符合设计要求，并应有防散落措施。

14.5 饰面板（砖、石材）分项工程

14.5.1 饰面板（砖、石材）工程中的质量缺陷及分析处理

1. 外墙面砖空鼓、脱落

(1) 原因分析

1) 由于贴面砖的墙饰面层自重大，使底子灰与基层之间产生较大的剪应力，粘贴层与底子灰之间也有较小的剪应力，如果再加上基层表面偏差较大，基层处理或施工操作不当，各层之间的粘结强度又差，面层即产生空鼓，甚至从建筑物上脱落。

2) 砂浆配合比不准，稠度控制不好，砂子中含泥量过大，在同一施工面上，采用不同的配合比砂浆，引起不同的干缩率而开裂、空鼓。

3) 饰面层各层长期受大气温度的影响，由表面到基层的温度梯度和热胀冷缩，在各层间也会产生应力，引起空鼓；如果面砖粘贴砂浆不饱满，面砖勾缝不严实，雨水渗透进去后受冻膨胀，也易引起空鼓、脱落。

(2) 防治措施

1) 在结构施工时，外墙应尽可能按清水墙标准做到平整垂直，为饰面施工创造条件。

2) 面砖在使用前，必须清洗干净，并隔夜用水浸泡晾干后（外干内湿）才能使用。使用未浸泡的干砖，表面有积灰，砂浆不易粘结，而且由于面砖吸水性强，把砂浆中的水分很快吸收掉，使砂浆与砖的粘结力大为降低；若面砖浸泡后没有晾干，贴面砖表面附水，使贴面砖产生浮动口均能导致面砖空鼓。

3) 粘贴面砖砂浆要饱满，但使用砂浆过多，面砖又不易贴平；如果多敲，会造成浆水集中到面砖底部或溢出，收水后形成空鼓，特别在垛子、阳角处贴面砖时更应注意，否则容易产生阳角处不平直和空鼓，导致面砖脱落。

4) 在面砖粘贴过程中，宜做到一次成活，不宜移动，尤其是砂浆收水后再纠偏挪动，最容易引起空鼓。粘贴砂浆一般可采用1：0.2：2混合砂浆，并做到配合比准确，砂浆在使用过程中，更不要随便掺水和加灰。

5) 作好勾缝。勾缝用1：1水泥砂浆，砂过筛；分两次进行，头一遍用一般水泥砂浆勾缝，第二遍按设计要求的色彩配制彩色水泥砂浆，勾成凹缝，凹进面砖深度约3mm。相邻面砖不留缝的拼缝处，应用同面砖相同颜色的水泥浆擦缝，擦缝时对面砖上的残浆必须及时清除，不留痕迹。

2. 陶瓷锦砖饰面不平整，分格缝不匀，砖缝不平直

(1) 原因分析

1) 陶瓷锦砖粘贴时，粘结层砂浆厚度小（3～4mm），对基层处理和抹灰质量要求均很严格，如底子灰表面平整和阴阳角稍有偏差，粘贴面层时就不易调整找平，产生表面不平整现象。如果增加粘贴砂浆厚度来找平，则陶瓷锦砖粘贴后，表面不易拍平，同样会产生墙面不平整。

2) 施工前，没有按照设计图纸尺寸核对结构施工实际情况，进行排砖、分格和绘制大样图，抹底子灰时，各部位挂线找规矩不够，造成尺寸不准，引起分格缝不均匀。

3) 陶瓷锦砖粘贴揭纸后，没有及时对砖缝进行检查和认真拨正调直。

(2) 防治措施

1) 施工前应对照设计图纸尺寸，核实结构实际偏差情况，根据排砖模数和分格要求，绘制出施工大样图并加工好分格条，事先选好砖，裁好规格，编上号，便于粘贴时对号入座。

2) 按照施工大样图，对各窗间墙、砖垛等处要先测好中心线、水平线和阴阳角垂直线，贴好灰饼，对不符合要求、偏差较大的部位，要预先剔凿或修补，以作为安窗框、做窗台、腰线等的依据，防止在窗口、窗台、腰线、砖垛等部位，发生分格缝留不均匀或阳角处出现不够整砖的情况。抹底子灰要求确保平整，阴阳角要垂直方正，抹完后立即划毛，并注意养护。

3) 在养护完的底子灰上，根据大样图从上到下弹出若干水平线，在阴阳角处、窗口处弹上垂直线，以作为粘贴陶瓷锦砖时控制的标准线。

4) 粘贴陶瓷锦砖时，根据已弹好的水平线稳好平尺板，刷素水泥浆结合层一遍，随铺2～3mm厚粘结砂浆，同时将若干张裁好规格的陶瓷锦砖铺放在特制水板上，底面朝上，缝里撒入1：2水泥干砂面，刷净表团浮砂后，薄薄涂上一层粘结砂浆，然后逐张提起，从平尺板上口，由下往上随即往墙上粘贴，每张之间缝要对齐，贴一组后，将分格条放在上口，重复上述次序，继续往上粘贴。

5) 陶瓷锦砖粘贴后，随即将拍板靠放在已贴好的面层上，用小锤敲击拍板，满敲均匀，使面层粘结牢固和平整，然后刷水将护纸揭去，检查陶瓷锦砖分缝平直、大小等情况，将弯扭的缝用开刀拨正调直，再用小锤拍板拍平一遍，以达到表面平整为止。

3. 大理石墙、柱面饰面接缝不平、板面纹理不顺、色泽不匀，墙、柱面镶贴大理石板后，板与板之间接缝粗糙不平，花纹横竖突变不通顺，色泽深浅不匀

(1) 原因分析

基层处理不符合质量要求；对板材质量的检验不严格；镶贴前试拼不认真；施工操作

不当，特别是分次灌浆时，灌浆高度过高。

(2) 防治措施

1) 镶贴前先检查墙、柱面的垂直平整情况，超过规定的偏差应事先剔除或补齐，使基层到大理石板面距离不小于5cm，并将墙、柱面清刷干净，浇水湿透。

2) 镶贴前在墙、柱面弹线，找好规矩。大理石墙面要在每个分格或较大的面积上弹出中心线，水平通线，在地面上弹出大理石板面线；大理石柱子应先测量出柱子中心线和柱与柱之间水平通线，并弹出柱子大理石柱面线。

3) 事先将有缺边掉角、裂纹和局部污染变色的大理石板材挑出，再进行套方检查，规格尺寸超过规定偏差，应磨边修正，阳角处用的大理石板，如背面是大于45°的斜面，还应剔凿磨平至符合要求才能使用。

4) 按照墙、柱面的弹线进行大理石板试拼，对好颜色、调整花纹，使板与板之间上下左右纹理通顺，颜色协调，缝子平直均匀，试拼后，由上至下逐块编写镶贴顺序号，再对号镶贴。

5) 镶贴小规格块材时，可采用粘贴方法；大规格板材（边长大于40cm）或镶贴高度大于1m时，须使用安装方法。按照设计要求，事先在基层上绑扎好钢筋网，与结构预埋铁件连接牢固，块材上下两侧面两端各用钻头打成5mm圆孔，穿上铜丝或镀锌铁丝，把块材绑扎在钢筋网上。安装顺序是按照事先找好的中心线、水平通线和墙（柱）面线进行的试拼编号，在最下一行两头用块材找平找直，拉上横线，再从中间或一端开始安装，并随时用托线板靠平靠直，保证板与板交接处四角平整，待第一行大理石板块安装完后，用木楔固定；再在表面横竖接缝处，每隔10～15cm用石膏浆（石膏粉掺20%的水泥后用水拌成）临时粘结固定，以防移动，缝隙用纸堵严。较大的板材固定时还要加支撑。

6) 待石膏浆凝固后，用1:2.5水泥砂浆（厚度一般为8～12cm）分层灌注，每次灌注不宜过高，否则容易使大理石板膨胀外移，造成饰面不平。

第一层灌注高度约为15cm，且不得超过板高1/3，灌浆时动作要轻，把浆徐徐倒入石板内侧缝中。第一层灌浆后1～2h，待砂浆凝结时，先检查石板是否移动，如有外移错位，不符合要求时，应拆除重新安装。第二层灌注高度约10cm，达石板高度1/2处。第三层灌注至板口下约5cm，为上行石板安装后灌浆的结合层。最后一层砂浆终凝后，将上口固定木楔轻轻移动拔出，并清理净上口，依次逐行往上镶贴，直至顶部。

4. 大理石墙面腐蚀、空鼓脱落

大理石用于室外墙、柱面，经5～10年后，表面逐渐变色、褪色和失去光泽，变得粗糙，并产生麻点、开裂和剥落等腐蚀现象，严重时还出现空鼓脱落。

(1) 原因分析

大理石是一种变质岩，主要成分为碳酸钙，约占50%以上，杂有其他成分则呈不同的颜色和光泽，例如白色碳酸钙、碳酸镁；紫色含锰，黑色含碳或沥青质，绿色含钴化物，黄色含铬化物；红褐色、紫色、棕黄色含锰及氧化铁水化物等。大理石中一般都含有许多矿物和杂质，在风霜雨雪、日晒下，容易变色和褪色。如空气中的二氧化硫，遇到水气时能生成亚硫酸，然后变为硫酸，与大理石中的碳酸钙发生反应，在大理石表面生成石膏。石膏易溶于水，且硬度低，使磨光的大理石表面逐渐失去光泽，变得粗糙、产生麻点、开裂和剥落。

(2) 防治措施

1) 大理石不宜用作室外墙、柱饰面,特别不宜在工业区附近的建筑物上采用,个别工程需用作外墙面时,应事先进行品种选择:挑选品质纯、杂质少、耐风化及耐腐蚀的大理石。

2) 室外大理石墙面压顶部位,要认真处理,保证基层不渗透水。操作时,横竖接缝必须严密,灌浆饱满,每块大理石板与基层钢筋网连接应不少于四点。设计时尽可能在顶部加罩,以防止大理石墙面直接受到雨淋日晒,延长使用寿命。

3) 将空鼓脱落的大理石板拆下,重新安装镶贴。但这种做法施工麻烦,修理费高,且修后的新旧板材面光泽、颜色及花纹都难以达到一致。

14.5.2 案例分析

1. 背景

某学校对旧教学楼进行外墙和地面改造,外墙采用饰面砖,地面采用地板砖面层,基层原为混凝土基层。

2. 问题

(1) 饰面砖粘贴工程施工质量控制要点有哪些?

(2) 板块楼地面施工验收中的主控项目有哪些?

3. 分析与处理

(1) 饰面砖粘贴工程施工质量控制要点

1) 饰面砖的品种、规格、图案、颜色和性能应符合设计要求。

2) 饰面砖粘贴工程的找平、防水、粘结和勾缝材料及施工方法应符合设计要求及国家现行产品标准和工程技术标准的规定。

3) 饰面砖粘贴必须牢固。

4) 外墙饰面砖粘贴前和施工过程中,均应在相同基层上做样板件,并对样板件的饰面砖粘结强度进行检验,其检验方法和结果判定应符合现行行业标准《建筑工程饰面砖粘结强度检验标准》JGJ 110 的规定。

5) 满粘法施工的饰面砖工程应无空鼓、裂缝。

6) 饰面砖表面应平整、洁净、色泽一致,无裂纹和缺损。

7) 阴阳角处搭接方式、非整砖使用部位应符合设计要求。

8) 墙面凸出物周围的饰面砖应整砖套割吻合,边缘应整齐。墙裙、贴脸突出墙面的厚度应一致。

9) 饰面砖接缝应平直、光滑,填嵌应连续、密实;宽度和深度应符合设计要求。

10) 有排水要求的部位应做滴水线(槽)。滴水线(槽)应顺直,流水坡向应正确,坡度应符合设计要求。

(2) 板块地面施工验收的主控项目

1) 面层所用的板块的品种、质量必须符合设计要求。

2) 面层与下一层的结合(粘结)应牢固,无空鼓。注:凡单块砖边角有局部空鼓,且每自然间(标准间)不超过总数的5%可不计。

14.6 楼、地面分项工程

14.6.1 地面工程中的质量缺陷及分析处理

1. 水泥砂浆地面起砂

（1）现象

地面表面粗糙，颜色发白，不坚实。走动后，表面先有松散的水泥灰，用手摸时像干水泥面。随着走动次数的增多，砂粒逐渐松动或有成片水泥硬壳剥落，露出松散的水泥和砂子。

（2）治理

1）小面积起砂且不严重时，可用磨石将起砂部分水磨，直至露出坚硬的表面。也可以用纯水泥浆罩面的方法进行修补，其操作顺序是：清理基层→充分冲洗湿润→铺设纯水泥浆（或撒干水泥面）1～2mm→压光2～3遍→养护。如表面不光滑，还可水磨一遍。

2）大面积起砂，可用108胶水泥浆修补，具体操作方法和注意事项如下：

① 用钢丝刷将起砂部分的浮砂清除掉，并用清水冲洗干净。地面如有裂缝或明显的凹痕时，先用水泥拌合少量的108胶制成的腻子嵌补。

② 用108胶加水（约一倍水）搅拌均匀后，涂刷地面表面，以增强108胶水泥浆与面层的粘结力。

③ 108胶水泥浆应分层涂抹，每层涂抹约0.5mm厚为宜，一般应涂抹3～4遍，总厚度为2mm左右。底层胶浆的配合比可用水泥：108胶：水＝1：0.25：0.35（如掺入水泥用量的3～4％的矿物颜料，则可做成彩色108胶水泥浆地面），搅拌均匀后涂抹于经过处理的地面上。操作时可用刮板刮平，底层一般涂抹1～2遍。面层胶浆的配合比可用水泥：108胶：水＝1：0.2：0.45（如做彩色108胶水泥浆地面时，颜色掺量同上），一般涂抹2～3遍。

④ 当室内气温低于＋10℃时，108胶将变稠甚至会结冻。施工时应提高室温，使其自然融化后再行配制，不宜直接用火烧加温或加热水的方法解冻。108胶水泥浆不宜在低温下施工。

⑤ 108胶掺入水泥（砂）浆后，有缓凝和降低强度的作用。试验证明，随着108胶掺量的增多，水泥（砂）浆的粘结力也增加，但强度则逐渐下降。108胶的合理掺量应控制在水泥重量的20％左右。另外，结块的水泥和颜料不得使用。

⑥ 涂抹后按照水泥地面的养护方法进行养护，2～3d后，用细砂轮或油石轻轻将抹痕磨去，然后上蜡一遍，即可使用。

3）对于严重起砂的水泥地面，应作翻修处理，将面层全部剔除掉，清除浮砂，用清水冲洗干净。铺设面层前，凿毛的表面应保持湿润，并刷一度水灰比为0.4～0.5的素水泥浆（可掺入适量的108胶），以增强其粘结力，然后用1：2水泥砂浆另铺设一层面层，严格做到随刷浆随铺设面层。面层铺设后，应认真做好压光和养护工作。

2. 楼地面面层不规则裂缝

（1）现象

预制板楼地面或现浇板楼地面上都会出现这种不规则裂缝，有的表面裂缝，也有连底裂缝，位置和形状不固定。

（2）治理

对楼地面产生的不规则裂缝，由于造成原因比较复杂，所以在修补前，应先进行调查研究，分析产生裂缝的原因，然后再进行处理。对于尚在继续开展的"活裂缝"，如为了避免水或其他液体渗过楼板而造成危害，可采用柔性材料（如沥青胶泥、嵌缝油膏）作裂缝封闭处理。对于已经稳定的裂缝，则应根据裂缝的严重程度作如下处理：

1）裂缝细微，无空鼓现象，且地面无液体流淌时，一般可不作处理。

2）裂缝宽度在 0.5mm 以上时，可做水泥浆封闭处理，先将裂缝内的灰尘冲洗干净，晾干后，用纯水泥浆（可适量掺些108胶）嵌缝。嵌缝后加强养护，常温下养护3d，然后用细砂轮在裂缝处轻轻磨平。

3）如裂缝涉及结构受力时，则应根据使用情况，结合结构加固一并进行处理。

4）如裂缝与空鼓同时产生时，则可参照以下方法进行处理：

① 如裂缝较细，楼面又无水或其他液体流淌时，一般可不作修补。

② 如裂缝较粗，或虽裂缝较细，但楼面经常有水或其他液体流淌时，则应进行修补。

③ 当房间外观质量要求不高时，可用凿子凿成一条浅槽后，用屋面用胶泥（或油膏）嵌补。凿槽应整齐，宽约 10m，深约 20mm。嵌缝前应将缝清理干净，胶泥应填补平、实。

④ 如房间外观质量要求较高，则可顺裂缝方向凿除部分面层（有找平层时一起凿除，底面适量凿毛），宽度 1000～1500mm，用不低于 C20 的细石混凝土填补，并增设钢筋网片。

3. 预制水磨石、大理石地面空鼓

（1）原因分析

1）基层清理不干净或浇水湿润不够，造成垫层和基层脱离。

2）垫层砂浆太稀或一次铺得太厚，收缩太大，易造成板与垫层空鼓。

3）板背面浮灰未清刷净，又没浇水，影响粘结。

4）铺板时操作不当，锤击不当。

（2）防治措施

1）基层必须清理干净，并充分浇水湿润，垫层砂浆应为干硬性砂浆；粘贴用的纯水泥浆应涂刷均匀，不得用扫浆法。

2）预制板和石板背面必须清理干净，并刷水事先湿润，待表面稍晾干后方可铺设。

3）当基层较低或过凹时，宜先用细石混凝土找平，再垫 1∶3～1∶4 干硬性水泥砂浆，厚度在 2.5～3cm 为宜。铺放板材时，宜高出地面线 3～4mm，若砂浆铺得过厚，放上板材后，砂浆底部不易砸实，也常常引起局部空鼓。

4）做好初步试铺，并用橡皮锤敲击，既要达到铺设高度，也要使垫层砂浆平整密实。根据锤击的空实响声，搬起板材，或增或减砂浆，再浇一薄层素水泥浆后安铺板材，注意平铺时要四角平稳落地。锤击时，不要砸板的边角；若垫方木锤击，方木长度不得超过单块板的长度，更不要搭在另一块已铺设的板材上敲击，以免引起空鼓。

5）板材铺设 24h 后，应洒水养护 1～2 次，以补充水泥砂浆在硬化过程中所需水分，保证板材与砂浆粘结牢固。

6）浇缝前应将地面扫净，并把板材上和拼缝内松散砂浆用开刀清除掉；灌缝应分几次进行，用长把刮板往缝内刮浆，务必使水泥浆填满缝子和部分边角不实的空隙。灌缝24h后再浇水养护，然后覆盖锯末等保护成品进行养护。养护期间禁止上人踩踏。

4. 预制水磨石、大理石地面接缝不平、缝不匀 板材地面铺设，往往会在门口与楼道相接处出现接缝不平，或纵横方向缝不匀

（1）原因分析

1）板块材料本身有厚薄、宽窄、窜角、翘曲等缺陷，事先挑选又不严格，造成铺设后在接缝处产生不平，缝不匀现象；

2）各个房间内水平标高线不一致，使之与楼道相接的门口处出现地面高低偏差；

3）板块铺设后，成品保护不好，在养护期内过早上人，板缝也易出现高低差；

4）拉线或弹线误差过大，造成缝不匀。

（2）防治措施

1）应由专人负责从楼道统一往各房间内引进标高线，房间内应归边取中，在地面上弹出十字线（或在地面标高处拉好十字线）。铺贴时，应先安放好十字线交叉处最中间的一块板材。作为标准；若以十字线为中缝时，也可在十字线交叉点对角处安设两块标准块。标准块为整个房间的水平标准及经纬标准，应用90°角尺及水平尺仔细校正。

2）从标准块向两侧和后退方向顺序铺贴，并注意随时用水平尺和直尺找准。缝子必须通长拉线，不能有偏差；铺设前分段分块尺寸要事先排好定死，以免产生游缝、缝子不匀和最后一块铺不下或缝子过大的现象。

3）板材应事先用垂尺检查，对有翘曲、拱背、宽窄不方正等缺陷的板挑出不用，或在试铺时认真调整，用在适当部位。

5. 现浇水磨石地面分格显露不清

（1）现象

分格条显露不清，是一条纯水泥斑带，外形不美观。

（2）原因分析

1）面层水泥石子浆铺设厚度过高，超过分格条较多，使分格条难以磨出。

2）铺好面层后，磨石不及时，水泥石子面层强度过高（亦称"过老"），使分格条难以磨出。

3）第一遍磨光时，所用的磨石号数过大，磨损量过小，不易磨出分格条。

4）磨光时用水量过大，使磨石机的磨石在水中呈飘浮状态，这时磨损量也极小。

（3）预防措施

1）控制面层水泥石子浆的铺设厚度，虚铺高度一般比分格条高出5mm为宜，待用滚筒压实后，则比分格条高出约1mm，第一遍磨完后，分格条就能全部清晰外露。

2）水磨石地面施工前，应准备好一定数量的磨石机。面层施工时，铺设速度应与磨光速度（指第一遍磨光速度）相协调，避免开磨时间过迟。

3）第一遍磨光应用60~90号的粗金刚砂磨石，以加大其磨损量。同时磨光时应控制浇水速度，浇水量不应过大，使面层保持一定浓度的磨浆水。

6. 木质材料饰面人行走时有响声

（1）原因分析

1）木搁栅本身含水率大或施工时周围环境湿度大使木搁栅受潮，完工后木搁栅干燥收缩松动。

2）固定木搁栅的预埋铁丝、"门"形铁件被踩断或不合要求，搁栅固定处松动，也可能是固定点间距过大，搁栅变形松动。

3）毛地板、面板钉子少钉或钉得不牢。

4）木搁栅铺完后，未认真进行自检。

（2）防治措施

1）木搁栅及毛地板必须用干燥材料。毛地板的含水率≤15%，木搁栅的含水率≤20%。木搁栅应在室内环境比较干燥的情况下铺设。一般应在室内湿作完成后晾放7~10d，雨季晾放10~15d。

2）采用预埋铁丝法，要注意保护铁丝，不要弄断；锚固铁件，顺搁栅间距≤800mm，锚固铁钉面宽度≥100mm，并用双股14号铁丝与木搁栅绑扎牢；采用螺栓连接时，螺帽应拧紧。调平用垫块，应设在绑扎处，宽度≥40mm，两头伸出木搁栅≥20mm，并用钉子钉牢。

3）基层为预制楼板的，其锚固铁应设于叠合层。如无叠合层时，可设于板缝内，埋铁中距400mm。如预制板宽超过900mm时，应在板中间增加锚固点。

4）横撑或剪刀撑间距800mm，与搁栅钉牢，但横撑表面应低于搁栅面约10mm。

5）搁栅铺钉完，要认真检查有无响声；每层块板所钉钉子，数量不应少钉，并要钉牢固。随时检查，不符合要求应及时修理。

7. 木质材料饰面拼缝不严

（1）原因分析

1）地板条规格不合要求。如不直（尤其是长条地板有顺弯或死弯）、宽窄不一、企口榫太松等。

2）拼装企口地板条时缝太虚，表面上看结合紧密，经刨平后即显出缝隙，或拼装时敲打过猛，地板条回弹，钉后造成缝隙。

3）面层板铺设至接近收尾时，剩余的宽度与地板条的宽度不成倍数，为凑整块，加大板缝，或者将一部分地板条宽度加以调整，经手工加工后地板条不很规矩，即产生缝隙。

4）板条受潮，在铺设阶段含水率过大，铺设后经风干收缩而产生大面积"拔缝"。

（2）防治措施

1）地板条拼装前，应严格挑选，尺寸应符合标准，有腐朽、结疤、劈裂、翘曲等疵病者应剔除。宽窄不一、企口不合要求的应先修理再用。地板条有顺弯应刨直，有死弯应从死弯处截断，修理后方可使用。

2）为使地板面层铺设严密，铺钉前房间应弹线找方，并弹出地板周边线。踢脚板根部有凹形槽的，周圈先钉凹形槽。

3）长条地板与木搁栅垂直铺钉，当地板条为松木或为宽度大于70mm的硬木时，其接头必须在搁栅上。接头应互相错开，并在接头的两端各钉一枚钉子。

4）长条地板铺至接近收尾时，要先计算一下差几块到边，以便将该部分地板条修成合适的宽度。严禁用加大缝隙来调整剩余宽度。装最后一块地板条不易严密，可将地板条刨成略有斜度的大小头，以小头插入并楔紧。

5）木地板铺完后应及时刨平磨光，立即上油或烫蜡，以免"拔缝"。

6）若发现缝小于1mm者，用同种木料的锯末加树脂胶和腻子嵌缝。缝隙大于1mm时，用相同材料刨成薄片（成刀背形），蘸胶后嵌入缝内刨平。如修补的面积较大，影响美观，可将烫蜡改为油漆，并加深地面的颜色。

8. 木踢脚板安装表面不平，与地板面不垂直，接槎高低不平及不严密等

(1) 原因分析

1）木砖间距过大，垫木表面不在同一平面上，踢脚板钉完后呈波浪形。

2）踢脚板变形翘曲，与墙面接触不严。

3）踢脚板与地面不垂直，垫木不平或铺钉时未经套方。

4）铺钉时未拉通线，踢脚板上口不平。

(2) 防治措施

1）墙体内应预埋木砖，中距不得大于400mm，并要上下错位设置或立放，转角处或端头必须埋设木砖。

2）加气混凝土墙或其他轻质隔墙，踢脚板以下要砌普通机制砖，以便埋设木砖。

3）钉木踢脚板时先在木砖上钉垫木，垫木要平整，并拉通线找平，然后再钉踢脚板。

4）为防止踢脚板翘曲，应在其靠墙的一面设两道变形槽，槽深3～5mm，宽度不少于10mm。

5）踢脚板上面的平线要从基本平线往下量，而且要拉通线。

6）墙面抹灰要用大杠刮平，安踢脚板时要贴严，踢脚板上边压抹灰墙不小于10mm，钉子应尽量靠上部钉。

7）踢脚板与木地板交接处有缝隙时，可加钉三角形或半圆形木压条。

14.6.2 案例分析

1. 背景

某办公楼采用现浇钢筋混凝土框架结构，为混凝土地面。施工过程中，发现房间地坪质量不合格，有多间房间出现起砂现象。

2. 问题

(1) 混凝土地面施工质量要求是什么？

(2) 对于该项工程所出现的起砂现象应采取哪些防治措施？

3. 分析与处理

(1) 混凝土面层施工质量要求

1）混凝土面层厚度应符合设计要求。

2）混凝土面层铺设不得留施工缝。当施工间隙超过允许时间规定时，应对接槎处进行处理。

3）混凝土采用的粗骨料，其最大粒径不应大于面层厚度的2/3，细石混凝土面层采用的石子粒径不应大于15mm。

4) 面层的强度等级应符合设计要求，且水泥混凝土面层强度等级不应小于C20；水泥混凝土垫层兼面层强度等级不应小于C15。

5) 面层与下层应结构牢固，无空鼓、裂纹。

（2）预防起砂缺陷的质量问题的防治措施

1) 原材料的选择必须符合施工规范规定，严格控制水灰比。

2) 垫层事前要充分湿润。

3) 掌握好面层的压光时间。

4) 水泥地面压光后，应加强养护，养护时间不应少于7d，抗压强度应达到5MPa，方准上人行走。

5) 冬期施工时，环境温度不应低于5℃，若在负温度下抹水泥地面，应防止早期受冻。

14.7 轻质隔墙分项工程

14.7.1 轻质隔墙工程中的质量缺陷及分析处理

1. 纸面石膏板隔墙板面接缝有痕迹

（1）原因分析

石膏板端呈直角，当贴穿孔纸带后，由于纸带厚度，出现明显痕迹。

（2）防治措施

生产倒角板是处理好板面接缝的基本条件，订货时提出要求，若生产不是倒角板，还可在现场加工。

2. 石膏板隔墙墙板与结构连接不牢

复合石膏板的这一质量通病，产生原因及防治措施与上述相同；工字龙骨板隔墙的质量通病是隔墙与主体结构连接不严，但多出现在边龙骨。

（1）原因分析

边龙骨预先粘好薄木块，作为主要粘结点，当木块厚度超过龙骨翼缘宽度时，因木块是由断续的，因而造成连接不严；龙骨变形也会出现上述情况。

（2）防治措施

边龙骨粘木块时，应控制其厚度不得超过龙骨翼缘，同时，边龙骨应经过挑选。安装边龙骨时，翼缘边部顶端应满涂108胶水泥砂浆，使之粘结严密。

3. 加气混凝土条板隔墙表面不平整

板材缺棱掉角；接缝有错台，表面凹凸不平超出允许偏差值。

（1）原因分析

1) 条板不规矩，偏差较大；或在吊运过程中吊具使用不当，损坏板面和棱角。

2) 施工工艺不当，安装时不跟线；断板时未锯透就用力断开，造成接触面不平。

3) 安装时用撬棍撬动，磕碰损坏。

（2）防治措施

1) 加气混凝土条板在装车、卸车或现场搬运时，应采用专用吊具或用套胶管的钢丝绳轻吊轻放，并应侧向分层码放，不得平放。

2) 条板切割应平整垂直，特别是门窗口边侧必须保持平直；安装前要选板，如有缺棱掉角，应用与加气混凝土材性相近的修补剂进行修补；未经修补的坏板或表面酥松的板不得使用。

3) 安装前应在顶板（或梁底）和墙上弹线，并应在地面上放出隔墙位置线，安装时以一面线为准，接缝要求平顺，不得有错台。

4. 木板条隔墙与结构或门架固定不牢

门框活动，隔墙松动，严重者影响使用。

(1) 原因分析

1) 上下槛和立体结构固定不牢；立筋与横撑没有与上下槛形成整体。
2) 龙骨不合设计要求。
3) 安装时，施工顺序不正确。
4) 门口处下槛被断开后未采取加强措施。

(2) 防治措施

1) 横撑不宜与隔墙立筋垂直，而应倾斜一些，以便调节松紧和钉钉子。其长度应比立筋净空大 10~15mm，两端头按相反方向锯成斜面，以便与立筋连接紧密，增强墙身的整体性和刚度。
2) 立筋间距应根据进场板条长度考虑，量材使用，但最大间距不得超过 500mm。
3) 上下槛要与主体结构连接牢固，能伸入结构部分应伸入嵌牢。
4) 选材符合要求，不得有影响使用的瑕疵，断面不应小于 40mm×70mm。
5) 正确按施工顺序安装。
6) 门口等处应按实际补强，采用加大用料断面，通天立筋卧入楼板锚固等。

14.7.2 案例分析

1. 背景

某装饰公司在一办公楼装修施工中，根据业主要求，隔墙采用 GRC 轻质空心隔墙板。公司先做一个样板间。按设计要求，隔墙样板施工完毕，在业主验收之前，施工技术人员发现隔墙样板有多道竖向微小裂缝，且缝隙间隔均匀。技术人员立即报告项目技术负责人，项目部通知业主推迟验收，同时马上组织有关人员到现场进行了检测，分析缺陷原因，制定出一系列整改措施。同时拆除了原样板，按整改措施严格施工，顺利通过业主验收。

2. 问题

(1) GRC 轻质空心隔墙板有哪些优点。
(2) 分析 GRC 轻质空心隔墙裂缝原因。
(3) 应采取哪些措施预防 GRC 轻质空心隔墙裂缝？

3. 分析

(1) GRC 是 Glass Fiber Rinforced Cement（玻璃纤维增强水泥）的缩写，是一种新型轻质墙体材料。近年来 GRC 轻质空心隔墙板因其具有轻质、防水、防潮、安装速度快且易于操作、可提高建筑使用面积等优点，又能有效保护耕地、推进工业废料利用，而逐步得到推广应用。

(2) 通过现场观测，裂缝竖向垂直，裂缝之间宽度正好和 GRC 板材宽度一致，裂缝处正好是板材的接缝处。拆除板材，发现板材边缘有没处理干净的废机油。板材生产厂家使用废机油作为隔离剂，施工人员在施工时，没有把板材的隔离剂处理干净，造成边缘的墙板与嵌缝砂浆之间的粘结力减小，同时施工完毕后，室内外温差大，材料之间热胀冷缩系数不同，导致隔墙产生裂缝缺陷。除此之外，还有其他因素也会使 GRC 轻质空心隔墙产生裂缝。譬如板自身质量对板缝开裂的影响，板材配比不合理，强度低，极易开裂；养护期不足，收缩未完成即出厂；还有施工安装的因素，湿板上墙，安装后的板材产生干燥收缩，在抗拉最薄弱的环节板与板、板与墙柱、梁板或房顶交接处，易产生裂缝；连续长墙安装。大开间结构的建筑，一次安装过长的墙板，由于各种收缩因素的累积产生收缩应力，造成墙板开裂；墙板开槽回填不实，填洞材料与尺寸不规范，产生内应力，易造成墙板开裂；配制粘结胶浆用的水泥强度等级与 GRC 板所用水泥强度等级不一致，也容易在拼接处因两种水泥的缩水性能不一致而导致开裂，等等。

(3) 防止板缝及空洞处开裂的措施

1) 控制进场板材质量。GRC 板要求质地均匀、密实，棱角榫头完整，板面平整，纵向无扭曲等缺陷；强度低、养护期不到的不得进场；选用非废机油隔离剂的板材，或安装前及时、认真清理；尽量选用半圆弧企口形板缝的板材。

2) 施工前必须选用充分干燥的 GRC 轻板。

3) 改进施工工序。严格按下列工艺流程组织施工：清整楼面→定位放线→配板→安装上端钢卡板→配制胶结料→接口抹灰→立板临时固定→板缝处理及粘贴嵌缝带→下端钢卡及安装→板缝养护→装饰层施工前基层处理→设置标点（筋）→装饰粘结层→装饰基层→装饰面层→涂层。

4) 选用和与 GRC 轻板同品种、同强度等级的水泥自己制粘结胶浆，板间竖向接口用低碱水泥胶（低碱水泥：107 胶：水＝2：1：0.2）胶结料；也可采用专用嵌缝剂，嵌缝剂应具有抗裂性，一般须在产品中掺加抗裂纤维以增加柔韧性、提高抗裂性能，常用的纤维有木纤维、杜拉纤维和丙纶等。

5) 竖向板缝，要将接口胶结料挤压密实，随时捻口，GRC 板上下水平缝要用低碱水泥砂浆嵌缝并抹成八字角。竖板缝两侧粘 80mm 宽嵌缝带。

6) 对于大开间的结构，安装时每隔 3～5m 预留一处安装缝不处理，放置一段时间，待应力释放完毕后再处理。

7) 提高操作工人责任心和技术水平，操作工人要经过专业岗前教育培训，安装工人必须相对稳定。

14.8 涂饰分项工程

14.8.1 涂饰工程中常见的质量缺陷及分析处理

1. 外墙涂料饰面起鼓、起皮、脱落

(1) 原因分析

1）基层表面不坚实，不干净，受油污、粉尘、浮灰等杂物污染。

2）新抹水泥砂浆基层湿度大，碱性也大，析出结晶粉末而造成起鼓、起皮。

3）基层表面太光滑，腻子强度低，造成涂膜起皮脱落。

（2）防治措施

1）涂刷底油涂料前，对基层缺陷进行修补平整；刷除表面油污、浮灰。

2）检查基层是否干燥，含水率应小于10%；新抹水泥砂浆基面夏季养护7d以上；冬季养护14d以上。现浇混凝土墙面夏季养护10d以上；冬季20d以上。基面碱性不宜过大，pH值为10左右。

3）外墙过干，施涂前可稍加湿润，然后涂抗碱底漆或封闭底漆。

4）当基层表面太光滑时，要适当敲毛，出现小孔、麻点可用107胶水配滑石粉作腻子刮平。

2. 外墙涂料花纹不匀，花纹图案大小不一；局部流淌下坠；有明显的接槎

（1）原因分析

1）喷涂骨架层时，骨料稠度改变；空压机压力变化过大；喷嘴距基层距离、角度变化及喷涂快慢不匀等都会造成花纹大小不一致。

2）基层局部特别潮湿；局部喷涂时间过长、喷涂量过大及骨料添加不及时，都会造成花纹图案不一致或局部流淌下坠。

3）操作工艺掌握不准确，如斜喷、重复喷，未在分格缝处接槎，随意停喷，或虽然在分格处接槎，但未遮挡，未成活一面溅上部分骨料等，都会造成明显接槎。

（2）防治措施

1）控制好骨料稠度，专人负责搅拌；空压机压力、喷嘴距基层面距离、角度、移动速度等应保持基本一致。

2）基层应干湿一致。如基层表面有明显接槎，须事先修补平整。脚手架与基层面净距不小于300mm，保证不影响喷嘴垂直对准基面。

3）防止放"空枪"，应有专人加骨料；局部成片出浆、流坠，要及时铲去重喷。

4）喷涂要连续作业，保持工作面"软接槎"到分格缝处停歇。

5）停歇前，应有专人做好未成活部位的遮挡工作，若已溅上骨料应及时清除。

3. 内墙和顶棚涂料涂层颜色不均匀

（1）原因分析

1）不是同批涂料，颜料掺量有差异。

2）使用涂料时未搅拌匀或任意加水，使涂料本身颜色深浅不同，造成墙面颜色不均匀。

3）基层材料差异，混凝土或砂浆龄期相差悬殊，湿度、碱度有明显差异。

4）基层处理差异，如光滑程度不一，有明显接槎、有光面、有麻面等差别，涂刷涂料后，由于光影作用，看上去显得墙面颜色深浅不匀。

5）施工接槎未留在分格缝或阴阳角处，造成颜色深浅不一致的现象。

（2）防治措施

1）同一工程，应选购同厂同批涂料；每批涂料的颜料和各种材料配合比例须保持一致。

2）由于涂料易沉淀分层，使用时必须将涂料搅匀，并不得任意加水。确因特殊情况需要加水时，应掌握均匀一致。

3）基层是混凝土时，龄期应在28d以上，砂浆可在7d以上，含水率小于10%，pH值在10以下。

4）基层表面麻面小孔，应事先修补平整，砂浆修补龄期不少于3d；若有油污、铁锈、隔离剂等污物时，须先用洗涤剂清洗干净。

5）严格执行操作规程，接槎必须在施工缝或阴阳角处，不得任意停工甩槎。

4. 内墙和顶棚涂料涂层色淡易掉粉

涂料涂层干燥后，局部色淡且该处易掉粉末。

（1）原因分析

1）使用涂料时未搅拌均匀。桶内上部料稀，色料上浮，遮盖力差；下面料稠，填料沉淀，色淡，涂刷后易脱粉。

2）涂料质量不合标准，耐水性能不合格。

3）混凝土及砂浆基层龄期短，含水率高，碱度大。

4）施工涂刷时，气温低于涂料最低成膜温度，或涂料未成膜即被水冲洗。

5）涂料加水过多，涂料太稀，成膜不完善。

（2）防治措施

1）基层须干燥，含水率应小于10%（若选用也墙涂料另作考虑），并清理干净，并作必要的表面处理。若修补找平时，应用水泥砂浆或水泥乳胶腻子。

2）施工气温不宜过低，应在10℃以上，阴雨潮湿天不宜施工。

3）基层材料龄期必须符合有关规定，如混凝土应28d以上；水泥砂浆不少于7d。

4）涂料加水，必须严格按出厂说明要求进行，不得任意加水稀释。

5）根据基层不同，正确选用涂料和配制腻子。如氯偏共聚乳液涂料不能和有机溶剂、石灰水一起使用；过氯乙烯涂料与石膏反应强烈，不能直接涂于石膏腻子基层上等。

5. 多彩内墙涂料施工向下流淌

（1）原因分析

喷涂涂料太厚，自重较大，涂料不能很好挂住形成向下流淌的现象。

（2）防治措施

1）正确操作，宜先试喷，控制速度、厚薄及喷涂距离等。

2）转角处使用遮盖物，减少两个面互相干扰。

6. 多彩内墙涂料花纹不规则

喷涂面花纹紊乱，无规则，影响美观。

（1）原因分析

1）喷涂时压力时大时小。

2）喷涂操作工艺掌握不当。

3）喷涂条件不佳或不足影响。

4）喷涂过薄，遮盖率达不到标准。

（2）防治措施

1）事先检查喷涂设备，保证喷涂压力稳定在0.25～0.30MPa。

2）正确操作，喷嘴到喷涂面距离为 300～400mm；喷涂速度前后一致，遵守操作规程。

3）由专人负责，保证脚手架高度，照明一致，便于操作和观察。

4）有一定喷涂厚度，保证达到适当的遮盖率。

14.8.2 案例分析

1. 背景

某大学图书楼大厅墙面基层为水泥砂浆面，按设计要求，采用多彩内墙涂料饰面。该涂料的特点：涂层无接缝，整体性强，无卷边和霉变，耐油、耐水、耐擦洗，施工方便、效率高。涂饰前作了技术交底，并明确了验收要求。

验收时发现如下缺陷：流挂、不均匀光泽、剥落、涂膜表面粗糙。

2. 问题

试分析产生上述各缺陷的原因。

3. 分析

（1）流挂。喷涂太厚，尤其多发生在转角处。

（2）不均匀光泽。中涂层吸收面层涂料不均匀。

（3）剥落（呈壳状）。表面潮湿；基层强度低；用水过度稀释中涂料中涂料没有充分干燥。

（4）表面粗糙。涂料用量不足。

14.9 裱糊及软（硬）包分项工程

裱糊与软包工程中的质量缺陷及分析处理：

1. 离缝或亏纸

相邻壁纸间的连接缝隙超过允许范围称为离缝；壁纸的上口与挂镜线（无挂镜线时，为弹的水平线），下口与踢脚线连接不严，显露基面称为亏纸。

（1）原因分析

1）裁割壁纸未按照量好的尺寸，裁割尺寸偏小，裱糊后出现亏纸；或丈量尺寸本身偏小，也会造成亏纸。

2）第1张壁纸裱糊后，在裱糊第2张壁纸时，未连接准确就压实；或虽连接准确，但裱糊操作时赶压底层胶液推力过大而使壁纸伸胀，在干燥过程中产生回缩，造成离缝或亏纸现象。

3）搭接裱糊壁纸裁割时，接缝处不是一刀裁割到底，而是变换多次刀刃的方向或钢直尺偏移，使壁纸忽胀忽亏，裱糊后亏损部分就出现离缝。

（2）防治措施

1）裁割壁纸前，应复核裱糊墙面实际尺寸和需裁壁纸尺寸。直尺压紧纸后不得移动，刀刃紧贴尺边，一气呵成，手动均匀，不得中间停顿或变换持刀角度。尤其是裁割已裱糊在墙上的壁纸时，更不能用力过猛，防止将墙面划出深沟，使刀刃受损，影响再次裁割质量。

2）裁割壁纸一般以上口为准，上、下口可比实际尺寸略长 10～20mm；花饰壁纸应将上口的花饰全部统一成一种形状，壁纸裱糊后，在上口线和踢脚线上口压尺，分别裁割掉多余的壁纸；有条件时，也可只在下口留余量，裱糊完后割掉多余部分。

3）裱糊前壁纸要先"闷水"使其受潮后横向伸胀，一般 800mm 宽的壁纸闷水后约胀出 10mm。

4）裱糊的每一张壁纸都必须与前张靠紧，争取无缝隙，在赶压胶液时，由拼缝处横向往外赶压胶液和气泡，不准斜向来回赶压或由两侧向中间推挤，应使壁纸对好缝后不再移动，如果出现位移要及时赶回原来位置。

5）出现离缝或亏纸轻微的裱糊工程饰面，可用同壁纸颜色相同的乳胶漆点描在缝隙内，漆膜干燥后可以掩盖；对于稍严重的部位，可用相同的壁纸补贴，不得有痕迹；严重部分宜撕掉重贴。

2. 花饰不对称

有花饰的壁纸裱糊后，两张壁纸的正反面、阴阳面，或者在门窗口的两边、室内对称的柱子、两面对称的墙壁等部位出现裱糊的壁纸花饰不对称现象。

（1）原因分析

1）裱糊壁纸前没有区分无花饰和有花饰壁纸的特点，盲目裁割壁纸。

2）在同一张纸上印有正花和反花、阴花和阳花饰，裱糊时未仔细区别，造成相邻壁纸花饰相同。

3）对要裱糊壁纸的墙面未进行周密的观察研究，门窗口的两边、室内对称的柱子、两面对称的墙，裱糊壁纸的花饰不对称。

（2）防治措施

1）壁纸裁割前对于有花饰的壁纸经认真区别后，将上口的花饰全部统一成一种形状，按照实际尺寸留出余量统一裁割。

2）在同一张纸上印有正花和反花、阴花和阳花饰时，要仔细分辨，最好采用搭接法进行裱糊，以避免由于花饰略有差别而误贴。如采用接缝法施工，已裱糊的壁纸边花饰如为正花，必须将第 2 张壁纸边正花饰裁割掉。

3）对准备裱糊壁纸的房间应观察有无对称部位，若有，应认真设计排列壁纸花饰，应先裱糊对称部位，如房间只有中间一个窗户，裱糊在窗户取中心线，并弹好粉线，向两边分贴壁纸，这样壁纸花饰就能对称；如窗户不在中间，为使窗间墙阳角花饰对称，也可以先弹中心线向两侧裱糊。

4）对花饰明显不对称的壁纸饰面，应将裱糊的壁纸全部铲除干净，修补好基层，重新按工艺规程裱糊。

3. 壁纸翘边

壁纸边沿脱胶离开基层而卷翘的现象。

（1）原因分析

1）涂刷胶液不均匀，漏刷或胶液过早干燥。

2）基层有灰尘、油污等，或表面粗糙干燥、潮湿，胶液与基层粘结不牢，使纸边翘起。

3）胶粘剂胶性小，造成纸边翘起，特别是阴角处，第 2 张壁纸粘贴在第 1 张壁纸的塑料面上，更易出现翘起。

4）阳角处裹过阳角的壁纸宽度小于20mm，未能克服壁纸的表面张力，也易翘起。

（2）防治措施

1）根据不同施工环境温度，基层表面及壁纸品种，选择不同的胶粘剂，并涂刷均匀。

2）基层表面的灰尘、油污等必须清除干净，含水率不得超过8％。若表面凹凸不平，应先用腻子刮抹平整。

3）阴角壁纸搭缝时，应先裱糊压在里面的壁纸，再用黏性较大的胶液粘贴面层壁纸。搭接宽度一般不大于3mm。纸边搭在阴角处，并且保持垂直无毛边。

4）严禁在明角处甩缝，壁纸裹过阳角应不小于20mm。包角壁纸必须使用黏性较强的胶液，并要压实，不能有空鼓和气泡，上、下必须垂直，不能倾斜。有花饰的壁纸更应注意花纹与阳角直线的关系。

5）将翘边壁纸翻起来，检查产生翘边原因，属于基层有污物的，待清理后，补刷胶液重粘牢，属于胶粘剂胶性小的，应换用胶性较大的胶粘剂粘贴；如果壁纸翘边已坚硬，除了应使用较强的胶粘剂粘贴外，还应加压，待粘牢平整后，才能去掉压力。

4. 空鼓（气泡）

壁纸表面出现小块凸起，用手指按压时，有弹性和与基层附着不实的感觉，敲击时有鼓声。

（1）原因分析

1）裱糊壁纸时，赶压不得当，往返挤压胶液次数过多，使胶液干结失去粘结作用；或赶压力量太小，多余的胶液未能挤出，存留在壁纸内部，长时间不能干结，形成胶囊状；或未将壁纸内部的空气赶出而形成气泡。

2）基层或壁纸底面，涂刷胶液厚薄不匀或漏刷。

3）基层潮湿，含水率超过有关规定，或表面的灰尘、油污未消除干净。

4）石膏板表面的纸基起泡或脱落。

5）白灰或其他基层较松软，强度低，裂纹空鼓，或孔洞、凹陷处未用腻子刮平，填补不坚实。

（2）防治措施

1）严格按壁纸裱糊工艺操作，必须用刮板由里向外刮抹，将气泡或多余的胶液赶出。

2）裱糊壁纸的基层必须干燥，含水率不超过8％；有孔洞或凹陷处，必须用石膏腻子或大白粉、滑石粉、乳胶腻子刮抹平整，油污、尘土必须清除干净。

3）石膏板表面纸基起泡、脱落，必须清除干净，重新修补好纸基。

4）涂刷胶液必须厚薄均匀一致，绝对避免漏刷。为了防止胶液不匀，涂刷胶液后，可用刮板刮1遍，把多余的胶液回收再用。

由于基层含有潮气或空气造成空鼓，应用刀子割开壁纸，将潮气或空气放出，待基层完全干燥或把鼓包内空气排出后，用医用注射针将胶液打入鼓包内压实，使之粘贴牢固。壁纸内含有胶液过多时，可使用医药注射针穿透壁纸层，将胶液吸收后再压实即可。

14.10 细部分项工程

细部工程中的质量缺陷及分析处理：

1. 窗帘盒、金属窗帘杆安装

（1）窗帘盒安装不平、不正：主要是找位、划尺寸线不认真，预埋件安装不准，调整处理不当。安装前做到厨线正确，安装量尺必须使标高一致、中心线准确。

（2）窗帘盒两端伸出的长度不一致：主要是窗中心与窗帘盒中心相对不准，操作不认真所致。安装时应核对尺寸使两端长度相同。

（3）窗帘轨道脱落：多数由于盖板太薄或螺丝松动造成。一般盖板厚度不宜小于15mm；薄于15mm的盖板应用机螺丝固定窗帘轨。

（4）窗帘盒迎面板扭曲：加工时木材干燥不好，入场后存放受潮，安装时应及时刷油漆一遍。

2. 壁柜、吊柜及固定家具安装

（1）抹灰面与框不平，造成贴脸板、压缝条不平：主要是因框不垂直，面层平度不一致或抹灰面不垂直。

（2）柜框安装不牢：预埋木砖安装时碰活动，固定点少，用钉固定时，要数量够，木砖埋牢固。

（3）合页不平，螺丝松动，螺帽不平正，缺螺丝：合页槽深浅不一，安装时螺丝钉打入太长。操作时螺丝打入长度1/3，拧入深度应2/3，不得倾斜。

（4）柜框与洞口尺寸误差过大，造成边框与侧墙、顶与上框间缝隙过大，注意结构施工留洞尺寸，严格检查确保洞口尺寸。

3. 开关、插座安装

（1）开关、插座的面板不平整，与建筑物表面之间有缝隙，应调整面板后再拧紧固定螺丝，使其紧贴建筑物表面。

（2）开关未断相线，插座的相线、零线及地线压接混乱，应按要求进行改正。

（3）多灯房间开关与控制灯具顺序不对应。在接线时应仔细分清各路灯具的导线，依次压接，并保证开关方向一致。

（4）固定面板的螺丝不统一（有一字和十字螺丝）。为了美观，应选用统一的螺丝。

（5）同一房间的开关、插座的安装高度差超出允许偏差范围，应及时更正。

（6）铁管进盒护口脱落或遗漏。安装开关、插座接线时，应注意把护口带好。

（7）开关、插座面板已经上好，但盒子过深（大于2.5cm），未加套盒处理，应及时补上。开关、插销箱内拱头接线，应改为鸡爪接导线总头，再分支导线接各开关或插座端头。或者采用LC安全型压线帽压接总头后，再分支进行导线连接。

第 15 章 参与调查、分析质量事故、提出处理意见

15.1 防水工程的质量缺陷、产生原因

室内防水部位主要位于厕浴间、厨房间内。这些部位设备多、管道多、阴阳转角多、施工工作面小，是用水最频繁的地方，同时也是最易出现渗漏的地方。厕浴间、厨房间的渗漏主要发生在房间四周、地漏周围、管道周围等。究其原因，主要是设计考虑不周、材料选择不当、施工时结构层（找平层）处理得不好、防水层做得不到位、管理或使用不当等原因造成的。见图 15-1。

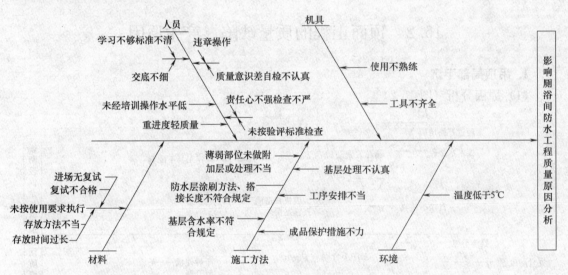

图 15-1 防水工程的质量缺陷原因分析

1. 汇水倒坡

（1）原因分析

1）地漏偏高；

2）地面不平有积水；

3）集水汇水性差；

4）坡度不顺或排水不畅通或倒流水。

（2）预防措施

1）严格控制地漏标高且应低于地面标高，厕浴间、厨房间地面应比其他室内地面低；

2）地坡从距离地漏最远端起至地漏之间应形成一定的坡度；

3）地漏四周的汇水口要做成喇叭形，排水通畅。

2. 返潮渗漏

(1) 原因分析

1) 墙面防水层设计高度不够；
2) 墙、地交接处、阴阳角等处未做加强处理。

(2) 预防措施

1) 墙面防水层高度应严格按规定施工；
2) 墙、地交接，阴阳角等处必须设置附加层。

3. 地漏、管根处渗漏

(1) 原因分析

地漏、管根处结合不严密。

(2) 预防措施

1) 地漏、管根与基体结合严密；
2) 地漏、管根周围剔槽并嵌填密封材料；
3) 地漏、管根周围设置附加层。

15.2 顶面工程的质量缺陷、产生原因

1. 吊顶局部下沉

(1) 原因分析（图 15-2）

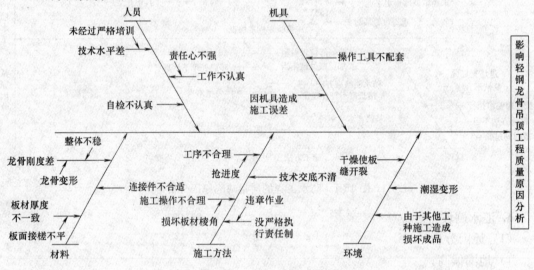

图 15-2 顶面工程的质量缺陷原因分析

1) 吊杆与结构基体固定不牢；
2) 吊杆强度不够，拉伸变形；
3) 局部人为踩踏或增加额外荷载；
4) 安装时吊杆不直；吊顶未按规定起拱。

(2) 预防措施

1) 吊点与基层固定牢固，固定膨胀螺栓时严格控制钻孔孔径和深度，孔径不得过大；

2）吊点分布均匀，在龙骨端头处、吊杆与设备相遇处增加吊杆；

2. 大面积不平整

（1）原因分析

1）吊顶未弹线；

2）吊杆或次龙骨间距偏大；

3）龙骨安装后未进行调直调平。

（2）预防措施

1）吊顶安装前分别弹出吊顶标高线及吊杆位置线；

2）合理安排吊杆及次龙骨间距；

3）罩面板安装前对龙骨进行调直调平，所有连接件安装牢固。

3. 明装纵横龙骨接缝明显高低不平

（1）原因分析

1）横龙骨截料尺寸控制不准；

2）横龙骨截料端口不平直；

3）纵横龙骨下平面相交连接时，未注意高低平齐。

（2）预防措施

1）截料时应按实际量准尺寸，用角尺划线下料，注意端口要锯平直并与其长轴线垂直；

2）接头缝隙一般不大于1mm；

3）高级吊顶施工时，横龙骨截料长度应留有余量，以便安装时可用锉刀或手砂轮进行精加工，修整到安装后无明显缝隙为止。

15.3　墙面工程的质量缺陷、产生原因

墙面工程的质量缺陷原因分析见图15-3。

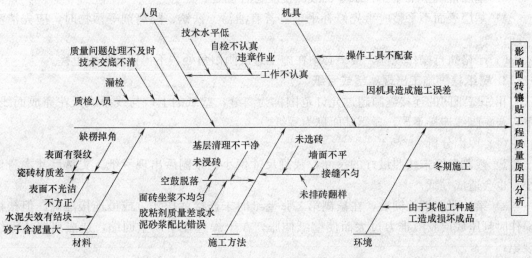

图15-3　墙面工程的质量缺陷原因分析

1. 加气混凝土条板隔墙表面不平整

（1）原因分析

1）条板不规矩，偏差大。或在吊运过程中吊具使用不当，损坏板面和棱角；

2）施工工艺不当，安装时不跟线。断板时未锯透就用力断开，造成接触面不平；

3）安装时用撬棍撬动，磕碰损坏。

（2）预防措施

1）加气混凝土条板在运输过程中应采用专用吊具或用套胶管的钢丝绳轻吊轻放，并应侧向分层码放，不得平放；

2）条板切割应平整垂直，特别是门窗侧边必须保持平直。安装前要选板，如有缺棱掉角，应用与加气混凝土材性相近的材料进行修补。未经修补的坏板或表面疏松的板不得使用；

3）安装前应在顶板、梁底、墙面弹线，并应在地面上放出隔墙位置线，安装时以一面线为准，接缝要求平顺，不得有错台。

2. 内墙涂料涂层颜色不均匀

（1）原因分析

1）采用不同批次的涂料，颜料掺量有差异；

2）使用涂料时未搅拌均匀或任意加水，使涂料本身颜色深浅不同，造成墙面颜色不均匀；

3）使用涂料时未搅拌均匀，混凝土或砂浆龄期相差悬殊，含水率、酸碱度有明显差异；

4）基层处理差异，如平整度差、有明显接槎等；

5）施工接槎未留在分格缝或阴阳角处。

（2）预防措施

1）应选用同一供应商的同一批次产品，每批涂料的颜料和各种材料配合比保持一致；

2）使用时应将涂料搅拌均匀，使用过程中不得任意加水；

3）基层混凝土龄期、含水率、酸碱度应符合规定；

4）基层表面不平整应事先修补平整，若有油污、铁锈、隔离剂等污物时，应先清洗干净；

5）严格执行操作规程，接槎必须在施工缝或阴阳角处，不得任意停工甩槎。

3. 壁纸裱糊施工出现离缝或亏纸

相邻壁纸间的连接缝隙超过允许范围称为离缝；壁纸的上口与线条或天花完成面线、下口与踢脚线连接不严，显露基面称为亏纸。

（1）原因分析

1）裁割壁纸未按照量好的尺寸，裁割尺寸偏小，裱糊后出现亏纸。丈量尺寸本身偏小，也会造成亏纸；

2）第一张壁纸裱糊后，在裱糊第二张壁纸时未连接就压实，或虽连接准确，但裱糊操作时赶压底层胶液推力过大而使壁纸伸胀，在干燥过程中产生回缩，造成离缝或亏纸现象；

3）搭接裱糊壁纸裁割时，接缝处不是一刀裁割到底，而是变换多次刀刃的方向或钢直尺偏移，使壁纸忽胀忽亏，裱糊后亏损部分就出现离缝。

(2) 防治措施

1) 裁割壁纸前，应复核裱糊墙面实际尺寸和需裁壁纸尺寸。直尺压紧后不得移动，刀刃紧贴尺边，一气呵成，手动均匀，不得中间停顿或变换持刀角度。尤其是裁割已裱糊在墙上的壁纸时，更不能用力过猛，防止将墙面划出深沟，使刀刃损伤壁纸；

2) 裁割壁纸一般以上口为准，上、下口可比实际尺寸略长10～20mm。花饰壁纸应将上口的花饰全部统一成一种形状，壁纸裱糊后，在上口线和踢脚线上口压尺，分别裁割掉多余的壁纸。有条件时，也可只在下口留余量，裱糊完后割掉多余部分；

3) 裱糊壁纸前要先"闷水"，使其受糊后横向伸胀，一般800mm宽的壁纸闷水后约胀出10mm；

4) 裱糊的每一张壁纸都必须与前一张紧靠，在赶压胶液时，由拼缝处横向往外压出胶液和气泡，不准斜向来回赶压或由两侧向中间推挤，应使壁纸对好缝后不再移动，如果出现移位要及时赶回原来的位置。

15.4 地面工程的质量缺陷、产生原因

地面工程的质量缺陷原因分析见图15-4。

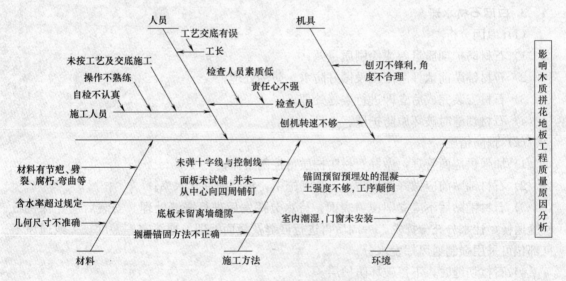

图15-4 地面工程的质量缺陷原因分析

1. 木质地板人行走时有响声

(1) 原因分析

1) 木搁栅含水率大或施工环境湿度大使木搁栅受潮，完工后木搁栅干燥收缩松动；

2) 固定木搁栅的预埋铁丝、"门"形铁件被踩断或不合要求，固定处松动；

3) 木搁栅固定点间距过大，木搁栅变形松动；

4) 毛地板、面板少钉、漏钉或固定不牢；

5) 木搁栅铺完后，未认真进行自检。

（2）预防措施

1）严格控制木搁栅含水率、施工环境湿度；

2）采用预埋铁丝法，要注意保护铁丝；

3）基层为预制楼板的，锚固铁件应设置于叠合层。无叠合层时，可设置于板缝内，设置间距应符合规定；

4）搁栅铺钉完，要认真检查有无响声，不符合要求应及时修理。

2. 预制水磨石、大理石地面空鼓

（1）原因分析

1）基层清理不干净或浇水湿润不够，造成垫层和基层脱离；

2）垫层砂浆太稀或一次铺得太厚，收缩太大，易造成板与垫层空鼓；

3）板背面浮灰未清刷净，未浇水，影响粘结；

4）石板铺贴时操作不当。

（2）防治措施

1）基层必须清理干净，并充分浇水湿润；

2）预制板或石板背面必须清理干净，并刷水事先湿润，待表面稍晾干后方可铺设；

3）当基层凹凸不平时，应高凿低补；

4）板材铺设完成后24h，应进行养护。

3. 白麻石材水斑

（1）原因分析

1）石材防护剂质量差或涂刷质量差；

2）石材铺贴前地坪潮湿或没做好防水、防潮处理；

3）石材安装完成后立即进行嵌缝处理；

4）石材切缝时破坏原防护层。

（2）预防措施

1）加强供应商管理，做好石材防护质量控制工作；

2）石材铺贴前应做好地坪防水、防潮施工，控制地坪含水率；

3）石材铺贴后不应立即覆盖表面，待水分挥发后进行嵌缝处理。安装后应先保持石材缝通畅，让水分充分挥发，一周后再进行嵌缝及镜面处理，地下室等湿度较大或通风不良部位可采用强制通风挥发水分；

4）石材切缝时，不得破坏防护层。

15.5 门窗工程的质量缺陷、产生原因

门窗工程的质量缺陷原因分析见图15-5。

木门窗玻璃装完后松动或不平整：

（1）原因分析

1）裁口内的胶渍、灰砂颗粒、木屑等未清除干净；

2）未铺垫底油灰或底油灰厚薄不均、漏铺；

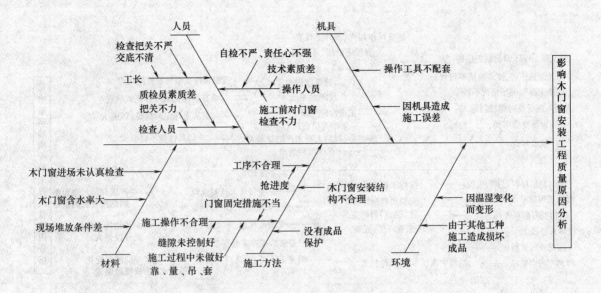

图 15-5 门窗工程的质量缺陷原因分析

3）玻璃裁制尺寸偏小，影响固定；
4）玻璃固定点间距不符合规定。
（2）预防措施
1）玻璃安装前将裁口内的杂物清理干净；
2）裁口内铺垫的底油灰厚薄均匀一致；
3）玻璃尺寸按设计裁割，保证玻璃每边镶入裁口的尺寸应符合规定，禁止使用窄小玻璃安装；
4）玻璃固定点间距符合规定。

15.6 幕墙工程的质量缺陷、产生原因

幕墙工程的质量缺陷原因分析见图 15-6。

1. 幕墙有渗漏水现象

（1）原因分析
1）幕墙设计考虑不周，细部处理欠妥；
2）橡胶条规格不符合设计要求，造成胶缝处厚薄不匀；
3）耐候硅酮密封胶施工不规范；
4）安启窗的安装不符合要求。
（2）预防措施
1）设计泄水通道，集水后由管道排出；
2）填嵌密封胶前，要将接触处擦拭干净，再用溶剂揩擦后方可填嵌密封胶，厚度应大于 3.5mm 宽度要大于厚度的 2 倍；
3）橡胶条应按规定型号选用，镶嵌应平整；

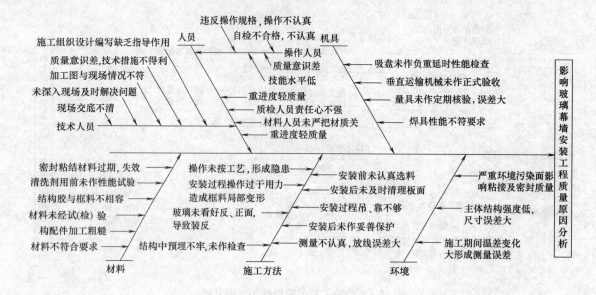

图 15-6 幕墙工程的质量缺陷原因分析

4）开启窗安装的玻璃应与幕墙在同一水平。

2. 幕墙玻璃爆裂

(1) 原因分析

1) 由于玻璃加工工艺不标准,玻璃的质量不稳定,导致玻璃自爆开裂;

2) 立柱与横梁安装误差大,产生的应力不匀,使玻璃局部受挤压而裂缝;

3) 安装玻璃时下部没有设置弹性定位垫块,使玻璃爆裂。

(2) 预防措施

1) 幕墙玻璃应选用安全玻璃,质量必须符合国家现行标准的规定;

2) 玻璃按规格划好后,要用磨边机磨边,否则在安装过程中和安装后易产生应力集中,安装后的钢化玻璃表面不应有伤痕,钢化玻璃均质化处理;

3) 立柱安装标高偏差不应大于3mm,轴线前后偏差不应大于2mm,左右偏差不应大于3mm。横梁同一高度相邻两根横向构件安装在同一高度,其端部允许高差1mm;

4) 玻璃与构件不得直接接触。玻璃四周与构件凹槽底应保持一定空隙。每块玻璃下部应设不少于两块弹性定位垫块,垫块的宽度与槽口宽度应相同,长度不应小于100mm。玻璃两边嵌入量及空隙应符合设计要求;

5) 玻璃四周橡胶条应按规定型号选用,镶嵌应平整,橡胶条长度宜比边框内槽口长1.5%～2%,其断口应留在四周。斜面断开后应拼成预定的设计角度,并应用胶粘剂粘结牢固后嵌入槽内。

3. 幕墙预埋件强度不足

(1) 原因分析

1) 预埋件的制作和用料规格达不到设计要求。当设计无要求时,没有经过结构计算以确定用料规格;

2) 使用的材料质量不符合相关规范的规定；

3) 主体结构的混凝土强度等级偏低。

(2) 预防措施

1) 预埋件的螺栓直径、锚板厚度等应按设计规定制作和预埋。如设计无具体规定时，应按相关规定进行承载力的计算；

2) 预埋件采用的钢板、锚筋等应符合规定，不得采用冷加工钢筋；

3) 先建房后改作幕墙的工程，当原有建筑主体结构混凝土的强度等级低于 C30 时，要增加预埋件数量。通过结构理论计算，确定螺栓的锚固长度、预埋方法，确保幕墙的安全度。

15.7 水电工程的质量缺陷、产生原因

水电工程的质量缺陷原因见图 15-7。

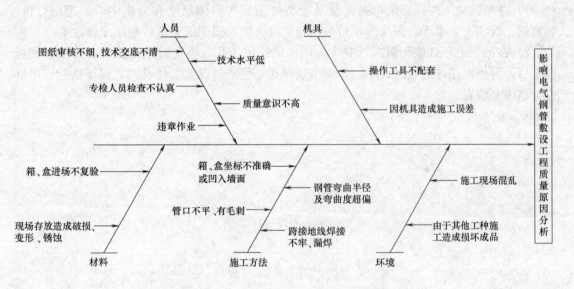

图 15-7 水电工程的质量缺陷原因分析

1. 一般灯具安装时绝缘台固定不牢、绝缘台将导线压扁或灯具内导线有接头，接线时相线直接接在灯头上

(1) 原因分析

1) 固定绝缘台时，未考虑绝缘台的大小和安装场所的结构，对绝缘台未进行加工处理；

2) 未考虑灯具的自重；

3) 接线时，相线和中性线没有明显的区别而使接线错误。

(2) 预防措施

1) 固定绝缘台时，规格应按吊盒或灯具法兰大小选择。绝缘台固定处若在砖墙或混凝土结构上，应事先埋设膨胀螺栓，或打洞埋设镀锌钢丝榫，然后用螺钉固定；

2) 灯具重量较大时，需用吊链悬挂灯具，软线应编叉在吊链内，且不得受力；当灯具的自重超过 3kg 时，应预埋吊钩或螺栓悬挂灯具；

3) 灯具接线时，相线和中性线要严格区别，应将中性线接在灯头上，相线应经过开关再接到灯头上。对螺口灯座，相线应接在灯座中心的铜片上，中性线接螺口铜圈上。灯具的导线不得有接头；

4) 绝缘台若固定不牢靠，应重新固定；

5) 灯具接线错误应返工重新接线。

2. 花灯及组合式灯具安装不在分格中心或不对称

（1）原因分析

1) 在安装线路确定灯位时，没有参照土建工程建筑装修图。土建、电气专业会审图纸不严密，容易出现灯位不正、档距不对称；

2) 装饰吊顶板留灯位孔洞时，测量不准确。

（2）预防措施

1) 在吊顶施工时，必须根据建筑吊顶装修图核实具体尺寸和分格中心，定出灯位。对宾馆、饭店、艺术厅、剧场等项目吊顶施工时，要加强图纸会审，密切配合施工；

2) 在吊顶上开灯位孔洞时，应先选用木钻钻成小孔，小孔对准灯头盒，待吊顶夹板钉上后，再根据花灯法兰盘大小，扩大吊顶眼孔，使法兰盘能盖住孔洞，保证法兰、吊杆在分格中心位置。

第 16 章 编制、收集、整理质量资料

工程质量资料是在设计、施工、验收等阶段形成的有关管理文件、设计文件、原材料、设备和构配件的质量证明文件、施工过程检验验收文件、竣工验收文件等反映工程实体质量的文字、图片和声像等信息记录的总称，是工程质量重要的组成部分。

16.1 编制、收集、整理工程质量资料要求

（1）工程档案资料的形成应符合国家相关的法律、法规、工程建设标准、工程合同与设计文件等的规定。

（2）工程文件资料应真实有效、完整及时、字迹清楚、图样清晰、图表整洁并应留出装订边。工程文件资料的填写、签字应采用耐久性强的书写材料，不得使用易褪色的书写材料。

（3）工程文件资料应使用原件，当使用复印件时，提供单位应在复印件上加盖单位印章，并应签字、注明日期，提供单位应对资料的真实性负责。

（4）建设过程中工程文件资料的形成、收集、整理和审核应符合有关规定，签字并加盖相应的资格印章。

（5）建设、监理、勘察、设计、施工等单位工程项目负责人应对本单位工程文件资料形成的全过程负总责。建设过程中工程文件资料的形成、收集、整理和审核应符合有关规定，签字并加盖相应的资格印章，质量验收资料有关规定主要是《建筑工程施工质量验收统一标准》GB 50300 的规定。

（6）工程档案资料管理应建立岗位责任制。

（7）单位工程、分部工程、分项工程和检验批的验收程序和记录应形成符合《建筑工程施工质量验收统一标准》GB 50300 的规定。

（8）工程资料员负责工程文件资料、工程质量验收记录的收集、整理和归档工作。

（9）移交给城建档案馆和本单位留存的工程档案应符合国家法律、法规和规范的规定，移交给城建档案馆的纸质档案由建设单位一并办理，移交时应办理移交手续。

16.2 编制、收集、整理隐蔽工程的质量验收单

隐蔽工程验收的目的是把工程质量问题消灭在工程隐蔽之前。

隐蔽工程是指上一道工序结束，被下一关系密切工序所掩盖，正常情况下无法进行复查的项目。隐蔽工程的项目在各专业验收规范中均有明确要求，应执行相应的验收规范。

隐蔽工程的验收应按下列要求进行：

（1）确定隐蔽工程的部位和内容，隐蔽验收的内容应符合相关标准的要求；

(2) 检查隐蔽工程所使用的材料的质量合格证明文件,质量合格文件包括质量合格证书、出厂检验报告（可和质量合格证书合并）有效期内型式检验报告（有要求时）材料进场抽样检测报告（有要求时）；

(3) 检查实体质量,填写隐蔽工程质量验收记录,隐蔽工程质量验收记录可按表16-1填写。

隐蔽工程验收记录　　　　　　　　　　　　表 16-1

工程名称		工程地点			
施工单位		项目经理		专业工长	
分包单位		分包负责人		专业工长	
分部工程		分项工程名称			
隐蔽工程名称		施工图编号			
隐蔽工程验收内容和设计及规范要求					
隐蔽工程验收部位	施工单位自查记录				
	使用的主要材料检查记录		施工质量检查记录		
	……				
监理(建设)单位验收意见　　监理工程师　　　　年 月 日		施工单位检查意见：　　质量员：　　项目经理：　　　　年 月 日			

16.3 编制、汇总检验批、分项工程的检查验收记录

检验批应由专业监理工程师组织施工单位项目专业质量检查员、专业工长等进行验收。验收记录表使用《建筑工程施工质量验收统一标准》GB 50300—2013 规定的表格。该表由质量检查员填写,并应做好下列工作：

(1) 核对各工序中所用的原材料、半成品、成品、设备质量证明文件；

(2) 检查各工序中所用的原材料、半成品、成品、设备是否按专业规范和试验方案进行现场抽样检测,检测结果是否符合要求,检测结果不符合要求的不得用于工程；

(3) 检查主控项目是否符合要求；

(4) 检查一般项目是否符合要求,允许偏差项目实测实量；

(5) 填写检验批表格,随着国家对信息化的重视,建立工程电子档案是必然趋势,因此应使用符合要求的工程资料软件,有的省已制定工程资料管理规范,明确资料软件和建立电子档案的要求,对有要求的省份,应按要求使用资料软件,建立电子档案。

1) 表头的填写。使用资料软件的表头中的相关内容应自动生成,未使用资料软件的

表头应按实填写,要注意的是"施工执行标准名称及编号"一栏,该栏填写的是施工执行的标准如施工规范、操作规程、工法等操作标准,而不是验收规范,操作标准是约束操作行为,验收标准是约束验收行为,操作标准有的要求应高于验收标准,两者是有原则区别的,不能填写验收标准的名称及编号。

2)"验收规范的规定"一栏可填写主要内容,不必把全部条款均录入,但应反映主要规定。

3)"施工、分包单位检查记录"一栏,填写的内容应能反映工程质量状况,如所用材料的主要规格型号、质量证明文件、现场抽样检测报告等基本情况,现场实测的有允许偏差要求的应填写实测的偏差,资料软件要求填写实测值的按资料软件的设置填写。

4)"施工、分包单位检查结果"一栏,使用资料软件的将检查记录输入资料软件后,应自动计算允许偏差合格率,自动评价检验批,建立电子档案;未使用资料软件不能自动评价的应在施工、分包单位检查结果中填写,检查结果应明确合格(或优质)及不合格。如不合格的应按不合格工程的处理程序进行处理后重新评定,不合格工程的处理程序应符合《建筑工程施工质量验收统一标准》GB 50300 的规定。当符合验收要求时,项目专业质量检查员签字提交给监理工程师。

(6)监理工程师收到检验批验收记录表格后,应核查每一项内容,如真实、有效,应在"监理单位验收记录"栏中签署验收意见。在"监理单位验收结论"签署结论性意见,专业监理工程师签字。如使用资料软件,监理工程师在资料软件上签名确认,建立完整电子档案。

分项工程应由监理工程师组织施工单位项目专业技术负责人等进行验收。验收记录表使用《建筑工程施工质量验收统一标准》GB 50300 规定的表格,验收记录表应由专业技术负责人填写签字,质量检查员协助,并应做好下列工作:

(1)核对分项工程中各检验批验收记录,验收程序是否正确、验收内容是否齐全、验收记录是否完整、验收部位是否正确、验收时间是否准确、验收签字是否合法;

(2)填写分项工程验收记录表。

1)填写表头,使用资料软件应自动生成表头。

2)"检验批名称、部位、区段"每一个检验批占一行,按实填写。

3)"施工、分包单位检查结果"将检验批验收记录中的检查结果填入。

4)"监理单位验收结论"将检验批验收记录中的验收结论填入。

5)"施工单位检查结果"一栏,根据分项工程质量验收标准评定分项工程的检查结果。项目专业技术负责人签字后提交给监理工程师。

(3)监理工程师收到分项工程质量验收记录表格后,经核查属实后在"监理单位验收结论"签署结论性意见,专业监理工程师签字。如使用资料软件,该表格应能自动生成,监理工程师在资料软件上签名确认,建立完整电子档案。

装饰工程应按表 16-2 编制、汇总检验批、分项工程的检查验收记录。

子分部工程及其分项工程划分表 表 16-2

项次	子分部工程	分项工程
1	抹灰工程	一般抹灰,装饰抹灰,清水砌体勾缝
2	门窗工程	木门窗制作与安装,金属门窗安装,塑料门窗安装,特种门安装,门窗玻璃安装

续表

项次	子分部工程	分项工程
3	吊顶工程	暗龙骨吊顶,明龙骨吊顶
4	轻质隔墙工程	板材隔墙,骨架隔墙,活动隔墙。玻璃隔墙
5	饰面板(砖)工程	饰面板安装,饰面砖粘贴
6	幕墙工程	玻璃幕墙,金属幕墙,石材幕墙
7	涂饰工程	水性涂料涂饰,溶剂型涂料涂饰,美术涂饰
8	裱糊与软包工程	裱糊,软包
9	细部工程	橱柜制作与安装、窗帘盒、窗台板和散热器罩制作与安装,门窗套制作与安装、护栏和扶手制作与安装、花饰制作与安装
10	建筑地面工程	基层,整体面层,板块面层,竹木面层

16.4 收集原材料的质量证明文件、复验报告

检查原材料的质量证明文件、复验报告是为了确认原材料质量合格，确认原材料合格主要从两个方面进行，一是检查实物的质量，二是检查质量合格证明文件，通常称为质保书，在工程技术资料整理时，主要收集下列资料：

1. 产品合格证书

产品合格证书一般包括产品的技术指标，实测的指标，结果判定，应有"合格"标记。

2. 产品检测报告

产品检测报告是产品出厂时按照产品标准要求的检验批次和检测项目进行检测而根据其检测结果出具的检测报告，该检测报告所检测的项目应和产品标准规定的出厂检测项目一致，不一定是产品的全部检测项目，其检测项目和检测结果只要符合产品标准中规定的出厂检测要求就可以了，产品检测报告可以和产品合格证合并出具。

3. 型式检验报告

型式检验报告是对产品所有指标进行检测的报告。一般在产品开盘时应做一个型式检验，然后按照产品标准的规定在相隔一定时间（一般为两年）的有效期内做一次型式检验。如果验收标准要求材料进场时提供型式检验报告，则材料生产厂家或材料供应商在提供材料质量证明文件时同时提供型式检验报告，如果验收标准没有要求提供型式检验报告，材料进场时不必要求提供型式检验报告。

4. 材料进场抽样检测报告

材料、设备、半成品进场后应按设计或相关专业验收规范的要求进行抽样检测，由具有检测资质的第三方检测机构根据检测结果出具的检测报告为进场抽样检测报告，也称复验报告。《建筑工程施工质量验收统一标准》、国家专业验收规范对材料进场抽样检测的说法不一致，一种说法叫复验，一种说法叫进场抽样检测。

16.5 收集分部工程、单位工程的验收记录

一般单位工程（工业与民用建筑工程）包括地基与基础、主体结构、建筑装饰装修、建筑屋面、建筑给排水及采暖、建筑电气、智能建筑、通风与空调、电梯、建筑节能等十个分部工程，故单位工程验收记录也就主要由以上十个分部工程的验收记录组成。

建筑装饰装修分部工程包括地面、抹灰、门窗、吊顶、轻质隔墙、饰面板（砖）、涂饰、裱糊与软包、细部等九个子分部工程组成，即建筑装饰装修分部工程主要由以上九个子分部工程的验收记录组成。

第17章 建筑装饰精品工程的衡量标准

17.1 项目的合法性

施工企业申报的项目必须合法。

合法的企业按照规定的招标程序、施工程序、竣工验收程序的具有相应规模的工程，才有"资格"申报相应级别的优质工程。

必要文件是受检项目合法性证明的文件，共七大类，缺一不可。

(1) 企业资质资料；
(2) 施工许可证；
(3) 施工合同、结算资料；
(4) 项目经理资料；
(5) 工程竣工验收资料；
(6) 消防验收资料；
(7) 室内环境质量检测验收报告。

1. 企业资质资料

《建筑法》第十三条：从事建筑活动的建筑施工企业、勘探单位、设计单位和工程监理单位，按照其拥有的注册资本、专业技术人员、技术装备和已完成的建筑工程业绩等资质条件，经资质审查合格，取得相应等级资质证书后，方可在其资质等级许可范围内从事建筑活动。

第二十六条：承包建筑工程的单位应当持有依法取得的资质证书，并在其资质等级许可的业务范围内承揽工程。

《建筑施工企业安全生产许可证管理规定》第二条：国家对建筑施工企业实行安全生产许可证制度，建筑施工企业未取得安全生产许可证的，不得从事建筑施工活动。

第八条：安全生产许可证的有效期为3年。安全生产许可证有效期满需要延期的，企业应于期满前3个月向原安全生产许可证颁发管理机关申请办理延期手续。

须检查：
(1)《企业营业执照》原件；
(2)《资质证书》原件；
(3)《安全生产许可证》原件。

存在主要问题：
(1)《安全生产许可证》过了有效期；
(2) 企业名称变更未及时办理手续，与合同不一致。

2. 施工许可证

《建筑法》第七条：建筑工程开工前，建设单位应当按照国家的规定，向工程所在地县级以上人民政府建设行政主管部门申请领取施工许可证。

第九条：建设单位应当自领取施工许可证之日起三个月内开工，因故不能按期开工的，应当向发证机关申请延期；延期以两次为限，每次不超过三个月。既不开工又不申请延期时限的，施工许可证自行作废。

须检查：

《建筑工程施工许可证》原件（图17-1）；

存在主要问题及解决办法：

（1）未单独办理施工许可证。若仅能提供土建施工许可证原件，则需要同时提供总分包合同原件。

（2）施工许可证过有效期。若施工许可证约定工期，不能涵盖本工程施工时间，需要提供施工许可延期手续。

实际竣工日期晚于施工许可证注明的竣工日期，则需要出具工期延期证明（甲方、监理、施工单位三方确认签字盖章），并在主管部门办理相关手续。

图17-1 建筑工程施工许可证

3. 施工合同、结算资料

施工合同即建筑安装工程承包合同，是发包人和承包人为完成商定的建筑安装工程，明确相互权利、义务关系的合同。

《建筑法》第十五条：建筑工程的发包单位与承包单位应当依法订立书面施工合同，明确双方的权利和义务。

《房屋建筑和市政基础设施工程施工招标投标管理办法》（建设部第89号令）第47条规定"订立书面合同7日内，中标人应当将合同送县级以上建设行政主管部门备案"。

须检查：

（1）工程承包合同原件；

（2）中标通知书原件。

（3）公开招投标工程、议标工程均需在当地招标办进行备案，并出具备案证明或加盖备案章。存在主要问题及解决办法：

（1）申报工程名称与合同中工程名称不相符。须提供甲方出具的工程名称变更的证明文件原件。

（2）合同金额不能满足相应级别的申报要求。应提供相应的审计结算证明原件（图17-2）。

(3) 合同约定的项目经理与现场项目经理、竣工资料中项目经理签字不一致。须提供甲方出具的同意变更项目经理的证明文件原件。

结算资料见图17-2。

(a)

(b)

图 17-2　结算资料
(a) 建设工程造价编审确认表；(b) 结算证明

4. 项目经理资料

《建筑法》第十四条：从事建筑活动的专业技术人员，应当依法取得相应的职业资格证书，并在职业资格证书许可的范围内从事建筑活动。

《建设工程安全生产管理条例》第三十六条：施工单位的主要负责人、项目负责人、专职安全生产管理人员应当经建设主管部门或者其他有关部门考核合格后方可任职。须检查：

(1)建造师《执业资格证书》原件；

(2)《安全考核证》(安全生产B证)原件；

(3)《身份证》原件。

存在主要问题：

(1)《执业资格证书》变更服务单位，未及时办理注册手续；

(2)《安全考核证》过了有效期；

(3) 对建造师证件有疑义，须上网复查。

5. 工程竣工验收资料

竣工验收是指工程项目竣工之后，经过相关部门成立的专门验收机构，组织专家进行质量评估验收以后形成的书面报告。

《建筑法》第六十一条：交付竣工验收的建筑工程，必须符合规定的建筑工程质量标准，有完整的工程技术经济资料和经签署的工程保修书，并具备国家规定的其他竣工条件。

须检查：

(1) 工程竣工验收证明原件（图 17-3）；

(2)《竣工验收备案证明书》。

存在主要问题：

(1)《单位（子单位）工程质量竣工验收记录》、《装饰分部（子分部）工程验收记录》等资料中参建各方主体（设计、施工、监理、业主等）未签字盖章；验收日期未填写；

(2) 验收日期不符合申报要求；

(3) 工程名称和实际施工的内容不相符；

(4) 竣工未向有关部门备案。

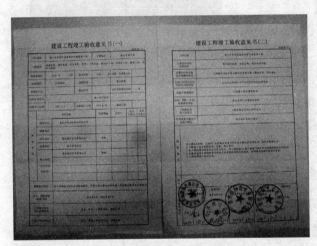

图 17-3 建设工程竣工验收证明

6. 消防验收资料

消防验收合格证明是指消防部门依照建设工程消防验收评定标准对已经消防设计审核合格的内容组织消防验收。对综合评定结论为合格的建设工程，公安机关消防机构应当出具消防验收合格意见；

《消防法》第十一条：国务院公安部门规定的大型人员密集场所和其他特殊建设工程，建设单位应当将消防设计文件报送公安消防机构审核。公安消防机构依法对审核结果负责。第十三条：依法应当进行消防验收的建设工程，未经消防验收或者消防验收不合格的，禁止投入使用；其他建设工程经依法抽查不合格的，应当停止使用。

第十三条：按照国家工程建设消防技术标准需要进行消防设计的工程竣工，依照下列规定进行消防验收、备案。①本法第十一条规定的建设工程，建设单位应当向公安消防机构申请消防验收。②其他建设工程，建设单位在验收后应当向公安消防机构备案，公安消防机构应当进行抽查。

须检查：

《建设工程消防验收意见书》（图 17-4）。

图 17-4 建设工程消防验收意见书

存在主要问题：

(1) 消防验收工程名称与申报名称不一致；

(2) 消防验收范围未能覆盖申报项目范围；

(3) 验收日期未填写，验收未签字、盖章；

(4) 验收无"合格"结论；

(5) 涉及装饰部分整改意见没有复查合格记录。

7. 室内环境质量检测验收报告

验收报告需由国家权威部门认可的检测机构出具。

《建筑装饰装修工程质量验收规范》GB 50210—2001

3.2.3：建筑装饰装修工程所有材料应符合国家有关建筑装饰装修材料有害物质限量标准的规定。

6.0.20：室内环境质量验收不合格的民用建筑工程，严禁投入使用。

《民用建筑工程室内环境污染控制规范》GB 50325—2010

6.0.1 民用建筑工程及室内装修工程的室内环境质量验收，应在工程完工至少 7d 以后，工程交付使用前进行。

6.0.4 民用建筑工程验收时，必须进行室内环境污染物浓度检测。检测结果应符合表 6.0.4 规定。

6.0.21 室内环境质量验收不合格的民用建筑工程，严禁投入使用。

须检查：

《室内环境检测报告》原件。

存在主要问题：

检测项目不足，检测点数不够。（根据规定：房间使用面积＜50m² 时，检测点数：1个；房间使用面积≥50m² 且＜100m² 时，检测点数：2个；房间使用面积≥100m² 且＜500m² 时，检测点数：不少于3个。检测项目：甲醛、苯、总挥发性有机物 TVOC）。

17.2 项目的安全性

一个工程项目存在安全隐患，决不能成为精品工程。我们在复查工程中发现存在安全隐患，应毫不留情地指出，提出整改方法，要求申报单位及时整改，并做好记录。

受检项目存在安全隐患问题，违反强制性条款的地方，必须整改。对无法整改、不愿整改、不能按期整改的受检项目，则不予推荐。

对于项目的安全性问题，采取现场实体检查和资料检查相结合的方法。

装饰工程中可能存在下列安全隐患问题，需特别关注：

(1) 室内干挂石材墙、柱面的安全问题；
(2) 共享空间、中庭的栏杆、栏板，临空落地窗及楼梯防护的安全问题；
(3) 大型吊灯安装的安全问题；
(4) 安全玻璃使用的相关问题；
(5) 隐藏式消火栓箱的安全问题；
(6) 变形缝设置的安全问题；
(7) 开关、插座安装的安全问题；
(8) 盥洗间台下盆安装的安全问题；
(9) 改动建筑主体、承重结构、增加结构荷载的安全问题。

1. 室内干挂石材墙、柱面的安全问题

《建筑装饰装修工程质量验收规范》GB 50210—2001

8.2.4 饰面板安装工程的预埋件（或后置埋件）、连接件的数量、规格、位置、连接方法和防腐处理必须符合设计要求。饰面板安装必须牢固。

8.3.4 饰面砖粘贴必须牢固。

8.3.5 满粘法施工的饰面砖工程应无空鼓、裂缝。

9.1.14 幕墙的金属框架与主体结构预埋件的连接、立柱与横梁的连接及幕墙面板的安装必须符合设计要求，安装必须牢固。

9.4.6 石材幕墙的金属框架立柱与主体结构预埋件的连接、立柱与横梁的连接、连接件与金属框架的连接、连接件与石材面板的连接必须符合设计要求，安装必须牢固。

《建筑幕墙工程质量验收规程》JJ 11529—2011（江苏省地方标准）

8.2.6 石材幕墙金属挂件与石材固定材料应选用干挂石材用环氧树脂胶，不应选用不饱和聚酯类胶粘剂或云石胶。

环氧树脂胶特性：成分是环氧树脂，由A、B组合使用，调制简单，属于柔性结合，且不渗油，不污染石材，抗震、扭曲性能强，应力小，粘结强度不受影响，在温度和振动条件作用下，伸缩、沉降产生的位移较小，用于石材与金属粘结专用的专用胶。

云石胶的特性：成分是不饱和聚酯，属于刚性结合，由于未经过完全脱油处理，容易将油渗进石材，造成透胶污染，影响石材美观。由于不饱和聚酯与固化剂比例容易失调，导致剪力不够，应力大，在温差和振动条件作用下，产生的位移比较大，容易开裂；主要用于石材与石材的粘结和修补。

干挂石材应选用环氧树脂胶，用云石胶代替环氧树脂胶是不科学且存在着安全隐患。

《建筑幕墙工程质量验收规程》JJ 11529—2011（江苏省地方标准）

8.1.10 石材幕墙工程应对下列材料及其性能指标进行复验：……石材幕墙挂件材质、规格、厚度等。

8.2.1 幕墙采用的材料、五金配件、组件以及表面处理等应符合设计文件要求。

图 17-5 门套上部平挂石材实例

存在主要问题：

（1）对申报项目中有超高度干挂石材墙、石材吊顶、梁下部干挂石材、门套上部平挂石材（图 17-5）等部位，受检单位未能提供可靠的安装节点图，计算书，隐蔽验收记录等资料。

（2）吊顶、梁下部、门套上部平挂石材具有一定的重量，在悬挂时按照普通墙面干挂工艺施工，未采取加固措施。

2. 共享空间、中庭的栏杆、栏板、临空落地窗及楼梯防护的安全问题

关注有无防护，栏杆高度和安全玻璃。

（1）阳台栏杆设计应防儿童攀登，放置花盆处必须采取防坠落措施。住宅、托儿所、幼儿园、中小学及少年儿童专用活动场所的栏杆，必须采取防止少年儿童攀登的构造，当采用垂直杆件做栏杆（包括此类活动场所的梯井净宽＞0.20 m 时的楼梯栏杆）时，其杆件净距应≤0.11 m；文化娱乐、商业服务、体育、园林景观建筑等允许少年儿童进入活动的场所，当采用垂直杆件做栏杆时，其杆件净距也应≤0.11 m。

（2）临空高度＜24.0 m 时，栏杆高度应≥1.05 m；临空高度≥24.0 m（包括中高层住宅）时，栏杆高度应≥1.10 m；封闭阳台栏杆也应满足阳台栏杆净高要求；中高层、高层及寒冷、严寒地区住宅的阳台宜采用实体栏板。

（3）临空的窗台的高度（由楼、地面算起）≤0.80 m（住宅为 0.90 m）时，应采取防护措施。窗外有阳台或平台时可不受此限制。低窗台、凸窗等下部有能上人站立的宽窗台时，贴窗护栏或固定窗的防护高度应从窗台面起计算，保证净高 0.80 m（住宅为 0.90 m），见图 17-6。

（4）阳台、外廊、室内回廊、内天井、上人屋面及室外楼梯等临空处应设置防护栏杆，并应符合下列规定：

1）栏杆应以坚固、耐久的材料制作，并能承受荷载规范规定的水平荷载；

2）栏杆高度应从楼、地面或屋面至栏杆扶手顶面的垂直高度计算，如底部有可踏部位（宽度≥0.22 m，且高度≤0.45m），应从可踏部位的顶面起计算（图17-7）。

（5）楼梯扶手的高度应≥0.90m（自踏步前缘线量起），顶层水平栏杆及水平段长度≥0.50m 时，其高度≥1.05m（图17-8）。

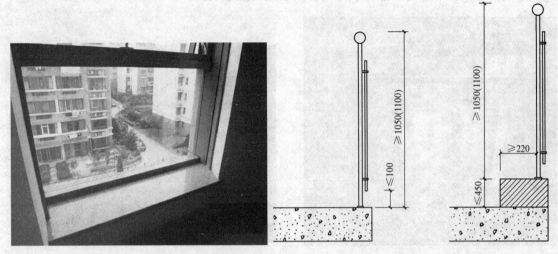

图17-6　临空窗台高度　　　　　　　　图17-7　地面可踏部位示意图

（6）人流密集的场所的台阶高度≥0.70m 且侧面临空时，应有防护设施（图17-9）。

图17-8　楼梯扶手水平段实例　　　　　图17-9　侧面临空的防护实例

（7）栏杆离楼（屋）面 10cm 高度内不宜留空，栏板侧边离墙（柱）边的空隙不能＞11cm（图17-10）。

存在主要问题及解决方法：

（1）出现可踏面造成栏杆高度不足。可将栏杆外移至小于可踏面宽度的位置（图17-11）。

（2）原有建筑物的玻璃幕墙、外落地窗未设置栏杆或栏板。装饰改造工程中，必须按照新规范的要求安装栏杆或栏板；原有栏杆或栏板高度不能达到强制性条文所要求的，必须要增加高度。

（3）临空落地窗无防护栏杆（图17-12）。

（4）家庭装饰工程中，如业主不听劝阻坚持拆除原房间内落地窗、凸窗设置的栏杆或栏板的，我们应从保护自己的角度出发与其办好相应手续。

（5）剧场楼座前排栏杆不足 1.05m。根据《剧场建筑设计规范》JGJ 57—2000 第 5.3.7 条 楼座前排栏杆和楼层包厢栏杆高度不应遮挡视线，不应大于 0.85m，并应采取措施保证人生安全，下部实心部分不得低于 0.40m（图 17-13）。

图 17-10 栏杆侧面空隙实例

图 17-11 出现可踏面的处理方法

图 17-12 临空落地窗无防护实例

图 17-13 剧场楼座前排栏杆实例

3. 大型吊灯安装的安全问题

关注荷载试验和相关隐蔽资料。

《建筑电气照明装置施工与验收规范》GB 50617—2010

3.0.6 在砌体和混凝土结构上严禁使用木楔、尼龙塞或塑料塞安装固定电气照明装置。

4.1.15 质量大于 10kg 的灯具其固定装置应按 5 倍灯具重量的恒定均布载荷全数作强度试验，历时 15min，固定装置的部件应无明显变形。

4.1.9 卫生间照明灯具不宜安装在便器或浴缸正上方。

8.0.3 工程交接验收时，应提交下列技术资料和文件：

（1）竣工图；

（2）设计变更、洽商记录文件及图纸会审记录；

(3) 产品合格证、3C认证证书，照明设备电磁兼容检测报告；

(4) 检测记录。包括灯具的绝缘电阻检测记录；照度、照明功率密度检测记录；剩余电流动作保护装置的测试记录；

(5) 试验记录。包括照明系统通电试运行记录；有自控要求的照明系统的程序控制记录和质量大于10kg的灯具固定装置的载荷强度试验记录（图17-14）。

存在主要问题：

(1) 工程实施中，很多情况下业主会在采购灯具时将大型灯具包给灯具供应商安装，受检单位提供不出任何资料。

遇此情况，我们需做下列工作：

1) 若吊钩是受检单位设置，须向业主索取灯具方面的书面信息（包括灯具的重量），严格按照规范要求设置吊钩；

2) 若吊钩不是受检单位设置，须向业主提供灯具安装的有关规范，要求他们以此对安装单位进行监管；

图17-14　大型装饰灯具

3) 配合业主、监理单位对灯具安装单位的施工过程进行监控，发现问题我们应善意地、及时地、背后向业主提出，以便业主及时纠正安装单位的错误；

4) 配合业主、监理单位对安装单位进行隐蔽工程验收；

5) 要求业主提供灯具安装的最终资料（复印件），作为备忘文件存放在受检单位的资料里。

(2) 未进行或不知道如何进行吊钩的过载实验。

4. 安全玻璃使用的相关问题

关注承受水平荷载的玻璃采用，装饰设计玻璃（镜面）顶、墙面采用及安装工艺。

(1) 玻璃栏板可用于室外，也可用于室内，玻璃栏板可采用点式安装方式，也可采用框式安装方式。

(2) 玻璃栏板分为承受水平荷载玻璃栏板和不承受水平荷载玻璃栏板。

(3) 水平荷载是指人体的背靠、俯靠和手的推、拉等产生的、施加在扶手上的水平荷载力。承受水平荷载玻璃栏板，有栏板，但无立柱，水平荷载通过玻璃栏板传到主体结构上。

《玻璃建筑应用技术规程》JGJ 113—2015

7.2.5　室内栏板用玻璃应符合下列规定：

1　不承受水平荷载时，栏板玻璃的使用应符合本规程表7.1.1-1（本书表17-1）的规定，且公称厚度不小于5mm的钢化玻璃，或公称厚度不小于6.38mm的夹层玻璃。

安全玻璃最大许用面积　　　　　　　　　　　　　表17-1

玻璃总类	公称厚度(mm)	最大许用面积(m²)
钢化玻璃	4	2.0
	5	3.0
	6	4.0
	8	6.0
	10	8.0
	12	9.0

续表

玻璃总类	公称厚度(mm)	最大许用面积(m²)
夹层玻璃	6.38、6.76、7.52 8.38、8.76、9.52 10.38、10.76、11.52 12.38、12.76、13.52	3.0 5.0 7.0 8.0

2. 承受水平荷载时，栏板玻璃的使用应符合本规程表 7.1.1-1（本书表 17-1）的规定、且公称厚度不小于 12mm 的钢化玻璃或公称厚度不小于 16.76mm 钢化夹层玻璃。当栏板玻璃最低点离一侧楼地面高度在 3m 或 3m 以上，5m 或 5m 以下时，应使用公称厚度不小于 16.76mm 钢化夹层玻璃。当栏板玻璃最低点离一侧楼地面高度大于 5m 时，不得使用承受水平荷载的栏板玻璃（图 17-15）。

图 17-15 玻璃厚度不足

7.2.6 室外栏板玻璃除应符合本规程第 7.2.5 条规定外，尚应进行玻璃抗风压设计。对有抗震设计要求的地区，尚应考虑地震作用的组合效应。

当护栏一侧距楼地面、高度≥3.0m 时，护栏玻璃应使用公称厚度≥12 mm 的钢化玻璃。当护栏一侧距楼地面、高度≥5.0m 时，应使用钢化夹层玻璃。

（4）饰面板采用玻璃板的吊顶称为玻璃吊顶，玻璃吊顶的支撑方式有边框支撑方式，点支撑倒挂方式。吊顶用玻璃常见的有磨砂玻璃、彩绘玻璃，但必须是钢化夹层玻璃。

设计原则：

1）玻璃吊顶的吊杆宜采用钢筋或型钢，龙骨宜采用型钢或铝合金型材，点支式驳接件应采用不锈钢。不锈钢材料宜采用性能不低于奥氏体型不锈钢 S30408 的材料；碳素结构钢和低合金结构钢应采取热浸镀锌、电镀铬、聚酯粉末喷涂或氟碳喷涂等有效防腐、防锈处理，表面镀层或涂层的厚度应符合相关标准规定；铝合金型材尺寸精度应符合相关规范中高精级规定；采用阳极氧化、聚酯粉末喷涂、氟碳喷涂等防腐处理时，膜层的厚度和质量应符合相关规范的规定。

2）吊顶玻璃的选用应符合现行行业标准《建筑玻璃应用技术规程》JGJ 113—2015 的相关规定。

3）吊顶玻璃应进行自身重力荷载下的变形设计计算，可采用弹性力学方法进行计算。四边支撑玻璃板，其挠度限值不应超过其跨度的 1/300 和 2mm 两者中的最小值。点支撑玻璃板，其挠度限值不应超过其支承点间长边边长的 1/300 和 2mm 两者中的最小值。

4）用于吊顶的钢化夹层玻璃，公称厚度不应小于 6.76mm，PVB 胶片厚度不应小于 0.76mm。

5）玻璃与龙骨之间应设置衬垫，连接方式应牢固，配合尺寸应符合《建筑玻璃应用技术规程》JGJ 113—2015 的规定。

6）玻璃吊顶应考虑灯光系统的维护和玻璃的清洁，宜采用冷光源，并应考虑散热和通风，光源和玻璃之间应留有一定的间距。

7）玻璃吊顶当采用边框支承方式时，应注意框与结构层之间留有足够的安装尺寸，特别是吊顶内布置有灯具时，应确保玻璃面板安装到位。使用非安全玻璃吊顶——玻璃已开裂有脱落危险（图 17-16）。

（5）玻璃隔断按安装方式可分为点支式、框式和玻璃肋支撑结构。

采用的玻璃可以是透明的，可以是非透明的；也可以是彩绘玻璃，也可采用 U 型玻璃；采用的形式可以是封闭的，也可以是开放式。

设计原则：

室内玻璃隔断易受人体冲击，因此应采用安全玻璃，其最大许用面积应符合总说明表 1 的规定。根据玻璃厚度的不同，玻璃抗冲击能力也不同，玻璃越厚，抗冲击能力越强。

图 17-16　玻璃吊顶不符合要求

1）活动门玻璃、固定门玻璃和落地窗玻璃的选用应符合下列规定：

① 有框玻璃应使用符合规范规定的安全玻璃；

② 无框玻璃应使用公称厚度不小于 12mm 的钢化玻璃。

2）室内隔断应使用安全玻璃，且最大使用面积应符合规范规定。

3）人群集中的公共场所和运动场所中装配的室内隔断玻璃应符合下列规定：

① 有框玻璃应使用符合总说明表 1 规定、且公称厚度不小于 5mm 的钢化玻璃或公称厚度不小于 6.38mm 的夹层玻璃；

② 无框玻璃应使用符合总说明表 1 规定、且公称厚度不小于 10mm 的钢化玻璃。

（6）浴室用玻璃应符合下列规定：

1）淋浴隔断、浴缸隔断玻璃应使用符合总说明表 1 规定的安全玻璃；

2）浴室内无框玻璃应使用符合总说明表 1 的规定，且公称厚度不小于 5mm 的钢化玻璃。

（7）透明玻璃隔断可采取在视线高度设醒目标志或设置护栏等防碰撞措施。

存在主要问题及解决方法：

1）顶面设计成银镜吊顶。由于国内玻璃镜目前很难达到安全玻璃要求，尽可能说服设计师不采用银镜做吊顶，可用镜面不锈钢代替。

2）栏板玻璃最低点离一侧楼地面高度≥3m，且≤5m，未使用公称厚度≥16.76mm 钢化夹层玻璃。更换玻璃。

3）栏板玻璃最低点离一侧楼地面高度＞5m，使用了承受水平荷载的栏板玻璃。

5．隐藏式消火栓箱的安全问题

关注消火栓箱内四周的封闭，栓门上的标识及栓门的开启方式、方向、角度等问题。

《消火栓箱》GB 14561—2003

5.10.2.2　箱门关闭到位后，应于四周框面平齐，其不平的最大允差为 2.0mm。

5.10.2.3　箱门与框之间的间隙应均匀平直，最大间隙不超过 2.5mm。

5.13.1　栓箱应设置门锁或关紧装置。

5.13.3　箱门的开启角度不得小于 160°（图 17-17）。

5.13.4　箱门开启应轻便灵活，无卡阻现象，开启拉力不得大于 50N。

8.1　栓箱箱门正面应以直观、醒目、匀整的字体标注"消火栓"字样。字体不得小于：高 100mm，宽 80mm……（图 17-18）。

《建筑设计防火规范》GB 50016—2014

1　除无可燃物的设备层外，设置室内消火栓的建筑物，其各层均应设置消火栓；

2　消防电梯间前室内应设置消火栓；

3　室内消火栓应设置在位置明显且易于操作的部位。栓口离地面或操作层面高度宜为 1.1m，其出水方向宜向下或与设置消火栓的墙面成 90°角；栓口与消火栓箱内边缘的距离不应影响消防水带的连接。

建筑的室内消火栓、阀门等设置地点应设置永久性固定标识。

图 17-17　隐藏式消火栓门

图 17-18　消火栓箱门应有醒目的标识

存在主要问题及解决方法：

（1）干挂墙面板与原建筑墙面之间空隙未封闭，若发生火灾将形成烟道，助燃。须整改，封闭。

（2）消火栓门开启方向错误。开启的方向要便于接驳栓头及水带取用，门轴要位于挂栓头位置的反侧。

（3）消火栓门无开启方式。增加按压式拉手。

（4）消火栓门开启角度不足。

《建筑内部装修设计防火规范》GB 50222—2001 中 3.1.14 规定："建筑内部消火栓的

门不应该被装饰物遮掩，消火栓门四周的装修材料颜色应与消火栓门的颜色有明显区别"。目前装饰装修项目中已经惯用的石材、木饰面、软硬包、玻璃、金属板等等五花八门的消火栓门饰面都是违反上述规范要求的。因此，不应提倡或默认对防火栓门进行"美化"处理。

6. 变形缝设置的安全问题

关注变形缝处饰面层及其各构造层的断开问题。

（1）装饰饰面施工在变形缝（防震缝、伸缩缝、沉降缝）部位的处理应满足变形功能和饰面的完整。

（2）在变形缝处，饰面层及其各构造层应断开，并应与结构变形缝的位置贯通一致。

7. 开关、插座安装的安全问题

关注在木饰面、软包、硬包墙面的开关、插座的安装问题。

《建筑电气照明装置施工与验收规范》GB 50617—2010

5.1.2 插座的接线应符合下列规定：

1 单相两孔插座，面对插座，右孔或上孔应与相线连接，左孔或下孔应与中性线连接；单相三孔插座，面对插座，右孔应与相线连接，左孔应与中性线连接；

2 单相三孔、三相四孔及三相五孔插座的保护接地线（PE）必须接在上孔。插座的保护接地端子不应与中性线端子连接。同一场所的三相插座，接线的相序应一致；

3 保护接地线（PE）在插座间不得串联连接；

4 相线与中性线不得利用插座本体的接线端子转接供电。

5.1.3 插座的安装应符合下列规定：

1 当住宅、幼儿园及小学等儿童活动场所电源插座底边距地面高度低于1.8m时，必须选用安全型插座；

2 当设计无要求时，插座底边距地面高度不宜小于0.3m；无障碍场所插座底边距地面高度宜为0.4m，其中厨房、卫生间插座底边距地面高度宜为0.7～0.8m；老年人专用的生活场所插座底边距地面高度宜为0.7～0.8m；

3 暗装的插座面板紧贴墙面或装饰面，四周无缝隙，安装牢固，表面光滑整洁、无碎裂、划伤，装饰帽（板）齐全；接线盒应安装到位，接线盒内干净整洁，无锈蚀。暗装在装饰面上的插座，电线不得裸露在装饰层内；

4 地面插座应紧贴地面，盖板固定牢固，密封良好。地面插座应用配套接线盒。插座接线盒内应干净整洁，无锈蚀；

5 同一室内相同标高的插座高度差不宜大于5mm；并列安装相同型号的插座高度差不宜大于1mm；

6 应急电源插座应有标识；

7 当设计无要求时，有触电危险的家用电器和频繁插拔的电源插座，宜选用能断开电源的带开关的插座，开关断开相线；插座回路应设置剩余电流动作保护装置；每一回路插座数量不宜超过10个；用于计算机电源的插座数量不宜超过5个（组），并应采用A型剩余电流动作保护装置；潮湿场所应采用防溅型插座，安装高度不应低于1.5m。

5.2.1 同一建筑物、构筑物内，开关的通断位置应一致，操作灵活，接触可靠。同一室内安装的开关控制有序不错位，相线应经开关控制。

5.2.2 开关的安装位置应便于操作，同一建筑内开关边缘距门框（套）的距离宜为0.15～0.2m。

5.2.3 同一室内相同规格相同标高的开关高度差不宜大于5mm；并列安装相同规格的开关高度差不宜大于1mm；并列安装不同规格的开关宜底边平齐；并列安装的拉线开关相邻间距不小于20mm。

5.2.4 当设计无要求时，开关安装高度应符合下列规定：

1 开关面板底边距地面高度宜为1.3～1.4m；

3 无障碍场所开关底边距地面高度宜为0.9～1.1m；

4 老年人生活场所开关宜选用宽板按键开关，开关底边距地面高度宜为1.0～1.2m。

5.2.5 安装的开关面板应紧贴墙面或装饰面，四周应无缝隙，安装应牢固，表面应光滑整洁、无碎裂、划伤，装饰帽（板）齐全；接线盒应安装到位，接线盒内干净整洁，无锈蚀。安装在装饰面上的开关，其电线不得裸露在装饰层内。

《住宅装饰装修工程施工规范》GB 50327—2001

16.1.4 配线时，相线与零线的颜色应不同；同一住宅相线（L）颜色应统一，零线（N）宜用蓝色，保护线（PE）必须用黄绿双色线。

16.3.4 同一回路电线应穿入同一根管内，但管内总根数不应超过8根，电线总截面积（包括绝缘外皮）不应超过管内截面积的40%。

16.3.5 电源线与通信线不得穿入同一根管内。

《建筑设计防火规范》GB 50016—2014

11.2.4 开关、插座和照明灯具靠近可燃物时，应采取隔热、散热等防火保护措施。

存在主要问题及解决方法：

安装在木饰面、软包、硬包墙面上的开关、插座，除按要求准确接线外，应特别注意：

1）在饰面板内应增加一个暗盒，防止从原建筑墙面预留的暗盒直接引出电线接入开关、插座中（图17-19）；

2）与饰面板相连的暗盒，应加一防火垫片；

3）引入新增暗盒中的电线应加装防护套管，电线不得裸露。

8. 盥洗间台下盆安装的安全问题

盥洗台下盆的安装，应在钢架上用垫有木质材料的两根金属构件支撑盆体，不得采用胶粘或螺钉顶住盆体的方法，杜绝安全隐患发生。

在安装台下盆时，通常会把面盆与台面在安装前先用云石胶粘贴好，再安装，无有效支撑加固，长时间使用后，部分存在脱落、开胶问题（图17-20）。

解决方法：

台盆与台面粘贴安装完成后，在台盆边框处用木料或角钢进行加固。如图17-21所示。

9. 改动建筑主体、承重结构、增加结构荷载的安全问题

关注此类工程项目的核验手续问题。如图17-22所示。

《建筑装饰装修工程质量验收规范》GB 50210—2001

3.1.5 建筑装饰装修工程设计必须保证建筑物的结构安全和主要是要功能。当涉及主体和承重结构改动或增加荷载时，必须由原结构设计单位或具备相应资质的设计单位核查有关原始资料，对既有建筑结构的安全性进行核验、确认。

图 17-19　不符合要求的开关、插座面板

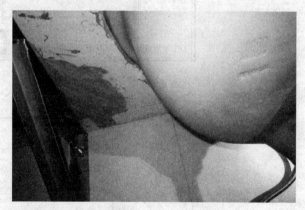

图 17-20　不符合要求的台下盆安装方法

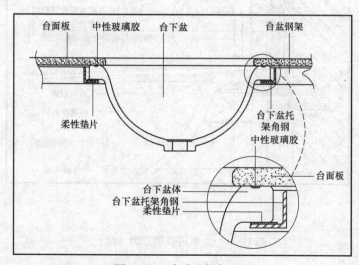

图 17-21　台盆边框加固图

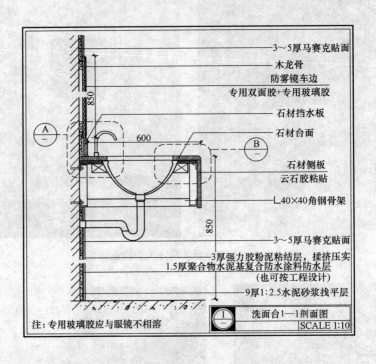

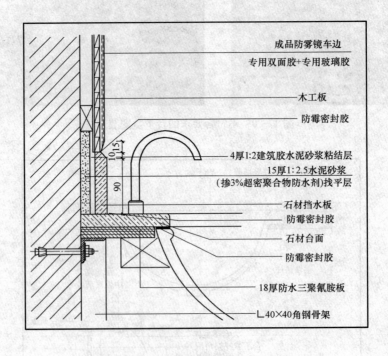

图 17-21 台盆边框加固图（续）

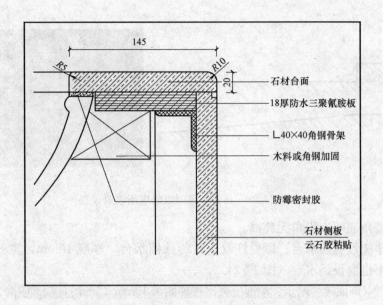

图 17-21 台盆边框加固图（续）

图 17-22 楼板承受不了过重的背板

17.3 项目的先进性

项目的特点是否明显？是否存在行业内的"通病"？工艺的精细度如何？

项目的先进性与否，精细度的强弱，细节处理的好坏，均是复查中得分高低的依据。

1. 楼梯、踏步、坡道的设置

（1）每个梯段的踏步数应≤18级、≥3级；室内台阶踏步数应≥2级，当高差不足2级时，应按坡道设置；室内坡道坡度不宜＞1∶8（图17-23）；

（2）室外坡道坡度不宜＞1∶10；供轮椅使用的坡道坡度应≤1∶12，困难地段应≤1∶8。

（3）公共建筑室内外台阶踏步的宽度不宜＜0.30m，踏步的高度不宜＞0.15m、且不宜＜0.10m；相邻踏步的宽差、高差应≤10mm；踏步坡度应内高外低，约0.5%；踏步应

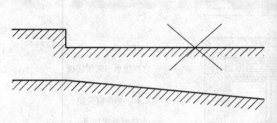

图 17-23 高差不足两级时应用坡道设置

立面垂直、棱角通顺,阳角无破损。

(4) 踏步应设置挡水台:以栏杆取中对称抹挡水台,厚度 10mm,宽 80mm;顶层楼梯平台栏杆下也应设挡水台(图 17-24)。

(5) 石材(饰面砖)踏步:端部应突出楼梯侧帮 10mm(5mm),端部应磨光(图 17-25)。

图 17-24 踏步应设挡水台　　　　图 17-25 踏步端部应突出楼梯侧帮

(6) 楼梯、台阶的踏步板上及坡道上面均应设防滑条(槽)(图 17-26)。

《托儿所、幼儿园建筑设计规范》JGJ 39

3.6.5 楼梯、扶手、栏杆和踏步应符合下列规定:

1 楼梯除设成人扶手外,并应在靠墙一侧设幼儿扶手,其高度不应大于 0.6m。

3 楼梯踏步的高度不应大于 0.15m,宽度不应小于 0.26m。

存在主要问题及解决方法:

(1) 室内台阶只有一级踏步。拆除台阶,改成坡道。

(2) 室内、室外楼梯未设防滑条。未设置防滑条的同质材料的楼梯踏步应设置醒目的警示标识。

2. 厨房、卫生间、淋浴间的装饰细节

(1) 厨房、卫生间铺贴地砖后的地面应低于其他房间 15~20 mm,在门洞地面的启口处宜镶贴一条形石材过渡;若因某些原因厨房、卫生间地面不能低于、甚至略高于其他房间,则镶条形石材将作为挡水门槛。条形石材应采用花岗岩石材,且与厨房、卫生间地面不同颜色（图17-27）。

图17-26 踏步上应设防滑条

图17-27 厨房、卫生间门洞口应设门槛

（2）条形石材的长度应大于原始门洞的宽度，条形石材的横断面宜为直角梯形（条形石材若充当门槛，则其横断面宜为等腰梯形），宽度宜与门套等宽；条形石材应用水泥砂浆镶贴密实，与厨房、卫生间地面相接的一面应增添一条防水性透明玻璃胶；木制门套须安装在条形石材上面，木制门套与条形石材应留有5～8mm的缝隙，用防水性透明玻璃胶隔离，防止厨房、卫生间积水而被门套吸入引起霉变（图17-28）。

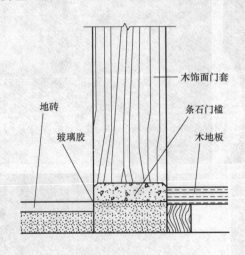

图17-28 木门套吸水引起霉变

（3）厨房、卫生间地砖的排列，应根据地漏位置进行设计：宜将地漏中心置放在一块地砖的中心（a）或四块地砖的交叉点（b）；地砖铺贴应按照2%的泛水率从厨房、卫生间的四周坡向地漏，置放地漏的一块地砖或四块地砖应裁成放射状，泛水率达5%，形成"斗"型，且地漏箅子应略低于地砖面3～5mm，使地面积水顺畅地排净。若无法将地漏

置放在地砖的中心,则参照(c)的方式设置(图17-29、图17-30)。

(a)　　　　　　　　　　(b)　　　　　　　　　　(c)

图17-29　地漏的处理方法

图17-30　地漏处理示例

（4）淋浴间除按厨房、卫生间地面方法处理地漏泛水问题外，我们提倡在淋浴间地面增铺一层比淋浴间每边少60～100mm的毛面花岗岩石材（厚20～30 mm）。让洗浴的"脏水"既能从周边的明沟流进地漏、又不至于淹没脚背（图17-31）。

图17-31　淋浴间地漏明沟处理

（5）厨房、卫生间的上、下水和天然（煤）气立管的根部做面层前，应做20～50 mm高的防水台；暖气立管应做套管，高度为50mm左右。

（6）公共卫生间的小便器、台盆的去水管与地面的交接处，均应做20～50 mm高的防水台；同一墙面并列安装的小便器、设置两套及两套以上台盆的去水管与地面的交接处，可做成一长条形的防水台，防水台上口面应向外倾斜。

存在主要问题及解决方法：

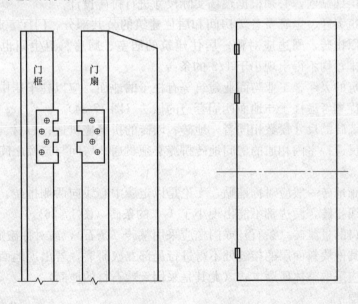

图17-32　正确的门合页位置

图 17-33 错误的门合页安装位置

(1) 地漏形同虚设。

(2) 先安装木门套，后设门槛石，木门套"插"在门槛石两端。

(3) 较高档宾馆客房卫生间内外地面一样高，且不设地漏。

3. 木门及小五金件的安装细节

(1) 木门框、扇均开合页槽，槽深浅应适宜、吻合，合槽准确；不得单面开槽。

(2) 合页的承重轴应安装在门框上，框三、扇二不得装反；一字形或十字形木螺钉的凹槽方向宜调整在同一方向（图 17-32）。

(3) 若采用三副合页，则中间一副宜安放在上下合页的上 1/4～1/3 处（图 17-33）。

(4) 同一建筑空间内比一般木门小的其他门（如管道井门、消火栓门等），宜采用比一般门所用的、小一号的合页。

存在主要问题：

(1) 安装木门不进行交底，铰链安装随意或反向；特别是业主直接发包给木门制作厂商安装的门。

(2) 一樘门安装三副铰链，第二副铰链位于上下铰链中点。

(3) 用同样大小的铰链安装比房门尺寸小很多的管道井门、消火栓门。

4. 楼、地面块料面层的铺贴细节

(1) 楼、地面块料面层的铺贴，重点是解决空鼓问题，特别是大理石石材的铺贴。

(2) 块料面层铺贴前，必须根据现场实际尺寸进行排砖设计。

(3) 公共建筑大厅、走廊及各类房间和居住建筑的公共部分、门厅、起居室等地面，应由房中间向四周排砖，周边应对称；居住建筑的居室、厨房、卫生间也可以从一边排砖，但无论怎样排，均不得出现小于 1/2 的条砖。

(4) 公共建筑的大厅、工业与商业建筑等有柱子的地面，应以柱子居中排砖，若无具体设计要求，则优先考虑柱子与地面四周套边的做法（图 17-34）。

(5) 地砖与墙砖的尺寸模数相同者，地砖、墙砖的拼缝应贯通；石材、面砖踢脚线的拼缝应与地砖缝贯通；室内相通的房间地砖拼缝必须贯通；房间与走廊之间的地砖缝尽量贯通（图 17-35）。

(6) 室内走廊地砖一般应对称铺贴，无论是以走廊中心线向两侧排砖，还是中间一块地砖跨走廊中心线排砖，两边都不能出现小于 1/2 的条砖（图 17-36）。

(7) 房间门口的过渡砖（条石）或门槛应采用整砖（条石），或对称镶贴（图 17-37）。

(8) 石材或其他块料面层的接缝处不得进行局部二次研磨，若出现地面平整度超过规范标准的现象，应采取整体研磨方式（尤其是采用天然石材的地面）。

存在主要问题：

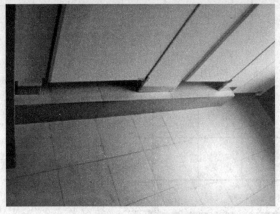

图 17-34　地面排版示例

（1）天然大理石楼、地面空鼓率大。
空鼓的主要原因：
1）大理石材质松软，有背网，施工时不可能将背网撕下后再铺贴；
2）一般情况下，楼地面铺贴石材已是工程尾声，进入倒计时阶段，工期紧迫，施工程序已经顾不上了；
3）铺贴石材的水泥砂浆尚未到达终凝期，就上机打磨进入镜面处理阶段，机器抖动将水泥砂浆震酥；
4）抢工阶段，各路人马齐上阵，成品保护无法顾及；
5）抢工阶段遇上冬期施工，"雪上加霜"；
6）使用了过期水泥；
……
解决方法：
1）推荐采用大理石复合板。面层是天然

图 17-35　墙、地砖贯缝示例

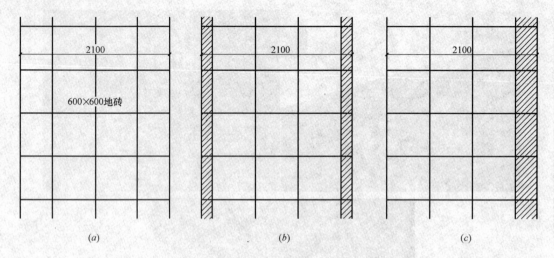

图 17-36 地面排版施工图

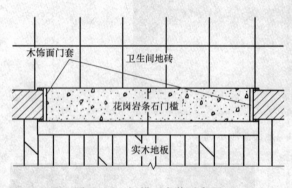

图 17-37 门槛石安装示意图

大理石,底层是花岗岩或镜面砖,既能解决空鼓问题,又能节约环境资源,降低造价。

2)推荐南京华夏天成建设有限公司在南京博物馆二期工程上采用的铺贴方法,5000m^2的米黄色洞石板,空鼓率仅为2%,解决了长期以来大理石板地面空鼓率居高不下的"老大难"问题。

3)控制施工工期,铺贴石材的水泥砂浆未到终凝期,坚决不上机打磨。

4)加强现场管理,加强成品保护。

(2)施工前未对每个区域、每个房间地面进行实测,未根据地砖尺寸作精心设计,未绘制排板图,铺贴随意。

(3)地砖与墙砖模数虽相同,但贯缝难度较大,或不能贯缝的地方要用异色石材、地砖等过渡方法解决。小范围(如卫生间)也可采用同质地面材料套边方法"阻止"贯缝。

5. 踢脚线的安装细节

(1)石材踢脚线的上口应磨光,出墙厚度控制在8~10mm,阴、阳角接头应采用45°割角对缝(图 17-38)。

(2)饰面砖踢脚线的做法与石材踢脚线基本相同,上口必须为光面,一般宜采用加工好的成品。

(3)实木踢脚线的背面应抽槽并做防腐处理;基层应整平,踢脚线应紧贴墙面,不得出现波浪状。

(4)金属踢脚线和实木踢脚线一样,基层应整平,踢脚线应紧贴墙面,出墙应一致,不得出现波浪状;安装完毕应采取妥善办法加以保护,避免出现凹点。

(5) 踢脚线施工必须待地面面层完成后进行。

存在主要问题及解决方法：

石材踢脚线太厚。可将墙面粉刷层凿除，石材踢脚线嵌入墙体内一部分。

6. 关于实木地板的铺装细节

(1) 实木地板面层铺装时，面板与墙之间应留 8~12mm 的缝隙；长条地板的铺装方向宜与门垂直，相邻木地板的接缝应错开，木地板错缝应有规律。可谓"门口顺缝，窗口顺光"（图 17-39）。

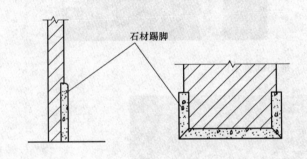

图 17-38　踢脚线安装示意图

图 17-39　地板铺装示例

(2) 木搁栅应垂直于面板，间距约大于一般成人的脚长（≤300mm）。

(3) 毛地板宜采用变形较小的天然、风干、长条板材，铺设时木材髓心应向上，板间缝隙应≤3mm，与墙之间应留 8~12mm 的空隙，表面应刨平；毛地板铺设方向宜与木搁栅倾斜 60°左右。整块的细木工板不宜做毛地板。

(4) 实木地板的收头、镶边，应采用同类材料；不提倡采用金属条。

(5) 木楼梯面层若采用长条实木地板铺装时，介绍如下一种方式：

楼梯踏步最外面用一块地板横向做封板，公榫朝外、刨圆，母榫朝内，飞出楼梯侧板5~6mm（约为实木地板厚度的 1/2）；踏步里面用"零头板"（铺装房间等大面积地板剩下的地板头）竖向铺装，但板头均应做成公榫插入横向封板中。楼梯可踢面板也采用"零头板"竖向铺装，且与踏步板贯缝。

此铺装方式的优点：美观、顺向、牢固、节约（图 17-40）。

7. 天棚吊顶的安装细节

(1) 天棚吊顶施工前必须根据设计图纸与现场实际尺寸进行校对，将原设计图纸上的灯具、烟感器、喷淋头、风口、检修孔、吸顶式空调等位置进行调整；在满足功能要求的前提下，应做到"对称、平直、均匀、有规律"（图 17-41）。

(2) 明龙骨吊顶必须根据现场实际尺寸逐个房间、逐个区域进行排版设计。

(3) 纸面石膏板吊顶的阴、阳角和应力集中处必须进行特殊处理，防止出现裂缝。

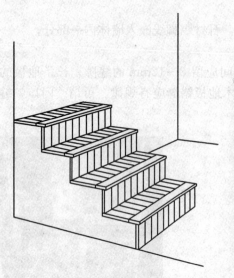

图 17-40　地面铺装示例

图 17-41　天棚顶点布置示例

（4）格栅吊顶的格板必须横平、竖直。

（5）跌级吊顶的阴、阳角应挺拔，线、面要平顺、笔直。

（6）造型吊顶上的圆、曲线处理要认真，不得出现不顺滑的现象；装饰线条应加工定制。

（7）玻璃天棚应采用钢化夹胶玻璃，并应有足够的刚度防止天棚下挠、玻璃脱落。

（8）吊顶与立管交接部位应加套管护口，套管出吊顶下约 20mm；涂料天棚与立管的交接部位，宜将涂料下返约 20mm，与立管的银粉漆分色，以增加感观效果。

存在主要问题及解决方法：

（1）天花各种终端设备口未做整体规划，位置零乱影响美观，与面板交接不严；检修口未做收边处理或收口粗糙不协调。

1）吊顶面与吊顶设备的关系处理

龙骨吊顶上设备主要有灯盘和灯槽、空调出风口、消防烟雾报警器和喷淋头等。这些设备与顶面的关系要处理得当，总的要求是不破坏吊顶结构，不破坏顶面的完整性，与吊顶面衔接平整。

① 灯盘、灯槽与吊顶的关系

灯盘和灯槽除了具有本身的照明功能之外，也是吊顶装饰中的组成部分。所以，灯盘和灯槽安装时一定要从吊顶平面的整体性来着手。如果吊顶做得很平整，而灯槽和灯盘安得歪歪扭扭、高低不平，整个吊顶的效果也就显得粗糙，难以通过验收。

② 空调风口箅子与吊顶的关系

空调风口箅子与屋顶的安置方式有水平、竖直两种。由于箅子一般是成品件，与吊顶面颜色往往不同，如装得不平会很显眼。所以风口箅子除安装牢固外，还应注意与吊顶面的衔接吻合。

③ 自动喷淋头、烟感器与吊顶的关系

自动喷淋头和烟感器是将消防设备，但必须安装在吊顶平面上。自动喷淋头须通过吊顶平面与自动喷淋系统的水管相接。在安装中常出现的问题有三种，一是水管伸出吊顶面；二是水管预留短了，自动喷淋头不能在吊顶面与水管连接；三是喷淋头边上有遮挡物。原因是在拉吊顶标高线时未检查消防设备安装尺寸而造成的。

2）施工方在吊顶施工前应根据设计图纸要求，综合考虑各安装管线的安装尺寸要求统一安排布置定位，绘制综合布线图，确定吊顶标高，弹放墨线及大样，经监理、业主方审定、签署同意后方可正式施工。

（2）未采用成品构件的检修口、检修孔。

（3）阴阳角不方正，收口收边不严密、不顺直，变形明显。

8. 关于天棚吊顶内部的安装细节

检查重点：

（1）吊顶内部防火涂料的涂刷情况

给木龙骨刷防火涂料能起到阻燃、一旦发生火灾能起到延缓火势的作用，因此，千万不能省略这道工序。

（2）局部有裸线现象或者使用PVC管情况

PVC管的寿命较短，特别是北方地区冷热差异较大，老化后会出现脆化情况有可能使得电线裸露。电线裸露引起线路短路，甚至火灾等情况出现。曾经发生过老鼠将PVC管咬破，使电线裸露引发火灾的案例。

（3）吊杆超长是否做刚性反支撑

反支撑的作用主要是当室内产生负风压的时候，控制吊顶板面向上移动。如板面受到风荷载作用，板面会上下浮动，吊杆它可以控制板面向下的移动，而不能控制板面向上的移动，这时候反支撑就可以撑住板面不让板面向上移动，从而达到控制板面变形的作用。

（4）龙骨设置间距是否符合规范要求

（5）是否有电气设备和线路混用吊杆

电气设备安装人员违反施工规范擅自将设备固定在吊顶丝杆上，空调等电器设备使用过程中的振动会导致吊顶饰面材料出现松动、开裂等现象。

（6）吊顶内防火分区是否到位

防火分区对于建筑防火设计极其重要，通过合理有效的防火分区设置能最大限度地保证建筑内部人员的安全。

（7）重型灯具、电扇及其他重型设备严禁安装在吊顶工程的龙骨上如果把大型吊灯或电扇固定在龙骨上，可能会造成脱落伤人事故。为了保证吊顶工程的使用安全，本条作为强制性条文，大型灯具安装必须做过载实验，后置预埋件必须做拉拔实验，对于安全性要求很高。

9. 卫生设备的安装细节和注意点

（1）蹲便器按设计要求位置固定后，应以蹲便器的中心线为基准，将整砖居中跨中心线、或由中心线向两侧排列；蹲便器四周的地砖要对称、合理，根部不得出现小于1/2的条砖。

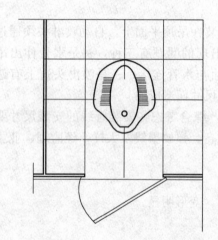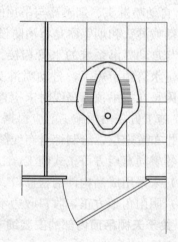

图17-42 蹲便器与地砖应对称排布

（2）公共卫生间里并列安装若干套蹲便器时，应统筹考虑地砖的排列，首先应强调各个蹲便器的中心线位置，使每个蹲便区位（卫生间隔断之间）里的地砖排列呈居中、对称形态；相邻蹲便器的过渡地砖应尽量采用整砖（图17-42）。

（3）坐便器与蹲便器一样，安装时其中心线应对准卫生间墙、地砖的中心线或两块墙、地砖的接缝处；若此处墙、地砖接缝不能贯通，可采取在中心线两侧或跨中心线镶贴其他类型的墙砖、锦砖等方式来处理（图17-43）。

（4）小便器的中心线应对准卫生间墙砖的中心线或两块墙砖的接缝处，对应的感应器、冲水装置、去水管等应处于小便器的正中（图17-44）。

（5）公共卫生间里并列安装两套及两套以上小便器时，其安装高度、间距应一致；并列安装的小便器的中心距离应≥0.65m（图17-45）。

（6）盥洗台上设置两套及两套以上的台盆，其位置应对称或均匀分布，对应的水龙头、去水管等应处于台盆的正中。

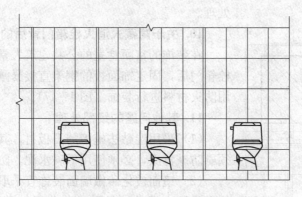

图 17-43 坐便器与墙面的关系

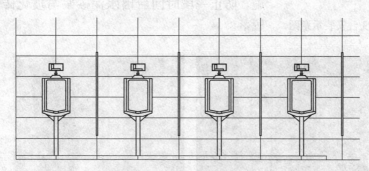

图 17-44 小便器与墙面的关系

图 17-45 小便器安装实例

（7）卫生间镜子、灯具的位置应与盥洗台对中，镜子两边显现的墙砖应对称（图 17-46）。

（8）盥洗台下水管应采用能存水的弯管。

（9）应采用节水型的卫生器具和水嘴。

（10）小便器周边与墙（地）面交接处，蹲便器周边与地砖交接处，坐便器底座与地面交接处，台上盆周边与盥洗台面交接处，拖布池上口与墙面、底座与地面的交接处，盥洗台、镜子周边与墙砖的交接处等，均应采用防霉性能好、非透明的玻璃胶进行封闭处理。

10. 关于隐藏式消火栓箱门背后的处理

在装饰的富丽堂皇的公共建筑大堂，打开隐藏式消火栓箱门后，固定饰面板的钢架直接暴露在外确实难看。需用防火材料进行装饰（图17-47）。

11. 其他问题的细部处理

（1）采用湿贴法施工的石板材，其背面及四个侧面必须刷防碱背涂，必须使用低碱水泥，防止泛（吐）碱。

（2）镜面玻化砖做墙面装饰宜采取干挂的方式，尽可能不采用水泥砂浆粘贴，若非得粘贴则须采取内加固措施，防止一段时间后因水泥砂浆与玻化砖剥离而空鼓、脱落。

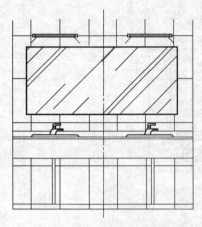

图17-46　盥洗台安装示意图

图17-47　隐藏式消火栓门背后需装饰

（3）厕浴间和有防水要求的建筑地面必须设置防水隔离层；楼层结构必须采取现浇混凝土或整块预制混凝土板，混凝土强度等级应≥C20；楼板四周除门洞外，应做混凝土翻边（反梁），其高度应≥120mm。装饰改造工程中若发现原建筑未设置反梁，应与业主办理相关手续，以保护自己。

（4）PVC、橡胶之类的面层施工前，基层处理务必认真，平整度要高，待基层透干后方能进行面层铺贴；面层与基层粘结应牢固、平整、无气泡，不翘边、不脱胶、不溢胶；接缝严密、焊缝顺直、光滑。

（5）采用玻璃做墙体时，玻璃板应具有相应刚度，必要时需增加玻璃肋板；玻璃板下口与槽口交接处应加设柔性垫块（一般为两块，分别垫放在每块玻璃边长的1/4处），严禁玻璃与槽口直接接触；安装完成后应采用玻璃胶将玻璃与槽口的交接处封闭，并按要求在玻璃墙上设置防冲撞标识（图17-48）。

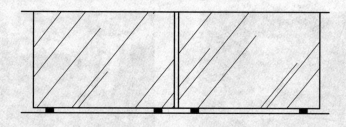

图 17-48　玻璃安装示意图

（6）安装压花玻璃，压花面应朝室外；安装磨砂玻璃，磨砂面应朝室内；但磨砂玻璃用在厨房间时，磨砂面应朝外，否则厨房间的油烟粘在磨砂面上不宜清洗。

（7）全玻璃门应采用安全玻璃，并应在玻璃门上设置防冲撞提示标识。

（8）天窗应采用防破碎伤人的透光材料。

（9）双面弹簧门应在可视高度部分安装透明安全玻璃。

（10）开向公共走道的窗扇，其底面高度应≥2.0m。

（11）旋转门、电动门、卷帘门和大型门的邻近部位，应另设平开疏散门，或在门上设手动开启的大门扇应有制动装置。

（12）推拉门应有防脱轨的措施。

（13）扶手与栏杆的安装要求：采用木螺钉固定木扶手时，木螺钉应与扁铁装平；扶手端头不得嵌入墙内；收头立杆（柱）的直径（或边长）应大于其他立杆（柱）的直径（或边长）。

（14）侧面有饰面板的浴缸，应留有通向浴缸排水口的检修门（图17-49）。

（15）吊顶与主体结构吊挂应有安全构造措施；高大厅堂管线较多的吊顶内，应留有检修空间，并根据需要设置检修走道和便于进入吊顶的人孔，且应符合有关防火及安全要求。

（16）地毯周边应塞入卡条或踢脚线下口内，门口的地毯与其他地面材料交接处均应用压条固定。但压条材料不宜选用劣质的铝合金条或铜条。

（17）变形缝应按设缝的性质和条件设计，使其在产生位移或变形时不受阻、不被破坏，并不破坏建筑物；其构造和材料应根据其部位需要分别采取相应措施。

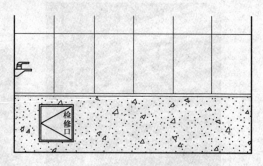

图 17-49　浴缸安装示意图

（18）排水立管不得穿越卧室、病房等对卫生、安静有较高要求的房间，并不宜靠近与卧室相邻的内墙。

（19）无外窗的浴室和厕所应设置机械通风换气设施，并设通风道。

12. 关于对人性化问题的关注

（1）楼梯、台阶的踏步板上及坡道上面均应设防滑条（槽）。尤其是大酒楼、大饭店里的不起眼的三、两级台阶，特别容易造成人身伤害事故（图17-50）。

图17-50 楼梯、台阶的踏步板均应设防滑条（槽）实例

（2）小便器两侧应设置挡板，挡板也应安装在墙砖的中心线或两块墙砖的接缝处；小便器挡板不应直接接触地面，以免尿垢难以清理；注意挡板高度和材质（图17-51）。

图17-51　小便器设置挡板实例

（3）由于公共场所的卫生间蹲便区的台阶面层，通常采用与卫生间地面相同的地砖（石材）进行装饰，因而那些"完成任务"急促离开的人经常会忽略这一两级台阶，造成意外伤害。因此，须在蹲便区外沿设置警示条或其他警示标识（图17-52）。

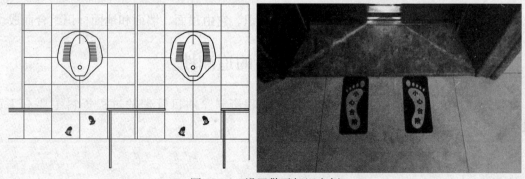

图17-52　设置警示标识实例

（4）灯管、灯带的安装不能直接裸露在人手能碰到的地方，以免发生触电安全事故（图 17-53）。

图 17-53　灯管、灯带的安装不能直接裸露实例

（5）室外景观工程中铺装防腐木条形地板时，应特别注意地板之间空隙不能留得太大，要防止女性游客的高跟鞋嵌入，以免造成意外（图 17-54）。

图 17-54　地板之间空隙不能留能太大实例

（6）公共场所应设置准确、醒目的引导标识。它由顶面、墙面和地面标识组合而成。

17.4　项目的追溯性

检查项目的追溯性主要看项目管理的过程资料。项目管理的过程资料主要有下面几类：

（1）施工组织设计、专项施工方案；

（2）施工日志；

(3) 材质证明文件及复试报告；
(4) 技术交底资料（卡）；
(5) 隐蔽节点及注意事项；
(6) 竣工图。

1. 施工组织设计、专项施工方案

施工组织设计是用来指导施工项目全过程各项活动的技术、经济和组织的综合性文件，是施工技术与施工项目管理有机结合的产物，它能保证工程开工后施工活动有序、高效、科学合理地进行。创出一个精品工程，必须有针对性强、指导性强、可操作性强的认真编制的施工组织设计。

检查要求：

(1) 签字、盖章齐全且符合要求（编制人：项目技术负责人，审核人：项目经理，审批人：企业技术负责人，申报表总监必须签字）。

(2) 施工组织设计应涵盖且不限于以下内容：

1) 总体概述（工程概况、项目部人员配备、施工方案）；
2) 施工现场平面布置图；
3) 施工进度计划及保证措施；
4) 劳动力及材料供应计划；
5) 施工机械设备的选用；
6) 质量保证体系及措施；
7) 安全生产、文明施工措施；
8) 环境保护、成本控制措施；
9) 合同当事人约定的其他的内容；
10) 创优计划。

(3) 施工组织设计内引用的规范必须为最新的规范。

(4) 对设计新技术、新工艺、新材料、新设备和重点部位，应编制专项施工方案。

2. 施工日志

施工日志也叫施工日记，是在建筑工程整个施工阶段的施工组织管理、施工技术等有关施工活动和现场情况变化的真实的综合性记录，也是处理施工问题的备忘录和总结施工管理经验的基本素材，是工程交竣工验收资料的重要组成部分。施工日志可按单位、分部工程或施工工区（班组）建立，由专人负责收集、填写记录、保管。

检查要求：

(1) 施工日志应按单位工程填写。
(2) 记录时间：从开工到竣工验收时止。
(3) 日记载不许中断。
(4) 按时、真实、详细记录，中途发生人员变动，应当办理交接手续，保持施工日志的连续性、完整性。
(5) 施工部位应将分部、分项工程名称和轴线、楼层等写清楚。
(6) 出勤人数一定要分工种记录，并记录工人的总人数，以及工人和机械的工程量。
(7) 隐蔽工程验收情况。应写明隐蔽的内容、楼层、轴线、分项工程、验收人员、验收结论等。

（8）材料进场、送检情况。应写明批号、数量、生产厂家以及进场材料的验收情况，以后补上送检后的检验结果。

（9）安全检查情况及安全隐患处理（纠正）情况。

（10）设计变更、技术核定通知及执行情况。

（11）施工任务交底、技术交底、安全技术交底情况。

（12）停电、停水、停工情况。

（13）施工中涉及的特殊措施和施工方法、新技术、新材料的推广使用情况。

3. 材质证明文件及复试报告

（1）花岗岩（>200m²）放射性复试：《建筑装饰装修工程质量验收规范》GB 50210、《建筑材料放射性核素限量》GB 6566、《民用建筑工程室内环境污染控制规范》GB 50325、《住宅装饰装修工程施工规范》GB 50327。

（2）瓷质砖（>200m²）放射性复试：《建筑装饰装修工程质量验收规范》GB 50210、《建筑材料放射性核素限量》GB 6566、《民用建筑工程室内环境污染控制规范》GB 50325、《住宅装饰装修工程施工规范》GB 50327。

（3）人造板（>500m²）甲醛复试：《建筑装饰装修工程质量验收规范》GB 50212、《室内装饰装修材料人造板及制品中甲醛释放限量》GB 18580、《细木工板》GB/T 5849、《民用建筑工程室内环境污染控制规范》GB 50325。

（4）安全玻璃强制认证（3C证书）

（5）防水材料断裂拉伸强度、扯断中长率、不透水性、低温弯折性复试：《聚氯乙烯防水卷材》GB 12953、《建筑防水材料试验方法 第3部分：高分子防水卷材 外观》GB 328.3。

（6）壁布、海绵、岩棉、地毯、木地板、细木工板材料阻燃复试报告：《建筑内部装修设计防火规范》GB 50222。

（7）水性涂料、溶剂型涂料提供出厂检测报告。

（8）AB胶力学性能报告（不得使用云石胶）：石材干挂施工过程中，用云石胶来代替石材干挂胶粘连是一种不科学的而且比较危险的做法。江苏省《建筑幕墙工程质量验收规程》JJ 11529—2011。

4. 技术交底资料（卡）

（1）干挂石材（瓷砖）技术交底注意事项

1）施工工序：石材表面处理→石材安装前准备→放线及基层处理→干挂石材安装。

2）石材表面面处理：对石材表面进行防护剂涂刷处理，操作时将石材板的正面朝下平放于两根方木上，用羊毛刷蘸防护剂，均匀涂刷于石材板的背面和四个边的小面，涂刷必须到位，不得漏刷。待第一道涂刷完24h后，刷第二道防护剂。第二道刷完24h后，将石材板翻成正面朝上，涂刷正面，方法与要求和背面涂刷相同。正面所使用的防护剂与背面防护剂相同。

3）石材安装前准备：先对石材板进行挑选，使同一立面或相临两立面的石材板色泽、花纹一致，挑出色差、纹路相差较大的不用或用于边角不明显部位。

4）放线及基层处理：对安装石材的结构表面进行清理。然后吊直、套方、找规矩，弹出垂直线、水平线、标高控制线。根据深化设计的排板、骨架大样图弹出骨架和石材板块的安装位置线，并确定出固定连接件的膨胀螺栓安装位置。核对预埋件的位置和分布是否满足安装要求，检验骨架安装部位的结构及预埋件的牢固程度。

5）干挂石材安装：

① 在钢基层上弹出安装石材的位置线，分割线，线条必须吊直、套方、找规矩。

② 挂线事先用经纬仪打出大角两个墙面的竖向控制线，竖向控制线最好离大角10～15cm，位置上，以便随时控制检查垂直挂线的正确性。

③ 根据石材大小在角钢上放置干挂架。

④ 用支架暂时固定石板，依次安装底层石板。

⑤ 石材侧边按挂件间距开固定槽。

⑥ 面板暂时固定后，调整水平、垂直，调整板上口的干挂件距墙面的间距，直至面板垂直。

⑦ 检查调整板缝，应均匀"V"形缝应均匀一致。

⑧ 检查石材板面水平与垂直度，板之间的高低差。

⑨ 安装侧板连接件后，把底层板靠角上的一块就位。

⑩ 圆柱石材干挂靠玻璃幕墙立柱之间的缝隙控制在3mm。圆柱干挂固定点不需不低于3个，并位置设置合理。

（2）卫生间玻璃隔断技术交底注意事项

无竖框玻璃隔墙安装：

1）操作程序

弹线→安装固定玻璃的型钢边框→安装大玻璃→安装玻璃稳定器（玻璃肋）→嵌缝打胶→边框装饰→清洁。

2）操作要点

① 弹线：弹线时注意核对已做好的预埋石材槽位置是否正确。落地无竖框玻璃隔墙应留出地面饰面层厚度（如果有踢脚线，则应考虑踢脚线三个面饰面层厚度）及顶部限位标高（吊顶标高）。先弹地面位置线，再弹墙上的位置线；

② 安装大玻璃当较大面积的玻璃隔墙采用吊挂式安装时应先在建筑结构梁或板下做出吊挂玻璃的支撑架并安好吊挂玻璃的夹具及上框。其上框位置即吊顶标高。

③ 厚玻璃就位：在边框安装好后，先将其槽口干净，槽口内不得有垃圾或积水，并垫好防振橡胶垫块。用2～3个玻璃吸盘把厚玻璃吸牢，由2～3个手握吸盘同时抬起玻璃先将玻璃竖着插入上框槽口内，然后轻轻垂直落下，放入下框槽口内。如果是吊挂式安装，在将玻璃送入上框时，还应将玻璃放入夹具中。

④ 调整玻璃位置：先将靠墙（或柱）的玻璃推到墙（柱）边，使其插入贴墙的边框槽口内，然后安装中间部位的玻璃。两块厚玻璃之间接缝时应留2～3mm的缝隙或留出与玻璃稳定器（玻璃肋）厚度相同的缝，为打胶做准备。玻璃下料时应计算留缝宽度尺寸。如果采用吊挂式安装，这时应将吊挂玻璃的夹具逐块将玻璃夹牢。

⑤ 嵌缝打胶：玻璃全部就位后，校正平整度、垂直度，同时用聚苯乙烯泡沫嵌条嵌入槽口内使玻璃与金属槽接合平伏、紧密，然后打硅酮结构胶。

⑥ 边框装饰：一般无竖框玻璃隔墙的边框是将边框嵌入墙、柱面和地面的饰面层中，

此时只要精细加工墙、柱面和地面的饰面块材并在镶贴或安装时与玻璃接好即可。

⑦ 清洁及成品保护：无竖框玻璃隔断墙安装好后，用棉纱和清洁剂清洁玻璃表面的胶迹和污痕，然后用粘贴不干胶纸条等办法做出醒目的标志，以防止碰撞玻璃的意外发生。

（3）栏杆技术交底注意事项

1）栏杆应以坚固、耐久的材料制作，并能承受荷载规范规定的水平荷载；

2）《民用建筑设计通则》GB 50352—2005 规定低层、多层住宅的阳台栏杆净高不应低于 1.05m；中高层、高层住宅的阳台栏杆净高不应低于 1.10m。

3）楼梯扶手高度不应小于 0.90m，楼梯水平段栏杆长度大于 0.5m 时，其扶手高度不应小于 1.05m。

4）栏杆设计应防止儿童攀登，垂直杆件间净空不应大于 0.11m。

5）外廊、内天井及上人屋面等临空处栏杆净高，低层、多层住宅不应低于 1.05m，中高层、高层住宅不应低于 1.1m。

6）栏杆高度应从楼、地面或屋面至栏杆扶手顶面的垂直高度计算，如底部有宽度≥0.22m，且高度≤0.45m 的可踏部位，应从从可踏部位的顶面起计算。

7）栏杆离楼面或（屋面）0.10m 高度内不宜留空，横杆间距也不应≥0.10m。

8）立杆必须与基层固定牢固，焊接的地方应牢固，且必须防锈处理。玻璃栏杆应安装平顺、边缘应打磨。

9）栏杆、扶手接缝应平顺、表面拉丝应均匀。

10）木扶手不开裂，接头应平滑、油漆无剥落、色泽应均匀。

（4）玻璃栏杆（板）技术交底注意事项

1）护栏玻璃应使用公称厚度≥12mm 的钢化玻璃或钢化夹层玻璃。当护栏一侧距楼地面高度≥5.0m 时，应使用钢化夹层玻璃。

2）《民用建筑设计通则》GB 50352—2005 规定：低层、多层住宅的阳台栏杆净高不应低于 1.05m；中高层、高层住宅的阳台栏杆净高不应低于 1.10m。

3）楼梯扶手高度不应小于 0.90m，楼梯水平段栏杆长度大于 0.5m 时，其扶手高度不应小于 1.05m。

4）不得采用直接承受水平荷载的玻璃栏板，确需要安装玻璃栏板时，必须采用金属杆件，并应有足够刚度；严禁采用单边落槽玻璃做栏板。栏杆应以坚固、耐久的材料制作，并能承受荷载规范规定的水平荷载。

5）栏杆离楼面或（屋面）0.10m 高度内不宜留空，横杆间距也不应≥0.10m。

6）立杆必须与基层固定牢固，焊接的地方应牢固，且必须防锈处理。玻璃栏杆应安装平顺、边缘应打磨。

7）栏杆、扶手接缝应平顺、表面拉丝应均匀。

8）木扶手不开裂，接头应平滑、油漆无剥落、色泽应均匀。

9）栏杆高度应从楼、地面或屋面至栏杆扶手顶面的垂直高度计算，如底部有宽度≥0.22m，且高度≤0.45m 的可踏部位，应从从可踏部位的顶面起计算。

10）室内栏板用玻璃应符合下列规定：

① 不承受水平荷载的栏板玻璃应使用符合本下表的规定、且公称厚度不小于 5mm 的

钢化玻璃，或公称厚度不小于 6.38mm 的夹层玻璃。

② 承受水平荷载的栏板玻璃应使用符合下表的规定、且公称厚度不小于 12mm 的钢化玻璃或公称厚度不小于 16.76mm 的钢化夹层玻璃。当栏板玻璃最低点离一侧楼地面高度在 3m 或 3m 以上、5m 或 5m 以下时，应使用公称厚度不小于 16.76mm 的钢化夹层玻璃。当栏板玻璃最低点离一侧楼地面高度大于 5m 时，不得使用承受水平荷载的栏板玻璃。

③ 室外栏板玻璃除应符合以上各条规定外，尚应进行玻璃抗风压设计。对有抗震设计要求的地区，尚应考虑地震作用的组合效应。

④ 安装在易于受到人体或物体碰撞部位的建筑玻璃，应采取保护措施。

⑤ 根据易发生碰撞的建筑玻璃所处的具体部位，可采取在视线高度设醒目标志或设置护栏等防碰撞措施。碰撞后可能发生高处人体或玻璃坠落的，应采用可靠护栏。

(5) 大型灯具技术交底注意事项：

1) 大型灯具及重型艺术品等安装节点方案须供应商（厂家）向项目部提交，报业主、原结构设计单位审核确认，确保与结构连接可靠。

2) 在砌体和混凝土结构上严禁使用木楔、尼龙塞或塑料塞安装固定电气照明装置。

3) 固定花灯的吊钩，其圆钢直径不应小于灯具吊挂销、钩的直径，且不得小于 6mm。

4) 《建筑电气照明装置施工与验收规范》GB 50617—2010 质量大于 10kg 的灯具，其固定装置应按 5 倍灯具重量的恒定均布载荷全数作强度试验，历时 15 min，固定装置的部件应无明显变形。

5) 安装在重要场所的大型灯具的玻璃罩，应按设计要求采取防止碎裂后向下溅落的措施。

5. 隐蔽节点及注意事项

(1) 顶面水平干挂石材隐蔽节点及注意事项

1) 水平干挂石材须单独申报（区分于其他石材干挂隐蔽），若隐检项目中石材厚度（>25mm）、其所用预埋件（膨胀螺栓型号、钢架型号等）需进行描述；

2) 必须附图（禁止用通用节点，图 17-55）；

3) 附上过程的隐蔽照片；

4) 拉拔试验膨胀螺栓型号应与隐蔽、技术交底、节点图中螺栓型号相对应。

(2) 墙面干挂石材隐蔽节点及注意事项

1) 隐检项目中应对石材厚度、所用预埋件（膨胀螺栓型号、钢架型号等）进行描述；

2) 必须附图（禁止用通用节点，图 17-56）

3) 附上过程的隐蔽照片；

4) 拉拔试验膨胀螺栓型号应与隐蔽、技术交底、节点图中螺栓型号相对应。

(3) 淋浴间玻璃隔断隐蔽节点及注意事项

1) 玻璃材质（建议使用安全玻璃）；

2) 固定方式描述清楚（图 17-57）。

(4) 大型吊灯预埋件隐蔽节点及注意事项

1) 基层预埋钢架节点图必须有；

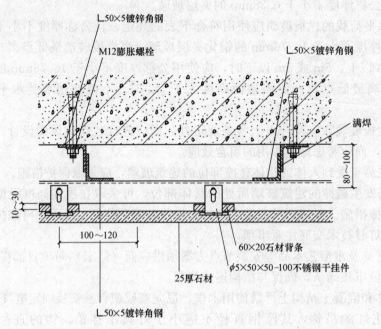

图 17-55 顶面石材干挂节点图

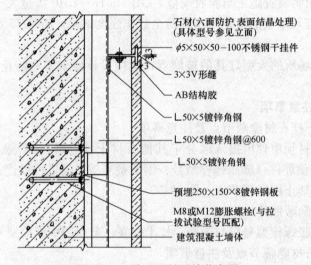

图 17-56 墙面石材干挂节点图

2) 基层钢架的现场照片。

(5) 栏杆、扶手隐蔽节点及注意事项

1) 关键是节点图，一定要有针对性。对护栏预埋的深度、固定、连接方式必须要有体现。

2) 玻璃栏杆节点：

① 栏杆的埋入深度；

② 栏杆与玻璃的连接方式（图 17-58）；

③ 玻璃的厚度（几层夹胶，每层多厚）标注清楚。

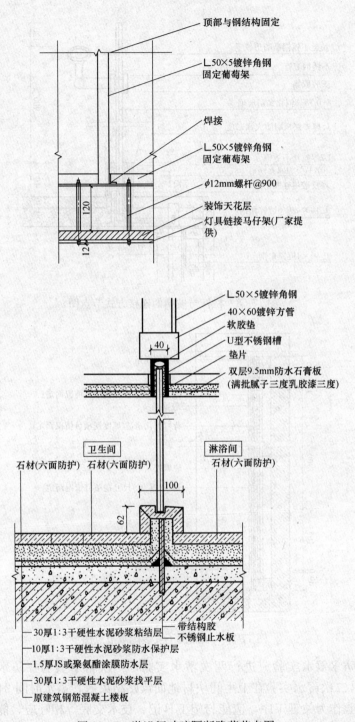

图 17-57 淋浴间玻璃隔断隐蔽节点图

（6）墙面镜子隐蔽节点及注意事项

固定方式描述清楚，见图 17-59。

（7）卫生间地面蓄水试验

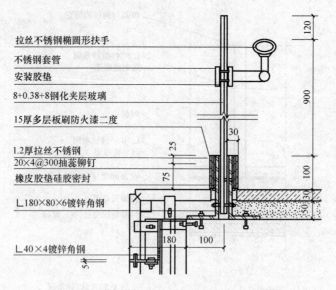

图 17-58 栏杆与玻璃的连接方式节点图

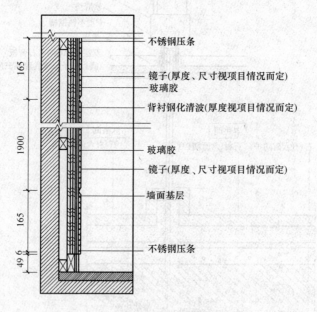

图 17-59 墙面镜子安装隐蔽节点图

1) 卫生间防水蓄水实验应进行两次蓄水实验，一次蓄水实验在防水层施工结束后，蓄水时间 24 h；二次蓄水实验在卫生间块材地面镶贴结束后，蓄水时间 24 h。

2) 蓄水试验作为关键工序，应能与施工日记、技术交底等相呼应，能反查。

(8) 石材干挂后置埋件拉拔试验

石材干挂后置埋件拉拔实验应明确设计值，膨胀螺栓型号与施工组织设计、技术交底、隐蔽工程、竣工图详图描述的型号相匹配。

(9) 大型吊灯过载实验

1) 编制大型吊灯过载实验记录表附检验过程照片;
2) 附大型灯具安装钢架及预埋件详图及隐蔽
① 钢架的型号标注清楚;
② 钢架的间距、排布;
③ 连接螺栓、干挂件的型号标注清楚。

6. 竣工图

(1) 图纸应正确完整、清晰统一,审批手续齐,应有制图人、审核人签字;
(2) 图纸应包括目录,平面、立面、剖面图等;
(3) 图纸应包括设计说明、施工要点等;
(4) 图纸应包括干挂墙、柱、顶面的结构节点详图,大型吊灯的安装钢架及预埋件节点详图,栏杆、栏板安装节点详图,变形缝、伸缩缝设置的节点详图,台下盆安装节点详图,公共场所消防遮烟板安装节点详图等主要节点图。
(5) 每页图纸上应加盖"竣工图"章;

17.5 项目的创新性

1. 新技术、新工艺、新材料、新设备的运用

需要提供被市、省、国家认可的技术成果,管理方法及工法,专利等。

2. 节能、环保的做法

如:工厂化加工、现场安装,太阳能、地源热泵技术,自然采光,LED 光源,节水型卫生洁具等。

附录一　与装饰工程相关的标准、规范

1. 验收标准
《建筑装饰装修工程质量验收规范》GB 50210—2001
《建筑地面工程施工质量验收规范》GB 50209—2010
《建筑给水排水及采暖工程施工质量验收规范》GB 50242—2002
《建筑电气工程施工质量验收规范》GB 50303—2015
《通风与空调工程施工质量验收规范》GB 50243—2002
《智能建筑工程质量验收规范》GB 50339—2013

2. 施工方面的标准
《建筑内部装修防火施工及验收规范》GB 50354—2005
《住宅装饰装修工程施工规范》GB 50327—2001
《建筑涂饰工程施工及验收规程》JGJ/T 29 -2015
《建筑瓷板装饰工程技术规程》CECS 101：98
《建筑防腐工程施工规范》GB 50212—2014
《外墙饰面砖工程施工及验收规程》JGJ 126—2015
《塑料门窗工程技术规程》JGJ 103—96
《建筑玻璃应用技术规程》JGJ 113—2015
《建筑电气照明装置施工与验收规范》GB 50617—2010
《电器装置安装工程接地装置施工及验收规范》GB 50169—2006

3. 与装修有关的江苏地方标准
《GMJ 轻型墙体施工技术规程》DB32/T 364—1999
《塑料门窗工程技术规程》DGJ32/J 62—2008
《铝合金门窗工程技术规程》DGJ32/J 07—2009
《江苏省建筑装饰装修工程设计文件编制深度规定》（2007 年版）
《成品住房装修技术标准》DB32/J 99—2014

4. 与装修有关的设计规范
《民用建筑设计通则》GB 50352—2005
《住宅设计规范》GB 50096—2011

5. 与装修有关的其他规范
《民用建筑工程室内环境污染控制规范》GB 50325—2010
《江苏省住宅工程质量分户验收规程》DGJ32TJ 103—2010
《住宅工程质量通病控制标准》DGJ32/J 16—2014
《建筑给水铜管管道工程技术规程》CECS 171：2004
《建筑给水塑料管道工程技术规程》CJJ/T 98—2014

《建筑给水铝塑复合管管道工程技术规程》CECS 105：2000
《建筑排水塑料管道工程技术规程》CJJ/T 29—2010

6. 与装修有关的材料标准

《外墙柔性腻子》GB/T 23455—2009
《建筑外墙用腻子》JG/T 157—2009
《建筑室内用腻子》JG/T 298—2010
《合成树脂乳液外墙涂料》GB/T 9755—2001
《外墙无机建筑涂料》JG/T 26—2002
《室内装饰装修材料　人造板及其制品中甲醛释放限量》GB 18580—2001
《普通胶合板》GB/T 9846—2015
《刨花板》GB/T 4897—2015
《中密度纤维板》GB/T 11718—2009
《天然花岗石建筑板材》GB/T 18601—2009
《实体面材》JC 908—2002
《天然大理石建筑板材》GB/T 19766—2005
《纸面石膏板》GB/T 9775—2008
《石膏空心条板》JC/T 829—2010
《吸声用穿孔石膏板》JC/T 803—2007
《装饰石膏板》JC/T 799—2007
《硬聚氯乙烯（PVC—U）踢脚板》QB/T 3635—1999
《水溶性内墙涂料》JC/T 423—91
《多彩内墙涂料》JG/T 3003—93
《聚氯乙烯壁纸》QB/T 3805—1999
《室内装饰装修材料　木家具中有害物质限量》GB 18584—2001
《室内装饰装修材料　溶剂型木器涂料中有害物质限量》GB 18581—2009
《实木地板技术条件》GB/T 15036—2009
《实木复合地板》GB/T 18103—2013
《浸渍纸层压木质地板》GB/T 18102—2007
《竹地板》GB/T 20240—2006
《室内装饰装修材料　地毯、地毯衬垫及地毯用胶粘剂有害物质释放限量》GB 18587—2001
《胶粘剂分类》GB/T 13553—1996
《建筑用轻钢龙骨》GB/T 11981—2008
《陶质砖》GB/T 4100—2006
《铝合金门窗》GB/T 8478—2008
《中空玻璃》GB/T 11944—2002
《硅酮建筑密封胶》GB/T 14683—2003
《建筑用安全玻璃　第 3 部分：夹层玻璃》GB 15763—2008
《聚氨酯建筑密封胶》JC/T 482—2006

《聚硫建筑密封胶》JC/T 483—2006
《丙烯酸酯建筑密封胶》JC/T 484—2006
《建筑窗用弹性密封胶》JC/T 485—2006
《硅酮建筑密封胶》GB/T 14683—2003
《复层建筑涂料》GB/T 9779—2005
《纤维水泥平板》JC/T 412—2006
《通用硅酸盐水泥》GB 175—2007
《合成树脂乳液砂壁状建筑涂料》JG/T 24—2000

附录二 与幕墙工程相关的规范

1. 验收标准

《建筑装饰装修工程质量验收规范》GB 50210—2001
《建筑电气工程施工质量验收规范》GB 50303—2002
《钢结构工程施工质量验收规范》GB 50205—2001

2. 施工方面的标准

《玻璃幕墙工程技术规范》JGJ 102—2003
《金属与石材幕墙工程技术规范》JGJ 133—2001
《建筑玻璃应用技术规程》JGJ 113—2010
《点支式玻璃幕墙工程技术规程》CECS127：2001

3. 其他相关规范

《钢结构设计规范》GB 50017—2003
《铝合金结构设计规范》GB 50429—2007

4. 材料标准

《铝合金建筑型材》GB 5237—2008
《埋弧焊用碳钢焊丝和焊剂》GB/T 5293—1999
《埋弧焊用低合金钢焊丝和焊剂》GB/T 12470—2003
《中空玻璃》GB/T 11944—2012
《硅酮建筑密封胶》GB/T 14683—2003
《建筑用安全玻璃》GB 15763—2008
《建筑用硅酮结构密封胶》GB 16776—2005
《幕墙玻璃接缝用密封胶》JC/T 882—2001
《建筑幕墙》GB/T 21086—2007

参 考 文 献

［1］ 江苏省建设教育协会．施工员专业管理实务（装饰装修）．北京：中国建筑工业出版社，2014
［2］ 刘清泉、刘勤．建筑装饰工程创"精品"若干问题探讨．《江苏装饰装修》杂志，2004
［3］ 北京土木建筑学会．建筑装饰装修工程质量员岗位手册．北京：中国轻工业出版社，2010
［4］ 全国一级建造师执业资格考试用书编写委员会．建筑工程管理与实务．北京：中国建筑工业出版社，2010
［5］ 孙晓鹏．质量员-装饰装修．北京：中国电力出版社，2014
［6］ 李继业等．建筑装饰工程质量控制．北京：化学工业出版社，2013
［7］ 人力资源与社会保障部教材办公室等．室内装饰装修质量检验员．北京：中国劳动社会保障出版社，2009